新编 一本书学会新闻报道与写作

简要介绍新闻报道与写作的技巧及要领

全面收录各类报道写作的范例

广大新闻工作者、媒体通讯员必备参考

张　浩◎编著

中国文史出版社

图书在版编目（C I P）数据

新编一本书学会新闻报道与写作 / 张浩编著. -- 北京 : 中国文史出版社, 2019.3

ISBN 978-7-5205-1007-3

Ⅰ. ①新… Ⅱ. ①张… Ⅲ. ①新闻报道②新闻写作 Ⅳ. ①G212

中国版本图书馆 CIP 数据核字(2019)第 024458 号

责任编辑：詹红旗　戴小璇

出版发行：中国文史出版社
社　　址：北京市海淀区西八里庄 69 号院　　邮编：100142
电　　话：010- 81136606　81136602　81136603(发行部)
传　　真：010-81136655
印　　装：廊坊市海涛印刷有限公司
经　　销：全国新华书店
开　　本：1/16
印　　张：22
字　　数：443 千字
版　　次：2019 年 3 月北京第 1 版
印　　次：2023 年 4 月第 3 次印刷
定　　价：56.00 元

目　录

上　编　新闻报道写作概论

下　编　新闻报道写作范例

上　编

新闻报道写作概论

第一章　新闻概论

第一节　新闻概述

一、新闻的含义

新闻，是以宣传为手段反映当前生活的一种社会意识形态。新闻是报刊、广播、电视经常大量运用的一种文体。

新闻，是消息、通讯、新闻特写、速写等体裁的统称。

二、新闻的发展和功能

（一）新闻的发展从人类诞生以来，新闻作为人际间传播新信息的一种社会现象，就产生了。随着人类文明的里程，新闻也在不断地发展。至于新闻是如何发展的，以下从两方面进行介绍。除了日常生活中的口头传播方式，早期的新闻都是以书面文字的方式传播的，以报纸为主要载体。

20世纪初，无线电技术得以发展，随之，广播新闻开始出现。1919年，英国开办了第一家广播电台。

20世纪20年代，随着光学和化学工业的进步，又相继出现了图片新闻和电影新闻。

20世纪30年代，电视开始成为新闻的主要载体。

目前，计算机网络又成为新闻传播的重要渠道，由于计算机的发展速度日新月异，网络新闻有可能成为将来新闻传播最主要的方式之一。

（二）新闻的功能

新闻不仅是人写的，是写给人看的，而且是以表现人的行动为主的。新闻是人的精神需要的产物，它充满对人的关怀，具体而言，新闻有以下四种功能：

1. 新闻是人类生命最鲜活的本真状态的呈现；
2. 新闻是心灵沟通的有效手段；

3. 新闻是现在进行时态的历史；
4. 新闻是一种社会批判工具。

三、新闻与宣传的区别和联系

1. 新闻与宣传的区别：

（1）出发点

新闻主要传递信息，新闻的出发点是受众出于自身的需要去追逐信息；宣传则是阐述某种主张观点，重在说服教育对象，宣传的出发点是处于宣传者自身的生存、发展需要去追逐受众。

（2）表现形式

新闻主要用事实说话，以事服人，新闻的传播是一次性的，第二次、第三次就不能再称为新闻；宣传则重在讲道理，以理服人，宣传需要经常重复，以加深人们的印象，利于人们的了解和理解，并往往用一种或多种不同的形式反复宣传同一种观念。

（3）时间要求

新闻注重时效，讲究迅速及时；宣传则更多地讲究时机，不一定越快越好。

（4）对事实的把握

新闻要求越新鲜越好，旧有的事实一般构不成新闻，新闻沟通要求定义的准确（真实、客观、公正、全面、时效、趣味）；宣传则新旧事实不论，只要能作为论据说明观点、讲明道理就行，宣传要求定性的准确，即观点和材料的统一，观点要求正确鲜明，材料要真实典型。

（5）服务对象

新闻面向整个社会大众，不受职业阶层的限制；宣传的服务对象大都有针对性，并不要求社会大众都能接受。

（6）价值取舍

新闻以引起观众的普遍关注，引起人们的兴趣为标准，新闻发布者除了以新闻谋利以外，对新闻本身无自己的主观意图，任凭受众自己去分析判断，作出决策；宣传考虑的则是选择什么样的事例可以说明问题，以对宣传主题有利为标准，宣传者传播观念的目的是要受众理解它、接受它、支持它，宣传者在宣传之前有自己的主观意图，通过宣传，力图影响人们的思想，让受众按宣传者的意图去行动。

2. 新闻与宣传的联系：尽管二者从出发点、表现形式、特点上均有原则性的区别，但新闻与宣传之间不是并列的、截然分开的，而是相互交叉的、甚至相互渗透的。从本质上来说，都是为了宣传某种主张。

从新闻和宣传的区别和联系来分析，如果把新闻理解为“新闻的传播”，那么宣传与新闻都是传播信息的行为，同属于传播的范畴。另外，新闻媒介仍然是现代宣传的基本工具，而现代新闻事业和宣传活动的区分也不是泾渭分明的，而是紧密相连的。媒介的所有者或新闻工作者自身处于某种目的，自觉不自觉地利用新闻报道宣传一定的思想、观念，表达自己对新闻事实的理解和评价。

新闻虽然不等于宣传，但新闻也具有宣传的作用。尤其是就传播过程来讲，新闻传播与宣传传播都是新闻工作者、宣传工作者利用报纸、广播、电视、网络等相同的传媒手段，将内容传播给受众和宣传对象。为了配合一个时期的中心工作，我们常常会充分利用各种传媒手段来组织舆论报道，因而本是宣传的内容却成了新闻，而本是新闻的东西却也有着宣传的成分，这样，新闻与宣传的相互交叉和渗透就显得更为广泛。因此从社会意义上讲，新闻往往含蓄地表达着一定的思想主张去让读者体会。这种含蓄表达，已经内在地体现着宣传。

四、娱乐新闻报道的常见问题

1. 没有提供事实发生的时间、地点，对事实中人物的基本情况，普遍没有予以说明。

娱乐新闻首先是新闻，那么就要符合新闻报道的基本的职业要求。

2. 消息来源不明确。大多数娱乐新闻，不是以标题下的署名方式，也不是以消息电头后“某某记者报道”的名义发表，而是在文章最后以“（××）”的形式含糊地说明消息或文章的来源。是消息的，就要写成标准的消息体裁；是通讯的，就要在标题下署名。如果摘自他处，就要明确指出来；是翻译的，则交代原文出处。图片没有摄影者署名，更是常见。

3. 模糊不清的明星照片较多。这种情况很影响视觉效果，有损害报纸的形象。宁可不登，也不要勉强刊登不清楚的照片，这是需要把握的一个工作原则。

4. 套色的使用缺乏美学根据。相当多的娱乐新闻版是套色的，或者是彩色版。这本来是件好事，但从现在的版面看，不少显然对于色彩缺乏色彩的使用知识，设计版面随意性较大，使得花花绿绿的版面像是涂鸦，不能给人以美感。

5. 娱乐新闻的信息源缺乏，也是一个主要的影响报道质量的因素。由于信息源有限，又要抢占读者市场，于是你抄我抄，你刊登，我转载，为争面子，署名便越来越含糊其词；图片转来转去，谁都不是原版的，当然越来越模糊。

五、改进新闻工作，加强对娱乐新闻研究需要做到几下以点

1. 对娱乐新闻从业人员进行必要的新闻写作的培训，先把消息、通讯、特写、评论等等基本的新闻体裁明确起来，不能新闻不像新闻；同时，必须把娱乐新闻发

生的确切时间、地点交代清楚，习惯于在人物前面加上必要的“头衔”。文章不是给自己看的，而是写给读者看的。

2. 解决娱乐新闻信息源短缺的问题。文字评论性质的信息源，可以通过调动文学、艺术方面的专家、学者的知识资源解决；联系较高水平的专家、学者，作为娱乐新闻的基本作者，也是提高娱乐新闻档次的途径。培养自己的娱乐新闻记者、编辑、翻译，也可以形成一类较为现实的新闻源。

3. 不要把娱乐新闻局限在国内和华人圈内。实际上娱乐新闻是没有国界的，国际娱乐新闻是一个强大的信息资源。

娱乐新闻的功能确实与一般新闻不同，人们接触这类新闻的目的就是要放松一下，不能充满套话空话。但是确实仍然存在导向问题，总的要求可以用“不要太浅薄、太庸俗”来表示。但是这种主观化的标准是较难把握的，也在变动中。

六、新闻真实如何面对网络谣言

在网络化的信息时代，出现了一个前所未有的令人惊异的现象，谣言与新闻如此亲密地混杂在一起。虚假的谣言与真实的新闻在同一平台上共存已经成为不争的事实，网络时代新闻的真实生存图景如下：

1. 职业与非职业的新闻工作者并存。职业化的新闻工作者在网络媒介中所占的比例是极其有限的，除此之外，网上还存在着大批的非职业化的“新闻工作者”，网民利用网络提供的空间更大规模地传播着各种各样的信息，使得对网站主页内容的控制存在严重的真空。

2. 新闻与谣言的可转换性。因为传播过程中传播者素质的不同，新闻与谣言往往都会发生一些变异，这使得它们之间的界限成为一张薄薄的玻璃纸，稍不留神就一捅就破。

3. 新闻的网络制造时代。新闻本来自于对真实生活的现实报道，但是在网络时代，许多新闻却出现了反向操作现象。

由于网络技术的去中心化的缘故，决定了网络新闻具有公开性的特点，在一个任何民众都能获得在网络上的话语权时，不可避免的会存在着信息的真伪，传统媒介并不能获得一种权利来衡量网络新闻的真假。对于各种很难断定真伪的网络新闻，在传统媒介对真实性尚且无法保证情形下，并不能以传统媒介的报道为依据来断定网络新闻的真实性。在网络新闻具有更有公开性和缺失把关人的情形下，出现多种声音正是传统新闻补充其缺失的一面。因此，只能从制度建设和从技术手段上弥补网络新闻人为的虚假。对网络谣言积极的疏导，减少大众的信息的盲点，建立健全、畅通、及时的信息发布渠道，通过信息的透明化来抑制谣言的发生概率。同时，利用必要的技术支持对网上谣言进行跟踪，也是警示网络谣言制造者的好方法。

我们在运用和享受互联网信息便捷服务的同时，一定要警惕网络谣言所带来的负面影响。维护新闻真实，控制网络谣言，建设有意义的、健康向上、先进的文化氛围，不仅是新闻工作者义不容辞的责任和应承担的道德规范，也应是每一位网民所必须承担的义务。

第二节 真实、客观、公正

一、真实

（一）新闻真实性的含义

新闻真实性指的是在新闻报道中的每一个具体事实必须合乎客观实际。即表现在新闻报道中的时间、地点、人物、事情、原因和经过都经得起核实。真实性是新闻的价值核心。

1. 新闻真实是事实性真实

新闻真实是事实性真实，强调新闻报道的内容与客观事实的符合性，落到新闻传播活动的实处，一定“全体”报道与相应时空范围内整体事实对象的符合性。

2. 新闻真实是过程性真实

新闻传播的过程性决定了新闻真实是一种过程性的真实，表现为这样几个实际与逻辑相统一的环节。

对事实的反映和再现产生了“再现真实”的问题，这是新闻真实性的核心环节。

3. 新闻真实是即时性真实

新闻真实是即时性真实，是以一定时间点为结点的真实。新闻真实最直接的表现方式是即时性，这是由新闻传播方式上的及时性、甚至是实时性所决定的。新闻的真实总是针对一定事实对象在某一时间范围内的存在状态、变动情况而言的，是以一篇篇具体报道的即时性而存在的。

4. 新闻真实是有限度的真实

作为一种理想追求，新闻传播的目标应该达到这样的境界，即新闻报道与对象的本来面目绝对符合。然而，绝对真实观是不符合新闻传播实际的，实际的情况是：新闻传播达到的真实性是有限度的。

（二）新闻失实的原因

导致新闻失实的原因是复杂的。既有客观环境方面的原因，也有传播者主观方面的原因。

1. 体制性失实

体制性失实是指因某种价值观对新闻报道发生强烈作用时而造成的新闻失实。

2. 经济性失实

经济性失实是指由于金钱等经济利益对新闻报道发生强烈作用时所造成的新闻失实。

3. 故意失实与非故意失实

（1）故意失实

这类失实是指媒体或者新闻报道者事先明知报道内容不符合客观事实，具有虚假成分，但却出于种种主、客观因素的制约和影响，而有意为之所导致的新闻报道失实。

（2）非故意失实，也称业务性失实

这类失实是指新闻报道者并无故意造成失实报道的动机，而是由于种种主、客观条件的限制或影响，未能按照客观事实的本来面目如实做出报道所导致的新闻失实。

（三）规避新闻失实的措施

1. 在确定主题和选择报道角度时要坚持独立思考。

2. 在谋篇布局时要避免片面性。

新闻写作的谋篇布局，即消息或通讯的结构设计、段落安排，实际上体现着写作者对所报道事实的认识与分析。此时此刻，要掌握与运用科学的方法，辩证地、全面地反映和报道事物这是防止新闻失实的一个重要方面。

3. 在写情节细节时严禁想当然。

新闻写作与文学创作有着本质的区别。将推测、推论、合理想象的东西作为事实来写均属想当然，无可非议地在严禁之列。

4. 培养质疑意识，注意核对引用资料。

（1）稿件中所引用的材料，包括采访中获取的各种素材、背景资料、史料，要通过不同的途径查询与核对。

（2）对被采访者的自述，即记者通过采访所获得的第一手材料，也要保持质疑意识，也要核对。

（3）要注意核对数字。

5. 描写要有分寸感。

新闻界最常见的是滥用溢美之词，描写时夸大、渲染、拔高。新闻描写是否恰如其分从根本上说，起决定作用的是记者的态度，能否保持客观公正和实事求是。如果带着个人的好恶，就会有意无意地夸大或缩小有关的事实。

6. 要注明新闻来源。

一般来说，新闻来源主要包括新闻事件的参与者、新闻事件的目击者、新闻事件的知情者等。

7. 严格执行稿件送审制度。

审稿者主要是被采访对象。这个程序不仅有助于纠正稿件中的失实之处，而且在某种意义上相当于二次采访。记者写出来的稿件，也还要经过所在传媒内部的审改。

二、客观

（一）新闻客观性的概念

新闻客观性一词有多层含义：有时被用于表示某一类陈述即科学主张的性质，这时它被称作“客观真理性”；有时被用于表示人们在科学研究过程中所应遵循的程序和步骤，这时它被称作“客观程序”；有时它也被用以指称合格的研究者所应具备的精神面貌，这时它被称作“客观态度”。

新闻客观性一直是一个颇有争议的概念，西方新闻学者和记者将之奉为圭臬。而在我国的新闻理论界，有不少学者认为，新闻记者总是代表一定阶层的利益，基于一定的立场和态度来报道新闻，不可避免地具有主观倾向性，因此，新闻报道不可能完全客观。

（二）叙述视角与新闻客观性

视角原本是摄影术语，指摄影镜头所能摄取的场面上距离最大的两点与镜头连线的夹角，应用于叙事学理论，则是指叙述者叙述的视点，按照托多罗夫的解释，就是叙述者与人物之间的关系，在《叙事作为话语》中，他将叙述的视角分为三种：叙述者 > 人物，叙述者 = 人物，叙述者 < 人物。热拉尔·热奈特则用“聚焦”代替视角，也提出三种聚焦模式：（1）零聚焦或无聚焦，既无固定视角的全知叙述，其特点是叙述者说出来的比任何一个人物都多，他俨如上帝，无处不在；（2）内聚焦，叙述者展示某个人物或某些人物的所见所闻，其特点是叙述者仅说出人物知道的情况；（3）外聚焦，其特点是叙述者所说的比人物所知的少。

关于视角，有以下几个问题与新闻的客观性密切相关。

1. 视角的广度和深度

面对突发的新闻，记者不可能是全知全能的，他对新闻事实的了解，是基于调查采访以及自身的行动参与（多见于体验式报道）。因此，新闻报道不宜采用无聚焦的全知型视角。外聚焦方式叙述者所知比人物少，叙述者不能一下子把情况和盘托出，有利于制造悬念，在一些侦探小说中经常被采用。但这种聚焦方式，不利于让受众迅速获知新闻事实，与新闻传播的特性相违背。因此从聚焦方式上来讲，最适用于新闻报道也最有可能实现新闻客观性的，是内聚焦方式。

2. 叙述视角的单项性与多项性。

在上面的分析中，我们说最适宜于客观地报道新闻的视角是内聚焦方式。而根据叙述视角单项与多项，稳定与变化的对立，内聚焦又分为固定式的内聚焦、不定式的内聚焦和多重式的内聚焦三种。固定式的内聚焦其聚焦点即人物的视点只有一个，不定式的内聚焦其视点则可以变化转换，多重式的内聚焦，则是用不同人物的眼光来看同一事件。

在新闻报道中，固定式的内聚焦一般是以记者自身为视点。记者通过叙述自己接到新闻线索、到达采访现场、完成采访的过程，将新闻事实展现出来。目前新闻媒体上所见最多的就是这种聚焦方式的新闻报道。不定式的内聚焦和多重式的内聚焦被西方记者熟练使用，如今也被我们的记者所接纳采用。通过变换视点，记者可以反映各方面观点，力求做到公正与平衡。

3. 叙述视角的可信度

任何一种视角都有可信度的问题。比如在报道一个刑事案件时，犯罪嫌疑人对自我的行为进行辩解，通过他的视角反映出的信息，其可信度是值得怀疑的甚至是虚假的。因此，为了给受众提供真实的权威的信息，记者在报道时经常采用权威视角，比如专家学者、政府官员对事件的叙述和评论。

但需要指出的是，视角不是唯一的，可信度低的甚至没有可信度的视角并不影响新闻的客观性。无论一种视角的可信度是多么低，增加此种视角比忽略这种视角更能增加新闻报道的客观性。因为在新闻报道中，叙述的视角，一方面向我们提供了新闻事件的相关信息；另一方面，也提供了观察者自身的信息。

（三）新闻客观性和倾向性

客观性与倾向性是辩证统一的，客观性是倾向性的基础，倾向性寓于客观性之中。

1. 新闻的客观性

新闻的客观性即新闻按照事物的本来面目如实报道的特性，包括内容、形式两个方面。内容上的客观，指新闻事实是一种客观存在，形式上的客观，指新闻的倾向性是通过新闻事实的逻辑力量显现的，报道者属于寓贬褒于客观叙述之中，而不随意加以主观的解释。

所以，新闻的客观性是新闻的一条基本规律。

2. 新闻的倾向性

新闻的倾向性是新闻媒介或明或暗地表现出的特点的政治立场。

（1）新闻事实本身就有明显的倾向；

（2）新闻事实反映着两种或更多的倾向；

（3）在报道新闻事实的同时，还可以通过评论、版面安排、电视新闻图像的解说、新闻照片的说明反映倾向。

3. 倾向性和客观性的关系

新闻必须是客观的、真实的、公正的、全面的、同时必须是有立场的。对于这一论述，要全面理解，不能把割裂出来片面的应用。必须使倾向性与客观性密切结合，做到互为辩证统一。客观报道是基本表现形式，所表现的倾向有直露的、十分明确的、也有比较含蓄的、带有“润物细无声”的意味。

三、公正

（一）公正的含义

什么是新闻的公正性？这是一个见仁见智的问题。记者和读者对公正性的看法有不同的立场和出发点。读者期望记者在新闻采访、写作、编辑过程中，能采取一种专业化操作方式，能从公众的利益和视角架构新闻，而不是从记者个人的偏好出发。由于个人对每个新闻事件的感知是有差异的，再加上个人的偏见和价值观上的差异，纯客观的新闻报道是不存在的。但是新闻报道应当尽量追求客观的、真实的、准确的和公正的。

（二）新闻不公正性的体现

新闻不公正性包括：事实的不准确、不完整、不全面、不深入、没有解释、没有背景、没有语境。此外，新闻的事先策划、拒绝报道某件新闻、拒绝更正失实报道、记者采访报道过程的傲慢无礼、报道传言、报道谎言、不核实事实、无信源报道、匿名信源、煽情、渲染暴力、侵犯隐私等等。

（三）公正报道的基本做法

（1）记者应坚持客观公正的职业理念，坚持深入实际，调查研究，忠于事实，追求真理的职业精神。

（2）坚持准确、公正、全面、客观的报道原则。不从个人或小团体利益出发进行影响公共利益的报道。

（3）区分报道事实和评价事实，不将评论或猜测作为认定的事实发表。

（4）案件报道不应影响司法公正和法律判决。不偏袒诉讼任何一方；案件判决前，不作定罪、定性报道；不针对法庭审判活动进行暗访；报道公开审理的案件，应遵守相关法律规定。

（5）报道中避免对种族、性别、年龄、职业、宗教信仰、教育程度、居住地等的任何歧视。

第三节　全面、时效、趣味

一、全面

（一）全面性的含义

新闻报道的全面性是指新闻报道要提供新闻事件各方面的事实、进展、意见，不片面报道和不隐匿事实。

片面报道是指对新闻事实的描述不完整，对新闻事实加以歪曲，从而未能够还其以本来面目、不能够将新闻事实真实地展现在受众面前，使受众对新闻事实产生误解。

隐匿事实，是指那些题材重大的事实的隐瞒不报，这些事实具有重要性、重大性的特点，广受人们关注，是不允许、也无法隐匿不报的、危害群众的知情权。

（二）新闻报道全面性原则

1. 向新闻受众全面地提供事实与情况，尤其是看法对立的事实与情况，才能保证新闻传播的宏观真实全面与客观公正。

2. 全面报道事实，全面提供各方面情况与进展。

3. 全面报道与评论事实。

（三）新闻报道不全面的危害

新闻报道不全面的情况有两种，一是片面报道，一是隐匿事实。

1. 片面报道的危害。新闻报道内容片面，就是对新闻事实的歪曲，就会使受众对新闻事实产生误解。

2. 隐匿事实的危害。隐匿事实，就会危害群众的知情权，损害新闻媒体形象，甚至是损害政府形象。

（四）如何维护新闻报道的全面性

新闻是对新近发生或正在发生的事实的报道。正在发生的事实，一般是指有重大政治意义的会议、或体育赛事、或电视庭审等，这些事件的背景知识相对简单，且其发生或其发生的概率是可以被预知的，因此，新闻媒介对这些事件的报道，通过电视、广播、网络的现场同步直播展现在受众面前的事实基本上就是全面、真实的。但是对于已经发生的事实的报道，则需要记者通过现场调查、电话采访、人物专访等，通过对有关人员的采访才能了解事实的全过程，然后通过记者的文字描述、图像及以对新闻事件当事人、目击者的采访实录，将事件展现在受众面前。新闻记者能否全方位调查，然后通过报道，将事实再现，是保证新闻全面与否的关键。

（五）做到新闻报道全面性的具体要求

1. 对一件新闻事实的报道过程要完整，情节要详尽，尤其是对不可缺的重要过程与情节，必须作出细致的报道，如果实在无法提供有关信息，要作出明确交代或说明。

2. 对一种社会现象的报道，要提供纵向与横向的全方位材料与分析，既不隐恶显善，也不隐善显恶，使公众毫无障碍地获得关于这些社会现象的整体资讯和全部看法，以便通过独立的观察与思考，得出他们自己的印象与结论。

3. 对有争议问题的报道，要全面顾及和充分报道各种情况、意见与看法，即使是少数人的意见，或者在传播者看来是错误而不加认同的意见，也应毫无保留地向公众公开报道，而不是将自己的看法强加于公众。

二、时效

1. 时效性的含义

时效性是指新闻事件的发生与报道之间的时间差，时间差越短，则时效性越强，即新闻产生应有社会效果的时距限度。也就是说新闻很重要的就是时间。时效性不仅是新闻的价值也是新闻的质量。记者应有新闻敏感与正确的时效观（即快采快写），以传播新闻信息为使命，以先声夺人的速度吸引受众，满足受众求新求快的欲望。尤其是对突发事件的报道，不仅要快速、准确报道突发事件，还要做到有形有神，再现现场可以加强新闻的真实性、可信性。在市场经济条件下激烈的新闻竞争中时效往往决定胜负。

2. 新闻时效性的表现

新闻时效性表现在时新性、时宜性两个方面。所谓时新性是指力求时间上的最新报道。所谓时宜性主要是指新闻什么时间发布最恰当最有利，抓住火候，趁热打铁，是对某些社会问题、社会现象的新的发现、新的思考，是适应观众需要的。

失去了时新性，电视新闻也就失去了播放的价值，一条过时的新闻当然没有必要去看；失去了时宜性，电视新闻将没有新鲜感，将无法调动观众的积极性，无法使他们从情感上参与到其中来，更别说观众“看与不看”。因此要辩证地处理好先发制人与后发制人的关系。

3. 时效性的认识

时效性又包括“新”和“快”二字。所谓的新，就是新鲜、新奇、新生。新闻离开了新，便成为明日黄花，就不能称之为新闻，而只是旧闻了。新闻的这一特性决定了新闻的时效性，及时报道新近发生或发现的事物，向读者提供多方面新鲜的信息，如果反映不迅速，不讲求时效，更不用谈“新”和“快”，就一定失去应有的价值了。

新闻的“新”，这是新闻的生命力，也是对新闻的起码要求。新闻的新有两方面的含义：

一是时间要新，是新近发生的事实；二是内容要新，所反映的事实具有新鲜性。

时间不新，有两种情况。

一是事情已经发生，应该报道，可是由于某些原因，如不知道或是没有及时得到有关情况。还有许多人为的因素，如当下新闻界存在的某种程度上的等新闻、等消息的现象。外国新闻媒介的一个“抢”字，值得学习和借鉴。比如说某地发生了火灾，等你知道后火灾已扑灭，你就不能拍到好的抢险照片，看不到现场的英勇壮烈场面和大无畏的精神风貌，自然就写不出有情感的文章。事后再报告也许别的报刊已在收尾了，而你还在叙述事件经过，这无疑吃别人嚼过的馍——没味。

另一种“不新”体现在虽然情况及时掌握了，但由于思想观点、业务能力、采访写稿、审稿、发稿等环节上的原因，稿件发迟了，读者看到的新闻也就不新了。因此，编辑、记者应密切配合，克服慢慢腾腾的“老牛拉破车”的作风，提高发稿效率。

4. 新闻时效性的要求

首先，事实要新。新闻不是记历史，新闻不是讲故事，它报道的是新近发生或发现的新闻事实。

其次，视角要新。新闻不仅要有新鲜的事实内容，而且还应给人以新意，使人读后能得到新的收获、感受、启迪。有的主题虽然很老，已经是多人写过，但只要转换一个角度，善于抓事实的不同点，选择新的角度进行报道，不去走寻常的老路，另辟蹊径，用独立的视角去选择新的着眼点、支撑点，推陈出新，同样可以“老树发新芽”，旧事翻新意来。

5. 新闻工作者应有新闻敏感与正确的时效性观念

所谓新闻敏感就是新闻工作者能够敏感地发现新闻线索的一种能力和本领，也是衡量新闻工作者工作能力的重要标志。又称“新闻嗅觉”“新闻鼻”。它是新闻工作者迅速识别和判断新闻事实中的新闻价值的能力，其核心就是政治敏感。这种敏感是在长期的新闻工作实践中锻炼培养出来的。

新闻敏感要求新闻工作者在努力学习理论知识的同时，还要积极进行指导实践，着眼于对实际问题的理论思考，着眼于新的实践和新的发展，努力使自己从理论的高度观察分析社会问题；平时注意深入社会生活和社会基层，特别注意和普通人和基层的同志保持密切的联系，和群众的喜怒哀乐息息相通，广泛接触；有发现新闻的“慧眼识珠”敏感，从习以为常的现象中发觉新闻，预见新闻背后的新闻；还要能够从同一件事物用不同的角度，找出最有价值的新闻，并选择最佳的新闻角度及时报道。

6. 突发性事件的时效写作技巧

在突发事件面前，记者的唯一选择就是快——快采、快写、快发。新闻现场不“抢”就会失之交臂，尤其是突发事件，它对时间性的要求更严格。它往往没有征兆，而是瞬间发生的。但这些却又是人们关注的。俗话说“眼见为实”这就说明人们都有亲眼看见的欲望，要使新闻报道做到有形有神，使受众仿佛身临其境、亲眼所见，就要做到再现现场。克里姆斯曾说：最好的写稿人总是把报道写成似乎可以触摸到的有形物体。如果你不这么做，那么你写的报道就会变成过眼云烟，读者也就感觉不到它的存在。因此要想增强新闻的真实性、可信性就应该充分的发挥现场的“魅力”。

对于突发性新闻事件的报道可以遵循以下要诀。①在第一时间赶到现场，抢拍火灾、抢救等突发现场，并尽量从有利问题解决的方向进行采访报道。特别要注意把握事实分寸，对于事故的地点、时间、伤亡情况要认真核实。注意与相关部门通气和必要的请示，把握政策性，同时也寻找一些采访上的支持。如对丑恶现象的曝光要争取有公安机关的配合。要想第一时间报道突发事件，记者不仅要注意观察和积累还要听取受众等的意见来获取新闻线索。因为新闻线索一般比较简单，有的只是事物的表象。②新闻线索往往是转瞬即逝的，看似不起眼，而其中却可能蕴藏着重要的新闻价值。记者只有掌握第一时间的新闻线索才能第一时间赶到现场，“抢”到新闻，并写出第一时间的新闻作品。

三、趣味

（一）趣味性概述

新闻的趣味性是指新闻的内容引人入胜和行文的涉笔成趣，能最大化的追求内容真实、新鲜。它有两层意思：一是指内容新奇曲折，富有情趣；二是指写作形式和表现手法生动活泼，具有吸引力。有关反映社会风尚、风土人情、山川景物、旅游探险、科技发明、诉讼案件的新闻，更注重趣味性。

（二）加强趣味性技巧

1. 加强副刊内容策划，提高趣味性和可读性

文艺副刊必须时时刻刻、毫不动摇地围绕“新闻中心”选素材、找作者、列题目。

体育新闻一直是某报的热捧品牌，欧洲足球锦标赛期间，体育部在原有的基础上又增加了10个版面，并根据比赛时差，全体工作人员实行夜班制度，“第一时间全程追踪报道、第一视角全方位报道”，请名家、名记者开辟特色专栏，如“女性侃球”“冷眼观潮”“记者点评”等等，渗入实质，彻底剖析。

娱乐新闻坚持“三不”原则：不炒作、不渲染、不走低俗路线。

2. 报纸版式创新的主流趋势

（1）版面简约化

从近年来"简约"似乎统宰着主流报纸的版面，而且最有人气。一些极富创新精神的报纸，版面上尽量避免复杂的花线、变化的字体、可有可无的底纹，使整个版式看起来"眉清目秀"，趣味性也油然而生。

（2）"厚图"面积化

随着时代的进步和生活节奏的加快，传统的读文时代进入"厚图"时代。这既是对读者变化了的阅读习惯的主动适应，也是发挥图片的视觉优势、实现版面革新的要求。"厚图"版式深化了"图文并重、两翼齐飞"的办报思路，为创新版面设计带来了极有利的条件。

（3）个性突出化

鲜明个性的版式，会在潜移默化中被读者认同，成为读者识别媒体的重要标识。一个成功的版式，一个富有个性的版式，读者即使捂住报头，也能从版式上轻而易举地识别出这张报纸来。

（三）新闻的趣味性与实用性相结合

其实趣味性和实用性二者是不可分的，是有机地联系在一起的。

趣味性不是低级趣味，不是猎奇，更不是要求胡编乱造。读者读新闻的要求同样是与时俱进的，在阅读已经进入了读图时代的时候，读者更是要求在阅读中获得更多的信息量，来满足快节奏的生活要求。因此，与其说实用性是报纸新闻的属性所要求的特征，还不如说是时代生活的要求。

读者要求"开卷有益"，那就是不仅仅要满足读者的趣味性要求，还要让读者在满足了兴趣的同时得到一定的知识储备。也就是说新闻的实用性属性是和新闻与生俱来的。

我们只有把报纸新闻的趣味性和实用性相结合才能最大化地满足读者对报纸新闻的阅读需求，满足读者的阅读兴趣，提升报纸对读者的吸引力。

第四节 新闻写作概述

一、新闻写作的原则和特点

（一）新闻写作的原则

1. "用事实说话"原则

"用事实说话"，就是通过报道事实向读者阐明某种思想和观点。作者的倾向性通过事实自然而然地显示出来，而不是特意将它指出来。

西方新闻界提倡所谓的“客观报道”，还在新闻分类上提出纯新闻、硬新闻等概念，以强调用事实说话的原则。对此，我们应有自己的分析。

首先，我们要指出，真正纯客观的新闻报道是没有的。新闻作者报道任何事实，都不可能没有自己的观点。即使在文字上没有明显的倾向性，在题材的选取和应用上也必定有倾向性，不然，就无法解释他为什么选择某一事实而不选择另一事实，为什么对某一细节详细叙述而对另一细节却一笔带过或干脆不提。自以为纯客观报道，其实是一种不露声色的影响读者的技巧。

其次，我们要学习“客观报道”的技巧。早在1956年6月28日，刘少奇同志在同新华社负责人谈话时就指出：我们“要学习资产阶级通讯社记者的报道技巧，他们善于运用客观的手法，巧妙的笔调，既报道了事实，又挖苦了我们，他们的立场站得很稳”。那时，我们对新闻技巧的掌握还不纯熟，向西方记者学习的确是必要的。现在我们已经有了一整套用事实说话的方法。总之，我们虽然并不认同那种“纯客观”的说法，但我们却坚定地恪守用事实说话的原则。

2. 精选事实，以小见大原则

新闻写作者必须有一对慧眼，能在纷纭的现实世界中精选出最有价值的事实。有价值的事实未必就是大事，有时，一个小小的事实却能显示出整个社会的特点。人们说，一滴水能映出太阳的光辉。在新闻写作中，我们就是要努力地寻找能够映出太阳光辉的这一滴水。

3. 正反并举，对比衬托原则

有比较才能有鉴别，有时，新闻作者只需将今昔、正反等不同的事实组织在一起，读者自己就会通过比较得出结论。

4. 集点成面，点面结合原则

这里所说的“点”，指发生在特定时间和空间中的具体事实。“面”，则是指整体的面貌。“面”虽然也是事实，但需要归纳概括，不像“点”那样具体客观。要想充分地体现“用事实说话”的原则，集“点”成“面”是一个有效的方法。

5. 目击实录，再现场景原则

在新闻叙事中，现场目击的记录、亲身经历的讲述、口述实录，最具现场感和逼真性，也最能体现“用事实说话”的原则。这三种叙事方式的共同的特点是：

首先，采用第一人称叙述。作者或被采访者现身说法，讲述自己的亲眼所见和亲身经历，提供给读者的是不容置疑的第一手材料。

其次，事件在“现在进行时态”中展开。在这样的叙事中，读者能获得同步经历的真切感受。

第三，逼真的现场感，形象生动。

6. 要言不赘，画龙点睛原则

新闻写作提倡“用事实说话”，并不是一味地排斥议论。相反，适当时候那种言简意赅、一语中的的议论，能够使事实更清楚、更完整。在仅仅叙述事实不能准确传达意蕴，或者事实的意蕴过于隐蔽，不在一定程度上予以揭示容易引起误解的时候，适当的议论跟新闻报道的客观性原则并不矛盾。不过，在新闻中议论切记要注意以下两点。

首先，议论必须是从新闻事实中自然而然引发出来的。不是离开事实的任意发挥，也不是在事实之外硬贴上一张理性的标签。

其次，议论必须是要言不赘、十分精练的。传说张僧繇画金陵安乐寺四白龙，点睛后即飞腾而去。新闻事实就是那龙，而其中的议论就是那点睛之笔。这个比喻说明，有了点睛之笔，文章才能活起来。同时也说明，点睛之笔，一点而已，文字上惜墨如金，十分简约。

7. 适时引语，借口说话原则

有时，新闻的作者也可以把自己想说的话，借别人的嘴说出来。如果自己出面评论新闻事实，是主观的议论，但是将别人对事实的评论记述出来，就是一种客观报道了。在新闻叙事中，这也是一种可取的手法。需要注意的是，所引的别人的语言，必须是真实的、准确的，不得歪曲原话，不得断章取义。有时还有通篇借口说话的写法。

（二）新闻写作的特点

1. 敏于捕捉

新闻工作者，要写出好的新闻，就需要有敏于捕捉蕴藏在现实生活中的丰富而有意义的新闻题材的特长。新闻工作者就是要追新逐异，并且着力于标新立异，新闻要力避老生常谈的依样画葫芦，力避不能敏锐报道与评述生活的陈词滥调。但对生活中的种种“新异”，一般人往往习以为常，熟视无睹。加之生活在前行的轨迹中闪现的新光异彩，总是一掠而过，一瞬间便成陈迹。这就要求新闻工作者有敏锐地捕捉新异从而摄取新闻的能力。这种敏锐能力不是轻易就能具备的，需要新闻工作者有较高的思想理论修养，深入生活，留心各种各样的事情，将新的发现、新的感受、新的分析思考写进“新闻手记”。这样的功夫下得越深，捕捉新闻的敏锐感就越强。

2. 勤于采访

新闻工作者的实践，主要是指采访的实践。

采访是一门专门的科学，采访是一个完整的系统工程，采访也是一种独特的艺术。

采访要顺利进行并获得理想的效果，就要拟写采访提要，找准采访对象，注意采访方式。

3. 精于构思

有了从采访中获得的真实情况，要拟定出切乎要旨的新闻稿，还要精心构思。

一篇新闻立什么主旨，选取什么材料表现主旨，材料的详略处理，先后安排等等，都得一丝不苟地精心构思。这里的一个“精”字体现了写作主体的匠心独运。

4. 疾于运笔

如果有了材料，又下过一番构思的功夫，就得疾于运笔，迅速成篇，交付发表，这样才不致贻误时机。

运笔要“疾”，不仅仅是从时间上要求快，还要快中求好。

运笔之疾的能力，是从艰苦笔耕中获得的，只有勤耕不辍，才能有敏捷的才思，才能“妙笔生花”。

二、新闻写作的基本要求

1. 新闻要真实

（1）新闻写作的生活真实与本质真实

通常，人们把真实区分为生活真实（现象真实）和本质真实两种类型。简单地说，在生活中真正发生了的事实，属于生活真实；未必是在生活中真正发生过的事件，却能反映出生活的本质和规律的，称为本质真实。

有些文体，只要求具备两种真实中的某一种。而新闻作品，则要求生活真实和本质真实同时都具备。

新闻写作是再现形象，所陈述的事实，所描写的人物、景物，都实实在在存在着。新闻写作的任务是记录这些实在的事件、人物、景物，通过记者的眼、笔或口，再现给受众。从生活真实方面说，新闻写作要求：

①所写的内容，在时间、地点、人物、事件、原因、结果六个方面，都必须与事件发生的原始状况相符；

②在写作细节方面，必须认真、准确，不能编造，更不得添油加醋、移花接木、夸大缩小；

③在使用引语时，必须照引原话，可有合理的选择，但不得对原话进行歪曲、增删，也不能断章取义。

在本质真实方面，新闻写作要求：

①运用于分析和解释的背景材料必须真实、准确；

②所运用的判断、推理等思维形式必须正确，合乎逻辑。

（2）在文本中真实能否真正实现

在文本中真实能否真正实现？这是一个很复杂的问题。新闻是以语言为媒介的信息载体，不是事实本身。在新闻中语言是表达现实生活的工具，但语言和现实生活毕竟是异质的东西，不可能完全等同起来。

由于语言和现实生活的异质性，当我们把现实生活转变为语言的时候。新闻不可能对现实进行复制和还原，只能是对现实的摹写和表现。在用抽象的语言文字表达现实生活时，一定的模糊性、伸缩性、不确定性是不可避免的。所以，新闻文本和它的表现对象之间，只能是相近、相似的，而不会是完全相等、相同的。如果认为新闻的真实是相对的，新闻的内容与事实本身相符（而不是完全吻合）就是真实的，那么，新闻真实的实现并不十分困难。

（3）新闻失实的表现

在新闻写作的实践中，经常出现失实报道。主要表现形式为以下几点。

①捕风捉影，无中生有。无中生有，这种现象较少见，但情节最为恶劣。有两种情况：一种是记者自己捏造的。少数记者私心作祟，为了搞“独家新闻”一鸣惊人，苦心孤诣炮制假新闻。20 世纪 70 年代报上登过一则“美人鱼”的照片，鱼头，女人身，文字注明此美人鱼是在非洲某一湖里发现的，后来弄清楚是用鱼头照片和女人身体照片剪贴拍出来的。

像这样采访不深入，道听途说，捕风捉影，造成失实的情况很多。但只要坚持实事求是的原则，有认真负责的写作态度，就不会做出这种欺骗读者的行为。

②张冠李戴，移花接木。在新闻写作中，这种张冠李戴，移花接木的手法，绝对不能用。就是把甲做的事情转移到乙的身上，或者把两件没有多大意义的事情像树木嫁接一样组接成一件事，采取小说创作中那种“杂取种种，合成一个”的方法，也许真可以“化腐朽为神奇”，制造出一个很有价值的新闻来。只是，这样写出来的纯属假新闻。

③添枝加叶，夸大事实。在新闻报道中，如果能有一些生动精彩的材料，当然可以提高新闻的可读性，甚至使新闻的质量上升一个档次。但是，这些材料是可遇而不可求的，如果没有，不能编造。

另外，有些报道在强调某点的时候，运用夸张的方法，说一些夸大不实的话，这也是应该严格防止的。

过度的夸大容易防止，小处的添枝加叶却是不少人都有的习惯。破除虚荣心和名利观念是关键，绝不能为了个人利益，写有偿新闻，胡乱吹捧，伤害读者。

④现象虽有，本质失实。客观事物的现象是纷繁复杂的，人们在认识过程中常常不能一下子就把握住它的真相和本质。如果只抓住了一些表面的现象甚至是假象进行报道，虽说文中所写的具体事件是真实的，时间、地点等各种要素也没有偏差，但由于认识和评价与实际不符，仍然是失实的。也就是说，现象是真实的，本质是失实的。

现象是否真实是硬性的，可以用种种客观的手段进行核查。本质是否真实是软性的，本来就没有有效检验的手段，再加上作者是对自己的主观认识的准确性进行检验，当然更难发现谬误。不过，如果能够反复核查事实，多方征求意见，加上自己多方向多层次的深入思考，真正把握住事物的本质也不是太困难。

⑤曲解事实。在报道中，曲解事实的新闻也时有发生。比如××××年××月，电视台一条新闻说：今年报考师范院校的学生比往年明显增加。原因是教师工资待遇提高，社会地位提高，使更多的考生选择了教师职业。实际上报考师范院校人数增加的主要原因是其他许多院校都改为交费上学，而师范院校是公费上学，对于大多数中低收入家庭的考生来说，不得不更多地走向师范院校。不仅师范院校，农林、地矿等院校的考生也较过去增加，而同时师范院校的应届毕业生中仍有不少人设法“跳槽”。

这种新闻失实多是为了迎合某种政治需要，配合某项宣传任务而强扭角度造成的，或者是由于片面地、孤立地、简单化地看问题造成的。

（4）坚持新闻真实性是记者的职责

捍卫新闻的真实性原则，是记者、编辑的神圣职责。

①实录不等于自然主义记录。面对新闻事实，记者可以报道，也可以不报道；可以速报，也可以待时再报；可以重点报道，也可以淡化处理。但是报道出来的内容，必须和实际发生的事实相符。新闻记者是时代的记录者，就应该坚持实录精神。事实是怎样的，就怎样报道，不唯上，不唯风，更不唯利，只唯实。

②坚持“实事求是”精神。记者对于新闻事实的可见形象，坚持实录就坚持了真实。对于新闻事实的内在本质、原因、意义的揭示，仅靠实录是不够的，还需分析、研究。而分析、研究，必须“实事求是”，“实事”就是面对的新闻事实以及背景事实；“是”就是事实的内在本质，内含的道理、原因等；“求”就是从总体上，从相互联系中，认识新闻事实的本质，把具体事实的真实和总体本质的真实统一起来。

③提高记者、编辑的辨别力。辨别力，是经验、知识和分析能力的综合表现，需要长期的积累、锻炼。需要观察，需要思考，需要实践，需要理论。记者、编辑必须深入实际，参加到人民群众的实践中去。记者、编辑既要深入实际，又要出于实际、高于实际，也就是说能用马列主义、毛泽东思想的科学原理和科学方法，认识实际。

记者、编辑只有在具备敏锐的观察力和辨别力的情况下，才有可能及时识破假象，不被谣言迷惑。

2. 新闻要精练

（1）新闻以短为主

新闻的短，并不是说只要短就好。短只是形式上的要求，在内容上，还要求丰富精深。其具体要求为：

①现代社会讲究快节奏和高效率，拖沓的新闻不受欢迎。

②新闻的传播一般都是一次性的完全传达，不宜太长。新闻不像文学作品那样，可以在长长的一段时间里慢慢品读，一本书一篇妙文可以读上一年半载甚至数

年，新闻必须在极短的时间内完成信息传递，自然不能写成长篇。

③读者要求新闻提供足够的信息数量，以便对社会现实有全方位的了解。这样，每篇新闻的篇幅就必须短小精悍。

④新闻媒体的版面和时间有限，容不下鸿篇巨制。虽然现在新闻媒体越来越多，报纸的版面越来越大，广播电视的播出时间也在延长，但它们的新闻版面和栏目依然容量有限。

（2）把新闻写短的方法

怎样才能把新闻在形式上写得短，而且内容又丰富精深呢？下面几点仅供参考。

①一事一报。一事一报适用于多种新闻体裁，是新闻写作追求简洁精练的手法之一。集中报道一件具体的事实，不蔓不枝，笔无旁涉，自然容易把新闻写得短小精悍。

②提取精华。对于复杂的事件，要想写得言简意赅，可采用提取精华的写法。下例中，虽因概括性太强而稍感觉枯燥，那也实属无奈，但文中的数字和比率，即精华部分，使事件有了清晰的描述，仍不失为一篇成功的报道。

③巧取一隅。对于复杂的事件，还可以只表现它的一个小小的局部，把更多的部分留给别人去写。这样写虽有不够完整之嫌，写好了也不乏新鲜感。把一个局部强调出来，本身就有些出人意料，立意不俗，就容易吸引读者。

④选材典型。选择典型事件，就是选择那些既有共性特征又有个性特点，有着广泛代表性和强大说服力的事件和材料。人们通过典型事件，能够举一反三，由个别见出一般，由现象认识本质。

⑤以小见大。下面这则新闻，从农民买计算机、上网，在网上谈生意这一小处着眼，从而让读者看到了农村日新月异的变化和中国改革开放以来的新面貌。

【写作范例】

千人小村已有 75 台电脑
水龙村 21 家企业上网建主页

——××××年××月××日《人民日报》

本报××12 月 4 日电　户均拥有电话 1.18 部，每百户拥有计算机 25 台，每百户因特网注册率达 30%以上，村里 21 家产值 100 万元以上的企业在因特网上建主页，有一个村级综合信息库及一个集语音、数据、图像“三网合一”的信息网络，因此，玉环县水龙村最近成为××省第一个“信息化示范村”。

水龙村是一个小村，面积不足 1 平方公里，人口不过千余。但它却是个经济强村，298 户村民中有 72.6% 的村民自办企业，去年，该村工农业总产值达 2.366 亿元，村民人均收入 8800 余元，有 32 家企业年产值超 100 万元，有 6 家企业年产值超 1000 万元。

随着经济的迅速壮大，水龙村的农民企业家们越来越感到，必须及时获取市场信息，必须与省内外、国内外商家建立广泛而便捷的联系。近几年，不断有村民购买计算机，上因特网。今年 4 月，玉环县政府决定把水龙村建成"信息化示范村"。村委会出台优惠政策，买计算机者奖励 800 元，上网手续费由村集体支付，并举办了两期共 40 多人参加的计算机培训班，大大加速了"信息化示范村"创建进程。到今年 10 月，全村已拥有计算机 75 台，已注册因特网用户 91 户。

水龙村在创建"信息化示范村"过程中，发生了三件意想不到的事：第一件是意大利用户在网上寻找中国各类汽车配件的化油器产品时，相中了水龙——玉环县化油器总厂的产品，他们专程赶到该厂洽谈，现已有了意向书；第二件是××市汽车部件贸易公司在网上了解到水龙村的有关信息，派出 3 人到水龙村考察了 8 个企业配件生产现场；第三件是澳大利亚一位客商在因特网上查到了水龙阀门厂的网页，即派人到该厂考察，并提供图纸，提出厂方专营、产品包销等意见。经这几个月网上洽谈，现在生意已经做成，阀门厂的产值因此从 300 万元跃升到 1200 万元。

⑥跳跃组合。叙述事件，一般都要沿着设定的线索，或时间顺序、或空间顺序，井然有序地向前推进。凡有转折处，则要安排过渡段、过渡句或关联词语架桥铺路，实现文脉的贯通。而在新闻写作中，有时为了压缩篇幅，干脆取消过渡语句，直接把不同角度、不同阶段的事实一条条摆出来，段与段之间有着明显的断裂，这就是跳跃组合。

3. 新闻要快速

（1）新闻写快的方法

"快"是新闻的传统。网络新闻的面世，把这个传统发挥到极致。许多网上新闻报道的是刚刚发生、正在发生的事儿。

①须具备新闻敏感，具备较高的分析事物、洞察事物的能力，以便能够迅速抓住采访所得材料中最新鲜、最有价值、最本质的东西，这是写快的先决条件。

②要有熟练的新闻写作技能。熟生巧，巧生快，这是一条规律。

③要有争分夺秒的精神。不要等采访完了，四平八稳地坐下来写，应该在采访的同时就构思写，甚至是边访、边看、边写。动态性报道应该是采访完了，稿件也基本写出来了。

④事先酝酿。对于一些预发生事件，可以在事件发生前根据已掌握的材料写好初稿或片段，等新闻事实发生时，再到现场边访边修改。例如一些重大庆祝活动、外事活动，乃至一些体育新闻，常常采用这种方法，但必须注意实事求是，不能不

顾实际。

⑤要学会写短新闻，短才能快。1984 年新华社记者高 × × 仅用 10 分钟左右就采写了我国运动员许海峰在美国洛杉矶第 23 届奥运会中以 566 环的好成绩获男子自选手枪冠军这一好消息。

【写作范例】

我国选手获得奥运会第一块金牌

——新华社洛杉矶 × × × × 年 × × 月 × × 日电

中国在奥运会历史上“零的记录”的局面在今天 11 时（北京时间 × × 日凌晨 2 时 10 分）被中国射击选手许海峰突破。许海峰以 566 环的成绩获得男子自选手枪冠军，夺得了本届奥运会的第一块金牌。

中国体育代表团副团长陈先在许海峰获得金牌后对新华社记者发表谈话时说，这对中国运动员是极大的鼓舞。这是中国在奥运会历史上得到的第一块金牌，实现了“零”的突破，在中国体育史上具有深远的意义。他表示感谢运动员和教练员作出的艰苦努力。

许海峰今年 27 岁，是安徽省供销社的职员。他在获得金牌后对新华社记者说，这还不是他最好的成绩，只不过是正常发挥了技术。他最好的成绩是 583 环。他表示要不骄不躁，继续努力，争取今后取得更大成绩。

（2）新闻快发的方法

①事前准备。事前准备包括心理准备和材料准备两个方面。心理准备就是“时刻准备着”的精神状态，一旦有新闻事件发生马上就能放手捉住。材料准备是对可能发生的新闻在事先所作的必要的了解。

②采访及时。记者在发现新闻线索后，要立即到位进行采访。现代先进的电子设备和通信工具，为记者采访提供了许多便利条件，如可以利用录像、录音的方式进行采访，甚至可以用电话对千里之外的人进行采访。

③出手成章。“出手成章”就是写稿快，能在几分钟或十几分钟内写成一篇短新闻，能在一小时或几小时之内写完一篇较长的通讯或专访。除“出手成章”外，还要有“出口成章”的本领。有些新闻为了赶时间，来不及写出稿子来，就直接向编辑口述。

④迅速传递。现代新闻的传递手段很多，例如电报、电话（尤其是无线电话，更为方便）、传真、电子邮件等。现在实行的实况转播，那更是快到了极点。

4. 新闻要鲜活

新闻除了事实新鲜、角度新颖以外，行文时还要注意做到形象生动，让读者如闻其声、如睹其物、如临其境。具体写作时要注意以下几点。

（1）抓好细节

下面这则消息，尽管作者没有展开详细描绘，但是这个3岁小娃娃边吃早餐边看通知，以及最后声明“我不去”时的神态表情，还是跃然纸上，令读者忍俊不禁。就是这两个小小的细节，把整个消息带活了。

【写作范例】

三岁娃娃将被征入伍

合众国际社纽约电

谁也搞不清楚这是怎么一回事儿——本周五，居住在纽约市约克城高地的3岁小女孩皮丽·夏普洛收到了应征入伍通知书。

昨天，她像平时那样吃早餐，她边吃边看一张华盛顿征兵处寄来的通知单。根据这张通知单，她得在“从18岁生日那天起30日内报到入伍。”

尽管小皮丽仍有许多年时间考虑这件事，但她已明确表示：“我不去！”

（2）写出人情

要想写好事，先要写好人。而要想写好人，就必须写出他的人格、性情。

（3）扣人心弦

如果能让读者看不完不愿撒手，不管怎么说都是一种成功。这首先来自事实本身的魅力，其次还要看作者组织材料和表达的功力。

要想扣人心弦、引人入胜，仅靠事实本身的魅力还是不够的，还要讲究笔法。

例如下面这则报道的事实就很有魅力，但在笔法上稍有欠缺。

【写作范例】

澳机历险记

——××××年××月××日《工人日报》××

悉尼警方最近披露了一则令人惊异的消息：一位从未摸过飞机操纵杆的乘客竟能在飞机驾驶员因病昏厥的情况下，驾驶飞机飞行了20多分钟，机上全体人员均安然无恙。听到这则消息的记者们莫不称奇叫绝并为之庆幸。

××月××日，晴空万里，澳大利亚的一位20多岁的飞机驾驶员精神抖擞地驾驶一架双引擎小型飞机从墨尔本飞往新南威尔士。飞机一直平稳地向前飞行着，乘客们也悠闲地看着电影。飞行了30多分钟后，驾驶员突然满头冷汗，因头部剧痛而晕倒。

除驾驶员外，飞机上还有三男一女共四位乘客，但他们谁也没有驾驶过飞机。得知驾驶员昏厥后，乘客们不觉心头一震。在这千钧一发之际，乘客中一位戴眼镜的男士挺身而出，立即机智沉着地充当起“飞机驾驶员”来了；正巧另一位男士熟悉电讯业，他立刻发出了国际无线电求救信号；而其余的两位乘客，则全力以赴地抢救那位年轻的飞机驾驶员。这几位乘客在这险象环生的危急关头，显得秩序井然沉着冷静，这就是他们后来奇迹般脱险的关键。

墨尔本机场飞航管制员收到飞机发出的呼救信号后，当即通过电台发出了“如何使飞机保持平稳和正确的航向”的重要指示。同时他向上司报告了这架飞机的险情。机场当局马上举行紧急会议并当机立断派出一架直升机和一架飞机跟随那架正在历险的飞机以便及时给予引导和指示。“新驾驶员”得到及时的指导，感到激动万分，心里也踏实多了，于是便聚精会神地继续驾驶着飞机……

大约过了20多分钟后，那位得急病的飞机驾驶员奇迹般地清醒了，他立即接替“新驾驶员”，重新掌握起飞机的操纵杆，机上的全体乘客们禁不住大声欢呼起来。又飞行了10多分钟后，这架历险的飞机便安全平稳地降落在丹尼利昆机场上。

这真是绝路逢生，可谓奇迹。

5. 新闻要幽默风趣

对新闻来说，总是进行严肃的说教是不行的，一定要讲究幽默风趣。下面这篇特写就具有十足的幽默风趣感。

【写作范例】

装了假牙的狗

——××××年××月××日×国《×××时报》

大多数狗的上排牙齿是尖的，就像一排字母“V”。

住在华盛顿西区3333号的麦克斯·芬克尔有一条愁眉不展的宠物狗巴斯特·芬克尔，这条狗的牙齿被磨圆了，就像一排字母“U”。

巴斯特是三年前到芬克尔家的，当时它长了一口结实的犬科动物犬齿。它能咬得动最硬的牛排，对客厅里的地毯也不放过，此外，餐厅里的硬核桃木家具它也啃得津津有味。

不管它的主人——一位牙科技师如何劝告，这条狗总是用错牙齿清洁剂。

食物的残渣在牙刷刷不到的地方堆积起来，发酵后产生了酸性物质，这使巴斯特痛苦不堪。

巴斯特不咧嘴还好，一咧嘴就难看得要命。

它的主人赶紧用科学为它解除痛苦，在它的坏牙上装了一副假牙。由于没有狗的假牙，便给它装上了人的假牙。

在巴斯特痛苦不堪的牙床上业已镶了两枚金齿冠。这狗开头拒绝戴满口假牙，总是设法在院子里用爪子挖个坑把假牙埋起来，而不是夜间把它放在杯子里，用水泡它。

现在，巴斯特已经习惯了。

他的主人说："不过，我再也不给狗做假牙了。现在它乱咬东西比过去厉害了两倍，连喂它东西吃的那双手也不放过。"

三、新闻的写作要点

1. 用事实说话

事实是新闻的实体，也是新闻的存在形式。没有事实的支持，就没有新闻报道。因为，新闻的指导性、政治性等，都是由事实派生来的，不是独立存在的。

新闻报道坚持用事实说话，因为事实本身具有强大的说服力。

人们读报纸、看电视、关注传媒，主要目的是想获取信息，知道一些新鲜事，而不是首先想知道一些道理，而且在读报或者看电视的过程中，人们对越感兴趣的信息，就越想知道得具体一些，这里的具体就是事实。

2. 用典型事实说话

典型事实是记者表达倾向和观点要考虑的事情。在新闻报道中常有这样的情况，一个事实选择得好，它可能有以一当十的作用，如果选择得不准，哪怕列举出不少事实，记者想说的话或希望表达的观点，仍然模糊不清。这种以一当十的新闻事实就是典型事实。

典型事实的特点，表现为：

①必须是鲜活的读者所未知的事实；

②必须具有重要性而且是具体的事实。

3. 用背景材料说话

新闻报道中的背景材料，常被称为"新闻背后的新闻"。背景材料在新闻报道中一个重要作用，就是通过灵活地使用背景材料，巧妙地表达记者的观点。

一般来说，在新闻写作中，主要通过以下方法来运用背景材料说话。

（1）善于联想

善于联想是一种通过把所报道的新闻事实，与其他一件或几件事实关联起来陈述的方法，暗示与引导读者进行联想，从而得出结论。

（2）善于对比

通过背景材料进行对比与衬托。俗话说："不怕不识货，就怕货比货。"讲的就是把两件事或更多的事实放在一起对比，横向对比，纵向对比都可以，这样有助于发现问题，认识事物的本质。新闻写作也常常采用这个方法来发表无形的意见。

（3）让不同的背景材料表现不同的观点

新闻事件是复杂多样的，每个新闻事件经常可以找到多方面的相关背景。如何选用背景，选用什么样的背景材料，反映出记者或媒体观察、考虑问题的不同出发点与立场。报道同一件新闻事实，由于选择和运用了不同的背景材料，从阅读的效果分析，会对人们的判断产生不同的影响；从用事实说话的写作方法分析，记者可以表现不同的倾向性的观点。

（4）综合立体地使用背景材料加大说话的深度和力度

报道事件时，背景材料选择运用的不同，能使得稿件在"用事实说话"的力度与深度上拉开距离。

4. 通过再现场景说话

"再现场景"，就是把新闻事实的某些现场情景具体地描述出来。

新闻中的人和事，一般都是有形可感、有物可托的。把它们逼真地再现，使新闻报道做到有神、有形，使读者仿佛亲历其境、亲眼所见，这种方法自然会加强新闻的可信性和说服力。

"场景再现"在有关新闻写作的一些论述中的目的是："让受众犹如身临其境地感受新闻的存在和发展。"这种再现的写作方式虽然难度比较大，但它所增强的可感性显著，对读者说服的效果相应地增强。

第一人称再现法，是"再现场景"常用的一种手法，也就是由记者直接把读者带入现场，它具有特殊的真实魅力，使得读者在"请看事实"的过程中，接受与领会了记者传达的信息、想说的话。在批评类的报道中，通过"场景再现"让事实说话，即记者目击记，更是经常使用的一种方法。

5. 借助直接引语说话

所谓直接引语，是指记者通过采访得来的被采访者的原话。在报道中直接引用原话已经成为现代新闻写作不可或缺的手法。直接引语用得好的报道，内容文趣盎然，生动真实，现场感强，且观点鲜明。

直接引语的作用表现在以下几点。

①直接引语是新闻报道中不同身份、不同个性人物所说的话，直接地引用它们，可以使报道具有现场感，富有变化和人情味，有助于克服新闻写作中容易出现的单调乏味与概念化。

②直接引语一般都有出处，即消息来源，有助于提高新闻的真实性。如果直接

引语来自重要人物或重要机构，还有助于提高新闻的权威性。

③直接引语可以使记者利用新闻报道中的人物之口，讲出自己希望说出又不便直接出面说的话。

四、硬新闻和软新闻的含义和区别

1. 硬新闻的含义

硬新闻的题材较为严肃，着重于思想性、指导性和知识性的政治、经济、科技新闻。硬新闻有极严格的时间要求。也称现场短新闻，是一种强调时间性和重大性的动态新闻，重在迅速传递消息。

硬新闻常以最快的速度，简单明了地报道新近发生的国内外重大事件及事物发展过程中的新动态，强调时间性和动感，是消息体裁的一种重要类型，又称“动态消息”。

2. 硬新闻的主要特点

（1）开门见山，一事一报

硬新闻报道最新变化，迅速快捷，要求开门见山，即一开始就把最具新闻价值的内容写入导语中，以便能立即吸引读者的眼球。

而且一条新闻一个中心或主题，要求抓住一件事物，一个侧面开笔，使得主题明确，思路清晰，新闻直接简洁。

（2）叙事方式较客观

为读者提供信息，不含任何言论、抒情，笔调客观。读者只是在选择和报道新闻背景材料时发挥主观性，通过组织事实材料来影响读者，让事实说话，增强新闻的可信度。

（3）注重时效性和重要性，常运用连续报道的方式

①总是把最新、最重要的信息写在新闻开头。

②有时需要使用连续报道的方式，这样，新闻既简短，又可保持新闻不断的更新。

连续报道的方式常用来报道一些突发性灾难，特别是不能等待结果，需要传达阶段性信息的新闻。连续报道也是确保时效性的一种方法。

（4）给人以现场感，再现动感

动感是读者通过阅读文字所获得的对事物变动的感觉，可将读者引入其中，令他们感同身受，增强读者的兴趣或对事件的关心度。

要使新闻具有动感，应使用生动活泼的语言，并要注意两点。

①不要拘于套式，要有创新精神。在事实材料准确的前提下，力求在形式上别出心裁。

②多用动词，少用形容词。动词给人以具体、生动、形象，语言朴素的感觉，具有立体感和动感，而形容词起修饰作用，用多了给人以抽象、模糊不清的感觉。

3. 软新闻的含义

软新闻的人情味较浓、写得较轻松活泼、易于引起收受者感官刺激和阅读、视听兴趣。软新闻的主题可能会不应时或不甚重大，但不枯燥，软新闻没有时间的紧迫性。

软新闻带有纯知识、趣味的性质。与人们的切身利益并无直接关系，主要是向受众提供娱乐，使其开阔眼界，增长见识，陶冶情操。

4. 软新闻的写作特点

（1）软新闻写作常用散文笔法，文笔生动活泼，富有情趣，风格多姿多彩，更多使用引语和描写。

（2）软新闻中最突出的生种是特写。

第五节　新闻报道概述

一、新闻报道的含义和分类

1. 新闻报道的含义

所谓新闻报道，就是媒体对新近发生的事实的报道。新闻的本源是讲究用事实说话，新闻是对客观事实进行报道和传播而形成的信息，反映在新闻信息中的内容必须对事实具有真实传达。但是，客观事实本身不是新闻，被报道出来的新闻是在报道者对客观事实进行主观反映之后形成的观念性的信息，是记者把自己对客观事实的主观认识传达出来而产生的信息。

2. 新闻报道的分类

（1）按照新闻事实发生的地域和范围来分：有国际新闻和国内新闻。

（2）按照新闻的性质来分：有政治新闻、经济新闻、科教新闻、军事新闻、社会新闻、文艺新闻、体育新闻和会议新闻等。

（3）按照新闻的特点来分：有事件性新闻与非事件性新闻，单一性新闻与复杂性新闻，动态性新闻与静态性新闻，本体新闻与反映新闻。

（4）按照新闻的题材来分：有典型报道、综合报道、述评性报道、批评性报道。

（5）按照新闻传播的手段来分：有口头新闻、文字新闻、广播新闻和电视新闻。

二、新闻报道的语言特点

新闻报道语言的一般要素有具体实在、简明精练、通俗易懂及生动形象四项。

1. 具体实在

此特点是在报道新闻事实时，少用概念化的语言和模糊的词语，尽量使用意义鲜明的动词、含义确切的名词和数量词。

2. 简明精练

此特点体现在新闻报道直陈事实，用短句，言简意赅。

3. 通俗易懂

此特点表现在新闻报道的写作手法平实、结构简单明了、用词通俗和口语化。

4. 生动形象

此特点是指新闻语言要新鲜活泼，生动感人，富于形象感。

三、新闻报道的要求

（一）新闻报道的基本要求

新闻报道的基本要求是保证新闻报道的真实性、时间性和思想性。此外，新闻是选择具有新闻价值的客观事实进行报道，对客观事实的选择也是新闻报道的一个重要环节，是新闻写作活动中选择素材的过程，没有意义或意义较小的客观事实一般不能成为新闻报道的对象。

（二）新闻报道的具体要求

1. 新闻报道的真实性

新闻报道的真实性主要包括以下内容。

（1）新闻五要素必须明确无误

新闻五要素即新闻的时间、地点、人物、事情经过和事情发生的原因必须具体、确凿，不能含混不清。

（2）不能搞虚实报道

新闻事实发生的环境和条件、过程和细节、人物的语言和动作（包括心理活动和思想活动）都不能进行“合理想象”式的报道，更不能搞虚虚实实的“创作”式报道。

（3）引用材料必须有根有据

新闻中引用的数字、引语、用典，以及其他背景材料都必须有根有据。

（4）尊重事物的本来面目

新闻中对事实的解释和说明，必须符合事物的本来面目，不能夸大，扭曲或变形。

2. 新闻报道的时间性

新闻报道的时间性指的是新闻报道的及时性、时效性、时宜性。新闻报道的时间性要求的具体内容是：

（1）新闻报道必须迅速及时

迅速及时地反映生活的变化是新闻的主要特点之一，只有保证新闻报道的及时性，对新近发生的事实进行及时反映，才能充分发挥新闻报道的作用。

（2）报道新闻要在真实、确凿和不泄密的基础上求快

真实性是新闻的生命，对新闻报道的其他要求都不能违背这一原则，一定要在对事实进行充分了解与核实的基础上进行报道。同时，还要考虑政治方面、法律方面的因素，保证在不泄密不触犯法律的基础上进行报道。

（3）要注意掌握新闻报道的时宜性

及时的新闻，一般应该是切中时弊的，是当前人们关心的或感兴趣的，是能够对当前的实际生活产生一定影响的。

3. 新闻报道的思想性

新闻报道的思想性的具体要求是：

①新闻报道中要体现马列主义的立场、观点和方法。这一点体现在记者对待新闻事实的报道立场、分析方法与所持观点方面。

②新闻报道要密切结合当前形势、任务，有的放矢地提出问题和解决问题。这一点主要体现在报道的主题方面。

③新闻报道要正确地宣传党的方针政策。这一点主要体现在新闻报道内容方面。

四、新闻报道的基本方法

1. 概括事实

这是报道新闻的基本功之一，任何新闻报道都离不开对客观事实的概括，这不仅因为要用语言传达任何客观事件的总体情况和来龙去脉都需要概括，还因为新闻一般要求精练、简明。对新闻事实的概括要立足全局，抓住特征，正确反映整体。

2. 精选事例

在报道中，结合对事实的概括报道，选择一定的具体事例，既能提示新闻报道的主体，又能使报道生动感人，这些事例不应随便选，而应具有典型性、具有鲜明个性、能够说明问题、能够给人留下深刻印象。

3. 再现场景

再现场景就是将新闻事实的现场情况逼真地描写出来，产生使人如临其境、如

闻其声、如见其人的效果，从而增强报道的说服力和感染力。

4. 对比衬托

在新闻报道中使用对比性材料能够更明确地表达记者要说的话，比如揭示新闻事实的意义，突出新闻事实的变动程度等。

总之，新闻报道与文学作品、评论文章、理论文章不同，它的主要内容是对事实的报道，记者的观点、感情也要通过对事实的报道来体现。但是，新闻报道用事实说话，并不是绝对排斥议论和抒情，有时在报道事实的同时加上一两句精辟议论，可以使人们更好地理解新闻事实；真诚而自然的一两句抒情，可以增强新闻报道的感染力。

五、新闻报道中不善于用事实说话的情况

1. 用空洞的言论掩盖事实。
2. 用笼统的叙述代替具体的事实。
3. 用突然的黑白性词语代替相关事实。
4. 用概念加例子捏造事实。

第二章　新闻报道的信息选择

第一节　信息过滤与信息组合

一、人们需要筛选后的新闻

现在是一个信息爆炸的时代，实际上现在人们需要的是筛选。报纸恰恰是一个有限的载体，报纸必须做出筛选。今天有一千件事，对于报纸来讲可能最后只能登十件，这就要求报纸必须要有一个筛选，要有一把尺子。每个报纸都有自己的特色，报纸的价值判断标准决定了筛选什么新闻、把什么上在头条、头版等等。如果媒体对新闻的筛选和读者对新闻的认知是吻合的，这样就会产生共鸣。报纸就会得到读者的认同。如果读者想获取的东西跟报纸提供的完全不一样，读者可能就流失了。

二、提升有效信息含量的筛选

面对着不断升级的挑战和压力，报纸不得不更新观念，创新手段，重构自己的新闻信息传输平台，谋求新的发展。正是在这种背景下，一种深受读者喜爱的报道形式——新闻解读应运而生。

1. 新闻解读的实质：追求有效信息最大化

新闻解读是首先针对读者需求，以一个新闻主题为中心，对新闻事实从内涵到外延进行多角度、多层次、全方位、立体化的解析和扩展，充分挖掘新闻价值，全面剖析新闻背后的社会现象。归纳为一点，新闻解读所追求的就是有效新闻信息的最大化。

（1）新闻解读核心在“解”。“解”的前提是对新闻事实的全面而深入的认识。在充分理解的基础上，对新闻事实的所有消息源的组成要素和相关信息拆开揉碎、消化、分解，然后遵照新闻所特有的规律，按照读者需求，对新闻资源进行重组剖解。用评述的写作手法进行理解、分解、剖解，最大限度地提供有效新闻信息，使新闻更加可读、易读、耐读。

（2）最大限度为读者提供最有效的新闻信息。所谓“最大限度”是一个“量”的要求。也就是说，通过新闻解读，要努力增加新闻有效信息含量，能够满足读者多方面的迫切的信息求知欲望。所谓“最有效”是一个“质”的要求。也就是说，通过新闻解读，所提供给读者的新闻信息是极具新闻价值的全新信息，是急需有用的信息，具有很强的指导性和实用性。如果达不到这两条实质性标准，新闻解读就没解到点子上，还不能称得上是合格的新闻解读。

（3）新闻解读的具体写作技巧：一要尽力扩展主体新闻事实的外延，对凡与主体新闻相关的信息，进行全面搜索，集束重组，以此来满足量的要求；二要尽力深化主体新闻事实的内涵，充分揭示新闻事实的思想意义，提升新闻价值，增强导向作用，以此来达到质的要求。

《人民铁道》报荣获第二十届中国新闻奖参评作品推荐的消息《全球最快列车驰骋南中国》，成功运用了新闻解读的手法，成为一篇范文。消息是武广高铁开通之际的短消息，是一篇主题重大、神采飞扬的佳作，短短700余字写尽速度改变中国的无穷意境。丰富的信息量是本文一大特点，仅一句导语，就给读者提供了8条信息，全文更是有几十处信息点……让读者很是解渴。11个段落的精短结构，增强了文章的“速度感”。文章以网上流行语“你高铁了吗”结尾，给人无尽遐想，可谓言有尽意无穷。本作品不仅对通车本身作了报道，有概述有细节有数据，而且将古今中外城市地铁的大量背景资料巧妙地糅进消息。立体化的背景组合，使这一消息时空外延的有效信息达到了最大化。同时用客观手法揭示了它的内涵：“世界里程最长的高速铁路——武广高速铁路投入运营”、武广高铁投入运营后，“你高铁了吗”已成为网上媒体的一句流行语。读者从这篇消息中既可从最佳的信息切入角度读到不一样的新闻视角，令人耳目一新；又能深刻感受到非凡意义新闻内容，令人回味无穷。

2. 新闻解读的目的：迎合和引导读者的信息需求

新闻解读首先从读者出发，以读者为本，对读者负责，替读者着想，为读者服务，把读者当作新闻解读的出发点和归宿。要从尊重读者知情权的高度，来认识新闻解读的意义和目的，深入研究网络化时代读者需求心理的变化和特点，有针对性地解读新闻，最大限度地满足读者求知欲望，并正确迎合读者的信息需求。

（1）迎合读者的探源性需求，抓住源头、难点解读；

（2）迎合读者的思考性需求，抓住疑点解读；

（3）迎合读者的选择性需求，关注热点解读；

（4）新闻解读的效果：靠强化意识来支撑。

三、信息板块组合的构成

信息组块是指报道中由多个信息源构成的一个信息体。它通过信息与信息之间不同的组织方式，构成一个新的信息板块，传达出新的信息意义。文学创作中，这种情况极为常见。马致远的《秋思》——

枯藤老树昏鸦，小桥流水人家，古道西风瘦马，夕阳西下，断肠人在天涯。

由此可见，通过组织后构成信息板块，可以增大信息的容量，丰富乃至改变当前单个信息的含义。在新闻报道中，这种方法常常用来表达作者的客观写作报道，达到“用事实说话”的目的。

信息组块可以从正、反两方面进行。

从正向可黏合单个信息体，起到整体强化作用；信息组块构成，必须讲究信息之间的粘连性。实践证明，这种粘连性越强，其传播效果也就越强。而这种粘连性的实质，就是信息之间存在着的内在联系。

从反向组块，可以起到弱化传播的效果。如果不注意各信息单位之间的内在联系而随意拉郎配，就等于是在信息组织中掺入了杂质，增加了噪声，不仅不能强化传播效果，反而会形成内耗，使传播的信息大为衰减。

四、信息组合板块的形式

1. 同一主题组合。

同主题组合，即将同一主题下不同角度、不同侧面、不同着重点的多篇稿件形成一个稿群，聚集在一个主题下，如重大事件的主题报道的深度剖析稿件、重大新闻事件的多面解读稿和评论稿等。

同主题组合的优点，首先是稿件主题集中化，便于读者对稿件的阅读和理解。其次，对于有限的报纸版面来讲，可以通过减少新闻主题要素的重复而节省珍贵的报纸版面。

2. 同类型组合。

同类型集纳组合，可按照不同的类型的组合形式，如同一时段组合、同一区域组合、同一内容组合、同一形式组合、同一性质组合，将同一类型的稿件集合到一起。这是时政报道乃至所有新闻报道中比较常用的一种新闻策划方式。如按内容属性区分的政策性稿件、法规类稿件、社科类稿件、体育类稿件、文化类稿件、娱乐类稿件、军事类稿件、趣味性稿件；按政治属性区分的领导人活动的演讲稿件、政府机关发布会的信息或数据稿件等等。

同类型方式组合稿件，是按照一定的内在联系对稿件进行梳理和分类策划，让版面上的稿件有序分割，条理组合。同时，这种信息组合式稿件在版面中往往可以自成格局，具有相对独立性和集中性，有利于读者全面了解和深刻思考，同时也方便了读者阅读和收集、剪辑信息。

3. 相关性组合。

相关性组合是将一些有内在逻辑联系的稿件形成组合板块，正确引导读者阅读思维，引导舆论。

相关性组合的板块，最大的优点是扩展新闻信息的内涵，使稿件之间相互补充、相互印证，具有论证、补充和解释的功能。使新闻信息由单向变为多向，增加新闻信息的广度和深度。扩展新闻信息内涵的具体方式有：配加相关稿件、配加评论、配加资料、配加图片或图表等。

此外，在策划报道中，还有对比组合、联想组合等板块组合方式，也是提高报道效果、引导舆论的重要手段。

五、信息组合的目的运用技巧

如何在有限的版面空间里，有限的稿件篇幅内，尽可能地增加稿件的信息含量，提高稿件的利用率，这就是稿件组合首先要突破的问题。

1. 有效利用新闻资源

通过对稿件“重组”后的策划编辑，可以根据不同报纸的不同目标受众群，对新闻信息进行重新组合；可以将多条稿件的精华集于一体；也可以根据策划编辑站在不同角度对新闻事实的不同判断，对信息进行不同的取舍，从而大大提高新闻资源的利用率。

例：××××年××月××日××日报第七版关于××暴雨的报道。这一组报道由3条稿件和一张图片组成。

主稿：“××发布黑色暴雨预警信号”

相关稿件：①××4681名考生延期高考。××市地处××山区，是此次暴雨洪水灾害的重灾区。受此影响，××市5个考点、196个考场、4681名考生因不可抗拒的洪涝灾害而启动延期高考应对预案。②××铁路多处塌方。受水害影响，××至××1003次、××至××1681次、××至××2026次等旅客列车滞留××线沿线各车站。③图片：××省××市××镇长边小学学前班的孩子们在临时搭建的教室上课。

显然，这些稿件围绕暴雨这一主题，其中单体之间具有很强的关联性，虽然每一条都具有单发的新闻要素和信息含量，但组合之后，由于集纳使用同一新闻主题，让这一新闻事件具有立体感和整体性。同时，稿件篇幅被大大压缩，3条稿件总数不过300字，使有限的版面内容纳了更多的发稿量和信息量。

2. 深度挖掘有价值新闻信息

这种“重组开发”编辑的“作为”，就体现在对稿件的“二次开发”和“深度开发”上。而对稿件进行“重组”，就是对杂乱且庞大的新闻资源的“二次开发”“深度开发”的一种有效方式。

这种“深度开发”的方式需要根据媒体自身功能和定位、风格和特点，针对目标受众的信息需求，以个性化的角度和方法展现其内涵和实质，进一步揭示新闻信息资源所蕴含的本质意义，从而提升新闻信息资源的利用价值。

例如日本大地震这一新闻主题报道，网络和电视都可以 24 小时滚动式连续报道，观众和网友可以不间断地了解地震的最新动态，大大增加了报道信息量，而报纸不仅发行周期长，而且版面容量极为有限，在这方面报纸注定是淘汰者。此时，报纸的取胜之道，必须是以少胜多，以质求精，通过稿件的优化组合，提升稿件的信息含量和报道分量。

3. 以新闻发展趋势寻找组合归宿

事物的发展有其内在规律、逻辑和趋势。要厘清事实思路，善于发现稿件间相同的因素，特别是有意义的相同因素，同时，更要有一双慧眼，洞察出稿件之间的区别。

另外，任何事物的发展都会有其节点，这些节点或者是一个阶段或是一个转折，是进行稿件组合的归宿。

新闻的组合并不适用于任何时候、任何稿件，不适当的强行组合只会浪费版面，让读者生厌。

4. 紧扣主题，补充呼应

不管是同主题组合，还是同类型组合或者是相关性组合，稿件的组合必须紧紧围绕同一个主题进行，所有的稿件都只能有一个中心事件。要在主题确立之后，使稿件信息丰富化、多元化，围绕主题多层次展开搜集，依次递进。

要发掘稿件的不同特点，使稿件间能够相补，提高整体传播效果。稿件具有相补的因素，是指稿件之间存在着联结、呼应、补充、发展等关系。以主题思想作为相同因素的稿群，要求在内容、角度、体裁等方面相补；以体裁为相同因素的稿群，则要求在主题、内容、角度等方面相补。

5. 以敏锐的新闻视角确定报道着眼点

做好稿件的组合，首先要对新闻的发展趋势有一定的预见性和敏感性，要做航船的“瞭望者”，敏锐捕捉到蝴蝶翅膀的扇动；没有这样的新闻敏感，就会对应该进行组合的稿件“视而不见”，而对意义不大的稿件大做文章。

6. 稿件取舍要以少胜多

报纸稿件的信息量无疑应该包括深度和广度两个方面。稿件的“条数”仅仅只是信息量的浅层含义，深层含义应该是稿件本身信息量的深度和厚度。

第二节　新闻写作中不同信息的选择

一、必要信息凸显新闻价值

所谓必要信息，就是指能消除主要信息的不确定因素。具体来说，必要信息的功能主要表现在两个方面：报道的事实清楚、传达的信息准确明了，读者读后不生疑惑；使事实的新闻价值体现出来，加强读者对事实意义的理解。

例：

一位29岁的美国留学生今晚在这里主演了中国京剧优秀传统剧目《贵妃醉酒》。京剧是一种只有中国演员才演得了的戏。主角魏莉莎出生在美国的堪萨斯州，现在南京大学学习。

这里主要新闻信息是美国留学生演中国传统剧目《贵妃醉酒》，其他都是背景材料做补充交代，这种写作很好的交代必要信息，显示这一事实的新闻价值。

与这一情况相反，必要信息的有意缺省，即人们所批评的“媒体障眼法”。在这种情况下，我们千万不能为追求新闻价值而将必要交代的信息省掉了。要判断这些批评是否可靠，主要是看这些信息与主要信息之间是否构成“必要”的关系。

有媒体曾报道某市市长从湖里救起落水者。报道说，某市市长早晨在湖边晨练，救起一落水者。这一消息被国内不少媒体转载，市长救人美名广传。后来有媒体披露“内幕”：落水者并不是市长一人救起的，还有一位无显赫地位的普通老人。

新闻报道的确要学会对某些信息的缺省，但一定是在不改变事实真相的基础上对信息进行选择。有意缺省必要信息的做法，既改变了事实的价值，也伤害了受众的知情权，违背了新闻报道的客观公正的原则。

二、控制冗余信息，增强传播效果

在传播学中，冗余信息这个概念是指：即信息中包含的、不影响信息完整的、不容读者自由选择的那一部分。人们进行传播的时候，所发出的信息并不是彻底精练的，它所包含的除了能够消除不确定性的那一部分以外，还有重复的，可以使整个信息更完整、更适于传播的那一部分。

冗余信息对于一篇报道来说是可有可无的部分，因为少了它，报道仍然可能是完整的或能够使之完整的。但在传送渠道受到干扰时，为了保证传播效果所做的重复，也是一种冗余信息。一篇报道中冗余信息越多，它们所包含的信息量就越少。

一个优秀的传播者要在信息编码时找出最佳的冗余度，以抵消传播渠道中的干扰，提高传播的效果。比如，我们见面时招呼对方："吃饭了吗"。这句话并不是真正的传递信息，而是一种维持相互关系的方式。这就涉及语言冗余信息的容忍度，"语言冗余信息的容忍度，是指语言使用人运用、控制语义性冗余信息时所掌握的分寸"。

语言冗余信息的容忍度可分为三种情况。

（1）容忍度为零，力求简要，彻底删除多余信息。

（2）容忍度很大，对语言多余信息采取纵容态度。这种情况最典型地表现在文学作品里，大量的冗余信息可以制造一种特殊的语言环境，传达一种言外之意。

（3）较小容忍度。新闻报道中就是采取这种情况。它追求的是用语的简练。啰唆、冗长是报道的大忌。这一点，特别在消息报道中体现得十分突出。

总之，释放适当的冗余信息，或者说掌握冗余信息的分寸，便是适当冗余信息策略。

第三节 最佳的报道角度与信息选择

不同角度的新闻。往往会产生不同的反响，新闻报道需要选择一个巧妙的角度，选择角度的目的，是要把事实的新闻价值更加充分、突出地挖掘和显示出来，更好地起到新闻报道吸引人、感染人、教育人的作用。为什么有时在采访同一新闻事件中，有的新闻记者作品发表后，不仅产生强烈的社会反响，甚至获大奖，有的新闻记者作品发表后，却没滋没味，引不起读者、听众或观众的兴趣呢？

不论是选择新闻的立意角度，还是选材角度或表现角度，一定要突出一个"新"字。新闻"新"，所以报道所选的角度必须做到立意新，题材新，表现手法新。

一、新闻的选材角度

新闻选材角度的把握要注意以下几个方面。

（一）求新求异寻素材。面对一大堆新闻素材，选择怎样的新闻题材，选择题材的角度如何掌握，是每个新闻传播者写作报道时首先面临和解决的文体。选材是把原始材料变成表现主题的题材的提炼过程。这个提炼过程是新闻写作的又一个重要环节，直接关系到报道内容是否充实、扎实、精当，关系到报道意图是否与血肉好坏直接相关，一篇报道的成败与选材角度是否适当密不可分。同样的题材，要做得比别人更具特色，过去已经报道过的题材，要想办法赋予其新意。

（二）要与报道的主题需要相吻合。新闻主题靠新闻题材体现，不同主题需要不同的题材。一旦报道的主题确定以后，选材角度就要围绕这个中心来寻觅材料，对于新闻写作来说，报道新闻事件的种种材料，包括人证材料、物证材料、口头材料、文字材料、图片材料、数字材料等等，但因受新闻主题、新闻体裁和记者个人写作风格的制约，绝不能兼收并蓄，全部写进新闻作品中，而是选取的题材紧扣这个主题，为表现这个主题服务。因此，新闻的选材角度一定要把住“主题需要”这一关。

（三）要瞄准典型材料。要是材料很好的表现报道的主题，就需要从占有的大量新闻素材中，瞄准并选择那些最具典型性、最有代表性、最能体现本质的材料。通常是把新闻主体事实、重要数据、典型细节或事例、必不可少的背景及相关的具体材料选作题材。典型性和最具代表性的材料能更好地解释新闻人物的精神面貌，反映新闻实务的本质，从而深刻地表现报道的主题。

二、新闻的立意角度

对新闻事实材料的选择，不是一种随意性的行动，更不是“拾到篮子都是菜”，而是要在立意的角度上截取其中的“闪光点”。

1. 选择好新闻立意的角度在新闻报道活动中，主题被视为报道的灵魂。因此，确定什么样的立意角度，即选择什么主题，是关系到给报道铸造什么灵魂的大事，是确定什么导向的重大问题。那么，在选择新闻的立意角度时，应该把握哪些东西呢？首先是在政治动向，要紧扣党和政府的路线、方针、政策及中心工作。只有这样，才能抓住具有指导意义的重要材料。其次是思想动向，一个重大事件的发生，一个热点问题的出现，人们会有不同的看法和认识，也有可能有不同的思乡情怀。最后是经济动向。就是把一切以经济建设为中心，熟悉和掌握全国的地方经济形势。特别是各项经济改革政策的出台。因此，新闻报道要把握正确舆论动向，对实际工作有指导作用，对人民群众有引导作用，只有这样的新闻，才会有强烈的思想性和权威的指导性。

2. 要紧扣受众心理。新闻报道不仅要有指导性、引导性，还必须具有针对性，没有针对性，指导性、引导性就无从谈起新闻应该面向大众，读者和听众有什么认识需要澄清，有什么疑难需要解答，报道的立意角度就要针对这些做出选择。新闻还应具有贴近性（或称接近性），展口新闻必须贴近受众，读者和听众最关心什么、最想知道什么，新闻的立意角度就要对准什么。只有这样的新闻，才能与受众产生共鸣，具有可读性和可听性。

3. 要紧扣新闻的价值。新闻价值蕴含于新闻事实之中，如何把它挖掘出来，并使立意角度与之紧扣，这完全取决于新闻编采者的功夫。新闻材料的选用，切忌“千篇一律，千人一面”，应该尽可能多取那些独具特色的材料，选用别人没有用

过的材料，深度挖掘新闻材料的主题内涵，从多个角度去比较主题，选择最有新闻价值的主题

4. 抓住焦点聚目光。新闻报道既要在尽可能短的时间内，又要在有限的篇幅中，反映丰富的新闻内容，表达出重大的、有意义的或有意思的主题，就必须选择一个能聚集受众目光的好角度。

受众在特有的认知结构的影响，热点、疑点、难点、争论的集中点等问题，往往是读者倍加关注的焦点所在，选择的新闻报道角度，若在情绪上、心理上拨动读者的心弦，产生“心有灵犀一点通”的共鸣，就能轻而易举地获得非同一般的社会宣传效果，实现新闻的真正价值。

5. 切入角度小为妙。小角度，即小口子，一个典型的细节，一个有特色的情节，一个真实的小故事，都有血有肉，有生活气息，具体感人，有说服力。

新闻报道切忌如工作总结那样甲乙丙丁，面面俱到，抓不住关键，同样的主题，凡是选准了一个小的角度，易避免事无巨细地罗列材料，与别的记者“撞车”，写起稿来显得生动活泼、短小精悍、引人入胜，容易把主题写得有深度，微言之中现出大气。需要注意的是，角度的“口子”要尽量具体些，开的小一点，避免那些宽而大的角度。

6. 逆向思维找角度。逆向思维，是指遇到有些事，可以倒过来想一想，在这种类似“反思”的过程中寻求新闻角度。平常在我们的新闻工作中习惯了顺向思维，结果往往把复杂的主体的事实写得简单、平面了。而逆向思维可以帮助我们摆脱困境，突破老一套的模式。

三、新闻的表现角度

表现角度也是新闻写作的重要环节，与报道能否充分表现题材和深刻揭示主题关系极大。最佳表现角度，就是新闻编采者在写作时要从最能说明主题的那个方面去表现事实、反映事实，也就是说要通过对材料的巧妙安排和新颖构思，写出别具一格的又能充分体现报道意图的新闻作品来。语言怎样表达才精美，结构怎样安排才合理，如何构思才新颖，都是表现角度涉及的范畴。我们这里谈的表现角度。主要指构思方向的问题表现角度的选择应着重把握住两点一是要扣住新闻的本质，不能追求形式而忽视内容。二是要形式新颖，要有独特的表现手法，其前提是要有利于内容和主题的表达，要在真实反映题材、深刻揭示主题的情况下力求形式的新颖，不能因讲究形式而损害主题和内容。

第三章　新闻报道的策划与角度

第一节　新闻报道策划概述

一、新闻报道策划的含义

新闻报道策划是报社采编人员根据客观存在、读者需要和报社自身条件对报道选题进行决策，对新闻采编活动进行规划和设计，并且在报道实施过程中不断接受反馈、修正原先设计的行为。

二、新闻报道策划的特征

策划一词引入新闻传播领域并广受欢迎，是有一定道理的。策划概念在思维方式、知识结构、运作方式上与传统的“计划”有天壤之别，具有全新的色彩。总括而言．新闻策划的特征主要表现于以下几点。

1．创新性

与众不同是新闻策划的首要要求。成功的策划总与创造性思维密切相连。从选题构想到传播手段，都需要策划者创造出能引起受众关注的、并能实现新闻资源最优化配置的独特之点，同时辅以不同寻常的外化手段、由此获得传播的良好效果。

2．前瞻性

总体来说，新闻策划是一种超前行为，需要传播者在新闻事实尚未发生或还未充分展现之前，就对其发展前景和相关影响进行预测和展望，并衡量与定夺行动的步骤、结构及人员安排、协调等，特别是对报道广度、深度、强度、密度进行恰当的定位。需要注意的是，前瞻性与机动性是相辅相成的。新闻事实发展的难以预见性使新闻策划在前瞻性的同时表现出“滚动”特征，即对报道活动的定位与实施不会一成不变，更不会按部就班，而是随时对策划内容进行调控。

3．现实性

离开了实现可能性，再超前的策划也如空中楼阁。要对内部、外部诸多条件作出科学的调研、预测、分析、判断，制定的目标和方案既是先进的，又是可能实现的。要把长期目标、中长期目标和近期目标的实现步骤与措施很好地结合起来。对于一些反映社会问题的选题，必须首先考虑这一选题是否在政策、法律、道德的框架内，文章提出的问题，政府部门能否较快、较好地解决。策划选题的可行性还须考虑参加这一选题的人员和经费是否充足，人员的素质是否精良，掌握的线索是否够用，采访的工具是否适应，采访是否适宜等。

4. 群体性

任何一项新闻策划都不只是个人行动，而是内外人员的群体性行为，是集体智慧的结晶。这既指策划本身的群体参与、群体认可，也指实施策划要内部人员、外部人员群体件的配合、支持、协调。

5. 选择性

最好提供几套方案，经论证、评估、筛选，确定最佳方案，或集各套方案之长，避其所短。

三、新闻报道策划的依据

新闻报道策划从本质上说是一种运用脑力的理性行为，是对未来报道活动的规划和设计。这种规划和设计不是凭空产生的，而是组合、分析信息和选择、决策的结果。新闻报道策划有其客观存在的依据，它是客观存在作用于主观意识，主观意识又产生能动性反作用的产物。构成新闻报道策划依据的主要有三方面因素。

1. 可供传播的客体。指为报道策划者所意识到的客观变动的事实。它有两个特点：一是客观存在，二是被策划者所觉察。

2. 读者的获知需求。新闻报道策划要以报纸读者的获知需求为依据，报道什么、如何报道，都要根据读者的需要进行选择和设计。

3. 实现传播的条件。外部条件主要有：该新闻报道为有关法律和政策所允许、为报纸控制者所允许、为社会道德观念及文化环境所允许等，内部条件主要有：报社具备采集该新闻信息的资金、技术设备和人力资源，具备必要的运行机制与管理水平等。

第二节 新闻报道策划的内容

一、策划的范围和重点

策划范围是全部报道客体的组合，规定了报道对象是哪些人和事，报道面有多大。日常的、大量的、一般性的新闻题材，不需要新闻策划，唯有较为重大、有开掘意义的新问题，才值得费心费力地去策划。标准有二：一是读者意义，题材健康向上，读者喜闻乐见。适宜于一般的、生活类的报刊和一部分都市报；二是社会意义，题材本身能够深刻反映现实社会中的问题，揭示某种有普遍意义的社会现象，对社会的进步有一定的推动作用。

策划重点是报道客体中最重要的部分，规定了报道的核心人物或核心事件、核心问题，需要报道者投入最多的力量，在媒体上也要予以突出表现。策划之前要考虑读者的心理，考虑到电子媒体的覆盖，考虑到读者最想了解什么。变“告诉这个事情”，为“解释这个事情”。

二、报道规模与进程

报道规模是报道的时间、空间与人力三方面因素组合的概念，即报道在报纸上持续进行多少时间、占据多大版面空间和多少栏目配置、动用多少采编力量。报道进程是指报道全过程中时段的分割和安排，规定报道分多少阶段进行、何时开头、何时推进与扩展、何时结束以及各阶段之间如何转接。

三、发稿计划

发稿计划是报道进程中各阶段刊出新闻稿件的统筹规划，包括确定每条稿件的题目、内容、体裁和篇幅，确定稿件刊出的先后次序与具体时间，稿件在版面上的位置。发稿计划是对报道规模与报道进程的具体落实。

四、报道方式与表现形式

报道方式是指将零散的新闻报道整合为报道整体的操作模式，即新闻编辑根据报道目标，运用某种手法组织若干相关报道，使之形成具有一定报道规模或持续一定时间的报道整体。常用的报道方式主要有：集中式、系列式、连续式、组合式、读者参与式、报纸介入式、媒介联动式。

报道方式作为组织报道的手段，是一种相对抽象的概念。报道方式最终在报纸上的具体展示及形象化，就是报道的表现形式。

五、报道力量配置与报道运行机制

报道力量配置是指参与报道的人力、资金和技术设备的配置。报道运行机制是指为实施报道而临时建立的组织机构、工作流程及其管理制度。报道力量配置与报道运行机制是根据报道内容、报道规模和报道方式确定的。

第三节　新闻策划的六个步骤

新闻策划是新闻报道工作中一项非常重要的内容，是一项建立在实践基础上的智力劳动。一般来说，新闻策划大体分为以下六个步骤：

一、主题策划

主题策划是整个新闻策划的灵魂，是统率整个活动的思想纽带和思想核心。搞策划就像是出作文题，题目太宽泛，叫人摸不着边际。同样，所出的策划选题太宽泛，叫记者写起来也找不着感觉、找不到激情，写出来的东西也是陈词滥调。主题的确立往往建立在掌握种种资料和整合种种资源的基础上。而确定这个主题的标准即是新闻价值的大小，即追求新闻价值的最大化。发掘有价值的新闻可以提升传播效应，引导舆论。

二、新闻组合

通常是指新闻信息之间的内在结构组合。结构必须坚实而稳固，与此同时，它应该由多个结构单元组合而成。往往每个结构单元代表了一个次主题。为了寻找到尽可能理想的单元组合，在策划的这一阶段，我们往往采取穷举法进行无限制列举，然后再通过筛选和归纳的方法得到一个真正科学、高效、具有阅读价值的内在结构。让浅层次的新闻组合引发深层次思考。

三、目标任务描述

这是一个对文章总体结构和每一个目标单元任务作进一步细化的设想：每一单元将会包括哪些内容？具体要采访什么？难点和重点是什么？成稿后的面貌如何？要达到怎样的传播效果等等。对于职业新闻记者而言，目标任务的描述无异于是对于即将写作的相关文本工作量的全貌描述。

四、分工与计时

分工策划主要是基于文本目标任务的单元数，或者根据采访工作的不同视角，把采访对象和采访内容分配到每一个相关人员，并提出注意事项。分工的策划将会最终形成两张表：任务人表和日程表，交与主持者和每个相关人员共享、掌握。任务人表便于每一单元的任务人职责明确，有章可循，主持者通过对任务人作必要的讲解交代、认真的督促，保证新闻活动顺利开展。日程表主要用于时间的安排控制，一般以时间进度表（倒计时）的方式来表现。一般来说：日程表上前面的时间进度较紧凑，后面可以留有时间余地来调整。同时，时间的安排要合理，在考虑新闻同业竞争的同时也要留有余地。

五、体裁策划

新闻体裁与报道的性质、受众对象有密切的内在关系。如：在创作深度报道的写作时可以选择解释性报道、预测性报道或者是调查性报道的新闻体裁，也可以在分析研究的基础上提出对策性很强的研究报告，也可能策划为整合报道或是连续报道、系列报道、组合报道。

六、表现风格策划

风格是独特性加一贯性的综合体；表现风格策划，关乎文章的外在表现形式，更重要的是它可以产生独特的叙事修辞。通常，风格的策划背后，独特的新闻视角和敏感度彰显个性化风格的“独门绝技”，但也多少会存在一个较为理想化的摹本——它或是本媒体的典范作品、或是一个存在于新闻人心灵深处的经典范例。

第四节　新闻报道策划的四个窍门

一、要注重人文精神

好的新闻策划应当有忧患意识和人文情怀在里面。

新闻策划就要以老百姓最为关心的内容为出发点和立足点，更多的是关注当下社会普通人的生存境遇和发展要求，新闻采访学上有一个公式：平常人+不平常事=新闻。将新闻策划的视点下移到普通民众身上，挖掘平凡人不平凡的经历，反映普通人的声音。特别是重大主题报道，要求编辑把心思和目光投向人，从人的生活细节、情感因素着手，摸准受众需求的脉搏，最大限度地保证新闻策划的百姓关注度，这样才能使重大主题报道鲜活起来。

二、挖掘新闻背后的新闻

独家新闻不易碰到的情况下，新闻发现大多为非“原创型”的，非“制造型”的，而是“挖掘型”的，是一种再发现，即发现新闻背后的隐性信息新闻策划若只满足于表面的现象，即使范围很广，仍难以给人留下深刻印象，既满足不了读者了解事情真相的需要，更不用说针砭时弊，倡导新风了。因此新闻策划要善于用联系和发展的观点看问题，当媒体一窝蜂报道新闻的显性信息时，新闻记者运用独特的视角，独树一帜地发现新闻背后的隐性信息，总会有不同凡响的收获。在中国361号潜艇失事后，南方周末却进行了整体策划、深入挖掘，以“涛声悼忠魂”为主题，用《潜361：最后的出航》对潜艇事故综合报道，用《418艇：中国首次潜艇沉没悲歌》对新中国历史上首次潜艇遇难事件进行回顾，同时还邀请曾在潜艇上服过役的士兵和相关军事专家就潜艇员日常生存和逃生技术做讲座，掘深了报道的主题，开阔了读者的视野，颇有新意地阐发出新的观点，给人启示。

三、要坚持正确的舆论导向

坚持正确的舆论导向意义十分重大。适时引导热点，化解难点，是引导公众思考方向、化解社会矛盾、构建和谐社会的关键所在。新闻宣传具有鲜明的舆论导向性，而舆论导向的正确与否，直接关系到党和人民的祸福。作为媒体的编辑，在作选题策划和报道时必须与党的路线、方针、政策保持一致，围绕百姓关心、社会关注、党和政府重视的难点和热点，以高度的政治责任感和新闻敏感性，选取那些“含金量”高，针对性强、有卖点的新闻题材，提炼出新闻主题，精心策划组织一系列报道。如徐州广播电视台2009年策划推出的《建国六十周年大型系列报道》，通过深入采访，精心制作，在十一前后，共播出了20多篇有着广泛影响、可听可读性极强的专题报道，全方位反映了中华人民共和国成立六十年来徐州的巨大变化，展示了人们对美好生活的追求和向往，收到了较好的社会效果。

四、新闻报道策划的个性化

策划的核心是“创意”，必须打破陈规，走出新路。策划的创新意识，要求我们的编辑在报道策划中，大至主题结构，小至一篇稿件，找准合适的切入点，选取别人未曾选取的角度，涉足别人未曾涉及的领域，提炼别人未曾提炼的主题，报道别人未曾报道的内容。2010年秋末初冬，徐州广播电视台以“秋天落叶的另一番美景”为主题，策划了一组报道。采访目标有：具有落叶景观和清扫干净的公园景区、市民、环卫部门领导、清扫落叶工人等。在主题上看，以前很少有人关注这个题材，在角度上看，立意新颖，具有独特性，从而获得了最佳的传播效果。由此看来，编辑的思维和能力会直接导致整个报道节目和新闻报道的传播效果。一组新闻节目如果没有个性化的张扬，没有独特的视角，新颖的内容，就必然流于常规、平庸。这就要求编辑在报道策划中不仅需要付出更多的努力，而且需要运用更大的智慧，做到人无我有，人有我新，人新我优。只有这样才能在各自的媒体中树立起个性化的发展道路。

第五节　新闻报道的思想深度

新闻报道的引导力度在于思想深度，新闻报道的思想深度取决于报道者的认识能力。

一、新闻价值在于思想深度

列宁悼念恩格斯，用了一位诗人的诗句："一盏多么明亮的智慧之灯熄灭了。"一切社会现象都是一定的思想作用的结果。思想源自实践，而新的思想一经出现、形成，就必然高于原来实践中的思想，引发高于原来实践水平的新的实践。如此周而复始，就是人类的历史。毛泽东思想使中国人民站起来，邓小平理论使中国人民富起来，这已成为亿万人民的同感共识。不敢想象，如果没有蔡伦、毕昇、牛顿、爱因斯坦等科学家的思想贡献，今天的人类社会该是什么样子。任何物质只有在人的思想操纵下才能产生力量。从这个意义上说，思想是社会的灵魂，力量的油门。

新闻报道中不着边际的"空话""大话"，其实正是新闻报道的要害所在。既然一切文明史都是思想的历史，新闻是历史的记录，记录者就不能没有新闻的思想深度；不是说新闻工作者是社会活动家吗？社会活动家不能没有社会灵魂；不是说要发挥新闻的指导、引导、导向作用吗？没有思想的事实如何显示力量？没有思想深度，哪来"导"的力度？

新闻的思想深度观念强了，搞深度报道也就有了主观能动性的前提。如果这个前提不明朗，深度也就无从谈起。

二、和谐的客观性与思想性

新闻报道是发生客观事实的反映，一味的追求报道的思想深度会不会违反新闻的客观性原则呢？这里需要弄清两个问题：一是新闻所体现的思想从哪里来；二是如何体现新闻的思想性。

首先解释的是，新闻报道的思想性与新闻事实的客观性并不矛盾，恰恰相反，两者是完全一致的。“事实是形，思想是魂”。《中国人民解放军在北京小汤山建立治疗“非典”定点医院》这一客观的新闻事实，包含丰富的思想，比如：党和国家采取果断措施坚决遏制疫情、关键时刻凸显中国共产党一心一意为人民服务的崇高宗旨、军中白衣天使在无硝烟战场上的英雄风采，等等。同新闻事实一样，这些思想也都是客观的，看如何认识，抓取哪一个切入点。强调新闻报道的思想性，并不要求、也不允许杜撰个什么思想强加到新闻事实中去，而只是要求报道人员挖掘新闻事实本身所反映的思想性，再用客观的语言组织报道出来。如果报道人员主观杜撰，那就违反了新闻的真实性原则，也就难以取信于受众的。所以，新闻报道的思想性一定要追求，杜撰、编造思想的做法一定不可取。

其次，在体现新闻的思想性方面，消息、通讯、新闻追踪等纯事实报道，除了需要特别强调者外，通常都让事实本身来体现，字面上“引而不发，跃如也”。“引而不发”的好处是，可以让受众更充分感悟新闻的思想，而不至局限在报道所点明的某一个思想里。新闻分析、新闻述评等叙、议结合的报道，也要注重以事实说话；议论要以事见理，既见解新鲜又恰如其分。纵观 2011 年的日本大地震重大题材的报道，思想性步步深入：世界人民伸出援救之手帮助震后灾区——赞颂了世界人民“一方有难，八方支援”的美好心灵——世界各国的人道精神——激励互相关切、生死与共的人文关怀——强化了地震安全知识和救援行动——真爱生命；如具体细化开来说，当然还可以说上很多思想。各新闻媒体共同走在这条“大路”上，这表明，一方面，各媒体都积极贯彻中央精神；另一方面，各路新闻人员面对这一国际的重大灾难性事件都遵循了新闻报道的一般规律，并且拿出了真功夫，努力开拓报道的深度。

总之，坚持新闻报道的思想性与新闻事实的客观性相统一，坚持以新闻事实体现思想性与恰当地阐发新闻事实的思想性，是开展深度报道的基本要求。

三、认识能力与报道深度

报道的思想深度与报道人员的认识能力成正比，思想深度是认识能力的具体表现，认识能力是思想深度的主观前提。

然而，不管认识能力如何，在具体的新闻采写实践中，还少不了从三个方面力求报道的思想深度。

一是采访，抓思想。采访过程中，一开始就全神贯注地注意对象讲话的思想内涵。抓住容易一闪而过的思想火花，特别是有新意、有个性的想法、说法。思想火花是新闻事实所含思想深度的闪现，在整个写作布局中，有的用作大标题，有的用作副标题。抓住它们，也就在一定程度上抓住了报道的思想的纵深。

二是学习，炼思想。联系报道对象的具体实际，学习党中央的有关精神，学习有关的理论和经典著作，学习同类内容的优秀新闻作品，等等。这种学习，不是简单地“拿来”，而是以学求悟，求有所发现，悟有所创新，从而更深刻地认识对象、认识对象的新闻传播意义。一般新闻工作者，在采写过程中如不下一定的学习功夫，要搞好深度报道、很有生命力的新闻作品，怕还是有一点路要走的。

三是研讨，汇思想。在采写过程中，注意同所有对象讨论思想；必要时专门邀请一些善于思考、认识水平高的人开研讨会。多多与不同新闻战线的记者们探讨新闻写作经验，请他们谈见解、感想，共同感悟，让别人的丰富思想融入自己长期积累的认识水平中去。要是仅仅作者孤求，也许“众里寻他千百度”，“衣带渐宽”终不见。

第六节　新闻报道的舆论度

新闻舆论监督是舆论监督的重要形式，舆论监督控制力的加强，有利于优化舆论监督效果，增强主流媒体的舆论监督地位，对引导新兴媒体舆论监督方向也具有重要意义。

非流言、及时性而非滞后、真实性而非跟风、系统性而非分散，体现在对事件发展和解决中推动作用的关键性。因此，主流媒体必须把握好契机，更及时、准确、全面地对社会热点加以报道，既不同于小报、网络的无原则炒作，也不同于境外媒体歪曲事实或节外生枝，而是做到“掷地有声”“言出必信”。

主流媒体舆论监督报道不可小看。以发生的“石首事件”为例，《人民日报》就于6月24日及时地针对该事发表文章，在第一时间传递了明确的态度，获得了民众叫好。它批评了地方政府在处理突发“群体性事件”时的“缺席、失语、妄语”以及“甚至想要遏制网上的‘众声喧哗’，这样既不能缓和事态、化解矛盾，也不符合十七大提出的保障人民知情权、参与权、表达权、监督权”的精神。

尽管常规性报道是媒体的立足之本，但公众聚焦的突发事件往往会形成报道亮点与焦点，最能吸引受众的关注，也最能考量一家媒体的素质和高度从舆论监督的报道实践来看，应在以下几个方面加以注意。

一、报道时机的把握

主流媒体的舆论监督要实时、适时，除了在新闻事件发生后即时予以报道跟进外，还应注意两个时段。首先，在网络等社会舆论出现混乱时，主流媒体要及时发布权威声音，说明真实情况，疏导不良的群体性情绪。其次，主流媒体应在社会问题凸显之前就先行给予预警和疏导。2009年6月的成都公交车自燃事件，相关安全隐患早在2006年《四川质量报》就有披露，但仅指出问题牌号，缺乏后续追踪，收效甚微。

二、报道内容的扩展

媒体舆论监督，不仅包括新闻批评，还包括公众对民主法制、两个文明建设广提建议等多方面内容。伴随国民民主意识增强，传统的批评报道要向更为广泛的公众参与方向发展。过去的舆论监营对象，多集中在滥用职权、行贿受贿、关注弱势群体等领域，如今，主流媒体亟须扩展监督触角，做好社会变革的第一瞭望人。以三鹿“奶粉门”为例，奶粉安全问题在三聚氰胺突现、大量患儿受害的爆发之前，一直未受到重视，媒体在该领域的舆论监督上存在不力。可见，主流媒体应借助信息资源优势，把目光投向问题尚在暗处、民众无法触及的角落，做好社会利益的代言者，化被动为主动此外，增强新兴媒体的舆论引导能力需要进一步加强主流新闻网站建设，扩大主流新闻网站在读者中的影响力，以人民网、新华网等为代表的主流新闻网站不断创新，已成为有巨大影响的新闻网站，为我国新兴媒体的发展做出了巨大贡献。总之，新闻舆论监督是维护人民群众根本利益的重要途径，主流媒体要坚持以监督促发展，思考好“何以服民何以抚民，何以富民”的问题，把握住监督力度、密度和节奏，不断提高舆论监督效率，提高自身公信力，为形成政府、媒体、公众三力融合的良好舆论格局发挥积极作用。

三、报道表达的理性

舆论监督报道并不等同于负面报道，而是从实际出发，以积极的建设性立场，在本着对公众负责的态度揭露不良现象的同时，积极探讨解决方案，推动社会进步。这要求主流媒体以理性的思维来审度问题。不回避，也不激进，不把舆论监督弄成剑拔弩张、不留余地的角斗场。首先，采访要全面深入，挖掘极具说服力的事实，实现新闻要素零误差。其次，做到公正客观，将批评与肯定相结合，用辩证眼光去看待问题。最后，坚持正确导向。以解决问题为落脚点，分寸恰当、适时适宜、注重实效。此外，还要慎重分析问题的探讨能否促进党政工作，能否给公众带来利益，当好选题的把关人，抓住主要矛盾发挥好议程设置的重要作用。

第七节 新闻报道的关注度

一、引入故事化

1. 以人为故事主体，新闻故事化

英国记者鲍勃·希契科克认为：“受众对人比对事件本身更为关心，对人们在干什么比对人们在说什么更为关心。”可见，写人能贴近受众，使缺乏活力的新闻事实产生故事化的效果，记叙也因此会变得生动有趣，进而激起受众的阅读兴趣。

新闻故事化首先应将人物作为报道关注的焦点。其目的为避免受众注意力倦怠，将人物作为报道关注的焦点，改变了以往从整体上、宏观上以某一事件进行“大特写”“大透视”的写作手法，转而关注个体的生命。新闻故事化正是以个体的故事、经验为切入点和线索来引出重大的新闻事件，或揭示新出台的法规政策，或反映社会变迁，尤其是本身比较抽象、内容较为平直，或者情节曲折性不强的新闻事实，选择故事化新闻报道方式，从与该事实密切相关的某个人写起，抓住具有新闻意义的鲜活的人，写他们的思想、情感、言论、行为和命运，使缺乏活力的新闻事实产生故事化的效果，记叙也因此会变得生动有趣，进而激起受众的阅读兴趣，以此“软化”硬新闻，受众在报道中看到的将不再是干巴巴的事实罗列，而是真实的生活。充分的描写能使读者读起报道来有强烈的现场感。

在讲故事时，应努力挖掘新闻事实中具有人性、人情的色彩因素，描述人的生存境遇，捕捉生动传神的生活细节，展现人性的真善美，把情感因素融入理性思索中。近年来媒体流行的“讲述老百姓自己的故事”，就是捕捉到了普通人身上闪动着的人性光辉和生命活力，显示了平淡中的伟大，琐碎中的崇高，展示了一种人性的崇高美。

提到新闻的故事化就不能不先提到新闻的娱乐化。娱乐化是对严肃刻板的宣传说教方式的一种矫正，但同时它又给新闻报道带来了浅俗化的趋向，新闻故事化正是对娱乐化的矫枉过正所进行的又一次修订，是强调报道的细节化和情节性，在顾及受众阅读快感的同时更重视挖掘新闻的社会价值。

2. 设置悬念

构成故事的重要成分是悬念和细节。悬念的功能是要吊住受众的胃口，使之非看个结果来。要把新闻当故事讲，且要讲得娓娓动听、扣人心弦、抽丝剥茧、渐释悬念，揭示主题，就一定要善于运用“曲折”。这是一个技巧，也是牵引受众眼球的妙招。

3. 巧妙运用细节

老子说：天下难事，必做于易；那么细节从何而来？细节源自交流的对象。每个人与众不同的地方，或是心理，或是性格，或是经历，或是情绪。在“共性”与“个性”之间，对新闻对象的细节的关注，对细节的捕捉，对细节收放自如的运用，就是抓住了新闻对象的个性。放大与深入个性的挖掘，对理解认识新闻对象，对展示事件及人物的精神世界、展现被采访者的真实情感经历有着至关重要的作用，这也决定了采访是否成功。

好的新闻作品依赖于对于细节内容的巧妙运用。细节展现着人物的行为和事态的进程，用细节展现的新闻报道才能够再现新闻事实本身的生动性、独特性、丰富性和深刻性，从而给受众留下深刻的印象。

故事化新闻报道十分注意形象化的描述，善于捕捉生动的细节，好的细节不仅增加了新闻的可信度，而且增加了故事的现场感和画面感。细节是具体的，只有记者在采访中才能获得，而编辑是无法提供的。细节的表述绝不是为了细节而细节，为了故事而故事。所有的细节、所有的表达形式，应该是为描述与解释事实本质服务，这样才能使新闻报道文本简洁、流畅直击人心。

4. 让场景“说话”

在新闻报道时活化关键点的场景是非常必要的。把场景逼真地再现出来，才能够使新闻报道做到有神、有形。场景描写能够烘托气氛，帮助读者更好地理解人物的性格、行事的动机和戏剧化矛盾冲击。一个好的环境描写包括视觉感受、听觉感受、嗅觉感受和触觉感受四个部分。场景的描写要力求细致，运用每一种感觉，将你所看到的、听到的、闻到的和触摸到的场景全部描写出来，不仅反映了事件本身的真实，更重要的是折射出一种背景的真实。这样的画面就能在读者心里留下有声有色的鲜活印象，情节的起伏跌宕。需要引起记者注意的是，故事化的语言应该把直接引语写入新闻材料背景中。因为直接引语能使受众直接聆听新闻人物“说话”，能使新闻事件更增添戏剧化色彩。此外，直接引语还能轻而易举地帮助记者做到客观报道，使受众直接感受到新闻事件真实可信。

二、选题的平民化

题材平民化的目的就是要突出新闻的群众性。新闻关系到千家万户的生活、学习、工作、消费、娱乐、理财，关系到千万家企业商品的生产、经营与流通，牵动着人民群众的切身利益。新闻在面向领导的同时，更要面向群众，选取老百姓最关心的、最容易理解的新闻角度，来反映和报道与老百姓日常生活息息相关的时政报道、经济现象、法治教育等，引起老百姓的共鸣。

阜阳的劣质奶粉案被媒体曝光后，在全国范围内引起了老百姓的广泛关注。因为该事件让读者以平等的地位发现的最大受害者是消费者，是那些可怜的孩子和他们的家长，从而感悟自己。群众对受害者的关注和支持是这些报道引起强烈反响的原因。另外，老百姓也会注意到自己身边是否存在有类似的安全事件，就是最贴近老百姓的健康题材。先以此来吸引读者，然后才能使相应事件的追踪报道、深度报道、新闻评论和政府措施的出台，让读者对这个事件有从头到尾的了解，并解答读者心中的疑问，这样的报道无疑是很成功的报道。

以平民视角，讲述老百姓自己的故事，从平凡生活中挖掘有新闻价值的素材。“报道强调实录和客观，尽量减少主观性成分，参与性的表现”；“讲述”注重人情事理，对故事中的人物和行动做出一定的分析评价，更注重从人物的命运来折射社会背景变化。

三、报道的人文化

重视人文关怀已成为新闻传播界提高自身文化品位的关键，并已经体现在新闻传播的实践中。新闻题材的选择、新闻采访手法以及新闻传播效果中，都不同程度地体现人文关怀。

目前，许多传媒邀请专家学者和权力精英来设置选题，报纸的版面、电视台的访谈节目和收音机里的脱口秀更是充满了这些“精英”的话语事实上新闻的选题应当来自新闻工作者的采访，来自老百姓关心的问题，应该对老百姓给予严肃的关注，重点报道老百姓关注的严肃的和有新闻价值的重要问题，媒体的议程设置更多地根据新闻工作者在基层采访的线索或公众反映的问题。

英雄是时代的代表，群众是生活的主流。历史唯物主义肯定了个人在历史上的特殊或杰出的作用，揭示了杰出人物在历史中发挥领导和榜样作用的必然性。与此同时，也强调了人民群众是历史的创造者在新闻传播中，对英雄与群众任何一方的“一边倒”，都可能造成对社会价值取向的误导，都不利于受众把握社会价值的平衡，不利于建设一个有益于社会健康发展的文化环境。

一位哲学家说过：“从事任何职业，如果没有来自人这方面的热情，都是搞不好的。一个学者如果没有对人生的追求，没有对社会进步的追求，科学上的成就必然会受到限制。”同样，新闻报道离不开对人的关怀。真正的“人文关怀”是对“人”的“存在”的思考；是对“人”的价值，“人”的生存意义的关注；是对人类命运，人类的痛苦与解脱的思考与探索。它是道德价值的基础与出发点，而不是道德价值本身。应有意识地调整自己的报道思路和写作方式，尤其在深度报道中注意人文视角。有了这样的视角，报道才能更加深入、全面，才能有灵魂。

第八节 影响的向度

一、影响的“行为力”

一些新闻报道不仅可以影响到受众的态度，还可能影响到他们的行为思想。例如关于白血病人的报道如果打动人心，可能会带来人们的自发捐款。而另一方面，一些关于杀人犯罪的行为报道，则可能会引起社会上无判断力或者人心不善者的模仿。因此，新闻对于受众行为的影响，有时是积极的，有时则可能是消极的。新闻报道带来的后果，并不一定与传播者的初衷一致。但对于出于良好愿望的报道带来的消极后果，需要特别警惕。

应该说明的是，新闻影响，并不单纯取决于新闻报道本身的质量因素，它还与新闻报道对象本身的特质相关，与受众的兴趣、需求以及作用于受众的社会环境相关，它是多种因素共同作用的一个复杂结果。

二、多媒体互动产生广度与深度

报纸广播电视媒体所反映出的影响力，终究只是一时一地的、有限量的民意、民声和回应答复，对瞬息万变的新闻发展缺乏实时追踪。传统媒体也完全意识到了这一问题，为了增强竞争力，同时加大新闻报道影响力度，不少报社和广播电视台开始开设自己的网站门户，以网络载体，随时随地对民生新闻进行低成本、无限量、广范围的实时跟踪，同时收集汇聚最广泛、最真实、最代表“民众利益”的民众声音，并使之与政府、社会管理方、非利益相关方等多方面进行意见交流及对话，形成了一个民生新闻报道的大合唱，一起实现维护“民众利益”的可能途径。

当下应该说是报纸、电视、网络同时并存的“战国时代”，从新闻报道的现状看，这个新兴媒体与传统媒体形成了既是竞争者，又是合作者与同盟者的关系，他们取长补短、优势互补，互相依存，彼此融合将新闻事件的影响力扩展到一个让人难以意料的广度与深度，新旧媒体的联合掀起了一个新闻风暴潮。

新闻具有媒体性、官方性，这使得其传播内容及形式都非常正统，同时网络新闻又具有传统新闻所不具备的独特魅力，它以新闻化写作手法为操作手段，对传统传播形式进行了革命性的变革和创新。新闻营销具有鲜明的双重属性：与广告相比，它更具有新闻的特质，以热点话题或新闻事件为切入点，与品牌信息产生联系，运用大量的数据或事实进行信息佐证；与新闻相比，它更具有广告的特征，标题定位与内容描述都要求与品牌信息关联，产生广告传播功能。使人们如同在媒体中不知不觉地接受新闻信息的同时，达到广告主的宣传品牌的初衷。

第九节　新闻报道的关键点与节奏点

一、新闻报道的关键点

（一）选取恰当的新闻价值点

按照新闻价值的“效应说”，从受众角度来看，新闻价值是指为受众所喜闻乐见的程度以及它在社会中所产生的影响或效应。

新闻价值点就是我们所说的认识事物的出发点，出发点不同，人们认识事物的角度就不同；出发点不同，人们认识的侧重点就不同。

美国记者克莱尔·萨夫安的经典新闻作品《冰河英雄》，此为灾难性新闻，但记者并没有按照概括现场残局及死伤数据的灾难性新闻写作模式进行报道，而是以一个人的维度描绘事件，着重于新闻人物木身，将之放到典型环境中刻画。记者紧紧抓住了威廉斯个人在灾难当时的表现，由点及面，从而自然而然地描绘出灾难现场，如“在捞起的 79 具尸体中……”意在叙述事件，实则交代了灾难数据。这是对新闻事件本身负责，对受众负责。在灾难性新闻中，记者并不是客观报道泛泛的灾难现场和乏味痛心的死伤数据，而是选取威廉斯舍己为人的典型人物形象，能为受众所喜闻乐见。同时挖掘出正面的人物形象，将人性的闪光点真实呈现在受众面前，引发人们的深思，升华了主题，将灾难性报道变为社会问题，产生了积极的社会影响。

（二）寻觅最佳的采访切入点

采访活动质量的好坏直接影响到新闻报道质量的高低，选择什么作为采访的切入点，显得尤为重要，尤其是电视采访何时开机很有讲究，有些被采访者和记者在私下交流很顺畅，但一打开摄像机，立刻就显得不自然，从而影响了采访效果。所以一方面记者采访前的准备工作要充分；另一方面要寻找最佳的采访切入点。

采访问题就是记者采访的敲门砖，也是采访切入点的外在表现。采访问题一定要变换角度，一定要有旧瓶装新酒的创意。威廉·罗彻斯特采访肯尼迪总统：“提出他早已回答多次的问题是对他莫大的侮辱，你的问话应该是他前所未闻的，这样他就会有兴趣跟你交换意见。”记者设计采访问题一定要是采访对象感兴趣的问题。采访前他查阅总统特别助理和内阁顾问的名单 80% 的人比总统年轻，问他是不是年纪沙文主义者。这引起了总统的兴趣，原定只能十分钟，实际持续了三个半小时。

（三）紧抓新闻的关联点

新闻事物包括多侧面、多角度的内容信息。可是新闻报道不是事无巨细、面面俱到地进行反映，必须有内容的取舍。特别是在重大新闻报道中，必须跳出一般事件信息常规视角，而是把新闻视觉扩展到新闻信息之外的高度上，细致挖掘信息之间的关联点，让次要信息辅助重要信息源，抓住与事件主题的相关点，以突出和深化报道主题，增强报道的力度和广度。

如在第17届“中国新闻奖”的评选中，荣获消息类三等奖的《奥运“鸟巢”用钢全部“中国造”》一稿，便是记者高屋建瓴、总览全局后采写出的具有宏观思维和微观描写的消息新闻的精品之作。

这篇消息所报道的是奥运“鸟巢”需要攻克技术难关，实现用钢全部实现中国制造的事实，而整个报道的源头始于一次钢材供需会：对于“鸟巢”工程所用的我国从未生产过的产品——厚扳，这种产品的规格、强度特殊，生产难度很大，但邯钢集团主动承担了任务。记者在会议上敏锐地捕捉到这一重大事件背后的新闻，在会后立即进行了全方位跟踪报道，直至研发成功。这个例子中，记者并没有简单的“就会报会”，而是下了功夫去做深主题，深思熟虑，结合各方面的背景材料，牢牢抓住“奥运鸟巢用钢全部中国造”这一独特新颖的内容，运用高起点、全方位、掘进式的思考方式，深入剖析这一新闻事实的内涵，记者运用宏观性思维和微观描写，捕捉新闻关联点，站在全国的制高点，见微知著地揭示出了我国钢铁工业所取得的进步，增强了新闻信息量和新闻价值。

二、灵活把握统筹节奏点

节奏，原意是指音乐中有规律出现的强弱、快慢的变化。而这里所说的新闻报道节奏，是指在新闻写作过程中，通过作者的主观努力，使新闻呈现一种文字上或结构上或不同报道之间符合事件特点的、有规律的变化。

在新闻节奏的控制上，记者采用娓娓道来及直逼结局一紧一慢的步调。新闻现场的报道紧扣主题，吸引受众注意力；穿插的采访回忆放慢节奏，吊起受众胃口。两种截然相反的节奏有机混合使用，调动受众的阅读欲，紧紧抓住读者的注意力。

下面介绍三种节奏点的表现。

（一）清晰的谋篇布局

节奏就像不同的行军步伐，通篇的节奏就像是不同的语言节奏的结合，有时可以一种节奏到底，而有时则晦明晦暗需要节奏上的变化，就仿佛阅兵时齐步与正步的互换，这种节奏的突然变化同样会带来变换的美感。

这种谋篇节奏是建立在语句节奏基础上，但同时又要超越单纯语句节奏。因为单纯语句的节奏控制，使新闻读起来朗朗上口，而新闻节奏最主要的作用还是要使新闻报道前后脉络清晰，事实发展水到渠成，或意料之外、情理之中。所谓“大象无形”，就是虚与实、抑与扬、动与静相结合，也是控制节奏的有效方法。

（二）拿捏故事情节

新闻故事情节上的抑扬也同样可以形成节奏。火山被压抑得越久，喷发的力量也就越大，同理，新闻故事情节上的先抑后扬亦可达此效果。经过这“抑—扬—抑—扬”的节奏变化，整个报道呈现出明显的节奏感。

（三）精设小标题

使用小标题是节奏调整的最简洁最有效的方法。有时只要一句话，就可挥洒自如地在不同的节奏场景进行切换，不同报道节奏之间才会得到自然、顺畅地过渡、发展。值得一提的是，每一组新闻小情节还要很精巧配合宏观节奏的步伐，达到前后呼应效果。

第四章　新闻报道结构和体裁

第一节　新闻写作的结构和新闻报道的结构

一、新闻写作的结构

（一）新闻的组成

新闻一般由五部分组成。

1. 标题

标题应浓缩核心内容。新闻的标题就如人的眼睛，要能传情达意，表达出新闻的核心内容，帮助读者迅速了解新闻的主要内容，以吸引读者了解详情。如《人民解放军百万大军横渡长江》，标题就直接告诉读者“百万大军横渡长江”的真实事件，表达出了这篇新闻最核心的内容，精练准确。

2. 导语

导语应扼要揭示核心内容，先声夺人。导语是新闻开头的第一段或第一句话，它主要是告诉读者这条新闻的内容是什么，制造适当气氛，使读者乐意读下去。它要求用简洁、生动的语言把最新鲜、最重要的事实放在前面，以便先声夺人。例如《人民解放军百万大军横渡长江》第一句“人民解放军百万大军，从一千余华里的战线上，冲破敌阵，横渡长江”是导语，扼要揭示了全文的核心内容，营造了一种紧张的气氛，先声夺人。

3. 主体

主体必须内容充实，层次清楚，语言简明。主体是新闻的主干，它要承接导语，用真实的、典型的、具体的材料，印证导语中的提示，对导语的内容作进一步的扩展和阐释。例如《中原我军解放南阳》分五层叙述了我军占领南阳的过程，内容翔实，层次清晰，语言简明。

4. 背景

背景的作用是烘托和深化主题，但不能喧宾夺主。任何新闻都是在一定的环境和历史条件下产生的，这就是它的背景。好的背景，能烘托和深化主题，同时增加知识性和趣味性，帮助读者更好地理解新闻的内容。如《中原我军解放南阳》介绍南阳为古宛县的一段即为背景材料。这则材料说明了南阳的位置的重要性，烘托和深化了主题。需要注意的是，背景只是新闻的从属部分，不能喧宾夺主，也不是每条新闻都一定有背景，要根据需要而定。

5. 结语

结语要注意简要概括，进行评论或提出希望。结语是整篇新闻的收笔之处，它的作用是阐明事实的意义或指出事件发展的趋向，可以给读者以完整的结局，也可给读者留下思索的余味。结语一般有对事实结果简要概括、对主要内容进行评论和根据报道的内容提出希望三种形式。背景和结语暗含在主体中。

新闻一般由标题、导语、主体、背景和结尾组成。但不是每篇新闻都具有这 5 个部分，有的新闻就没有导语和背景。还有的新闻把背景和结语暗含在主体中。所以要具体情况具体分析。

（二）常见的新闻结构

新闻结构即新闻文体的组合形式。常见的几种新闻结构有以下几种。

1. 倒金字塔式结构

这种组合形式是把最重要的内容放在新闻的最前面，随后按重要性依次排列其他内容。它的优点是能迅速地把最新鲜、最重要的事实，开门见山地告诉读者，使读者一目了然，节省时间。

2. 金字塔式结构

这种结构又称“逆转倒金字塔式”。即把最重要、最精彩的内容放在后面，按时间顺序，依次叙述。

3. 菱形式结构

这是一种“两头小、中间大”的结构。因为新闻的主要内容比较复杂，导语中容纳不下，也不能概括表达，适于在主体中分段叙述。

4. 车辐式结构

以一个中心事件或事物为纲，其他事实像车辐一样辐射出去。宜于报道比较散的事件。

5. 并列式结构

把众多主要事实并列叙述。适合报道事实各部分的重要性相等或相似的新闻，多见于公报式新闻。

二、新闻报道的结构

新闻写作的结构主要是从文体框架的角度做的定义，而报道结构则更多从内容出发，考察报道客体与主题的整合。

（一）报道结构的特质

由于报道的客体、主题等不同，报道结构也不尽相同。其不同点主要体现在以下六个特质上。

1. 时间

时间指报道在时间延续方面表现出的特质。大多数策划性报道都有或长或短的时间延续性，对于突发事件的追踪报道、对于重大社会问题的深度报道、对于一些重大会议或活动的连续报道，在时间延续方面一般尤为突出。报道规模这个概念也与时间要素相关。时间要素的内涵，包括报道全程跨越的时间和报道刊播的时间频率即密度这两方面含义。

2. 空间

空间指报道在媒介空间位置方面所表现出的特质。报纸在这方面尤其明显，如报道在版序上、版面位置上的安排；网络新闻传播也在空间位置上有所表现，如报道内容放置的网页层次；广播电视新闻报道在空间概念上的意义则主要体现在通过各个栏目、节目的组合，形成立体化的报道格局。

3. 角度

角度指报道在反映客体的着眼点和侧重点方面所表现出的特质。报道可以从客体的某一侧面或要点切入，也可以从多个侧面、多个要点切入，有些持续较长时间的报道，角度还可能在报道进程中有所变化，如从一个侧面转向另一侧面，或由一个侧面转向多个侧面。

4. 广度

广度指报道在集纳有关客体的横向信息方面所表现出的特质。任何报道客体都是存在于一定的社会系统中的，客体的发生、变化与周围环境具有千丝万缕的联系。新闻报道不仅要揭示客体自身的现状，有时还要揭示与其相关的其他客体的现状，即提供受众有关报道客体的环境性信息、相关性信息，这类信息的结合构成了报道的广度。

5. 深度

深度指报道在集纳有关客体的纵向信息方面表现出的特质。报道客体的发生与发展都有从量变到质变的演化过程，而新闻报道只能在事物发展变化过程中的某一时间域中展示客体，因此，要让受众全面准确地了解报道客体，有时还要提供客体的背景性信息和前景性信息，这类信息的结合构成了报道的深度。

6. 符号

符号指报道用以展现客体的符号所表现出的特质。不同的媒介有不同符号系统，而具体到每一个报道，所采用的符号又有各自不同的组合方式，比如报纸在进行新闻报道时，对文字、照片、图表、线条、色彩能够灵活组合使用，电视新闻报道中现场实录图像、打字幕、做三维动画资料、出主持人形象等操作使符号的运用更加繁杂多样。

以上六方面因素无计其数的组合变化，使报道结构呈现出千姿百态。

（二）常见的报道结构

尽管很难描述所有报道在结构上的林林总总，但考察我国各类新闻报道，还是能够对其结构模式作一个大体的分类。

1. 线型结构模式

这种模式的特点是选择某一个角度切入客体，追踪反映客体的发展变化，直至客体变动告一段落。报道依时间延续表现出单向性、直线型的发展轨迹。线型模式在一些事件性报道、问题性报道、活动报道中都有广泛的运用，它表现出报道活动与报道客体同步推进，以连续性的信息组合展示客体变化过程及其本质的特色。

2. 放射型结构模式

这种结构模式的特点是选择某一角度切入某一客体，跟踪反映这一客体的发展变化，但会随着报道的进展，拓展报道客体，转向对更多相关客体的反映，报道依时间延续呈现出由线到面的放射状特色。这样的结构设计合乎人们对事物的认识由表及里、由浅入深、由此及彼的自然规律。放射性报道结构对展示和剖析比较复杂的事件与问题有重要作用，它能够由点带面，扩大报道的社会影响力。

3. 收束型结构模式

这种报道模式的特点是从多个客体切入，以多种事实的变动指向某一共同的主题，使这一主题得到深入挖掘和充分展示。报道随时间延续表现出由面到线或由面到点的特色。从不同客体切入主题的做法，有利于全面反映问题，引起社会关注，这对报道后期主题的聚焦和深化具有重要作用。

4. 网状结构模式

这种报道模式的特点是从多个客体、多种角度切入，报道随时间延续或追踪、或拓展、或沿着客体各自的方向发展，表现出相互烘托、交错递进的特色。特别重大的报道如战争，在结构上采用网状结构模式的较多。网状结构模式较之前几类模式要复杂得多，或者说，它将前几种报道结构糅合在了一起，客体的多元化、角度的多样化以及报道进展过程中各个条块的相互应和，使报道具有特别突出的强势。

需要说明的是，以上归纳的四种结构模式只是对目前我国常见的媒介报道结构的一种粗线条的勾勒，因为构成报道结构的因素很多，某一因素又会有很多变数，报道策划者完全能够在这些模式框架中灵活变通，不拘一格为我所用。但万变不离其宗的是，任何报道结构的选择和设计，都是依据报道选题和报道效果目标的设定而操作的，不能是也不应该是策划者随心所欲的结果。如果违背了这一原则，比如以复杂的网状结构对一个意义不大的小事件进行报道，或者以简单的线型结构报道错综复杂的社会问题，都将无法恰到好处地揭示客体的全貌和本质，不能获得应有的报道效果。

第二节　新闻体裁概述

一、把握新闻体裁的特点

所谓新闻体裁，是指新闻写作的表达形式。在新闻写作时，由于表达主题手法不同、选择材料的角度不同、组织材料的结构不同等，所以新闻报道的体裁是多种多样的。古人说，文无定法。新闻体裁也并不是一成不变的，而是不断发展的。目前，我国报纸、电台和通讯社常用的新闻体裁，一般有消息、特写、通讯、调查报告、记者来信、人物专访、工作研究、采访札记等。消息这种体裁，是大量使用的“常规武器”，而且消息又有简讯、短消息、长消息之分。

要做到在写稿时把握住体裁的特点，以适应报纸、电台、电视台的宣传需要，应注意以下三点。

1. 要做到“量体裁衣”

写什么样的新闻采用什么样的体裁，内容决定形式。动笔之前，应当分析自己掌握的题材内容如何，再确定选用哪种体裁合适。如果报道的内容只能写一条消息，却硬写一篇长通讯。因材料不典型，只好堆积事例，添些空话、废话。其原因除了盲目追求写通讯之外，主要是没有做到“量体裁衣”。许多有经验的通讯员的写作实践证明，一篇稿件要运用体裁得当，只有“量”（即确定报道主题和选择题材）得准，才能“裁”（即选用体裁）得巧。这就要求在选择新闻体裁时，先在“量”上下功夫，再在“裁”上显本领。

2. 要“抓住时机”

在采写各类新闻及运用体裁的时候，要抓住报纸、电台、电视台根据党中央一个时期宣传重点所提出的报道中心。就是所谓的抓住宣传时机。只有根据这个报道中心，去采写稿子，选用恰当体裁，才能达到“适销对路”。可见，新闻写作时运用什么样的体裁为好，既要“量体裁衣”，又要抓住宣传时机，否则，难以得到最佳的宣传效果。

3. 要有针对性

一个报道题材要不要写成新闻，该写成什么样的新闻？既要考虑到报道的具体内容及其新闻价值，又要考虑到报纸、电台、电视台的不同需要，以及应当宣传的范围。这样写出的稿子，才能避免盲目性，做到有针对性、提高用稿率。

二、新闻报道体裁分类

（一）传统新闻体裁分类中存在的问题

不同的新闻写作教材，对新闻报道体裁大都有不同的划分方法，这给初学新闻写作的学生或爱好者带来不少困惑，其实这也是长期从事新闻工作的人感到难解的问题。

在新闻体裁的传统划分方法中，主要存在以下几个问题。

第一，这些划分方法，对某些体裁的界定、区分仍不明确。如综合消息（或长消息）与通讯、深度报道，新闻特写与通讯，描写性消息与特写，等等。

第二，对一些功能、性质相近的新闻作品，以不同的体裁进行界定、归类也是没有意义的。以综合消息与深度报道为例，两者都是运用大量的事实材料，包括大量的新闻背景，对一个较为复杂的事件进行报道。这两者都可以说既有综合的特征又有深度的特征。一般来说，综合了才有深度，或者说要有深度就必须综合。这样一区分反而让一些写作者犯糊涂。

第三，有些教材的划分方法，存在着一些矛盾。如在消息的编类中包括事件性消息、非事件性消息、描写性消息、分析性消息，在通讯编类中包括人物通讯、事件通讯、工作通讯、风貌通讯、社会观察通讯、专访、新闻特写。这个方法很简明，但也有些欠妥，如把分析解释性的新闻作品归为消息类，但消息有别于其他新闻体裁的本质特点就是简要、概括地反映事实，这样一来两者自相矛盾了。

第四，对新闻进行体裁分类，却忽视了服务于写作的目的。区分不同报道体裁的依据是表现手法、口吻与人称、结构布局。不同的新闻体裁中，这些因素的构成是不同的，这种判断主要源于对不同体裁进行的分类比较，是对结果的分类。要能有效地成为我们进行新闻写作的辅助手段，我们首先要认清新闻报道的目的，因为目的决定方法和手段。况且，教条地以这些依据去区分一些文体，如上文提到的综合消息与深度报道也确实比较困难。

（二）按目的划分的新闻体裁

在初步学习新闻写作时，一个让多数人为难的问题可能就是如何告别以前的写作习惯、思维定式，许多人在写作中不知不觉走上以前写作的路子，写出来的像记叙文、小说或散文。究其根子，在于作者仍没有十分明确新闻报道的目的，以及与其他文体的区别。

大概说来，新闻报道的目的主要分三类。一是告知受众是什么、二是告知受众为什么、三是向受众宣传一个道理，对他们产生一些积极的影响。按照这三个目的，可以把新闻报道的体裁分为客观性报道、述评性报道和宣传性报道三大类。下面对这三类体裁略作一些说明。

1. 客观性报道

客观性报道是指客观叙述事实，作者不进行任何主观评论，报道目的主要是让读者知道“是什么”。报道只提供事实（包括作为别人言论的事实），记者是历史的记录者、旁观者，不发表个人意见观点，强调报道的客观性、真实性。其主要功能是让读者了解这个事实，由他自己对该事实进行分析判断。

客观性报道包括消息、专访、调查等体裁。消息分为简讯、事件性消息、非事件性消息、描写性消息等。

2. 述评性报道

述评性报道是在客观叙述事实的基础上，加入适当的议论，以揭示事实的本质、反映作者的态度看法。这种报道是让读者在知道是什么的基础上，进一步知悉为什么及将来会怎么样。述评性报道强调报道的客观、公正、全面。

我们所说的新闻述评、特稿、深度报道、专题报道、特别报道、特别关注等都可以纳入这种体裁类型，这些报道的共同点就是可以有作者的主观性评论。如果细化功能，可以把它们分为三类，分析说明解释（原因）、总结判断（经验、性质、影响）、预测（趋势、走向）。

3. 宣传性报道

宣传性报道是指围绕特定的报道主题，通过对事实材料进行有意识的选择，宣扬一种观点、思想，以影响人们的情感态度和行为。

宣传性报道有明显的价值倾向，目的也非常明显，即去影响、改变人的情感态度甚至行为，这一点在以前的报道中较为突出，主要是以创造典型、树立样板为手段制造感召力，进行广泛的号召和社会动员。因此，宣传性报道强调情感情节，写作手法可运用描写、叙述、议论、抒情。

宣传性报道要解决的根本问题是如何处理好新闻价值与宣传价值的关系。新闻价值是事件本身所具有的，是中立的、客观的，宣传价值则是传播者事先设计并希望事后实现的一种主观意图意愿。可见，在这类报道中，对事实材料选择加工的标准主要参照宣传价值的大小，当然新闻价值的提高也可以提升宣传价值。由于通讯在历史中主要承担了宣传的功能，因此这一类题材实际上就是指通讯。

以前对新闻体裁的划分和界定，主要适用于纸质媒体，这种三分法可适用于任何媒体，这实际上为所有的新闻写作者提供了一个现实、简单、有效的思路。

（三）新环境下的通讯体裁

通讯是在通信技术手段受到局限，新闻（消息）的报道传递不能满足受众需求等历史条件下，作为一种补充、补救手段产生的。而现有的通信技术条件下，如果要详尽地报道一则新闻，消息这一体裁已完全可以胜任。面对激烈的媒介市场竞争，和越来越先进的通信技术，对重大的复杂的事件进程的即时报道、连续报道，或者通过链接的方式展示事件的全貌已成为必然选择。

对于纸质媒介而言，通讯体裁所具有的形象生动性由于互联网的崛起，和电视对新闻报道全新革命和着力打造而魅力不再（通讯以前常借用文学的写作手法、技巧，来生动形象地报道新闻事件或刻画一个新闻人物），失去了原有价值和优势。现在，对于受众来说，通常情况是在电视或互联网等电子媒介上看到新闻，在报纸上得到证实和解释。纸质媒介转而追求思想性和文化内涵，以此重新建造培养自己的核心竞争力，而这一任务已由深度报道这类体裁承担。

从传者、受者的角度来说，提供高纯度的信息，是新闻工作者日益提高的专业主义或职业精神的自然结论，更是受众日益提高的信息鉴别、分析、判断能力的必然要求。在写作手法上，抒情是通讯特有的，但现已基本不用，通讯所着重的情感铺垫和渲染只有在特殊的情形下（如人物通讯，或题材具有重大的政治意义、宣传价值）才使用。

从社会环境来看，其中最为突出的问题是在市场经济条件下，对某企业某产品或企业家的正面新闻报道（以人物通讯或工作通讯的形式）会产生广告宣传的效果，从而影响公平竞争。同时，这种新闻报道方式，很容易使新闻从业人员产生新闻腐败。如果说以前在计划经济条件下，通讯中新闻价值和宣传价值可以合二为一，不会对社会中的某一群体或个人产生不良影响，两者之间不产生矛盾，那么现在有必要进行细分明确。

第三节 硬新闻和软新闻

一、西方新闻界的“两分法”

硬新闻（Hard News）和软新闻（Soft News）是西方新闻界新闻业务中老生常谈的两个基本概念。在英国、美国及澳大利亚大学新闻系的新闻写作教材中，硬、软新闻的分类之所以成为喋喋不休的话题，是因为对这两种新闻形式的科学区分直接涉及对新闻报道类别和写作方法的确认。对此问题的宏观把握有着重大的理论和实践意义。

在新闻的分类方面，英国、美国和澳大利亚大学出版的新闻写作教材都花了相当篇幅来讨论。它们的主要分法是：将硬新闻和软新闻一分为二，在这两个巨大的框架之下对新闻文体进行分类，然后再研究导语和主干的关系。

（一）硬新闻和软新闻的概念

硬新闻：一种强调时间性和重大性的动态新闻形式，重在迅速传递消息。在形式上，它与国内学界所说的动态消息基本相一致。

软新闻：一种注重引起读者兴趣的新闻形式，重在引起受众的情感呼应。比如愉悦或深思等，更多地强调人类兴趣。在形式上，它分为软消息和特写两种。

（二）二者之间的区别

1. 重点不同

硬新闻重在迅速传递信息，强调时间性，多为动态新闻和现场报道。软新闻重在引起读者兴趣和情感呼应。

2. 要求不同

尽管新闻价值和诸种要素都起作用（特别是时间和重大性），但硬新闻要求的程度较高，软新闻要求的程度相对较低。

3. 写作技巧

硬新闻有一定之规（在大多数情况下沿用倒金字塔结构），软新闻则不拘一格。硬新闻直截了当，简明扼要，形式简练，具有直接性；软新闻样式复杂，细节描写和记者感情色彩占据重要地位，具有间接性。硬新闻形式上基本是动态新闻，软新闻则有软消息和特写之分。

4. 导语不同

硬新闻将最重要的事实放在最前面，要求开门见山，一语中的，概括新闻的中心。软新闻导语则不拘一格，有较大的宽容性。

概而言之，新闻的基本形式是硬新闻和软新闻；它们的侧重点不同，导语和文体写作要求也不同。

二、新闻来源在硬新闻中的运用

硬新闻是源于西方新闻学的一个名词，指题材较为严肃、注重思想性、指导性和知识性的政治、经济、科技新闻。它关系到受众的切身利益，是受众赖以采取行动的依据，在新闻传播活动中起决定作用。

同时，新闻来源的使用过程中要注意以下几个方面。

首先，必须交代新闻来源。新闻来源的缺失，使得新闻事实成为“来路不明的闯入者”。在整个消息的写作中，交代来源似乎只是一个微不足道的“细节”，但对于一篇堪称完整、规范的报道而言，这是一个不容忽视的“大问题”。在海量信息时代，信息发布者不仅要提供基本事实，还应积极主动做事实的解释者。

其次，注重新闻来源的对位。随着社会分工的日益细化，专业与身份决定了发言的分量。使用模糊或者暗示的说法来交代新闻来源有利有弊，需要慎重对待。利在于信息发布者可以保护新闻来源，这在批评报道中运用比较多。弊在于无法验证信息提供者是否对新闻事实具有发言权，即新闻来源的对位问题，而且存在记者只为一边说话的可能。

最后，新闻来源的表述宜采用多个层次。信息的每一面都力争有一个“代言人”。常见的硬新闻多来自官方和政界人士，缺乏多元的消息来源和意见，与新闻报道的全面性原则相悖。丰富新闻来源使得信息更具权威，也更加真实可信。

第五章　新闻报道的语言

第一节　新闻语言的掌握

一、新闻语言的含义

新闻语言，是指通过新闻媒介，向受众报道新近发生的事实，传播具有新闻价值的信息时所使用的文字语言。

二、新闻语言的特征

（一）新闻语言要有准确性与可读性

新闻写作中所需要的语言，是传播信息的语言、报道事实的语言、解释问题的语言、快速交流的语言。因此，根据新闻写作的时效性（新鲜、快速、简短）与可读性（具体、生动、通俗），其语言不但要具有准确性，还要具有简洁、鲜明、生动的特色。

1．准确性

这里所说的准确性，包括以下含义：

（1）在时间、空间、形态、色彩等方面，语言与客观事物的特征之间的高度吻合；

（2）对事物属性、特征——也就是“质”的判断尽可能没有偏差；

（3）对事物的数量、程度——也就是“量”的把握精确无误；

（4）排除主观臆断和以偏概全；

（5）慎用可能产生歧义的词语。

2．可读性

新闻语言的简洁、鲜明、生动具体体现为：

（1）必须满足生活在快节奏的现代社会中大量受众对信息的需求；

（2）必须使处于广泛、分散、隐匿状况中的受众，在接受新闻传播的信息时获得尽可能多和尽可能一致的结果；

（3）要做到在传播信息时不致使受众产生被人强迫的感觉而加以排斥。

（二）新闻语言要有时代感

新闻语言的一个重要特征是要有时代气息。现在媒体上几乎每天都会有新词出现，词汇翻新很快。因为这种语言是对社会语汇最直接、最真实、最迅速、最广泛的反映，记者既应该保持对新鲜事物的敏感，也应该保持对新鲜语言的敏感。同时新闻报道的时效性与新鲜感，在一定程度上也需要通过有时代气息的语言，包括社会上最新流行的一些语言传递出来。

（三）新闻语言应有不同的风格

新闻语言在符合准确、简洁、鲜明、生动的基础上，针对不同的报道、不同的作者应该有不同的语言要求。

1. 新闻语言风格取决于人物报道中被采访者的语言个性。

2. 新闻语言风格取决于新闻事件本身的基调

不同内容、不同题材的新闻事实，它的基调是不同的。例如有的新闻题材是严肃的，有的新闻题材是活泼的，有的新闻题材是华丽的，有的新闻题材是平实的，有的新闻题材是欢快的，有的新闻题材是凝重的等。分清新闻题材的基调，对记者准确地把握新闻事实，在写作中选用恰如其分的语言表现新闻事实有着重要的作用。也就是说，在确定了报道题材基调的时候，也就确定了撰写这篇报道时的新闻语言风格。

3. 消息与通讯对于语言的要求有所不同

一般来说，通讯的语言比消息更形象、更生动、更具有感情色彩。消息比通讯更惜墨如金，消息的语言是一种具体陈述与抽象概括相结合的语言。而通讯承担着展开事实、描写事实、再现事实乃至解释事实的任务，它比消息报道的内容更详细、更深入，它对消息提供的事实做进一步必要的补充，或是对消息所报道的全部事实或某一部分事实起“放大”的作用。同时通讯报道的范围也比消息更广泛，因此，它可以也必须更多地调动各种修辞手法，更多地借鉴文学写作的技巧。

（四）“白描”是新闻语言的主要特征

在新闻写作中，白描是指文字描写的具体方法，即不修饰，不用或少用形容渲染，以质朴的文笔，简练而直接地勾勒出事物的特征，避免浮华、做作。白描虽然是描写，但如果从形式上看，白描与直接叙述没有很大的区别。可以这样说，白描是直接叙述和描写的高度统一。它洗尽铅华、质朴平实，透明度高，有利于把复杂的问题用简单的方法来处理，进而突出事物的特征，即突出新闻价值，便于受众在信息的快速传播中接受。

三、新闻语言的六“忌”

（一）忌含糊

语言含糊笼统，让人不得要领，这是新闻语言的大忌。《湖南发现“妇女文字”》一文，就有这样的毛病：

湖南省江永县举世罕见的“妇女文字”，已由中南民族学院宫哲兵整理成书，即将由中国展望出版社出版。

“妇女文字”是当地瑶族妇女都会写的一种奇特文字，属表音文字，有600多个字形，有些与甲骨文、篆书相似，有些与楷书相似。它记录的是当地瑶族群众使用的一种“土话”。由于这种文字只在妇女中流行，当地称为“妇女文字”，简称“女书”。一些学者认为，这是一个惊人的发现，将引起人类学家和语言学家的关注。

××××年到××××年，宫哲兵曾六次到中国南方进行民族风情调查，其间发现了这种奇特的文字。

发现了一种只有女性使用的文字，这新闻主题确有惊人之处。也正因为它的惊人之处，人们便有更多地了解它的愿望。根据文中介绍，这种文字记录的是当地的一种土话，那么这种土话为什么只有妇女会书写它们呢？男人们对它究竟是不得习用还是不愿习用？这其中必定有一些传统文化或习俗上的原因。另外，作为一种人类文化史上罕见的独特发现，它的发现过程也是读者关心的。宫哲兵是男是女？他（她）是怎样发现这一奇迹的？对此作者也没做任何介绍。总之，读了这篇新闻，给人感觉是记者自己也很糊涂，对所报道的事实所知有限。如果真是这样，那记者应该自己调查清楚再向读者报道。

（二）忌矫饰

有一篇人物特写，这样描写一个女诗人：

所以，熟悉或不熟悉她的人，都感觉到她身上那种早晨般的清新和傍晚般的浑浊。这，正是诗人在自我和世界之间构筑的最佳对应关系，有识之士预言，她的世界是一片晨雾，一片永远不会散尽的晨雾。

……是从人的本质构成，准确地说是从一个女人感觉的深处，去对生命原动力的把握和体验。……是一种神秘化的自然，是心灵更广阔的时空的冲撞……

……她以恬淡而优美的诗篇，使自己的灵魂挣脱肉体的躯壳而获得了独立的存在方式，她以定向不定量、内涵十分丰厚的诗的语言为媒介，再塑了自己傲然独立，超群脱俗的“内在生命”……

不要说在新闻中，就是在文学中那种强调语言的“陌生化”“反常化”的语境里，这也是雕琢过甚的败笔。别说新闻事实杳无踪迹，连抽象的概念也被撕扯成一堆玄虚朦胧的文字碎片。只觉一片华丽而浑浊的浓雾遮蔽了一切，真让人“不识庐山真面目”了！

（三）忌堆砌

在阅读新闻时，有时能见到这样一些句子：“天空的彩霞映照得场上格外通红”，其中“格外”和“通”都是强调程度的副词，语意重复了。“胜利凯旋归来”，其中“凯”就是胜利，“旋”就是归来，等于把相同的意思说了两遍。这样的废话说多了，篇幅就增加了，但信息却没有增加。

除这样简单的语意重复之外，有时还会有不厌其烦地罗列细节和数字的现象，同样也是语言的堆砌。有一段文字这样介绍一位农民勤劳致富的事迹：

他种承包地 55 亩，去年收小麦 1.25 万千克，稻谷 1.15 万千克，黄豆 1000 千克，赤豆、绿豆等 500 千克，山芋干 1000 千克，花生 2000 千克，共 2.85 万千克，收入 1.22 万元；同时他利用余粮和稻谷，饲养耕牛 9 头，出售小牛 4 头，收入 2500 元；出售 6 头肥猪，收入 1400 元；出售 100 只家禽，收入 300 元；小四轮跑运输，收入 1800 元；利用板桥火车站一个货位，（三人合伙）出售砂石，自己净得 1800 元。全年总收入达 2.28 万元。

这简直是一笔流水账，材料缺乏整理，语言更是缺少概括和提炼。这样写数字虽然很精确，主人公的事迹却很模糊。

（四）忌混乱

一位伟人曾经提醒我们，说话和写文章都要注意语法、逻辑、修辞。这里所说的混乱，主要是指违背逻辑。逻辑混乱的文章，读者很难看得明白。下面就是一段逻辑混乱的文字：

为达到赚钱目的，竟私刻杂技团公章，从濮阳市少林武术培训中心带走 6 名少年到南方“走穴”，谁知原定返校期限成了一纸空文。1 月底，记者从濮阳市区公安分局了解到，6 名被当成“摇钱树”的武校少年终于被救了回来。

这是一篇消息的导语。劈头一句话就漏掉了主语，让人搞不明白事件的行为主体是谁。经猜测，行为主体应该是犯罪嫌疑人——他为达到赚钱的目的，私刻杂技团公章，骗走了 6 名武校学生。但接下来的一句是“谁知原定的返校期限成了一纸空文”，这很让人摸不着头脑。“谁知”表示没有料到，难道是犯罪嫌疑人没有料到吗？当然不是。这真是“你不说我还明白，你越说我倒越糊涂了”！那么到底是谁没有料到？读者只好再猜：是武校方面没有料到竟被人骗了。

这段文字的主要问题是叙事角度的混乱。在一句话中，作者一会儿站在犯罪嫌疑人的视角上说话：“为了达到赚钱的目的”，一会又站在武校的视角上说话：“谁知原定返校期限成了一纸空文。”读者因此找不到观察事物的立足点了，自然感觉一片混沌。另外，“期限成为一纸空文”的说法也欠斟酌——期限是文书吗？

（五）忌空洞

在极“左”路线横行的时期，报纸广播上空话、假话连篇累牍，人们在学习、讨论甚至在生活中，也大量使用一些言之无物的公式化的套语。这是“四人帮”推行的专制文化对语言实行暴力侵犯的结果，最终丰富多彩的中国文化受到了不小的冲击，语言也在长期的囚禁中干枯，变成一堆空洞干瘪的概念。粉碎“四人帮”后多年，这种余毒还难以肃清。1985 年第 6 期《新闻业务》转载了一篇题为《万能表》的讽刺短文：

在______以来的大好形势下，在______会议精神的鼓舞下，______厂党委认真贯彻执行______精神，组织党委一班人围绕______专题，反复认真学习了______文件。通过学习，深刻认识到______的重要性，进一步明确了开展______的重要意义，从而大大增强了贯彻执行______的自觉性。在提高认识的基础上，他们针对本单位______的特点，狠抓了______的工作，做到了______，从而有力推动厂里的生产。到______为止，全厂已超额完成______计划的百分之______，总产值达到______，比去年同期增长百分之______，群众高兴地说：______。目前______厂的干部群众正在成绩面前找差距，为争取______作出新的贡献。

［注］本表结构严谨，层次分明，段落清楚，主题突出，适用所有工矿企业的新闻报道。大、中、小学文化程度的同志均可使用，使用时稍加填写就可成为一篇正规的“新闻稿”。

又过去二十几年了，这篇短文中所讽刺的现象，在新闻中仍时时能看到一些痕迹。例如会议新闻：

发扬民主　加强团结　坚定信心　继往开来

××××三次会议胜利闭幕

本报讯××××三次会议圆满完成各项议程，×月×日上午在××胜利闭幕。省党政军领导×××、×××、×××、×××……到会祝贺。

会议通过了××××、××××、××××……

省××主席×××在会上作了重要讲话。×××指出……

上午×时×分，大会在雄壮的国际歌中闭幕。

跟“万能表”又有多大区别呢？这样的报道，谁会浪费时间和精力去阅读？

（六）忌语病

或许是由于新闻写作讲究“出手成章”，在语言上无暇过细地推敲等原因，目前在报刊广播中出现的病句实在太多，应该引起新闻界的注意。例如下面这些句子：

①艺术家的演出，博得了各界观众热烈的欢迎，对这次成功的演出给予很高的评价。

②……像一阵春风吹遍了全县的每一个乡镇，开遍了每一个村庄。

③他们在全厂推广了技术革新。

“演出”可以博得欢迎，但不能对自己给予评价，因此可见第一个例子犯了句子成分残缺的毛病，它的后一个分句缺了主语。第二个例句中的“春风”，可以“吹遍”但不能“开遍”，主语和谓语明显搭配不当。第三个例句中的谓语“推广”，只能带名词性宾语，而“技术革新”是主谓词组，带有动词性，属于动宾搭配不当。

四、新闻语言的两“多”

（一）多用动词，用准动词

“白描”所要求的简洁而准确的线条勾勒，主要是依赖“动词”实现的。动词在语言中是最生动活泼的因素，主要用于陈述人物和事物的动作、行为、变化等。

例如：“春风又绿江南岸”的“绿”字，“红杏枝头春意闹”的“闹”字，使景物从静态变成了动态，由无声成为有声。又如“好雨知时节，当春乃发生”的“知”字，把本来无生命的变为有生命的了。千古名篇《陋室铭》中的“苔痕上阶绿，草色入帘青”也脍炙人口。一个“上”，一个“入”，给石阶上的青苔以及屋外的绿草都赋予了运动着的生命境界，勾勒出一幅生机盎然的动感画面。

与此同理，在新闻写作时掌握多使用动词的要领，既能把人物和事件写“活”，使人如见其人、如闻其声；也能把环境和景象写“活”，使人如临其境，最终让消息或者通讯“立于纸上”。

在提倡新闻写作多用动词的同时，还要提醒大家注意用准动词。

（二）多用子概念

在新闻写作中"白描"所要求的简洁与准确的线条勾勒，还需要以具象化的概念支撑。

母概念和子概念，是形式逻辑中的专有名词。如"食品"和"面包"就是具有母子关系的概念。母概念"食品"外延较大，而面包属于食品中的一种，是子概念，它虽然外延没有食品大，但它的内涵比食品具体丰富。"吐司面包""麦香面包""面包圈"……显然这些子概念比母概念又具象化了一层，人们会联想到某一种具体的味道或口感。

子概念的特点就是具体、丰富、形象。由于子概念的内涵总比相应的母概念内涵丰富具体，因此，多用子概念容易引起人们的形象思维。

第二节　新闻语言的正确使用

一、新闻语言的重要性

语言是最基本、最常用的传播符号，正如某位外国哲人所说："Speak so I know you.（说话，使我可以认识你。）"在我国，人们也常用"文如其人"比喻文字和语言可以揭示人们的思想。这些都反映出语言具有直接表达思想的特性，它能使深藏在人们内心深处的某些东西跃然纸上。

新闻媒介是大众传播的重要手段，通过这一途径所传播的信息可直达社会上最广大的受众，其影响是巨大的。同时，新闻属于国家上层建筑的意识形态域，它必定要反映一个国家的主流的、占支配地位的思想和文化。新闻媒介是实现这一过程的使者，所担当的责任是关乎国家文化和思想原则的，体现了一国对内、对外的整体发展战略。从这一角度看，新闻报道中的语言特别重要，它应该比一般的信笺、散文、小说等文学性语言更严肃、郑重。新闻语言应该是精练的、优美的，它表达的思想也应是磊落的、高尚的、符合社会总体价值观的。

二、新闻语言的不良现象

我国的新闻媒体在新闻改革中获得了长足的进步，包括网络、广播、电视等多种媒体在市场经济环境中拥有了前所未有的发展空间，报道语言、写作风格等也日益多样化，但同时也出现了一些不良的语言使用现象。这些问题应引起传媒业的注意和防范。近年来，新闻报道中呈现出的一些新的不良语言现象大致表现在以下几个方面。

（一）“新语言”的尴尬

随着网络日益深入我们的社会和日常生活，出现了一些新型的语言和文字表达方式，它们伴随着新的生活方式正影响着许许多多的人。应如何面对“PP”“美眉”“班竹”等这样的“网络语言”呢？显然，网络语言有自己的个性和特点，它是先进技术的产物，有些不失风趣和幽默，但是如果不加选择地讲时髦和猎奇求异，可能会导致对传统文化的藐视和糟蹋。因此对于网络语言中的语言污染，如果不加以滤除，可能就会泛滥成灾，成为语言的垃圾，玷污我国语言文化，亵渎中华民族的悠久文化和语言文字的纯洁和健康，对青少年正规语言的学习将会产生很大的负面影响。这种语言的变态和退化在新闻报道中应引起重视，偶尔借用一两下无可厚非，但如果以此作为新闻稿的语言风格，则是不明智的，更会损害新闻本身的传播效果。

（二）报道语言文书化、僵硬化

中国的汉语原本是世界上最灵活、最富有弹性的语言，但在当下的一些新闻报道中则显得僵硬、冷漠，缺乏亲和力，尤其表现在某些机关报的领导人活动报道和会议、政策等报道中。这些报道语言文书化现象明显，充满了程序性和概括性，写作方式和语言风格大同小异，甚至有同无异。因此在进行这类报道时，要特别注意以下几点。

1. 处理好虚实关系

处理好虚实关系，关键在于选取生动的细节和语言，增加报道的实质性内容，避免一般化、概念化，从而使新闻内容实在而不空泛，丰富而不单一。单调俗套的报道收不到良好的效果，有时甚至在受众中产生负面及相反的效果，这是宣传报道应尽量避免的。具体的做法是可在一篇几百字的消息里加入一两句抒情或点染性的细节刻画，适量这种“空灵”的东西常常会使整个文章生辉，给读者带来美的享受，并留下深刻的印象。

2. 要善于从受众的角度进行报道

从受众出发原本就是实现传播效果的基点，况且党的政策的制定与落实本身就是与大众密不可分。因此在进行相关内容报道时，其语言及内容都要贴近大众生活，使用群众喜闻乐见的语言，在树立、保持报道的权威性的同时，增强语言的可读性、可听性、可视性，适合不同层次的受众的阅读需求。

3. 结合社会热点问题、难点问题，深化报道主题

切实把人民群众普遍关心的问题及社会关注的热点问题和难点问题结合起来，对人民群众在党的领导下参与民主决策、民主管理和民主监督的生动实践进行宣传，积极营造健康、良好的民主与法制建设的舆论氛围，真正体现党为人民服务的宗旨。

（三）报道中的歧视性语言

我国《民法通则》第 101 条规定：公民、法人享有名誉权，公民的人格应受到保护。新闻媒介作为一种社会公器，应当保护受众的这一基本权利。社会的不断进步和多元化发展趋势，也要求我们加强人文关怀精神，在新闻报道中倡导和坚持人本主义原则。然而，在当今社会的新闻传媒上，经常会发现明显的歧视性语言，构成了对受众主体的不同程度的伤害，具体而言主要体现在三个方面。

1. 对女性的歧视

在一些新闻报道中，女性以一种边缘性角色的形象出现，有时甚至是负面形象，语言含有偏见性。有的报道竟然对女性人格进行公然的贬损。这种不科学、不健康的报道语言与社会发展极不协调，不仅反映了记者本人品格、格调的低下，也反映出封建残余思想至今仍遗毒不浅。

2. 对弱势群体的歧视

这里所称的“弱势群体”是指那些处于社会底层、无力与新闻媒体相抗衡的人群，他们几乎没有社会话语权，在社会中处于相当被动的地位。这些普通的劳动者的人格应同样受到认可和尊重，媒体不应对他们采取任何形式的歧视。新闻媒体应积极倡导良好的社会风气，提倡互助友爱，让更多的人关心、帮助他们。

北京某报曾报道，被抓到的小偷皆“外地人模样”，不难看出，在偷窃人的身份未被确认时便下这样的定论，显然是有失偏颇的。这种不公的字眼的背后，是新闻记者潜意识里对外地人的偏见和歧视，对绝大多数外地人是不公平的。他们远离家乡故土，来到城市中进行建设，其间的痛苦、无奈才是媒体该关注的。

3. 对被告和犯罪嫌疑人的歧视

名誉权作为公民的一项基本权利是人人平等的，不应因为某人是罪犯或曾经犯罪，媒体就可以随意侵害其权利。有些报道故意采用夸大失实的言辞，极力渲染其“恶”的一面，不仅减弱了可信性，更侵害、贬低了他们的人格。这种一味追求轰动效应，制造可读性、煽情性和猎奇性，迎合受众不健康的阅读心理的新闻语言，常常成为针对媒体的诉讼案的导火线。

总之，新闻工作者不仅是普通的社会一员，也是社会文化的传播者，这样的双重身份与媒介的双重性是一致的。新闻媒体作为重要的社会子系统，影响着社会政治、经济、文化等诸多领域，并因此发挥其独特的、不可替代的作用。从这个角度讲，新闻工作者需承担更多的社会责任，其报道所用的语言也应为反映当今时代主题、创造积极向上的舆论环境、顺应并更好地推动社会潮流的发展而服务。新闻工作者只有牢记这一点才能成为社会风气的倡始者，才能不断滤除社会中落后、腐朽、不良的习俗，最终完成推介、倡导先进文化的社会历史责任。

三、正确使用新闻语言

（一）真实鲜明，再现新闻事实

真实是新闻的生命，新鲜是新闻存在的价值，这是新闻最基本、最核心的特点。从本质上说，只有富有“时代感”的语言才能更真切地反映时代的“真”。

（二）通俗简洁，信息量丰富

新闻在本质上是一种信息，提供信息是新闻媒介的首要功能。在某种程度上，新闻报道的信息含量直接影响到报道的质量和传播效果，要想增加新闻的信息量，提高新闻的可视率，通俗简洁的语言是关键，而新闻语言不仅局限于文字或口头描述，还包括图片和画面。

（三）朴实真挚，语言情感化

新闻传播功能的实现离不开传播者与受众情感上的共鸣，从这个角度看，传播者要想明之以事、晓之以理，就需要动之以情。情感的共融不仅是一种感受力量，更重要的是可以成为一种动力，以“情感传播”达到宣传、教育和整合社会的目的。而要实现情感共鸣，朴实真挚的语言是必不可少的。

（四）生动形象，具有亲和力

现代人的阅读习惯是快餐式的，面对大量的信息，很少有人有耐心去读冗长乏味的新闻，因此，新闻报道要力求语言生动有趣。动词是最生动、最活泼的元素，新闻作品中恰如其分地使用动词，就可以把新闻写活，使新闻事件富有现场感，使人物具有亲和力。同时，语言的人本化、故事化，硬性新闻的软化处理，技术术语的少量使用等手段，都会使语言生动活泼。

2008 年 2 月新华网《冰雪中，有一股热流在涌动》的报道，运用了“‘嗖’地跳上栏杆”“大声招呼”“把晕倒的女子举起来往外‘传送’”等一系列动词，将当时紧张而又感人的场景生动地呈现在读者面前，无须任何评论，这万众一心汇成的热流就能温暖每一位读者。

第三节 新闻字眼的锤炼

一、锤炼鲜明生动的新闻语言

在新闻写作时，不要把话语限制在某一个阶层、某一个圈内，尽量不要用官场上的“官话”、学术界的专业词汇、业内人士的“行话”、自己个人的口头禅，而要用群众熟悉的、能理解的、可产生共鸣的语言。

用“唯一”的词语。这个词语一定是能最真实、最准确地体现报道事实的，如换作其他词语就会造成受众理解的困难。要多用及物动词和主动语态，少用形容词和呆板的被动语态，多用大众口语。要禁绝大话、空话、套话和废话，更忌灌输式、命令式、训话式的语言。要使每一个词语都是为表达事实所必需的，都要实有所指；千万不要用似是而非的、模棱两可的词语，不要以为好像意思表达了就行了，而要看这个词语是否真实、准确无误地报道了事实。

用个性化的语言，只要都按自己的语言风格写作，是可以形成一个人一个风格的。用最凝练的词语，不用或少用形容、渲染的词语。不要认为生动就必须辞藻华丽，不要大量堆砌形容词、感叹词，乱打比喻，滥用转折词，反复打扮。结果只能是华而不实，拖拖拉拉，长而空泛。要以质朴的文笔，简练而直接地勾勒出事物的特征。

用句式结构简单的语句。新闻报道中要多用短句，少用长句；多用陈述句，少用祈使句、感叹句；多用散句，少用整句。

二、把握新闻语言的理性色彩

对于言论、时评、随笔等体裁的新闻，语言要以理取胜、以理服人，以其严密的思维和逻辑性，达到教育人、感染人的目的。同样，消息、通讯也常在新闻事实中融入记者的见解，尽显其哲理。当前中国受众的总体文化水平和理解力都比以前有着较大的提高，他们更喜欢理性的力量，更喜欢通过自己的思考得出结论。

新闻语言要具有理性之美，首先应意义明确，没有歧义。记者写作时，不用过头话，不摆花架子，也不用做作的情感，要以平等的态度、以谈心方式写新闻，使新闻语言富有思辨色彩，运用逻辑的力量来达到传播的目的。

三、学会运用特殊语言

在语言中，视觉语言具有一种特殊的张力，一张照片胜过千言万语。这种视觉的特殊吸引力，就是今天受众喜欢通过电视等媒体来了解事实的原因。但是，相比之下，文字其实具有更大的活动空间。可以说，这种有巨大张力的视觉描写，有力地提升了新闻事实的内涵。

著名作家老舍说：“文字要生动有趣，必须利用幽默。”在新闻写作中，匠心独运地使用一点幽默语言，可以活跃读者的情绪，让人们在笑声中得到启示。我们翻阅一些有影响的新闻作品，幽默语言如万泉涌来，如在精当的比喻中显示出幽默、在“庄词谐用”中显示出幽默、在恰当的拟人中显示出幽默、在个性的风格中显示出幽默、在群众的语言中显示出幽默、在讽刺的笔调中显示出幽默等，都能使新闻作品因此而与受众产生思想上的共鸣。

但新闻的幽默是有分寸的，它受到新闻简短明了特点的制约。因此，运用幽默时，既要注意有所节制，又要注意易于领悟的特点。此外，幽默是要自然而然出现的，不应刻意为之。

四、规范使用新词语和流行语言

写新闻当然可以运用流行的语言，特别是在这样一个变动很快的社会中，新闻语言一定要跟得上时代的脚步，不能给人一种“老态龙钟”的感觉。但是，社会流行的口头语一般过于生动、形象，如果不经过筛选、提炼就直接使用，可能污人耳目。现在新闻语言在使用流行语言时，有那么一种流俗的苗头在滋生。这是断不可取的。

新闻语言要雅俗共赏，这个“俗”应是通俗，而不是庸俗、低俗、粗俗。新词语是一种动态性很强的语言现象，其中有不少词语很不稳定，还有待规范。在新闻传媒中使用新词新语，必须注意选择，不能滥用，应当坚持约定俗成、不可取代、表意明确和讲究品位的原则。

在一般受众眼里，新闻语言应该是规范语言。老百姓总说：“报纸上都这么写了，这还会错?”这是信任，更是要求。从这一意义上说，媒体肩负着引领舆论导向和语言导向的双重责任。

五、锤炼自己的语言立场

记者是社会的眼睛，写什么、怎么写，当然要讲角度，这个角度不管怎么调整，大的视角是不能变的，那就是要从维护国家和人民的利益出发。而现在有的记者却成了某个部门、某些团体的“代言人”。这种倾向最直接的表现，是报刊语言中经常出现的“称王称霸”现象。企业在自我宣传中，使用一些带有自夸和挑衅性质的语言，这是商战的需要，社会可以接受。但是，媒体记者作为第三方，不能轻易把自己纳入某个企业的阵营。由此可见，记者必须具备相应的新闻鉴别力、判断力。

六、逐步养成自己的语言风格

语言风格当然应该多样化，可以雅、可以俗；可以庄、可以谐。但作为大众传媒的语言风格因为具有社会示范作用，所以应该以明快、庄重为主。如同教师的着装，生活中穿什么风格的衣服那是个人自由，但是一旦走上讲台，在学生面前的着装就应该庄重得体。莎士比亚说过：“善于在字面上拨弄花样的，很容易流于轻薄。”新闻报道的行文同样如此，特别是在报道一些重大题材时，如果运用绕口令式的、油腔滑调的语言，就会把严肃的主题弄得非常俗气。还有那种“夹枪带棒”式的调侃、满不在乎的信口胡说、网络语言式的前卫隐涩、篡改成语式的虚假幽默，都在慢慢浸润着传统媒体。这就要求我们新闻工作者在使用新闻语言时，要发挥一种“过滤器”或“转化剂”的作用，将低级趣味、古怪生涩的词语过滤掉或转化掉，使我们的新闻媒体在语言文字规范化的进程中有效地发挥示范和表率作用。

第六章　新闻报道中的引语与图片

第一节　引语

一、引语的含义

“引语是一则消息或特写的灵魂，它们能让无趣的故事变得有生命力，能使好故事变得更有趣”。在西方新闻界，能够巧妙地使用合适的引语——尤其是直接引语是一个好记者必须具备的素质。巧妙地使用直接引语能为新闻报道增色，但是直接引语必须确保准确使用，因为“引号是对受众的一份誓约，它保证引号中的话是某人说出或写下的原话”。一旦使用直接引语，编辑、记者必须确保引号中的句子是来自当事人的原话，而非杜撰。

合理而精彩的引语运用无疑会使报道锦上添花。当前的新闻报道中，引语的使用既是陈述事实的方式，也是一种增强新闻可读性的表现手法。引用当事人富有美感的语言，一方面让枯燥的新闻报道增加生动的情景，使事实有血有肉；另一方面可以增强冲突悬念、戏剧性效果，给读者带来阅读外的享受。而通过引用与之相关的权威人士的一些不同观点，给出尖锐的权威分析，则更有利于解释报道的内容。引语正确而恰当的使用会给枯燥、有时还会为略显深奥的报道添色不少，增加了报道的感染力。

二、直接引语和间接引语

（一）直接引语

直接引语是指新闻中用引号引起来的新闻人物所说的话，引文必须原原本本，准确无误，一字不差，绝对忠实于讲话人的语言和思想，是一种明白无误事实，是新闻当事人或目击者谈话的真实记录，显示记者的客观手法。

1. 什么情况下使用直接引语

（1）新闻人物讲了一些非同一般的话，特别是大人物讲了一些针对性很强、所表达的意思很重要的话；

（2）新闻人物讲了一些生动、幽默、寓意深邃、令人回味的话；

（3）直接引语使稿件具有现场感和权威性。所谓现场感就是给读者一种亲临采访现场的感觉；

2. 如何使用直接引语

（1）准确无误，采访必须倍加小心；

（2）不能无中生有，断章取义，也不可修改杜撰采访记录；

（3）不能杜撰新闻来源，也不宜使用匿名消息源；

（4）如果引述的内容比较多，用引号引起来的应该是最为关键的部分；

（5）最好能将直接引语和间接引语交替使用，以增加文字的变化，令文章显得错落有致。

3. 写好直接引语并不难

（1）采访准备充分，明确采访主题，准备好提问，并初步设想下可能会得到什么答复；

（2）认真做好笔记，重要采访可录音；

（3）动笔之前，对采访笔记和录音进行整理，对需要引述的部分加以筛选，把最能说明新闻主题，最重要、最关键、最精彩的话以直接引语的形式写入新闻。

（二）间接引语

间接引语报道的是新闻人物所讲的主要意思，引文不用引号，它可以是讲话的原话，也可以是记者用自己的话进行的转述。

使用间接引语时虽然不加引号，但引述的内容也必须与讲话人的原意相同或者相近。不能断章取义，不能“各取所需”，不能“移花接木”，不能根据个人需要任意杜撰，更不能把新闻人物从未讲过的话加在他们的头上。

“把直接引语插入间接引语和概括性叙述之间，可以活跃报道的气氛，打断单调的行文，让读者眼睛休息一下，同时有助于强调某些特定的内容。”美国新闻学者朱利安·哈瑞斯在《全能记者必备》一书中说。

使用直接引语时，记者的叙述频率明显放慢，叙述集中于某个时间某个人的说话状态，引语叙述时间基本与实际事件发生时间在频率上同步，而且受众被引入新闻人物当时事件发生的语境。

而到了间接引语时，由于引语经过了记者的总结，用词减少了，呈现出节俭的特点，叙述速度得到了加快，读者的心态又发生了变化。而一旦转入记者对事件的陈述时，叙述频率和语境又进入起初状态。这种变迭在文中的交替使用，可以刺激受众的阅读神经，产生新鲜感。

三、使用直接引语需注意的问题

众所周知，在新闻报道中引上几句直接引语，是让新闻活起来的“秘密武器”之一。如何恰当、准确地使用直接引语，成为当前国内新闻工作者必须正视、思考和解决的一个重要问题。

第一，使用直接引语必须原原本本，一字不差。引用新闻人物的语言时必须做到真实、准确，完全忠实于新闻人物的原话，切不可断章取义，任意肢解、歪曲说话人的语意。一些记者为了刻意追求新闻的传播效果，在引用采访对象的话时，明明知道这不是说话者的原意，却喜欢把自己认为最精彩的地方“挑”出来，并按照自己的需要加工或者篡改采访对象的话。更有甚者，甚至代为“说话”，这不仅是对采访对象的不尊重，也是对受众极不负责的一种表现。

第二，使用直接引语必须同时交代清楚新闻来源。报道中经常出现“相关负责人说”“围观的市民说”“有关专家说”等字眼。这些所谓的新闻来源，是真的在引述采访对象的话吗？无名、无姓、无职务的“说”，实际上是一种“说”的含糊化，其实这些说法往往就是记者自己的意见和看法，其可信度和权威性或多或少都会受到削弱。所以，为了提高直接引语的可信程度，在直接引述新闻人物的话语时，记者有必要清楚地交代新闻来源，即采访对象的姓名和职务。必要的话，还应该进一步提供他（她）的年龄、特点或其他与新闻事件有关的细节。

第三，直接引语要与说话者的职业、身份、性格等相吻合，做到“话如其人”。毋庸置疑，实际生活中不会有两个人的职业、身份、性格完全相同，也就是说，新闻报道中不该让两个人的话语风格一模一样。如果不能用话语表现出各自的风格，那么报道中的直接引语严格说来就算不上采访对象自己说的话，而只不过是记者挂在采访对象名下的套话罢了。因此，记者在使用直接引语时，人物话语也要有个体差异。若出现张冠李戴的现象，专家说市民的话，市民说话的口气反而像专家，则会成为受众茶余饭后的笑柄。

第四，直接引语不是越多越好，必须少而精当，一针见血。闪闪发光的言辞、犀利凝练的评说以及新闻人物对新闻事件的简要概括能加深受众对新闻报道的理解，深化文章主旨。在报道中使用这些直接引语，等于是给报道添加了“酱油”“味精”“醋”等调味品，使之有了“鲜味”。直接引语应当引用新闻人物原话中最精彩、最核心的部分。一般情况下，记者用引号引起来的当是“一针见血”的关键部分，以“投一石激起千层浪”的效果为最佳。

四、导语中的直接引语

古人说："起句当如爆竹，骤响易彻。"作为新闻"起句"，被称作新闻"眼睛""灵魂"的导语，有责任将新闻事实中最重要、最新鲜、最扣人心弦的内容传播给受众。在导语中，直接引语有着其他叙述形式无法比拟的可信度、可读性。

新华社××月××日电　一年前，在人代会上喊出"重振上海雄风"的朱镕基，上任市长后尝尽甜酸苦辣。在七届全国人大二次会议小组会上，他述说了自己的感受：执政务必从严。（新华社××××年××月××日电《执政务必从严》）

这条消息被行家认为是"体裁新颖、可信度高的实录式短新闻"。记者凭着敏锐的新闻敏感，牢牢捕捉住朱镕基在全国人代会上一次随感式的谈话来做文章。聪明的记者把朱镕基远近两次谈话的精彩部分原汁原味地"搬"进导语，起到了让"起句骤响易彻"的功效。

又如：

新华社1982年1月6日电　据报道，秦始皇兵马俑受到法国前总理希拉克极高的赞誉。他不久前参观西安秦陵兵马俑博物馆时说："世界上有七大奇迹，现在秦俑坑的发现，可以说是第八大奇迹。"

一位世界知名人士高度赞誉秦始皇兵马俑为世界第八大奇迹，是报道价值极高的新闻事实。如果记者不是将希拉克亲口说的话直接引用到导语中来，就不仅会削弱评价的可靠性，而且使导语平淡无奇，难以很好地吊起读者胃口。

第二节　消息来源

一、消息来源的含义和作用

（一）消息来源的含义

这里所讲的消息来源，不同于新闻线索的新闻来源，而是新闻作品中的"消息出处"——包括新闻的由头、新闻根据，人物话语、观点、事实信息的来源，引用数据的出处，也就是说，新闻作品中的信息数据的出处，就是消息来源，也称为"消息源"。

消息来源是新闻作品中较为隐匿的元素，它不直接构成新闻的信息内容。尽管如此，作为一种重要的辅助性构成元素，消息来源是不可或缺的。所有新闻作品都应有消息来源，而新闻作品中的所有引语和信息的出处，都应该清晰署名，没有消息出处或者是模糊的新闻来源，不符合新闻报道的表达原则，也无法在读者心中建立起权威性和可信度。

（二）消息来源的作用

消息来源的明确是新闻报道赖以存在的基础。其作用主要体现在以下三个方面。

1. 从新闻采写的角度看

消息来源是记者采访、写作的入口，没有广泛的消息来源，新闻报道十分单薄。一个新闻事件可能涉及非常多的消息来源，记者首先根据自己的判断做出选择，并在写作中直接引用。优秀的记者，在接到新闻采访任务的那一刻，就能预知新闻来源的渠道并进行多角度的采访。消息来源是记者进行新闻报道工作的渠道，渠道不通，新闻采写就无法进行，渠道不畅通，也会影响信息的采集。

2. 从客观报道的要求出发

明确的消息来源、详细的出处能体现记者的采访作风，从而影响着新闻报道的公正与平衡。

3. 从受众的角度看

明确的、多元化的消息来源是新闻报道产生公信力的必备条件，提供清晰的消息来源也是一种对受众负责的态度，受众有权知道真相，知道信息的出处，据此以求证事实的真伪。

二、使用消息来源的基本原则

（一）真实原则

消息提供的信息来源必须真实，不欺骗造假。

真实是使用消息来源首先应遵循的原则。根据路透社等传媒的规范，新闻传媒在使用消息源时应避免以下不诚实的行为：谎报消息来源的数量、无中生有、以少充多、添枝加叶；虚假描述、编造消息来源提供新闻的信息的方式。

（二）多源核实原则

通常情况下，消息内容应具有多个消息来源共同的相互佐证，而不应只是依靠单一消息源做报道。记者在进行多源核实时应注意以下问题。

（1）采集消息来源的数量应与新闻的重要性、敏感程度和复杂程度成正比。也就是说，新闻越重要、敏感、复杂，就越需要记者采访核实更多的消息来源。通常，采访的消息来源越多，新闻的真实可靠性往往就越高。

（2）注重多个消息源的平衡性。即一般情况下，争议双方或多方消息来源的数量要保持适当的平衡，不能“一头热”，只采访争议一方的消息来源，否则采访的消息来源越多就越可能适得其反；也不能在一方消息源的立场上采集消息源，这样必然导致消息源的不完整性。

（3）注重多个消息源之间的独立性。就是警惕消息来源之间有串谋，用同一个声音说话。

那么，在什么情况下可以使用单一消息来源做报道呢？这是在极少情况下，一个消息来源才是足够的，也就是当资料来源于一个完全提供详细信息以至其准确性毫无疑问的权威人物或者是记者直接能够得到第一手资料时。

（三）透明原则

尽可能向受众提供有关消息来源的信息，使受众对消息来源的情况有一个比较具体明确的认知，以便对消息来源及其提供信息的可信度能有准确的判断。

归结为一点，就是尽可能具体、准确地交代消息来源的背景信息，匿名消息来源也不例外。一般来说，消息源越透明，报道的可信度就越高。透明度是其可靠性的关键。

三、消息来源的归属

归属是指在新闻报道中引用的信息或引言要明确指明其来源，多用于使用非本人采集信息的情况。

（一）必须归属的情况

1. 引用他人资料

记者在写一篇报道时，除了自己的原创性的内容外，常常需要使用来自他人的资料。在使用他人资料时，一般情况下，必须做归属。

第一种情况，使用其他传媒报道。来自他人的报道必须指明消息来源，无论是报纸、网站、广播或通讯社。

第二种情况，使用独家的、有争议的敏感资料。当资料是独家的、有争议的或敏感的时候，不要以其最初形式播发这些报道；应该适当改写，以便其形式、内容、结构和长度符合要求并适合更广泛的受众。

引用他人资料时，除了必须附有归属外，还应注意以下两点：一、资料真实可靠；二、必须核实。

2. 记者本人没有获得第一手资料时

尽管记者没有亲眼所见，但是却断言某事实际上发生过，这种断言应被归属。所以，描述一个事件的叙述策略，如果就像证人在向我们叙述，那么这种叙述策略必须包含归属。如果重建人们之间的讲话或交流，而它基于那些人或听见他们讲话的证人的回忆，那么我们必须一目了然地归属那些回忆。

（二）归属必须诚实

除记者本人亲眼看见事实过程外，其他所有的信息都应是来自其他渠道，因此必须具有诚实归属，不能将他人提供的信息占为己有，或混淆不清。

四、与消息来源打交道

与消息来源打交道是记者职业活动的重要组成部分。与消息来源之间的良好关系是记者极为重要的工作品质和工作能力。因此，记者与消息来源打交道应遵循以下原则。

（一）求真公正

所谓求真公正，就是在追求每一个具体事实必须合乎客观实际的基础上还要公平地对待消息来源，不能偏袒或偏见，这是记者与消息来源打交道的过程中应遵守的首要原则。

（二）距离适当

与消息源的采集应保持在适当的职业关系的范围之内。

（三）许诺慎重

记者不宜轻易地向消息源方面做任何自己的担保许诺，最好是避免任何许诺。

（四）避免利益接触

利益接触是记者与消息源打交道时应尽量避免的行为之一。

第三节　图表的使用

精心选择新闻图片，提高新闻图片的质量，加强图片对新闻感染力的运用，是新闻写作与编辑的另外一项重要工作。图表新闻一出现，就以它的直观、形象、生动、一目了然的鲜明特点，受到读者的喜爱。有人说：在信息社会，紧张而忙碌的读者往往没有时间阅读海量的新闻信息，他们更乐意接受图形符号所要传播的信息。

一、图片新闻

（一）图片新闻的特点

图片新闻是用文字和图片两种手段表达内容的新闻体裁，具有形象性、现场性、直观性和贴近性。

1. 形象性

图片新闻所表现的都是具体的新闻事物，是新闻事物发生、发展、变化的外部形象，图片新闻虽然也可以表达抽象的道理，但道理是通过图片所展示的不同形象的对比显示出来的，寓道理于形象之中。因此，所有的图片新闻都具有形象性。

2. 现场性

图片新闻，多是从新闻事物发生的现场抓拍的。现场的环境、气氛和新闻事物一起摄入镜头，因此，读者从图片中可以感受到强烈的现场气息。

3. 直观性

文字新闻中的形象，都是间接形象，都是记者把自己直观看到的形象，或者听来的形象性描述，转换而成的文字描述。读者只能根据记者的文字描述，在脑海中想象、再现新闻形象。这种再现形象就是间接的，它不可避免地会与原本的新闻形象有这样那样的距离。而图片新闻与此不同，它不需要文字的转述，它是用镜头直接摄取新闻形象，并以图片形式直接展示给读者，读者是用眼睛接受形象，而不是用大脑想象形象。因此，所有图片新闻都具有直观性。

4. 贴近性

图片新闻由于它直观、形象、生动，所以易读易懂，贴近生活，贴近受众，为读者所喜爱。

（二）图片新闻的写作要求

1. 图片必须有新闻

图片是形式、是手段，新闻是内涵，是图片新闻的灵魂。没有新闻，其图片也就没有价值。

2. 图片必须真实自然

图片新闻被誉为“瞬间的历史”。历史是真实的，不能伪造。历史也是自然的，不能摆布。摆布，使图片失却自然，失却自然也就减少了真实度。

3. 图片应抓住动人的瞬间

记者要善于捕捉最富有信息量、最动人的瞬间形式，凝聚于镜头，使之成为历史的存照。最动人的瞬间形象，往往就是典型环境中富有人情的细节与动态。

4. 图片也需背景衬托

图片新闻交代背景的方法有二，一是文字、二是图片。图片中的背景旨在突出图片中的新闻，背景不能杂乱，更不能喧宾夺主，也不能随意删除。

5. 图文并茂

配发式图片新闻，其文字体裁可以是消息，也可以是通讯、特写。图片新闻的文字表述主要起到以下三个作用。

（1）说明图片。图片主要是展现新闻形象，表述新闻诸要素中的“怎么样”。

对于其他新闻要素，图片或者只能模糊地表述，或者根本无法表述，这就需要文字说明。必需的要素，必须交代清楚。

（2）说明性文字要简短，明快。图片交代清楚了的，文字无须重复。

（3）把新闻画面内蕴的意义点画出来，使文字与画面水乳交融，营造出一种引人联想和想象的意境。

二、图表新闻

（一）图表新闻的特点

图表新闻是通过计算机绘图手段，以图形、表格的方式，表现新闻内容、诠释新闻主题的一种新闻形式。

随着科学技术的不断发展，图表新闻已蔚然于报端，还扩展到电视屏幕、网络终端，深得受众喜爱。快速增长的各种数据是图表新闻兴起的社会基础，快捷方便的计算机制图是图表新闻发展的技术条件。

图表新闻具有以下特点。

1. 数据性

图表新闻也可以叫作形象化的数据新闻，数据是图表新闻的基本内容。

2. 对比性

图表新闻的数据间，都直接、间接地有一种比较、比例、对比关系，新闻的意义正是在数据的对比、比较中显示出来的。有的是单项的纵剖面对比，有的是多项的横截面对比，也有纵横交叉型的对比。

3. 直观形象化

图表新闻与图片新闻所不同的是图片显示的是新闻事物本身的形象，而图表是将新闻事物内在的抽象数据，转化为可以直观的图表，使之形象化，由于其直观、形象，所以易读易懂，贴近受众。

4. 精确性

图表新闻因为是表述数据的，数据建立在统计的基础之上，统计数据一就是一，二就是二，不是“大概”“差不多”等模糊语言所能表述的。图表新闻属于“精确新闻”。

（二）图表新闻的写作要求

1. 图表新闻必须有新闻

新信息，是文字新闻的灵魂，是图片新闻的灵魂，也是图表新闻的灵魂。

2. 图表新闻的数据必须真实精确

图表所显示的各种数据，必须是从新闻事实中抽象出来的，而且必须是精确的。精确的程度，体现着真实的程度。显示数据的图形，也要力求精确。

3. 图表新闻的题材必须具备量的可比性

选择报道题材时，首先要弄清量与量之间，即数据与数据之间是什么关系，是否适宜做图表式报道，适宜做什么样的图表式报道。

4. 图表、数据、文字必须有机结合

图表显示数据或者集合、序化数据，数据证实或者充实图表，文字解释说明图表与数据。

5. 图表新闻贵在创意

图表新闻要把枯燥的数据表述生动，就要在表现形式和手法上追求新的创意。创意的实质是创造表现形象，创设新闻意境。

下　编

新闻报道写作范例

第一章 消息的写作

第一节 消息概述

一、消息的含义和特点

（一）消息的含义

消息，以简洁的文字迅速传播新近变动的事实，包括新近发生的事实、某些将要变动的事实。它是目前最广泛、最经常应用的一种报道形式。

（二）消息的特点

消息的特点可以用实、快、新、短四个字概括。

（1）实。指它的内容是事实，真实实在。

（2）快。指报道时间同事实的发生、发现时间二者之间的时差最小，距离最短。

（3）新。指消息报道的事实都是新鲜的，是最近发生或发现的。

（4）短。指消息的字数一般都比较少，篇幅很短。

二、消息的基本结构

消息通常由标题、消息头、导语、主体、背景、结尾六个部分组成。

（一）标题

标题是消息的“眼睛”，是对消息内涵的高度概括和浓缩。消息的内涵包括两个方面，一是新闻事实；二是媒介对新闻事实的评价、态度。制作标题是新闻报道的延续和新闻稿的最后完成。制作标题是一门艺术，是一门学问。“题好一半文”，好的标题是作者智慧的结晶。

消息的题目就是标题，媒介发布消息时，都应有标题。其作用在于，浓缩新闻；突出精华；揭示其新闻价值；供受众选择内容。

通常，消息标题又由引题、主题、副题多行组成。

1. 消息标题的种类

（1）完全式标题。既有主标题，又有肩题（也叫引题）和副题。完全式标题多用于报道重大事件或重要因素较多的消息。

（2）主肩式标题。由主题和肩题构成。

（3）主副式标题。由主标题和副标题构成。

（4）主标式标题。只有一个主标题，这是短讯、国际消息采用最多的标题形式。

一般说来，主标题较短，也实，标的是消息最主要内容；肩题，有两种情况，一种比较实，或者是对主要新闻事实的概括，或者交代新闻事件的条件或新闻事件中的主要人物等；另一种比较虚，是从主要新闻事件中引申出来的思想、观念等等。

副题，比较实，是主标题的具体化。主标题一般较短，副题和肩题往往比主标题长。有些副题，类似于新闻提要。

在一些重大题材的报道中，有时在副题之外还加提要题，提示消息的主要内容，放在副题之后，也以串文方式安排，既可运用于单篇消息报道，又可运用于组合性报道。

2. 消息标题的作用

（1）帮助读者尽快选择信息。人们总是根据自己的需要有选择地接收信息。哪些看，哪些不看；哪些先看，哪些后看；哪些粗看，哪些细看，各人不同。标题，由于它是新闻事实的浓缩，所以能够满足读者选择的需要。

（2）帮助读者理解消息主旨。标题透射着媒介对新闻事实的评价，凝练了报道的主旨，便于读者理解。

（3）强调和评价核心内容，吸引读者注意。消息标题的字号比行文的字号大，同时版面编辑常常给标题加上一些装饰图案，使标题显得很打眼，吸引读者去看。

（4）满足读者了解基本新闻事实的需要。有的读者时间很紧迫，不可能把一张报纸从头看到尾，浏览标题则可以使他们尽快了解一天中的大事，了解一张报纸的主要信息。一些完全式标题所陈述的往往是消息的核心，看一眼这样的标题，也就了解了消息的基本内容。

（5）突出重点美化版面便于阅读。标题是消息的“眼睛”，一则消息的“眼睛”加上栏题、通栏题，构成了报纸版面的“眼睛”。倘若没有这些“眼睛”，整版文字黑压压一片，令人感觉沉重，分不清眉目。各种标题大小相应，疏密相间，错落有致，再加上文字符号变化，线条、图像以及色彩等手段的运用，使版面主次分明，富于变化，呈现动态，既能给读者以美的感受，又能方便阅读。

一个版面上如果有几个精彩的标题，马上就能吸引读者的注意力，使他迫不及待地开始阅读。

（二）消息头

消息头是消息的标志，是新闻发出的媒体、地点和时间的交代与说明。通常情况下，报纸、电台将消息头放在新闻的前面，一开头就交代新闻的来源。电视台则往往放在新闻后面，或打字幕标出。

消息头各媒介叫法不一，通讯社称电头，报社称“本报讯”，电台、电视台称“本台消息”。

（三）消息导语

1. 导语的含义

导语是一篇消息的先导，位于消息的开头，是紧接电头的第一句话或第一段文字（一般是第一个自然段或头几个自然段）。它或者用最精粹的文字，写出消息中最主要、最新鲜的事实，或者揭示题旨、制造悬念，唤起阅读兴趣。其主要任务是用最少的语言传达尽可能丰富的信息。

研究导语这一概念，以下几点是不容忽视的：

（1）它是新闻——消息体裁所特有的；

（2）它处于文章的开头位置；

（3）与任何文章的开头不同，它是（新闻事件或问题）结果、提要或高潮。

2. 导语的类型

（1）直接导语

直接导语是导语的主要形式，就是直接叙述新闻事实的导语。它在新闻写作实践中被广泛运用。主要适用于时效性强的新闻和硬新闻，以及广播、日报等快捷的媒体。

直接导语的特点是开门见山，直奔要害，简洁明了。

①用具体的而非抽象的事实概述。人们认识事物的规律是由具体到抽象。具体的事物不但容易理解，也容易引起人们的兴趣。写作中，应选择典型的具体的材料在导语中加以叙述。

②增强提炼与概括的能力。记者要在纷杂的材料中提炼出精华，以平实自然的语言加以概括和直接陈述。

（2）评述型导语

夹叙夹议、有述有评的导语，称评述型导语。

评述型导语的优点：

①评述型导语中的评，可以发挥“深奥，玄妙”的作用。

此处指新闻事件深层的、一般不易为读者所注意、所了解的含义。通过导语中的议论，在消息的开头就将其昭示给读者，可以使读者一接触新闻就获得某种启迪，从而对消息全文产生兴趣。

②评述型导语可以直截了当地发表意见，能够直接影响舆论。

评述型导语可以引起共鸣，可以令读者对导语之后的“如何”以及“为何”产生兴趣。

评述型导语中的评，应是言人之所未言，深刻而有新意。

评述型导语中的评，应是少而精，点到为止，不宜展开。

为了使导语中的评更具客观色彩、更有说服力，有时，也为了防止因记者直接评论而招致被动，可以使用引语方式发表意见。

（3）延缓性导语

延缓性导语又可称为间接导语。它不直接叙述新闻事实，而是通过描绘场面、渲染气氛、解释概念、介绍背景、引用典故等方法，先作铺垫，然后再说出新闻事实来。这样写的目的是增强阅读的趣味性。

在应用中，要注意间接导语的适用范围。

①延缓性导语适用于时效性较弱的慢新闻和软新闻，快新闻和硬新闻无暇迂回，最好是直截了当。

②延缓性导语适用于杂志等出版周期较长的刊物，因为出版周期长，报道的新闻一般都落在别的媒体的后面，就必须靠加强趣味性来赢得读者了。

（4）橱窗式导语

有如橱窗展示样品，由典型事例构成的导语，为橱窗式导语。

橱窗式导语多用于综合性新闻。其特点在于：它不是靠描写或议论，而是靠讲故事吸引读者。写入导语的具有代表性的故事，犹如一只小小的麻雀，五脏俱全，可供解剖。通过讲述这个典型事例，读者可以了解事物的细微部分，获得具体的印象，受到感染，为之感动，产生兴趣，进而由感性认识转入理性思考。

写作橱窗式导语，关键是注意故事的典型性、人情味及趣味性。

（四）消息主体

1. 消息主体的含义

消息主体是新闻的中心部分。

消息主体通常是导语的具体化。它要承接导语，阐述生动、具体的事实，解释、深化导语所表示的主题思想，或回答导语所提出的问题。

主体是消息的躯干，所占文字最多，位于导语之后，结尾以前，是消息的重要组成部分。

2. 主体的作用

主体是对导语的展开、补充、解释，或者是对导语所提问题、所设悬念的解答。

（1）展开导语所陈述的主要新闻事实。即导语简洁概括地交代最重要、最基本的事实，把具体的情节放在主体中。主体是对导语的展开、充实。

（2）回答导语提出的问题。即导语中提出问题，主体部分予以回答。消息的重心在主体。

（3）解释消息的原因、意义。有些新闻事实的原因、意义、趋势等，往往需要运用背景、引语、议论等予以解释，这类解释多放在主体或结尾中。

3. 消息主体的写作

（1）与导语相辅相成。导语是主体的提要和浓缩，主体是导语的展开和深化，一篇消息的导语和主体，必须是互相支持、互相扶助、互相印证、互相参照的。在动笔写作之前要做统一考虑。导语为整条消息的写作定了基调，规定了方向。必须根据导语所铺设的轨迹来写，不能和导语脱节。

（2）内容充实，材料典型。主体，是叙述新闻事实的主要部分。它要解释、说明导语，回答导语提出的问题，所以，一定要有充实的内容。内容充实，并不等于材料越多越好，而是要求材料典型，有说服力。

（3）结构层次分明。消息虽然篇幅短小，主体部分材料较丰富，涉及多种事物或多个方面，但也要有不同的层次，而且要做到层次分明，眉目清楚。

（4）手法灵活，勇于创新。主体的表现手法应该灵活多样，而不应刻板划一。消息由于篇幅短小，体式规范性强，这就要求作者要勇于创新，大胆尝试新的技巧。

（五）消息的背景

所谓背景就是作者在行文中，对新闻事件产生的相关条件和有关知识所作的必要的交代和介绍。

1. 背景的作用

（1）延伸思路，深化主题

如果我们把新闻事件看作一个在特定时间和空间中存在着的“点”，那么这个“点”必须有它引人注目的魅力，否则不能成为新闻题材。不过，完全局限在这个“点”上，就缺乏纵深的空间感，把人的思路限制死了。

（2）注释解说，帮助理解

消息的内容必定会涉及一些一般人不懂的知识，如果不作注释，就会给读者造成阅读的障碍。

（3）丰富内容，增加趣味

有了背景材料，消息的内容比单一事实报道要丰富一些，这是无须解说的。另外，有一些背景材料本身有较强的趣味性，这也可以增强作品的可读性。

2. 背景的类型

按照写作手法的不同，背景材料可以分为以下三种类型。

（1）对比性背景材料

作者在报道某一新闻事实时，为了突出其性质、特点和意义，运用今—昔—今、正—反—正的思路，把新闻事实的历史形态或相反情况作一定的介绍，这些与新闻事实形成明显对照和衬托的材料，就是对比性背景材料。

（2）说明性背景材料

对新闻事实产生的相关条件——主要有历史、地理、经济、政治、文化等方面的相关条件——进行交代，同时对新闻事件的来龙去脉作出阐述，那些文字就是说明性材料。

（3）注释性背景材料

对概念、术语、著名历史事件和人物、有关科学知识进行解释的文字，就是注释性材料。

这样的背景材料不仅使新闻事实更完整清晰，还能开阔眼界，扩大读者的知识面。

（六）消息的结尾

1. 消息结尾的含义

消息结尾，是指为了深化新闻主题、强化新闻价值或扩大消息的信息容量，记者根据新闻内容，精心设计的消息的收结部分。它通常是消息的最后一段或最后一句话。

结尾并非是所有消息都必须具备的一个独立的组成部分。新闻实践表明，同消息的简洁明快、干脆利索，用事实说话等基本特征相适应，相当多的消息可以是表述完新闻事实便就此收住，戛然而止，可以不必有结尾。但有些消息是可以有结尾，甚至是必须有结尾的。

只有当结尾能够加深读者对新闻的感受和理解，能够深化新闻的主题、增强新闻报道的社会效果，能够恰当地“旁入他事”、增加消息的信息量，或者是为“后续报道”做伏笔等情况下，消息才有必要写结尾，并尽力写好它。

必要的消息结尾，如同消息的其他成分一样要发挥表述新闻事实、提供信息和表现新闻主题的功能。消息结尾应当做到：要紧扣新闻事实，而不要仅仅是来一通“套话”“空话”；要能增添新闻信息，而不要同义反复；要善于启发诱导，而不要生硬说教、强加于人；要力求新颖别致，而不要平庸老套、千篇一律；要精粹有力，而不要拖泥带水、絮絮叨叨。总之，既然要有消息的结尾，就要努力使之成为“豹尾”。

2. 消息的结尾的意义和作用

新闻要讲究写好导语，要把正文（展开部分）写得充实，如果能把结尾写得有力，耐人寻味，那么，更可以使稿件获得“锦上添花”的效果。

长期以来，特别是“倒金字塔”结构出现以后，新闻的结尾没有被引起重视和研究。有人把它看得无足轻重。有的新闻写作讲义把新闻的开头称之为“虎头”，把新闻的结尾看作“蛇尾”，这是不准确的。我们认为，一条新闻是一个整体，哪怕只有一段，一句话，它也是有头有尾的。一条新闻的开头以重要、新鲜的事实吸引住读者，固然是必要的，但还需要一个有力、耐人回味的结尾，把新闻写得更完整、更严密，更能烘托新闻主题。好的新闻结尾，能使新闻的感染力全部发挥出来。总之，好的开头与好的结尾是前后呼应、相辅相成的。新闻写作有它固有的规律与要求，这是报纸的特点和读者习惯、爱好、心理等条件决定的。新闻的导语、正文也是古今中外新闻工作者从新闻写作实践中摸索出来的规律和经验。同样，新闻的结尾也应给予研究、探讨和总结，绝不能轻视它。穆青同志在《关于新闻改革的一点设想》中写道："新闻报道不仅要注意开头，还要注意结尾。"这就是说开头与结尾都要写好。我们写新闻不能"顾头不顾尾"，而是要首尾相顾。新闻采访与写作人员费尽心血写导语是对的，若凑凑合合写结尾，是不可取的。我们写新闻应提倡"虎头""豹尾"。即使是一句话或几句话的短新闻，也要努力写好开头和结尾。

3. 消息结尾的方法

结尾，特指能深化报道主旨的消息的最后一部分，但消息的最后一部分不一定都称得上是结尾。

结尾被称为永恒的印象。对于许多写作者来说，结尾同报道的开头一样重要，遗憾的是，许多读者不会读到结尾，但是如果他们读了，就应该用一个值得怀念的结尾来回报他们。下面来介绍几种新闻的结尾方法。

（1）意尽则止式结尾

这种结尾冲表面上看好像还没有写完，其实事物已有了结局，在恰到好处的地方收笔。

（2）循环式结尾

形象地说，循环式结尾是以一种绕圈子的方式返回导语以求获取一个想法用来结尾时，就已经在使用循环结尾方法了。

（3）用引语结尾

特定报道和硬新闻最普遍的结尾样式是引语结尾。寻找一条能够总结报道主题或主要观点的引语，当用一句引语作为结尾时，把消息源放在引语之前，如果用两句引语作为结尾，消息来源就放在第一句引语后面。

（4）用高潮结尾

这种类型的结尾出现在悬疑小说写作手法的报道中，让读者把悬念一直带到小说的结尾。这种结尾更适合叙述式的特写报道或者那种在一开始就抓住读者并驱使读者找出真相的短新闻，它能被用在采用金字塔结构的报道中。

（5）用未来行动结尾

新闻报道以一个事件的下一步发展情况来结尾，只有在报道本身具备未来发展动向时这种技巧才有效。如果下一步对于追踪报道至关重要，它在报道主体中的位置应该更靠前，但是如果它以自然结论的方式起作用的话，它就可以成为结尾，它可以采用陈述的形式也可以采用引语的形式。

（6）用事实结尾

事实具有强有力的事实陈述，它们有时可取代导语，总结报道基调、口吻或总体特征的陈述。它们比引语结尾更难写，但是如果处理得好，它们会给读者强有力的震撼力。

力求浓缩一个非常短而精湛的陈述事实的句子，一定要选择一个意味深长的事实，这个结尾将留给读者持续的印象。

（7）感情激射式结尾

这种结尾的特点是包含了情感，以情感激射读者。它以含蓄、深沉、热情、委婉的手法运笔，令人深刻思索，受到感情的激射

（8）用悬念结尾

悬念技巧更普遍地用于结尾，尤其经常用在连载的系列追踪报道中，这一技巧也能用在分节式报道中彰显魅力，每小节的结尾都设置一个悬念，这样就迫使读者继续阅读下去了，它的吸引力就是："下一步将会发生什么?"

（9）燃气用完式结尾

这个方法适合于使新闻报道，可能在没话可说时结尾，尤其是使用概括式导语和按重要程度降序排列支持要点的报道，结尾可以是一句引语、未来行动或报道中的其他事实。

（10）启发式结尾。这种结尾形式是在结尾时交代作者的感受和态度，或者表示作者的希望，让读者明确方向，唤起联想、启迪、思考，加深印象

此外，还有叙述式、点题式、反问式、广告式等多种结尾，但不论采用哪种形式结尾，都要力求新颖、生动、风趣、别致，或者耐人寻味，或者发人深省，或者激人奋进，或者戛然而止，或者动之以情，或者画龙点睛，总结全文。

一篇好的报道在形式上应当是具有对称美的。如果说新闻的导语是"凤头"，那么结尾就必须是"豹尾"。我们既要在导语上呕心沥血，也要在结尾上殚精竭虑。无论如何，新闻不能狗尾续貂，要避免使人在结尾时失望。写好新闻结尾，不仅可以使新闻在形式上更为完美，而且可以画龙点睛，使新闻的主题得到进一步的深化和升华，引起读者回味与思索。

4. 消息结尾应遵循的原则

结尾的形式可以多种多样，但这并不是说可以随心所欲，想怎么写就怎么写，而应遵循一些基本的原则。

（1）紧扣主题，切忌漫无边际

不少新闻工作者感到，稿子写到最后该好好"发挥"一下了。有的感到稿子写完了，再加一个好的结尾吧！于是为结尾而结尾，表面上写得花里胡哨，实际上离题万里，让读者摸不着头脑。稿子的结构具有完整性、统一性，应把结尾作为结

构的有机组成部分，使其在文章中发挥应有的作用，而不应将其游离于稿子之外，变成“独立王国”，其结果必然形成“稿子是稿子，结尾是结尾”的难堪局面。有的在写稿前，已经准备了一些“得意之笔”，只是在正文里无处下脚，食之无味，弃之可惜，那就放在结尾吧，想给稿子添点彩。这些东西之所以在正文里没有地方放，正说明与稿件的主题联系得不很紧密，应该坚决舍弃。硬要在结尾处加上一段，只能是狗尾续貂、画蛇添足。在结尾写作中，一定要把结尾纳入文章的整体结构通篇考虑，无论是内容，还是形式，都应与稿子的整体一致起来，与稿子的其他部分一起，为表现主题思想增砖添瓦，贡献才力。

（2）增添信息，切忌重复

一些稿件之所以败在结尾上，很多是因为结尾重复絮叨，了无新意，要么对前文进行概括总结，要么对前文中的某一新闻事实进行再叙述。稿件中每一部分有每一部分的功能，每一部分有每一部分的作用。结尾也是一样，应结合它在稿件中所处的地位和作用，精心设置其内容和形式，确保结尾能提供更多的新闻信息，帮助读者对稿件的新闻价值有更深刻的认识，以增强稿件的表达效果。

（3）顺势而行，切忌节外生枝

不管是根据时间的推移，还是按照空间的转换，每篇稿子都有其内在的叙述线索，都会通过起承转合、起伏呼应，展现新闻事实间的内在逻辑关系，有的先抑后扬，有的先扬后抑，有的平铺直叙，有的跌宕起伏。作为结构内容的结尾，应沿着稿件的表达线索，顺势而行，该抑则抑，该扬则扬，“击首则尾应，击尾则首应，击腹则首尾应”。要防止为结尾而结尾，即正文写正文，结尾写结尾，出现前后“两张皮”的局面。

（4）遒劲有力，切忌拖泥带水

简洁明快，是结尾写作的一个基本要求。有的作者稿子写到最后，突然“文思泉涌”，于是东拉西扯，势必冲淡主题；有的写到最后，感到主要任务已完成了，就草草收笔；还有的不注意选材，按照主题表达需要，故事本来已经讲完了，可又像拍电视连续剧似的写起了续集，影响了稿件的表达效果。结尾应按照稿件的叙述节奏，简要明了，遒劲有力，给人回味，给人启迪，不能拖泥带水，没完没了。

第二节　消息的写作技法

一、消息的写作要求

1. 从格式上

消息从格式上讲，起首处一般要写“电头”，依次说明消息的来源、时间和作者。写完“电头”，然后才写消息正文。

2. 从结构上

从正文结构上讲，消息的完整结构包括导语、主体、背景和结尾四个部分，其中导语和主体是最重要的，不能缺少。

（1）导语

导语是消息的先导语言，概述消息最主要、最核心的事实和思想，引导读者看消息的全文。

（2）主体

主体是消息内容的基础部分，紧接着导语展开叙述消息的主要事实和内容。

（3）背景

背景是消息的辅助和衬托部分，一般穿插安排在主体之中，没有确定的位置。背景用来介绍事实发生的现实的或历史的环境，同事实相关的解释说明，以便于读者了解事实的来龙去脉，增加消息的知识性、趣味性。

（4）结尾

结尾是消息的尾巴，标志一条消息的终结，常常一两句话。如果事尽文止，就应自然收束。

二、消息的写作要点

1. 以记叙方法为主写

把事实的前因后果、来龙去脉照实写下来的方法。消息写作主要采用记叙方法，是由消息的任务在于向人们报告最新事实这样一个特点决定的；叙事的内容包括五个要素：什么人，什么事，什么时间，什么地点，什么结果。

2. 把消息的导语写好

导语居于消息之首，是消息的“窗口”。写导语要求“立片言以居要”，用简明的一两句话扼要交代消息的核心内容，先给读者一个总体的印象，吸引读者读罢全文。

3. 主体部分叙事要分清主次井然有序

主体是消息的基础，要展开叙述消息的主要事实。叙事要突出中心，主次分明，这是写文章的常识。因为消息不宜写长，一般是三五百字，所以在叙述事实时，尤其要注意集中笔墨写好事实的重要部分，以防没有主题。

4. 争分夺秒，事发文成

消息本身就是一种迅速及时反映现实及其变化的新闻体裁，因此写作消息无疑就要求雷厉风行，争分夺秒，力求做到事发文成。

三、写作消息标题的技巧

各种修辞技巧在标题中都可运用

1. 比喻

是用现实生活中具体的、浅显的、熟知的事物来说明和描写那些抽象的、深奥的、生疏的内容。

2. 比拟

是把事物当作人来描写。

3. 借代

是改换名称，不直接把人或事物的名称说出来，而用一个跟它有密切联系名称或事物来代替。

4. 引用

就是把现成话如诗词佳句、成语、俗语等写入标题之中，用来叙事、抒情或议论。

5. 仿拟

是指模仿现在的句子格调，创造一种意义相反或相近、相似的词句，以取得讽刺、幽默的修辞效果。

6. 对比

或称对照。是把两个相反、相对的事物或一个事物的相反、相对的两方面放在一起加以叙述，突出标题中对比的内容，使其更为鲜明。

7. 对偶

即选用字数相等、词性相当、结构相同或相近的两个语句表达相关或相反的内容。

8. 排比

就是把三个或三个以上的结构相似的词句排在一起，表达同一性质、同一范围的内容，使整个标题铿锵有力，气势贯通。

9. 拈连

即用表现这一事物的词语拈来表现另一事物。

10. 反复

即把同一词语反复陈述，以突出内容，加强语气。

11. 联珠

即把前一句末尾的词语作为后一句的开头。

12. 双关

即用同一词语关顾两种不同的事物，产生言在此而意在彼的效果。

13. 反语

即有意将反话正说，或将正话反说，具有幽默、风趣的特点，通常用于讽刺揭露。

14. 设问

即在行文中故作无疑之问。有的作答，有的不作答。

15. 呼告

即撇开读者，直接对第三者说话。

16. 用典

指的是标题直接引用成语、典故，不仿其句式，只取其意义，这种形式的标题，往往言简意赅，寓庄于谐。

17. 空语位

在标题词语运用上，省略掉按逻辑、按语法结构应该有的某些词，造成空语位现象。运用得当，能收到无言胜有言的作用。

18. 半语

讲半句话，造成悬念。

四、消息标题的制作要求

1. 生动、鲜明

消息的标题要力求生动，像漂亮的眼睛一样能勾人。要运用各种表现手法、修辞方法，把标题写得形象些、生动些。

鲜明，指的是媒介对新闻事实的态度，就是鲜明的导向性。不是所有的标题都需态度鲜明。客观手法的报道，媒介的态度隐含在对新闻事实的选择、标题序次的安排之中。对一些具有鲜明政治色彩、是非色彩、情感色彩题材的报道，其标题也就是非分明，爱憎不昧，敢褒敢贬，又有分寸。

2. 准确、凝练

消息标题最基本的要求就是准确，即准确地概括消息的内涵，或传达信息，或揭示题旨。

要注意辨析词义，切忌生造谁也不懂的词，也不得滥用简化。

所谓凝练，就是简洁明了地传达消息的内涵。恩格斯说："标题愈简单，愈不费解，便愈好。"

标题是点睛之笔，用墨不需多，但需精。要剔浮词，去空话，以最少的字词传达尽可能丰富的信息。

五、导语写作的要求

1. 导语必须有实质性内容，不能虚晃一枪、空泛无物

所谓实质性内容，即指新闻事实，或者事实中的要点，如某人讲话中特别值得关注的部分等。

既然导语的任务是开门见山，报告新闻事实、吸引读者，它就不能不按照这个要求来写，否则，读者从导语中一无所获，甚至感到莫名其妙，便会对整篇消息失去兴趣。

2. 将最具新闻价值、最有吸引力的事实写进导语

导语写作仅有明确、具体的事实还不够，记者必须将新闻事实中的精华挑选出来，写入导语。

大体上有三类材料应在首选之列。

（1）选择最新鲜的材料写作导语

这类材料主要指：在时间上它们是刚刚发生、新近出现的，或者虽然不是新近发生的，却是至今为止人们尚未知晓的。

对于刚刚发生的事件，视情况而定，导语可突出“何时”要素。广播电视新闻常用“本台刚刚收到的消息”来显示时效，报纸上的某些快讯，导语中注明的事件发生时间，甚至具体到几时几分几秒。

有些事件错过了最佳报道时机，只好寻找与该事件有关的新变动，以此为由头，在导语中突出新意。

尤为重要的是，切记将最新的事实、信息置于导语，而不要让它淹没在一般性的事实之中。

（2）选择最重要、最具影响力的材料写作导语

开始构思导语之前，不妨先将有关材料分解成若干独立的部分，比较、掂量一下，看看哪部分材料最有资格充当导语。

（3）选用最有趣、最富有戏剧性和人情味的材料写作导语

导语的基本目的是吸引读者。能够吸引读者的第一要件是新闻事实和信息的重要性、影响性；其次便是能够引起读者兴趣的新奇、有故事性、有人情味的事实。在分拣材料构思导语的过程中，如果发现这类材料，不妨将其推至导语中去写。

3. 炼字、炼句力求简短

导语不可太长。字数过多，一会淹没“亮点”，冲淡趣味性；二会导致沉重，令读者失去耐心。

4. 力求优美生动

导语应给人以美感，这是导语吸引读者的又一手段，也是导语写作的更高

追求。

导语的美，来源于两个方面：

（1）开掘、反映出新闻事实内在的美；

（2）讲究文采，做到语言美。

六、导语的写作技巧

（一）导语的写作手法

1. 简练生动，突出情节

简练生动，突出情节是把新闻事件浓缩为一个相对完整的精短小故事写出来做导语。

2. 提出问题，启发读者

在导语中提出问题，可以对新闻事实起到强调的作用，同时启发读者的思考。但是导语不能只单纯地提问题，问题必须和新闻事件结合起来。或者先用问题引起读者的兴趣，紧接着叙述新闻事实；或者先叙述新闻事实，接着有针对性地提出问题，促使读者思考新闻事实的根源和意义。

3. 略作描写，生动传神

消息是一种多用叙述、少有描写的文体，在导语中更不能展开精雕细刻的描写。但用三言两语，或者一两个生动传神的词汇略作勾勒，不违背简练务实的原则，又达到生动传神的目的，对于导语来说不失为一种可取的写法。

4. 运用对比，突出价值

把有明显差异的事物、行为或评价组织在一个导语之中，这样，彼此之间就形成了鲜明的对照。

5. 巧借典故，引出事实

在实际写作中，巧借一段与新闻事件有关的历史典故或传说故事，可以增强读者的阅读兴趣。

山西古典蒲剧《蝴蝶杯》中，描写男主角田玉川有传家之宝“蝴蝶杯”，非常神奇，只要斟酒入杯，就有五彩缤纷的蝴蝶在杯中翩翩起舞，杯中酒干，蝴蝶也隐去。

6. 引用原话真实可信

这里所说的引用原话，是指将对方的语言原原本本地重述一遍。所引的原话，或者是对新闻事件的描述和介绍，或者是对新闻事件的认识和态度，或者是与新闻事件密切相关的富有个性的情感流露。

7. 略加评议，点示主旨

导语写作的手法当然不会仅限于以上几种，而且在具体运用的时候，往往几种手法会同时出现。

（二）导语的修辞技巧

1. 设问

导语以提问方式开头，主体部分围绕导语提出的问题展开叙述。

写作设问是导语的关键，是设计好要提出的问题。导语的设问，必须扣紧主题，必须服务于新闻主旨，同时，还必须揣摩读者的“兴趣点”。此外，在文字上，还应力求简洁明快，注意提问的语气，以使读者既感兴趣又乐于接受。

2. 拟人

拟人写法可以使导语带有感情色彩，令读者受到某种程度的打动，从而，以一种积极的心态进一步阅读全篇。拟人化的写法并不复杂，叙述无生命的事物时使用人格化的动词，拟人化的导语就完成了。

3. 借用

借用诗词典故、歌曲唱词等，来揭示新闻内涵，为导语增色，也是常见的修辞手法。

借用写法可使导语富有情趣，使消息一开头就有诗情画意，从而唤起读者的联想，使读者以轻松愉悦的心情阅读下文。值得注意的是，导语所借用的诗词典故之类，应与新闻事实本身有某种内在的联系，有可供借代之处；所借用的内容最好是大多数读者比较熟悉的，否则，反而会使导语变得生涩难懂。

4. 对比

在导语中，将两个极端的事物加以对照，造成巨大反差，从而引起读者的兴趣。

这种对比的写法，有助于揭示事物的特点、阐明新闻主题。对比写法，要求记者注意在联系与比较中观察与分析问题，发现事物的特点，或者发现问题所在，并选准对比的切入点，用来造成泾渭分明的效果。

5. 直呼

导语以第二人称“你”或“您”直呼读者，与读者对话。

直呼写法，可以将读者拉近，造成一种亲切自然的交流气氛，使读者产生亲近感，从而乐于接受记者的观点或忠告。

记者采用直呼法写导语，可以避免使用呆板的句式和令人费解的措辞。

6. 排比

以结构相同或语气一致的成排的句式构成导语或导语的一部分，形成排比式导语。采用排比手法，可以表达强烈的感情，增强导语的气势，使导语带有节奏感。

7. 惊警

惊警，适合于比较特殊的题材。例如某些与民众安危密切相关的、带有紧迫感的事物，以及一些服务性报道，宜用这种方式提醒读者。

惊警，即惊醒、警戒。运用惊警写法可造成震动效果，造成一种紧迫感，使读者为之一惊，不能不注意。

七、消息背景的写作要求

1. 紧扣主题

消息的背景不具有新闻事实本身的那种时效性，似乎是远离于新闻事实之外的东西，可以随意穿插。这是一种误解。背景并不能在新闻事实之外任意挥洒，它必须紧扣主题，起到衬托主题、突出主题、深化主题的作用。如果背景真的脱离了主题的制约，成为远离于文章孤立的东西，它不但没有积极的作用，还会节外生枝，破坏文章内容的集中性，造成文章冗长和赘余。

2. 言简意赅

不管哪种类型的背景，都要讲究精练。专门用来表述背景的文字，不能太多。尽管背景有它的重要价值，但它在消息中毕竟是“宾”而不是“主”。新闻事实总是最重要的，背景为说明新闻事实而存在，对这个原则要有正确的理解。

3. 位置灵活

消息的重要组成部分，一般都有固定的位置。标题只能在正文的前面，导语只能在开头，结尾只能在最后，主体只能处于导语和结尾之间。只有背景，没有固定的位置，可以灵活穿插在任何一个合理的地方。

4. 述之有味

背景要写得有滋有味，人们才爱读。这种滋味的产生，一则靠背景本身的新鲜感，或者本身虽不新鲜，一跟新闻事实结合就产生了新鲜感；二则靠作者的表现技巧——利用描述情节、刻画场面、引用典故、对比衬托等手法，努力使背景更加生动形象，引人入胜。

八、消息结尾的写作要点

结尾，特指能深化报道主旨的消息的最后一部分，但消息的最后一部分不一定都称得上是结尾。

由于消息的内容不同，报道的角度各异，结尾的写法也多式多样。常见的形式有：

1. 评论式

在消息收尾的地方对所报道的事实加以评论。具体表达时，既可以直接发表议论，也可以借别人之口进行评议，或者转述有关的评价。

2. 总结式

一些内容较为复杂的消息，可以在结尾处来一个概括性的总结，使全文的内容最终归纳在一个点上。

3. 启发式

在新闻事实已表达清楚的基础上，再引导人们进一步联系现实、认清责任的写法，就是启发式。

4. 展望式

在新闻事实表达完毕之后，对其发展方向和结果做出预测，通常都是描绘乐观的前景。

5. 引用式

在消息的结尾引用相关人物的话来做收束，也是消息常用的结尾方式之一。

6. 背景式

前面已对新闻背景做了全面介绍。如果新闻背景出现在消息的最后，就是背景式的结尾。

7. 数字式

在结尾的地方列举一些数字，有时能使新闻事实更丰富、清晰。

8. 补充式

在将要结尾的时候，又对新闻事实做适当的补充。这些补充的内容，一般不是核心新闻事件，但必须跟核心新闻事件有紧密联系。

第三节　消息的写作范例

▲人物消息

（一）人物消息的含义

人物消息就是以消息的形式报道新闻人物，突出反映人物的思想、事迹和精神风貌的新闻体裁。

人物消息报道的人物必须是新闻人物，而且是时效性很强的新闻人物，不采取消息形式尽快地报道出去就有失宣传效果，所以它在时效性上，显然比人物通讯要快。一般对影响较大的人物的宣传，都是抢先发人物消息，随后再采写人物通讯。在人物消息的写作中，不强调细节，不需要过多的描写，要抓住典型人物的最有特点的典型事例或某个侧面，用简练的概括的“消息语言”，报道其先进思想与先进事迹，因此，人物消息在篇幅上要求短。

人物消息可以写正面人物，也可写反面人物，实际工作中，以报道正面人物为主。

（二）人物消息的写作格式

人物消息是一种便捷、迅速而有效地报道新闻人物的手段。它不必像人物通讯那样有较多的、具体生动的情节和细节材料，而只写一人一事，突出人物的某种行动或某个侧面，直截了当，短小精悍，迅速及时加以报道。

比起人物通讯，人物消息容量小，主题单一而集中，时效性强，因而更偏重于一个“新”字。报道一个突出的新闻人物，往往先发人物消息，然后再发人物通讯。人物消息没有必要也没有可能全面地介绍一个人，它的语言简洁概括，以叙述手法为主，且大多“以事写人”。

另外，人物消息刊登时，可通过标题处理使主题表达更为醒目突出，容易引人注目。而人物通讯的主标题往往比较含蓄，多属虚题。

人物消息写作格式如下：

1. 标题

标题是全文的眼睛，是内容的提要，因此标题一定要能引起读者强烈的反应。

2. 导语

用几句简短的话写出消息中最主要最新鲜的事情的事实，揭示消息的主题，吸引读者注意。

3. 主体

主体紧接着导语，对消息作具体的介绍。

4. 结尾

结尾，是对消息的内容进行概括，加深读者的认识。

（三）人物消息的写作要求

1. 在选材上，则抓取现实生活中人物活动的一两个场面，一两个镜头，充分地展示生活的横剖面，描绘比较细腻，感染力强。

2. 在结构上，既不同于一般新闻，又不同于一般人物通讯，而是取二者之长，常常用一个概括性的导语开头，点出部分事实要点，或从生动的情节、场面、引语入笔，但不透露太多，真正最重要、最精彩的东西，放在后面，使读者看完全篇产生一种满足感。

3. 在角度上，选择一个特定的角度，仔细观察局部特征，选择一个侧面加以报道。

（四）人物消息的写作范例

【范例】

翟志刚瞒着家人入选神七宇航员梯队

2008 年 9 月 17 日

"如果'神七'还是擦肩而过，我还是要继续努力。"曾两次与"飞天"失之交臂的翟志刚，终于成为神七正选航天员，这是他第三次入选神舟宇航员梯队，他对于自己飞天梦想的表白感人至深。

现场人员花了大约 10 分钟时间才将头盔、手套等各种设备安装好……

入选神七宇航员梯队，兄长也未透露

16 日傍晚，记者接通翟志刚兄长翟志强的手机时，传来了一片嘈杂声。原来翟志刚成为神七宇航员热门人选的新闻刚传开，全国各地的记者以及翟家的亲朋，纷纷赶到了翟志刚的老家齐齐哈尔采访祝贺他的家人。

"今天已经接待十几位记者了，接的电话也老多了，两块手机电池都没有电了。"翟志强告诉记者。事实上，他也是 16 日早晨接到某电视台的采访电话，才知道翟志刚入选神七宇航员梯队的。

两兄弟最近一次见面也是去年 8 月份的事情了，当时翟志刚因为出席家乡的一次活动才得空回家看望兄弟姐妹。

"平时主要是电话联系，也就是唠唠家常，志刚从不说工作上的事情。"翟志强说，弟弟最近一次打电话回家是 9 月初，也只是问问"家里有没有困难，缺什么"，没有说其他任何话，语气也没有特别之处，因此他也不知道翟志刚入选了神七宇航员梯队。

翟志强家简陋的小屋里，有一幅海报显示这个家庭与航天有关，就是墙上贴着的 6 位"神六"候选航天员穿着航天服合影的海报。翟志强说，这是 4 集纪录片《再上太空》的海报，记录了"神六"从训练到选拔再到发射的全过程，是弟弟翟志刚特意邮回家的。

两次与"飞天"失之交臂

今年 42 岁的翟志刚入选宇航员队伍已经 10 年，两次入选"神五""神六"梯队，两次与"飞天"失之交臂。

2003 年"神五"飞天前，翟志刚和杨利伟、聂海胜同时成为"神五"的备选宇航员。杨利伟被确定为"神五"宇航员后，翟志刚和聂海胜曾陪着即将出征的杨利伟在媒体面前亮相，做出征前的汇报。作为备选宇航员，他们一直将杨利伟送到"神五"舱口。当所有镜头灯光都对准杨利伟时，他们一直微笑着向人群挥手。

"当时为杨利伟捏一把汗，并没有想'他上了，我没能上'。"翟志刚这样回忆当时的感受。

翟志刚在“神六”发射前再次成为热门人选，而同样可惜的是，他再次失之交臂。有记者问他，距离那么近，却没有得到，会不会觉得惋惜？他说：“就是因为太近了，所以跟着一样光荣。”

因为强烈的荣誉感，翟志刚一直努力，等待实现飞天梦想，他曾这样表白：“如果‘神七’是擦肩而过，我还是要继续努力。”

动静皆宜，爱好有挑战性电子游戏

“我好动，不好静；好冒险，不好保守。所有具有挑战性的事情，包括游戏都喜欢。”翟志刚这样概括自己的性格。

而在战友们眼里他是属于“动静皆宜”型。静，他好研习书法，钻得还挺深；动，他交际舞跳得有模有样。闲暇时，翟志刚爱看武侠小说，爱看电视小品，模仿起赵本山，还真有几分神形兼似。他还有个不为人知的爱好——爱玩电动玩具。每次给儿子买回电动玩具，他自己先玩个痛快，再给儿子当教练。

而在他的老师张玉尧眼里，翟志刚特能吃苦，而且年少时就有抱负。张玉尧说，当年的翟志刚以诗言志，给他留下极深刻的印象。“千秋同窗好，好友品学优；十载寒暑日，同年发奋读。校友齐努力，品学振长空；只待花开日，伟业九州红。”这是翟志刚在毕业时写下的诗句。

寒门子弟，母亲炒瓜子培养出飞行员

“志刚非常孝顺我母亲，现在母亲去世了，他也很关照我们在老家的兄弟姐妹，时常寄钱回来资助，常常打电话问有没有困难，缺什么。”翟志强告诉记者。

翟志刚幼时家境困难，由于父亲长年卧病在床，全家都靠母亲贾桂芝卖瓜子支撑。从中学到高中，翟志刚每天放学到家就做饭，然后骑自行车把妈妈从镇上接回来，再帮妈妈炒一锅瓜子，再匆匆赶回学校上晚自习，六年里风雨无阻。

空军飞行学院来招人了，翟志刚高兴地报了名。得到考上消息的那天，母亲比翟志刚都高兴，“哎哟，我老儿子可出息啦！”贾桂芝向邻居借了20元钱，给翟志刚买了一个旅行包，可是却没有什么东西来装满它。母亲实在是没有什么可以给儿子带的，便细心地炒了一锅瓜子，一粒粒地选出个大饱满的，装到旅行包里，可还是撑不鼓包，老人对着旅行包默默流泪。

临走前一天，母亲从贴身的小包里掏出一张带着体温的5元钱，硬塞到儿子手里。翟志刚将一个用纸糊的小箱子留给母亲，里面全是1分、2分、5分的硬币，这是他高中3年积攒的零用钱，足有100多元，看到这些全家人都哭了。翟志刚到学校后，每月津贴12元，自己只留下2元，其余全寄给了母亲。

孝顺儿子　干好工作告慰母亲

翟志刚说：“在我一生当中，对我影响最大、给我记忆最深的就是我母亲，从事航天员的职业，对我母亲来说也是一种告慰。”

母亲也以儿子为骄傲，年老时很想念翟志刚，每有飞机从头顶飞过，母亲总喃喃自语说："这飞机说不准是我家志刚开的。"

2003年母亲病危时，家人为了不耽误翟志刚备选"神五"的训练，一直瞒着他，直到母亲离开人世，才把这个消息告诉他。翟志强说，从2003年4月份开始，翟志刚7个月没和母亲通电话。其实，翟志刚并不知道，他一直牵挂的母亲已瘫痪在炕整整7个月，他最后一次要跟母亲说话时，母亲已经3天水米未进。11月21日，噩耗传到北京航天城的翟志刚家中。母亲去世两天后，翟志刚回到了家，进屋就跪在母亲的灵前磕了3个响头，泪流满面地看母亲最后一眼。

"现在，我们都希望志刚能实现自己的理想，实现飞天梦。"翟志强说，弟弟已经当了10年航天员了，飞天一直是他的理想。

▲动态消息

（一）动态消息的含义

动态消息是指及时地反映现实生活中出现的新事物的简短的新闻报道。这种动态消息比较单一，只反映一个动态。其特点是文字简短，内容广阔，新鲜活泼。

（二）动态消息的特点

1. 报道的内容要新鲜

动态消息所报道的往往是第一时间、第一现场的突发性事件或新情况、新成就、新问题。

2. 报道的速度要快

动态消息新闻性较强，报道速度较快。它追求的目标是：现在新闻现在报。

3. 写作的语言要简明

动态消息要用最简练的语言写成，篇幅要短小精悍，长的不过几百字，短的只有几十字或一句话。

（三）动态消息的写作格式

1. 标题

简明扼要，点明大意。

2. "电头"

起首处一般要写"电头"，依次说明新闻的来源、时间和作者。

3. 正文结构

从正文结构上讲，新闻的完整结构包括导语、主体、背景和结尾四个部分，其中导语和主体是最重要的，不能缺少。

（1）导语。导语是新闻的先导语言，概述新闻最主要、最核心的事实和思想，引导读者看新闻的全文。

（2）主体。主体是新闻内容的基础部分，紧接着导语展开叙述新闻的主要事实和内容。

（3）背景。背景是新闻的辅助和衬托部分，一般穿插安排在主体之中，没有确定的位置。背景用来介绍事实发生的现实的或历史的环境，同事实相关的解释说明，以便于读者了解事实的来龙去脉，增加新闻的知识性、趣味性。

（4）结尾。结尾是新闻的尾巴，标志一条新闻的终结，常常一两句话。如果事尽文止，就应自然收束。

（四）动态消息的写作要求

1. 观点鲜明，突出主题

一条新闻一般只说明一个问题或道理。

2. 要正确处理好“新”与“准”的关系

“新”指的是新的事实、新的成就、新的经验、新的见解、新的问题。但“新”必须建立在“准”的基础上。只新不准，会导致报道失真，对工作无益。因此“新”与“准”要和谐统一。

3. 文字简明扼要

文字叙述要精练，用事实说话，必要时可以适当发表一些议论，但要得体、精湛，有感而发。

4. 鲜明地阐述事物的特征及意义

为了更鲜明地衬托出新闻报道所阐述事物的特征或意义，必要的时候，可以交代一下事物的历史背景，以及发生、发展的环境、历史条件和演变过程。但并非每条新闻都要背景材料，且背景材料应简明扼要，不宜太多。

5. 新闻的开头

新闻的开头通常有一段导语，简要说明全文的思想或主要事实，以唤起读者的注意和警觉，使读者在阅读全文前，有一个总的概念。起到开门见山、提纲挈领、统率全篇的作用。

6. 结构严密，层次分明，详略得当

新闻报道一般是按照事物的内在联系来写的，把最重要、最新鲜的事物写在最前面，然后再写次要的；也可以依照事物的发生、发展、变化的顺序来写，但要根据主题，突出主要的部分，详略要得当。

（五）撰写动态消息应注意的问题

（1）要发现有价值的新闻，特别是捕捉独家新闻；

（2）采访这类新闻要快，必须争分夺秒；

（3）注意在新闻事件中提炼出最有价值的信息；

（4）发表动态消息（播出）要快，要占领新闻的制高点，达到以快取胜的目的。

但以快取胜也不要求绝对化。凡涉及国家利益，一时不能公开报道的新闻事件，可先通过采访，掌握具体情况后，条件允许时再作报道。

（六）动态消息的写作范例

【范例】

首届奥林匹克博览会北京展览馆开幕

2008 年 8 月 8 日

北京2008 年奥林匹克博览会（奥博会）8 月 8 日至18 日在北京展览馆举行。作为首届奥博会，将展览来自国际奥林匹克博物馆的珍贵藏品、23 个国家的精品邮集和各国邮票钱币徽章展销，展览总面积近 22000 平方米，预计每天接待 8000 人次。

由国际奥委会、北京奥组委、中国奥委会、中国邮政集团公司共同主办，中国邮政集团公司承办的北京2008 年奥林匹克博览会，以“传承奥运激情北京”为主题，旨在北京奥运会期间，集中展示奥林匹克历史与发展，弘扬奥林匹克精神与文化。

现代奥林匹克运动发展与邮政有着良好合作和密切的联系。1896 年第一届现代奥运会，就是通过发行邮票等方式筹集资金才得以成功举办。从 1988 年汉城奥运会起，在国际上已形成了由历届奥运会主办国邮政承办“奥林匹克集邮展”的惯例。为更好地弘扬奥运精神、传播奥运理念、传承奥运文化，国际奥委会决定，从 2008 年北京奥运会起，将该展览名称改为“奥林匹克博览会”。本次奥博会融入更多的奥林匹克文化，涉及更多奥林匹克体育运动、收藏和艺术等多元化内容。

本届奥博会会展内容分为展览、展销、特色活动三大部分。展览部分包括国际奥委会及萨马兰奇先生个人邮集展、中国邮票博物馆邮票专题展、国际集邮家体育专题集邮展、国际个人奥运纪念品收藏展及相关艺术展等。在展览期间，主办方将举办媒体、青少年、集邮、文化和志愿者 5 个主题活动日，邀请不同群体参观奥博会，中国邮政将发行主题日邮品，观众可以从不同的角度领略到奥运文化的独特魅力。

展示区覆盖了场馆的二、三、五、九、十、十一号馆。其中二号馆以“雅典卫城”为设计灵感，展示来自国际奥委会和奥林匹克博物馆的珍贵藏品，还会设立获奖展品区、奥运会服装展示区和历届奥运海报展示区三个单独区域，观众可以观赏到历届奥运会的珍贵藏品。三号馆将集中展示各类奥运邮品，包括 20 框奥林匹克博物馆珍贵邮品、50 枚奥运纪念币、120 框中国邮票博物馆馆藏、历届奥运邮票珍品等。九号馆至十一号馆为竞赛类邮品展示区，近 900 框邮品和 41 部集邮文献分为八大类呈现给观众。

展销区位于展馆的七号馆，将展销来自海外邮政、邮商及6个奥运协办城市的邮品。制作区在六号馆，观众可以在此馆制作自己的个性化邮品。四号馆为可口可乐奥林匹克纪念徽章交换区。十二号馆为赞助商区，由中国奥委会、中国邮政、英国邮政、希腊邮政、加拿大皇家铸币厂（展示100千克、价值400万美元的金币）、奥林匹克运动会合作伙伴及赞助商组成。

▲综合消息

（一）综合消息的含义

综合消息就是把发生在不同地区或部门的、具有类似性质的新闻事件，综合起来进行报道的消息类型。

综合消息既不是对一个固定人物的描述，也不是对一个独立事件的阐发，而是由许多不拘于时间、地点的事实，经过综合、归纳、概括、提炼而成，具有鲜明的主题和很强的指导性。综合消息的时间性要求没有动态消息那样急，但在使用材料时，一定要着力突出最新，适当安排较新的，尽量不用不新的。

（二）综合消息的写作格式

1. 标题要突出中心

2. 格式

消息从格式上讲，起首处一般要写“电头”，依次说明消息的来源、时间和作者。写好“电头”，然后才写消息正文。

3. 结构

从正文结构上讲，消息的完整结构包括导语、主体、背景和结尾四个部分，其中导语和主体是最重要的，不能缺少。

（三）综合消息的写作要求

一般来说，在写综合消息时要考虑以下几点要求。

1. 内容要新鲜

要在选择题材中下功夫，在比较中发现什么才是新的事实、新的成就、新的经验、新的见解、新的问题。作者要有敏锐的眼光，要了解全局的情况，要占有资料，要做有心人。写消息，力求具有一定的思想，以便能给人以启迪。有些事情，尽管事实不是那么新鲜，但有意义，那就要选择新的角度加以报道。

2. 事实要准确

采写消息，一定要把事实弄清楚，并且核对无误。真实性，是其生命之所在。

3. 采访要快，写作要快，讲究时效性

无数事实表明，在当今世界，同一重要事件，不要说迟发一天半天，就是迟发几个小时、几分钟，我们的消息便会在竞争中失利，在舆论上遭受不应有的损失。

反之，我们讲究消息的时效性，就能在竞争中赢得主动权。

4. 篇幅要短，容量要大

也就是说，要提高消息的“含金量”。消息写作提倡“短些，短些，再短些”，但也不能短到空洞无物的地步，而应力求短而有丰满内容，短而实。

5. 要写得通俗、生动、形象，具有可读性

6. 反复锤炼语言

消息以语言简洁为上乘，要珍惜每个字，推敲每句话，力求字字句句载着尽可能多的信息。

综合消息由多个材料组织在一起，哪个在前，哪个在后，互相之间怎样过渡、怎样呼应，这些在动态消息中无须更多考虑的问题，在综合消息中就要花较多的精力进行通盘研究了。具体地说，可并列、可递进、可对比、可总分。至于具体到某一篇应该如何安排，那就没有一个标准尺度了，只能是具体文章具体分析，找出其最佳方案。

（四）综合消息的写作范例

【范例】

北京奥运遗产多值得中国认真梳理盘点传承

——北京2008年8月26日电

“中国举办了一届无与伦比的奥运会。”罗格先生在闭幕式上对北京奥运会的赞扬，标志着本届奥运会的圆满结束和中国人百年奥运梦想的完美实现。从超一流体育场馆到白云蓝天，从文明排队到拥抱世界，本届奥运会给中国社会留下了诸多宝贵遗产。这些珍贵的遗产，值得后奥运时代的中国认真梳理、盘点和传承。

体育遗产——多项突破改写奥运历史

来自204个国家和地区的一万余名运动员，在本届奥运会上共打破38项世界纪录、85项奥运会纪录。体育健儿们在挑战极限、超越自我的同时，也在人类体育史上写下了浓墨重彩的一页。

（略）

人文遗产——中国和世界坦诚相拥

由于各种原因，长期以来中国融入世界、世界认识中国的过程充满坎坷，中国和世界之间似乎隔着一层说不清、道不明的“水晶墙”，而奥运会为中国和世界提供了全方位相互了解的机会。

“世界更多地了解了中国，中国也更多地了解了世界。”——在北京奥运会闭幕式上，国际奥委会主席罗格指出了本届奥运会最重要的遗产。他此前曾多次表示，通过奥运会，中国向全世界开放，全世界则关注、审视中国，双方彼此加深了

解，这将带来积极而长远的影响。

奥运会既是全球最重要的体育盛事，也是来自世界各地的人们交流技艺、加深了解、增进友谊的平台。奥运会期间，两万多名海外媒体工作者和数以十万计的外国观众和游客涌入北京，他们既是来报道和观看比赛的，也是来了解中国的。此外，据全球知名媒介咨询集团尼尔森在全球 38 个国家和地区收集的数据表明，全球约有 20 亿人观看了北京奥运会开幕式，超过世界人口的三分之一。

通过接触与交流，各国媒体看到了一个真实、现代化的中国。美国《芝加哥论坛报》评论说："世界正把发展的中国置于显微镜下，一些人正寻觅其中丑陋的东西。这种寻觅的结果可能是准确的，但绝对是片面的。全面了解中国需要透过中国的社会和历史的全景……专注于中国的过失并对其他事情不闻不问是一种可耻的行为。"

法国《费加罗报》也发表题为《中国与西方坦诚相对》的文章说，在全世界，人们从未如此多地谈论中国，谈论这个庞大、神秘、全球绝大多数人还不甚了解的国家。媒体进行的大量报道与调查让人们看透了表象，穿越了长城……不论发生什么事情，中国与世界其他地方的关系全都改变了，西方再不能无视中国及其 13 亿人。

"奥运外交"的成功无疑是中外交流的亮点之一。本届奥运会，有 80 多位各国政要聚首北京，创造了奥运史上的一个纪录。新加坡国立大学东亚研究所所长郑永年撰文说，那么多政见不同的领导人在北京坐到了一起，其本身就是"和谐"的体现。法国《世界报》也认为，"奥运外交"让北京成为"世界外交的中心"。

美国总统布什在接受美联社记者采访时说："我认为奥运会为人们提供了到中国并观察中国的机会，同时也使中国人看到了世界，有机会同世界各地的人们进行交流。"

美国前总统国家安全事务助理布热津斯基说："奥运将把中国有机地纳入到国际社会中来，中国孤立于世界的时代从此结束。"

新加坡《联合早报》发表题为《倾听中国开放的步伐》的文章说：中国还有很多缺陷，但只要这个开放的年代不再倒退回封闭，这个最近一个甲子经历迂回曲折、跌宕起伏、饱经风霜的民族，总会在积极向世界学习、努力与国际接轨的过程中，以更自信和从容的姿态迈向更加开放的未来。

▲述评消息

（一）述评消息的含义

述评消息是一种边叙边评、夹叙夹议的消息类型，它介于新闻和评论之间，既报道新闻事实，又在报道的同时对新闻事实的性质、特点、发展前景等作出分析、解释、评价。

述评消息的内容，可以是政治、经济、军事、科技、文教等方面的形势和动态；可以是某一阶段工作的经验、情况或问题；可以是社会上出现的具有代表性、倾向性的思想、思潮；还可以是变化发展呈现错综复杂的重要事件。

（二）述评消息的写作格式

述评消息由标题、正文、结束语三部分构成。

1. 标题

点出大意，让读者明白所要讲述的事件。

2. 正文

具体地描述记者所要讲述的人物或事件。

3. 结束语

表达自己的思想见解或希望。

（三）述评消息的写作要求

1. 政策性要强，叙述准确

述评消息政策性很强，要求叙述准确而概括，评论要观点鲜明，围绕所叙事实进行并切中要害，至少它应该能让百姓感受到深刻，让有关专家点头肯定，使有关部门受到启发。

2. 要具有一般新闻报道与新闻评论的两种作用

3. 简明扼要，评论紧扣事实

要用简洁的文字把事实交代清楚，评论紧扣新闻事实，分析透彻，虚实结合，不能离开事实，空发议论。

4. 评论旗帜鲜明

既然它具有评论文性质，那么在评论时，提倡什么，反对什么，要旗帜鲜明，生动有力。

（四）述评消息的写作范例

【范例】

细数历届奥运会开幕式点火经典创意

——新华社北京 2008 年 8 月 8 日电

如果把奥运会比作一场视觉盛宴的话，那么开幕式就是这场饕餮大餐之前让人回味无穷的开胃菜。而一个开幕式能否举办成功，在很大程度上又取决于是否有一个独具匠心的点火仪式能够让人记忆深刻。

2008 年北京：

气势恢宏的“祥云画卷”

在星光点点、如同浩瀚银河的“鸟巢”中，“体操王子”李宁腾空而起，伴着皎洁的明月，在“空中跑道”上踩着“祥云”，用手中的火炬缓缓照亮了“祥云画卷”，将奥运圣火在世界角落传递的感人瞬间一一重现，而人类的奥运之梦也随之展开。

1984年洛杉矶：

新颖奇特的“太空飞人”

1984年7月28日，下午4时30分，当倒计时牌从“3”变成“1”时，有七个字可以形容当时的盛况，那就是：世界瞩目洛杉矶。

当一个装扮成太空人模样的“宇航员”飞临体育场上空时，现场数万名观众的惊讶之情溢于言表。异想天开的美国人以这样一种新颖的方式带给了世界惊喜，拉开了奥运会的序幕。

在点火仪式中，奥运十项全能冠军约翰逊点燃五环形状的引火装置，奥运圣火随之熊熊燃烧。从这届奥运会开始，点火方式打破了以往的中规中矩，开始变得新颖独特，“如何点火”也逐渐成为奥运会开幕式最令人期待的“最高机密”。

1988年首尔（汉城）：

“手拉手”的团结与热情

一提起首尔（汉城）奥运会，人们首先想到的便是那首风靡世界的《手拉手》，而本届奥运会的点火方式似乎完美演绎了这首旋律亲切、歌词感人的主题曲。圣火最终由一名马拉松运动员、教师和舞蹈演员共同点燃，虽然点火方式并无新意，但三人共同点燃圣火体现了全民参与奥运的热情，并且在点火人数上也创了一项奥运会的“纪录”。

1992年巴塞罗那：

惊心动魄的“一箭穿杨”

虽然没有借助任何高科技手段，但这届奥运会的点火方式至今仍被很多人认为是奥运史上的经典之作。曾经患有小儿麻痹症的射箭选手雷波洛用火种点燃箭头，拉弓搭箭，最终准确地射向70米远、21米高的圣火台。当熊熊火焰随之腾空而起的一瞬间，许多观众都被他的高超技艺和勇气所震撼。不过，据说为做到点火万无一失，雷波洛在开幕式前足足练了不下两千次，他的努力也体现了人类敢于突破自我、挑战极限的伟大精神。

1996年亚特兰大：

颤抖中的坚毅与感动

当患有帕金森综合征的“拳王”阿里颤抖地接过火炬时，全世界都看到了他抖动的双手。然而在熊熊圣火的映照下，阿里的面容无比刚毅，给人留下深刻的印象，从他坚毅的目光中人们又不禁想起那个曾经在拳坛“像蝴蝶一样行云流水，像蜜蜂一样给敌人致命打击”的王者阿里。当时在场的许多观众都流下了感动的泪水，就连美国前总统克林顿的眼里也闪烁着泪光。毫无疑问，那一刻已经成为奥运史上感人肺腑的经典瞬间。

2000 年悉尼：

水火交融的浪漫和绚丽

谁说水火不能相容？作为海滨城市的悉尼，在点火方式上选择了最让人意想不到的水元素。当澳大利亚短跑名将弗里曼身着银色连体防水服，在瀑布飞泻的背景下，点燃了冉冉升起的火炬时，那一幕水火交融的精彩美景深深地印入了人们的脑海之中。而选择土著运动员弗里曼来点火，也象征着澳大利亚多民族的团结与融合。

2004 雅典：

古典质朴的“爱琴海”

谈到雅典奥运会的开幕式，人们马上想到的会是蓝色的人造“爱琴海”。极具想象力的希腊人通过唯美的艺术手法在动人的“蓝色”中几乎重现了整个古希腊文明的发展与推进。

▲简明消息

（一）简明消息的含义

简明消息又叫简讯。简明消息并没有自己独特的报道对象和特殊的写作方法，它其实就是篇幅特别短小的动态消息，通常只有一二百字，有时甚至只有几十个字。

由于人们对短新闻越来越重视，现在无论报纸、电台还是电视台，都特意安排一定的版面和时间专门发表简讯。

简明消息的特点一是精短、二是迅速，二者又是相互统一的。由于它的篇幅短到了极致，写稿时出手就比较快，编辑编发也快，所以简讯有时又被称为快讯。

简明消息常以“集束”的形式发表。电台和电视台常有“下面播报一组简讯”的说法。

（二）简明消息的写作要求

1. 简明消息结构不必完整

它不必像一般消息那样具有标题、导语、主体、结尾等结构要件。如果一篇简明消息只有一个自然段，就分不出导语和主体来，或者说它只有导语没有主体，也可以说它只有主体没有导语，总之二者已经合二为一。它也没有单独的结尾，常常是事完文止。

2. 简明消息不必交代背景

简明消息不必交代背景。这并不是说所报道的新闻没有其发生的背景，而是不作专门的交代，但有一个前提是不专门交代读者也是基本明白的。如果有复杂的背景需要用较长的篇幅专门交代，那就不适合写成简明新闻了。

3. 简明消息文字简明扼要

消息本来就是一种简明扼要的体裁，简明消息是简明中还要简明，扼要中还要扼要。可以先写出稿子来，然后进行删除和压缩，一直压缩到少一字就不清楚的程度，就符合简明消息的文字要求了。

4. 简明消息的要素不必完备

一些必要的新闻要素，简明消息当然也不能省略，但是，它为了追求简练，也无须将"何时、何地、何人、何事、何因、何果"全都具备。通常，何时、何地、何事三个要素是必不可少的。其他要素则可以根据情况略而不提。

（三）简明消息的写作范例

【范例】

神九航天员确定 2 男 1 女组合

2012 年 6 月 11 日　兰州晨报

3 名航天员和 3 名预备航天员将参加全系统演练并参加发射任务

本报酒泉卫星发射中心电（特派记者　阎世德　董开炜　鲁　明）神舟九号此次升空，搭载的航天员是大家关注的焦点。记者 6 月 10 日从酒泉卫星发射基地了解到，2 男 1 女 3 名航天员和 3 名预备航天员已于 6 月 9 日上午抵达酒泉卫星发射中心并下榻问天阁，即将参加全系统的发射演练并参加发射任务。6 月 10 日上午，航天员在酒泉卫星发射中心圆梦园参加了植树、升国旗等活动。

6 月 9 日上午，通往航天城的公路和航天城问天阁附近的道路全面戒严，3 名航天员和 3 名预备航天员乘坐专机从北京南苑机场飞抵酒泉卫星发射中心附近机场，随后乘坐专车抵达航天城问天阁。先前，工作人员就对问天阁进行了全面消毒，将其与外界完全隔离。直到发射结束，除相关人员之外，任何人都不能靠近问天阁。

目前，发射场尚未公布执行神舟九号飞行任务的 3 名航天员名单，但已确定了两男一女的飞行组合。同时搭乘神舟九号飞船的还有活体蝴蝶（卵和蛹）升空。

▲经验性消息

（一）经验消息的含义

经验消息，就是把某一单位或部门在工作上的成功经验报道出去的消息类型。所报道的，可以是贯彻党和国家的方针政策的典型经验，可以是某一方面工作的成功做法。

在写作中，一般只交代情况，让读者对报道对象有一个整体的了解，其次是介绍做法，让读者知道经验是怎样取得的，从而使读者看到取得的经验。

（二）经验消息的写作格式

经验消息一般由标题、导语、主体、结尾四部分构成。

1. 标题

常见的标题有三种：一是单行标题，即正题，如“长江巫峡溶洞发现古人类遗址”；二是双行标题，即除正题之外，配有引题或副题；三是三行标题，即正、引、副标题俱全，内容一目了然，颇具优势。

标题是全文的眼睛，是内容的提要。有一个好的标题，可以使新闻增色，对读者产生强烈的吸引力。因此，标题一是要能准确反映报道内容的本质；二是用别具一格的语句把消息中的新内容、新思想在题目中概括出来；三是标题的行数、字数不宜过多，要简练。

2. 导语

导语一般是指开头的一段，也可以是几句或一句精辟的话。写出消息中最主要、最新鲜的事实，揭示消息的主题思想，吸引读者的兴趣和注意。

3. 主体

主体是紧承导语之后，围绕主题对消息内容作具体叙述和说明的部分。主体的写作要圆满回答导语中提出的问题；要写得波澜起伏，生动活泼、形象，内容丰满，具有可读性。

4. 结尾

结尾，是消息的最后一段或最后一句话。一般是对主题或主要内容的概括，来加深读者对主题的认识和对事物发展趋势的理解。结尾不是每篇消息都有的，要视文章内容和需要来定其取舍。有时主体部分叙述完了，意思也说尽了，自然收笔，就不必再写结尾。但有结尾的，必须注意紧扣事实，不空发议论，启发引导而不说教。

（三）经验消息的写作要求

1. 捕捉新鲜的经验

跟专门表述经验的文体如总结和典型经验调查报告相比，经验消息除了用记叙写法、靠事实说话之外，还有一个重要标志就是内容新鲜。总结是定期必做的，其中的经验也许没有多少新鲜感，但是作为一个阶段的回顾，不能因为新鲜感不足就不做了。调查报道强调的是典型意义，新鲜感虽然也是追求目标之一，毕竟不是最核心的。作为新闻的经验消息，如果缺了新鲜感，马上就失去存在的理由。经验消息的写作首先必须发现新鲜经验，否则一切无从谈起。

2. 经验在事实中自然显现

除非被采访者自己有条款式的概括，经验消息中的那些规律性认识通常并不一一特地指点出来，是靠在对事实的叙述中自然而然地显现出来的。因此我们阅读一篇经验消息，常常看不到直接表述经验的文字，但是，经验又在字里行间无处不在，写作中要把握好这一点。

（四）经验性消息的写作范例

【范例】

开发区××街道办事处——三大战略，提升镇域经济发展水平

××××年××月××日

近年来，××街道立足区位优势，突出钢管产业特色，不断整合辖区资源，坚持用科学发展观引领经济发展，强力实施“三大战略”，提升镇域经济发展实力，促进了镇域经济又好又快发展和农民的持续增收。

一、实施工业强街战略，振兴金属材料产业园。××街道坚持工业兴镇，不断发展钢管加工制造、汽车配件生产、机床配件生产加工等产业，目前已经形成了“钢管之都，管通天下”战略品牌。目前，正在整合辖区资源，打造金属材料深加工产业园，该园区位于××以东，东外环路以西，××高速路以南，××路以北，规划面积××亩，划分为南、中、北三区。其中，南区为钢管生产加工及钢管销售区，以大东钢管市场及各类钢管加工企业为主；北区金属商贸物流业聚集区，以××金属物流园为主；中区，是金属材料深加工聚集区，今年招商的几个重点项目已落户该园区，总投资达22亿元。

二、实施项目强街战略，做优做精支撑产业。××办事处充分发挥产业优势，以园区为载体，实施了“政府搭台、行业牵手、企业唱戏”的新型招商模式，成果丰硕。近年来，共引进项目90多个，投资总额达120亿元，涵盖钢管加工、商贸物流、汽车销售、汽车配件生产、机械加工、精细化工、玻璃加工、纺织机械等项目。其中，投资10亿元以上的项目1个：××金属物流园项目，总投资16亿元。投资5亿元以上的项目有4个：××机械项目投资8.7亿元；××机械项目投资7.8亿元；××金属材料项目投资5亿元；中钢工贸特种轴承项目投资5亿元。投资过亿元的项目40余个，包括××汽车园项目、××流项目、金鸿天然气项目等商贸类、能源类项目。

三、实施商贸活街战略，打造生态观光农业。“无工不富，无商不活”。按照“抓二带一促三”的要求，办事处着重发展了商贸物流业和汽车产业等第三产业集群，优化了办事处的产业结构。努力突出商贸领域特色化，运用现代服务技术，依托××钢管商贸市场、××金属物流园项目、××物流、××产业园，引导传统运输、仓储、代理企业与工商业联盟，优势互补，大力规划发展商贸物流市场。目前，汽车销售、商贸物流等第三产业已成为拉动办事处经济增长的新动力。

××街道围绕“转方式、调结构”，提出辖区农业发展新思路，做大做强现代农贸市场，充分发挥农业经济合作组织的作用，促进农业发展由粗放型向规模型转变。在有限的土地资源范围内，利用城郊优势，以“规模化经营、产业化带动”模式，将全力打造生态观光农业，有力推动办事处特色农业发展，鼓励辖区农民种植蔬菜，引导群众发展养殖业，大力发展特色优势农业，使农业提效、农民增收，助推镇域经济科学发展。

▲解释性消息

（一）解释性消息的含义

解释性消息不仅报告新闻，而且着力于对新闻事实的多方面解释。动态消息，一般只报道事实，不作或极少作解释，消息写作的重心是陈述事实，记者的传播意识和新闻的指导性，主要体现在事实的选择安排之中。解释性消息则不然，它必须在报道新闻事实的同时，运用多种类型的背景或其他相关材料，解释蕴含在新闻事实中的原因、结果、意义、性质，重心在解释。记者的传播意识和新闻的指导性，主要体现在解释中。

（二）解释性消息的写作范例

【范例】

原料乳中三聚氰胺快速检测国家标准发布

——××××年××月××日电

记者15日从国家质检总局获悉，国家质检总局、国家标准化管理委员会15日批准发布了《原料乳中三聚氰胺快速检测液相色谱法》国家标准，标准自发布之日起实施。

针对奶站、企业在原料乳收购过程中对三聚氰胺快速检测的需要，科技部会同质检总局、农业部等部门组织专家开展了快速检测的筛选工作。通过对126家单位提供的128种快速检测方法进行初筛和现场统一测试，专家认为由中国计量科学研究院提供的原料乳中三聚氰胺快速检测方法是比较成熟的方法，建议制定为国家标准。

该方法按照国家标准快速制定程序，经10余家实验室共同实验确证，并经专家组审查通过，制定为《原料乳中三聚氰胺快速检测液相色谱法》国家标准。

该方法适用于原料乳中三聚氰胺的快速检测，也适用于不含添加物的液态乳制品中三聚氰胺的快速检测。使用该方法，可以解决原料乳的收购奶站和企业，以及乳制品生产企业在投入较小的情况下，快速、准确地对所收购的原料乳进行三聚氰胺检测的问题。

▲预测性消息

（一）预测性消息的含义

预测性消息是指报道尚未发生、有可能发生的“事情”，提供未来信息的消息。

（二）预测性消息的写作范例

【范例】

中国女足迎战加拿大志在全取三分提前出线

××××年××月××日　《扬子晚报》

××××年××月××日 19 时 45 分，中国女足将在天津奥体中心水滴体育场迎来奥运会小组第二个对手加拿大女足。对于同积 3 分的两队而言，本场比赛取胜一方将提前锁定一个八强席位。中国女足如果击败对手，几乎可以确定拿到小组头名。

若遗憾告负，那么不仅首胜瑞典的优势恐将化为乌有，并有可能再次在小组末战陷入看别人脸色的尴尬中。

在有些爆冷地击败小组头号劲敌瑞典后，中国女足小组出线形势非常明朗。第二场与加拿大队的比赛战绩一定程度上将决定女足的最终命运。如果能够击败加拿大队，中国女足就很可能拿到本小组第一。根据规则本组头名 1/4 决赛的对手是 F 组或者 G 组第三，这样中国女足晋级四强的概率就增加许多。如果无法击败加拿大女足，中国女足很可能以小组第二甚至第三晋级。最差的情况自然是小组第三出线，那么根据赛程安排 E 组第三如果出线肯定遭遇 G 组头名。目前看来挪威获得 G 组头名机会不小，去年世界杯我们就是在 1/4 决赛中输给了她们，而且挪威队首战轻取美国展现超强实力，中国队肯定不想在 8 强战就遭遇这个对手。如果以第二名跻身 8 强，中国女足将遭遇 F 组第二名。在这个死亡之组当中，无论是朝鲜、德国还是巴西，中国女足都不希望碰到。因此中国女足要想完成四强目标，此战必须至少不能输给加拿大，末站再力争小组头名。所以今晚的比赛，中国女足志在三分。

提起加拿大队中国女足并不陌生。虽然历史战绩中国队绝对占优，从 2003 年之后的交锋中中国队也保持不败，可是 2003 年世界杯的 1/4 决赛，身体强壮的加拿大女足就曾经凭借定位球 1：0 击败中国队，导致马良行率领的中国女足无缘四强。中国女足也从此一蹶不振，中加之战也成为女足命运的拐点。在今年初的四国赛上，中国队也只是0：0与对手握手言和。

与瑞典队相似，加拿大队员身体优势明显，她们的对抗能力强，攻防速度快。加拿大队攻击点较为分散，在首场比赛中加拿大18次射门由8名队员完成。该队中前场有自己的灵魂人物——队长辛克莱尔。在与加拿大的比赛中，辛克莱尔一人完成5次射门2次射中球门范围，居全队之首，同时她在前场穿针引线的传切更是令对手防不胜防；另外一名锋线队员卡拉4次射门3次射中并带来一个进球，这名前锋不仅门前较为灵动，还有一脚任意球绝活。加拿大中后卫查普曼的技术特点有点类似于中国队队长李杰，她除了有出色的防守能力，助攻也颇为凶悍，与阿根廷的比赛就是她率先为加拿大队打开僵局。

不过从加拿大与阿根廷的首战来看，这支球队防守存在极大的问题。对战阿根廷，她们给对手留下了很多进攻的机会，甚至还让阿根廷队打进一球。中国队如果能够在比赛中积极拼抢，借助主场优势立足于不败的可能性很大。在赛前接受采访时，主帅商瑞华保持了一贯的冷静，他认为加拿大队的进步非常大，队员在冲击力上丝毫不逊色于瑞典队，中国女足不可掉以轻心。不过老帅同样表达了小组出线的信心："我们一定能够小组出线。现在只是个开始，还是一步一步来吧，但中国女足不会让球迷失望的。"

▲服务性消息

（一）服务性消息的含义

服务性消息是一个重要的新闻体裁，在21世纪，这类消息还将受到更多的关注。掌握服务性消息的写作要领，是记者的基本功，提高服务性消息的质量，是媒体和记者的研究课题之一。

（二）服务性消息的写作范例

【范例】

水立方新售票口因购票者过多被迫暂停

××××年××月××日 《新京报》

××××年××月××日因购票者过多引发抢购，位于地铁10号线北土城站附近的水立方门票临时销售点暂停售票。由于购票人过多，售票票口两侧窗户上的铝合金栅栏都被拽变形。

昨天上午，水立方在地铁10号线与8号线交会的北土城站B口附近短暂向散客售票，但因购票者过多引发抢购而草草收场。截至昨晚，新售票口是否继续开放，水立方有关负责人尚未回应。

通知写错购票者走冤枉路

昨日上午，水立方周边的护栏上挂起通告。“水立方售票地点为：地铁十号线北土城站C1出口出站，右转150米处。”这标志着水立方正式启动了在场馆近端售票。

之前，水立方向散客售票的地点一直设在工体北门。以致原价30元的水立方参观票票价被炒至100元一张，也因此引来不少游客抱怨。

地铁10号线C1出口处，三名游客正在这里寻找售票点。“我都绕着出口转了两圈了，都没有看到卖票的”。

附近一名男子说：“售票点在B出口，那个通知写错了。”

售票点窗户栅栏被拽变形

昨日中午12点多，在北土城站B出口右侧150米处的一排平房前，平房窗户上贴着通告：“即日起，水立方在此销售门票，每张30元，每人限购5张。”通告日期是10月15日，但大门上了锁，窗户外护栏已经脱离了墙面，向外凸出去很多。

一旁食品部的工作人员说，人太多了，卖票的时间又短，很多人去抢票并且争执，售票的人就赶紧把门关上了。后来来了警察，才把事情平息下来。

一名男子指着售票口两侧的窗户说，窗户上的铝合金栅栏都被拽变形了。

昨日下午，一辆警车停在售票处，附近倒票者逐渐散去。

直至昨晚，水立方相关负责人尚未对此事发表意见，该售票点是否继续售票等仍无具体消息。

说法

“希望志愿者来维持秩序”

市民刘先生说，希望以后能够多一些志愿者或者民警维持现场秩序，毕竟水立方票比较少，想去参观的人又很多。而且，场馆附近售票对购票人很是方便，以前在工体北门卖，太远了。还有就是指示标志最好再清晰一些，给购票人方便。

第二章　通讯的写作

第一节　通讯概述

一、通讯的含义和特点

（一）通讯的含义

通讯，是运用叙述、描写、抒情、议论等多种手段，具体、生动、形象地反映新闻事件或典型人物的一种新闻报道形式。它是记叙文的一种，是报纸、广播电台、通讯社常用的文体。通常使用的通讯有：人物通讯、事件通讯、概貌通讯、工作通讯、小通讯等。

（二）通讯的特点

叙述的直接性。通讯写作“无须文乞巧，只有直如弦”，即通讯的写作一般以开门见山和顺叙的叙述形式为主。但通讯中也不排除采用倒叙、插叙、夹叙夹议等表现手法。叙述的直接性具体表现在：直接交代事件（何事）、当事人（何人）、时间（何时）、地点（何地）、原因（何因）和如何发生（如何）六要素；直接写出采访过程；通讯内容中故事直接的过渡、场面的转换、开头与结尾的照应也要用直接叙述法。

描写的直观性。即描写时要注重对人物动作形象和场景进行直接而具体的描摹，而不能有过多的形容或雕琢。描写的直观性具体表现在：对记者亲眼看见的现场进行如实描写；对事后采访到的事件情景进行重现场景的描写；以记者出场形式对记者见闻进行直观描写。

议论和抒情的实在性。通讯写作的议论和抒情常常是结合在一起的，有不少文字既是抒情，又是议论。议论一般是在叙述事实的基础上，紧密结合事实，作画龙点睛之笔；抒情通常也是紧密结合事实，用简短精要的语言表达个人的观点和感情。通讯中的议论和抒情有时也采用比兴、对比等手法，采用这类方法时，一般力求简短扼要。

对话的实录性。通讯写作中，经常使用对话形式。通讯中对话写作的特点就是不加修饰地记录对话。具体而言，通讯对话实录性的特点表现在：直接引用新闻人物的原话，突出真实感、现场感；在选择新闻人物的原话时，要突出人物语言的个性特点。

说明的直白性。通讯写作中，经常要简明扼要地说明事物的形状、性质、特征、原因、关系、功用等，也经常需要说明人物的经历、特征等。对通讯写作中说明的一般要求是通俗明了，其目的是使读者一目了然，使听众一听就明白，使观众一看就清楚。

二、通讯与消息的区别

从文体特征来看，通讯与消息的区别主要有以下几点。

1. 通讯报道的事实应比消息详细、完整、富于情节，可以满足读者欲知详情的需要

通讯是一种详细、深入的报道。一个事件发生了，消息往往是将事件的几个新闻要素报道出去：何事、何时、何人、何地、状况、原因等，使受众尽快了解到最重要的概括性信息，而通讯则往往在消息之后，将这个事件的来龙去脉、前因后果等读者渴望知道的详细信息加以整合，然后完整地报道出去。它满足了读者在知晓新闻事件大致结果后探求深层原因和获知详细过程的衍生兴趣，也有利于人们较完整、较深入地了解新闻事件或新闻人物。

2. 通讯报道的事实往往比消息更形象、更生动

通讯报道的事实应以感性的素材还原生活的原生形态，使这种文体更具感染力。它把人们熟悉的生活和不熟悉的新闻现场推到读者眼前，使读者去认识，去感知，并在感知中形成自己的体验。

3. 通讯文体比消息文体自由

消息的结构尽管也是多种多样的，但毕竟有一个较为固定的结构方式：导语 + 主体。而通讯的结构没有导语和主体之分的固定结构，文体比较自由，有些类似于散文体，在表现形式上给予作者很大的创作舞台。各种笔法、各种结构、各种风格，都可以容纳在通讯这种文体中。可以从头到尾顺叙事实，也可以从尾到头倒叙事件；可以用白描手法再现人物、再现现场，也可以触景抒情、缘事议论；可以用序数将报道分为几个大段来写，也可以用小标题来分割段落；可以写对话体，也可用日记体；可用第三人称，也可用第一人称。总之，通讯文体在表现形式上相当自由洒脱，它给记者建构了一个可纵横恣肆的创作舞台。

4. 通讯的主题鲜明、结构完整

消息是信息型文体，要求速报。有些消息，如简讯，甚至无须提炼主题。通讯则不然，主题对通讯来说是必不可少的。因为通讯是作者有意识组织起来的文体，

将各种各样的、大大小小的、有粗有细庞杂的事实材料组织在一起，没有一根主线把材料串起来是不可想象的。而主题的残缺、含混，也正是许多通讯失败的通病：中心不明、杂乱无章。因此，每篇通讯都必须有主题来统领素材。

从主题的角度来讲，文章中的每一素材——无论什么样的事实材料都是对主题有用的，都是文章的有机组成部分。通讯一旦完成，其结构是完整、严密、不容任意拆散的：有头有尾，环环相扣，其功能是以“整篇”为单位发挥作用。消息的“段落”在排版时可以根据版面的要求进行裁剪。而通讯的开头和结尾与全篇构成一个整体，一般不能任意舍弃，那样将使通讯的结构支离破碎，难以卒读。

5. 通讯体现出作者较强的主体意识和个人风格

从理论上讲，无论消息还是通讯，都是记者有目的的写作，都表现了作者的主体意识。通讯内容丰富、题材广阔，它需要作者对素材有强有力的把握。选择什么事实，不选择什么事实，如何表现这些事实，完全受记者主体意识的支配，即思想的支配。在一篇具体的通讯作品中，作者的主体意识一般体现在两个方面，一是作品有鲜明的主题；二是作者常常以真情为文，以情动人。

采写一篇通讯时，记者面对的往往是复杂的、多层次的事实，如一个人坎坷的一生、一个事件的大小情节，一种社会现象的层层叠叠的因果链条。记者要向大众传播这些复杂的事实，必须经过一番周密的调查研究，即通过采访对事实有一个“去粗取精、去伪存真”的认识过程。达到了对事物的较深层的认识之后，就要考虑到如何表达的问题——根据时代背景、大众兴趣和媒体报道方针确立自己的主题，然后紧紧围绕主题选择素材来结构文章。因此，一篇通讯的主题，选材和结构方式，都不是简单“搬运事实”的工作，都需要作者的思考。

在阅读消息的时候，读者常常在一瞥之间就能辨别出最重要的信息，因为最重要的信息常常在导语中凸显。同样，在阅读通讯的时候，读者也可以一眼就看到作者的价值判断、观点和主张。通讯中作者的主体意识表现得非常鲜明，读者或者通过标题，或者通过作者直截了当的议论就可以感知作者鲜明的是非、爱憎和褒贬。

作者的主体意识还表现在“以情入文”，就是将强烈的情感写进通讯，而不像写消息时那样注意“客观手法”，在情感方面比较含蓄、不动声色。多彩的世界感染着记者，记者再将自己的爱憎、感受传达给读者。一切优秀的通讯，特别是人物通讯，无不是记者有感而发的产物。它们或者是在文章中直接倾诉，或者在叙事状物的字里行间间接流露。

通讯主体意识鲜明的特点还表现在作品常有鲜明的个人风格。人常说“文如其人”，写作通讯时亦然。因为通讯中融入的记者主观的成分远比消息多。这不是说记者可以虚构事实，而是记者要用自己对事实的理解，即自己的思想、人生经验和认识能力去把握复杂的现实，通过事实来表现记者的个人认识。

6. 通讯时效性较消息稍差

对于重要的事件，记者通常用消息在事件发生后最短时间内抢先报道。随着现代化的报道手段和先进设备的普及，电视、广播所做的对重大事件的现场报道，更是将事实与报道之间的时差缩小为“0”，实现同时空转换。即消息的时效性特强。

通讯的时效性往往不及消息。通讯发稿较慢，是因为它对材料的要求比较严格，记者需要有一个采集选择和认识的过程。另外，通讯事实多、篇幅长，写作上也需要花比消息更长的时间，同时，通讯强调报道的完整性，有时还必须等新闻事件有一个较充分的展示过程或等事物的发展有一个阶段性结果时，采写通讯的时机方成熟。

通讯中发稿最快的是体育赛事特写，往往和赛事消息同时发稿。因此重大体育赛事的采访往往是对记者功力的一种考验，既要抓住重要信息写消息，又要盯住关键性的现场采写通讯或特写，这需要记者做充分的赛前采访准备和具备相当快的写作速度。

从功能来看，通讯与消息的区别主要表现为：

通讯的可感受性往往比消息强烈。在这一点上，通讯这种载体在传播过程中更类似文学作品，即它有两条传播信息的通道：一条是像消息那样传播信息，还有一条看不见的信息通道——情感的传播。

三、通讯的结构

（一）通讯结构的基本要求

通讯的结构，总体上要求做到统一和谐、完整严谨。

统一和谐，指材料安排有序，自然而又巧妙；完整严谨，指有头有尾，前呼后应。同时，通讯结构要服从通讯主题的需要，并努力揭示新闻事实的内在联系。

（二）通讯的结构形式

通讯的结构形式灵活多样，不拘一格。根据不同的内容需要，可以灵活安排，即便同样的内容，也允许和提倡不同的布局安排。

1. 通讯的中心

这是通讯的主体，这部分关键在于要把调查采访得来的纷纭材料理出一个头绪，然后斟酌怎样合理地安排使用这些材料。材料的安排布局，可以依照事物发展的前后过程为主线；还可以用纵横兼备的线索安排布局材料，就是说，一篇通讯中有的部分是按“横式结构”组织材料的，另有一部分是按“纵式结构”组织材料的。在这两种线索中以一种为主，这就是“纵横式结构”。

2. 通讯的结尾

通讯的结尾比较灵活自由。有的是提出召唤，引读者共鸣；有的意犹未尽，给读者留有回味余地；有的用精辟议论结尾，揭示和深化主题等等。

（三）通讯结构的常见形态

1. 纵式结构

凡全篇的层次与层次之间呈现纵深发展态势的，都是纵式结构。具体来说，又有两种基本形态。

（1）按时间的推进安排步骤组织材料

这种结构形态可以被简称为时间结构。其基本特点就是以时间为脉络，沿着时间的长链，把事件的发生发展区分为若干个不同的步骤，每个步骤形成一个大的层次，几个层次构成全篇。

（2）由浅入深地组织材料

这是一种“递进式”的纵式结构。特点是从浅层到深层，从现象到本质，或从感性到理性。层次与层次之间，呈现逐层深入的态势。

2. 横式结构

层次与层次之间呈现相互并列关系的，就叫横式结构。它又可分为若干类型。

（1）空间并列式

空间并列式的特点是把发生在不同地区或不同单位的具有相同性质的新闻事实组织在一起，形成一篇完整的通讯。每一次空间的变换，就形成一个新的层次。

（2）人物并列式

人物并列式是在集中报道几个同类型的人物时采用的结构方式。每个人物的事迹相对独立，形成一个层次。若干个人物的事迹共同合成一篇，揭示一个深刻的主题思想。

（3）侧面并列式

事物总是由不同的侧面组成的，通讯安排结构也可以按照不同的侧面相互并列地组织在一起。这样的结构在人物通讯和工作通讯中占有较大的比例，因为人物的思想境界是可以区分为不同侧面的，工作中的成就或问题通常也会被条分缕析地区分为几个不同的方面。

3. 纵横结合式结构

在一篇通讯中既采用纵式结构，又采用横式结构，就形成了这种纵横结合式结构。在这种两相结合的结构之中，总会有一种占主要地位，另一种占次要地位。或者整体上采用纵式结构，局部有地方是横式结构；或者总体上是横式结构，某些局部是纵式结构。

第二节　通讯的写作技法

一、通讯的写作要点

通讯的内容之所以翔实具体，生动感人，原因在于有丰富具体、真实入微的材料，这些材料要靠艰苦深入的调查采访去开掘搜集。

面对一大堆调查采访得来的材料，怎样才能把它加工制作成为一篇完整的通讯，哪些材料有用，哪些材料没用，各种有用的材料之间彼此是一种什么关系，在这些问题没有理清楚之前，是不能盲目下笔的。要厘清这些材料，就要认真分析材料，对材料进行一番"去粗取精，去伪存真，由此及彼，由表及里"的工作，找出众多材料本质的东西，也就是从分析材料中提出明确的主题。

通讯，主要是人物通讯、事件通讯，需要精心剪裁，运用多种表现方法，写好典型材料和扣人心弦的细节，以增强真实感人的力量。

二、通讯的写作技巧

（一）通讯的标题

通讯的标题不同于消息的标题。消息的标题要直接揭示新闻事实，写法比较固定，形式有单标题、引题式双标题、正、副式双标题、引题、正题、副题俱全的三标题等模式，只需套用其中一个模式即可。通讯的标题跟一般记叙文的标题比较接近，它可以直接揭示新闻事实，也可以曲笔达意。在写法上，通讯的标题可实可虚、可直可曲、可长可短、可庄可谐，没有定规，作者可以充分发挥自己的创造性。在形式上，通讯一般只有一个标题，也可以用破折号引出一个副标题来，副标题大多是实述的写法，主要是交代报道的对象和新闻的来源。

1. 直述新闻事实

直述新闻事实的写法不是雕琢，符合"最高的技巧是无技巧"的说法，写好了有"大巧若拙"的大家风度。

2. 提出问题，引人思考

用一个问题做标题，这个问题也是时常让读者感到困惑的社会现象，这就很容易引起人们的关注和思索。

3. 设置悬念

在标题中制造悬念，更能引起读者的强烈关注。

4. 比喻双关

在标题中适当运用比喻双关等修辞手法，可以使文字更生动优美，形象更鲜活动人。

5. 引用口语

直接引用新闻当事人的口语做标题，也是一种活泼新颖的写法。

6. 相反相成

把矛盾状态和谐地组织在一起，叫作相反相成。标题的相反相成，可以增加思维的广度。

（二）通讯的开头

通讯的开头也是多姿多彩、不拘一格的。通讯的开头有直起式和侧起式两大类型。直起式包括开门见山直述其事其人，直接抒发感情或者直接发表见解等。侧起式是利用铺垫弄引的方法，远远说起，娓娓道来，到适当的时候才进入正题，如先讲故事、传说，先引诗词、谚语、名人名言等。归纳起来，通讯的开头有下列几种基本类型。

1. 开端进入情节

在一些事件通讯和人物通讯中，常常有开端就叙述事件的写法。处于开端位置的可以是整个事件的开端，也可以是事件的结局或某一个精彩段落。这样写可以强化通讯的情节性，用生动的故事吸引读者。

2. 起笔刻画人物

一开始就展开对人物形象的刻画，在人物通讯中很常见。先让笔下的人物给读者一个清晰的印象，有利于下文的展开。

3. 场景描写在先

人物、情节、环境，是记叙文的基本内容。通讯当然也可以从环境着手切入，然后铺展开事件和人物。在风貌通讯和工作通讯中，在开头之处先作一番场面描写或风光描写的，不在少数。

4. 先作抒情议论

开篇先作一番抒情或议论，给读者以情绪的感染或理性的启迪，为下文叙述的新闻事实定好一个基调。

5. 落笔先用比兴

比是比喻，兴是由一物引出另一物。比兴是《诗经》的基本表现手法，对后世的文学技巧影响很大。在通讯的开头使用比兴，可以大大强化作品的文学性。

6. 引经据典开篇

引用典故、诗词、谚语、名人名言来做开头的通讯，有较强的文化意味。

（三）通讯的结尾

通讯的结尾大致有三种基本类型：自然收束，卒章显志，补上一笔。

1. 自然收束

这是一种客观化的结尾。新闻事实说完了，通讯就自然地结束了，严格地说起来，并没有一个专门的结尾，但仍不失为一种很好的结尾方式，特点是干净利落。

2. 卒章显志

在文章的最后揭示主题思想或写作目的，使整篇文章有一个思想的落脚点，这种写法在其他类型的文章中也是经常见到的，符合从物质到认识、从现象到思想的认知规律。

3. 补上一笔

有意将一些新闻事实留到最后再作补充交代，当事实似乎已经说尽的时候补上一笔，可以使文章“清音有余”，韵味无穷。

三、通讯的表达方法

（一）描写

1. 白描

白描本是中国画的传统技法，墨线勾勒，不着色彩，或者只用淡墨渲染，不加烘托，不用背景。用这种方法画的画叫“白描”。白描这个概念借用到通讯写作中，就是指文字质朴的简单勾勒，不用烘托，不加修饰，很少用形容词，有时和具体化的叙述差不多，但它实是一种形象的勾勒。

2. 细描

运用比喻、比拟、夸张、引用等多种修辞手法，对人物或事物进行细致入微的刻画，好比绘画中的工笔手法。通讯多采用白描手法，但是需要加以特写的细节、场景、形态等，又往往要借助细描。

3. 直接描写

直接描写又叫正面描写，就是记者直接正对描写对象进行描绘。直接描绘出的形象，实在、真切、可信度高。

4. 间接描写

间接描写又称侧面描写，如绘画上烘云托月的手法。它不是正面直接描绘对象，而是通过描写与对象有关的人或物来烘托对象。间接描写比较虚，描绘的形象不够确定，但正因为它不够确定，能给读者留下充分想象的余地，读者可以运用自己的想象，根据自己的审美观，进行再创造。

（二）抒情

抒情就是抒发记者对通讯所写人或事的褒、贬、爱、憎之情。抒情可以分为直接抒情和间接抒情两种。

1. 直接抒情

直接抒情，就是直抒胸臆。

2. 间接抒情

间接抒情是依附于事、依附于理、依附于景的抒情，也就是融情于叙述、议论和描写之中。

抒情，无论是直接抒情还是间接抒情，无论是含蓄凝重还是奔放热烈，都要抒真情。真切自然才能打动人。

（三）议论

议论，就是记者对所写人或事发表的意见、评价，或者分析本质，或者指明意义，以帮助读者理解事件或人物，提高其认识。

随着通讯中思辨色彩的增强，议论这种表达方式在现代通讯写作中的作用也就更为重要。它有时候独立成段；有时和叙述结为一体，夹叙夹议；有时候又和抒情糅合一起，融情于理。

议论力求精辟。所谓精辟，一是要有深度，要揭示事物的本质，昭示人、事的时代精神。一是要精练，确实像画龙点睛那样，用极简练精粹的语言，揭示事物的内在意义。

议论，切忌空乏、冗长、离题。

（四）叙述

用“事实说话”的这种介绍和交代事实的表达方法就是叙述。叙述，一般包括顺叙、倒叙、插叙、详叙、略叙。

1. 顺叙

顺叙就是按照新闻事件发生、发展、结束的时间先后叙述。在广播通讯中由于传媒的特殊性，一般都采用顺叙的方法，听来线索清楚，不致造成听者的混乱。

2. 倒叙

倒叙是先叙结果，然后再按事件发生发展的时间先后依次叙述。倒叙手法，是设置悬念的方法之一。采用倒叙法，结构也显得有起有伏，比较生动。凡是采用倒叙手法的，要注意前后呼应。

3. 插叙

插叙又叫追叙、补叙，就是在叙述中心事件的过程中，暂时中断主线索，插入与主题有关的背景或其他相关的材料，如一个情节、一个场面、一段谈话等。插叙可使结构避免平铺，富于变化。

4. 详叙

详叙，又叫细叙，就是详细叙述事物、人物、观点等，新闻写作中的详叙，主要也是叙述事实的。

5. 略叙

略叙又叫概述，就是粗线条地、概括地叙述。

概括叙事，不同于概括抽象。后者属于理性概括，运用的是逻辑思维，通过推理、判断的思维过程，把事物的本质抽象出来，表达出来的是概念。它的认识过程是从个别到一般，从具体到抽象，通过对诸多具体事物的分析、综合，抽象出其共同的本质属性。

四、通讯主题的写作

（一）通讯主题的含义

主题是文章的中心思想，有人称之为“主脑”“灵魂”。通讯的主题就是通讯的灵魂。这有两层意思：其一，主题决定着通讯的社会价值；其二，主题支配着通讯写作的全过程，即材料取舍，谋篇布局，表达方式，语言运用，都围绕主题进行。因此，正确地选择主题，深刻地提炼主题，完美地表现主题，应成为通讯写作的基本技能。

通讯的主题酝酿和形成过程，与文学作品有许多相似之处，先立意后动笔，才能成竹在胸，这是通讯写作必须恪守的原则，是写作成败的关键环节。只有选定了主题，选对了主题，才能围绕主题选择新闻事实，选择组织素材、谋篇布局的结构，选择恰当的表达方式。

通讯的主题，是人们评价一篇通讯时重要的评价标准。一篇通讯的质量高低、价值大小，主要看其主题正确不正确、深刻不深刻，思想意义和指导作用大不大。

（二）通讯主题的写作要求

1. 通讯主题要具有真实性

记者在提炼通讯主题时，第一个要把关的就是主题与客观存在的实际情况是否相符的问题，就是主题的真实性问题。在这方面应当强调的是，记者要有“质疑”意识，即凡事都不要“轻信”，一切结论都应该产生于深入调查研究之后。特别是对那些来头大，在背景、社会上众口一词争相炒作的热点事件、新闻人物，一定要在确认其事实、事迹的真实性的基础上考虑如何评价其人其事。

有时，同一个事件、同一个人物，可以从不同的侧面提炼出不同的主题。例如：

一个原本性格内向的女工下岗后，为生活所迫先后干起了家庭保姆、建筑工地油漆工、街头卖报人等工作，最终办起一家红火的主食加工店。她本人也历经磨炼，从胆小怕事的女工到麻利、果敢的女经理。这一事实过程可以用来说明几个方面的主题。

（1）市场大潮对人的淘汰和磨难是造就企业家的途径；市场对推动社会进步

的作用。

（2）一个下岗女工的顽强精神。

（3）“从一而终”的就业观念应当转变。

但哪一方面更能反映生活的本质，哪一方面的主题经传播后可获得正面的社会效果，则可根据不同记者的认识、不同媒体在不同社会背景下的报道需要作出选择。

2. 通讯的主题要深刻

新闻记者应当善于透过现象看本质，善于将丰富的感性材料去粗取精、去伪存真，进行一番由此及彼、由表及里的深入分析，抓住事物深一层的本质，深化主题。

一般来说，深化主题有以下三条经验。

（1）深度来自历史感。很多新闻记者都知道，看问题离不开全局意识。但是很多人的全局意识仅仅局限在“空间”的概念，即把新闻事实放到更广阔的空间和一定的高度来认识，从而深化主题，而“时间”这个思维的角度常为人所忽略，有人称这种现象为“时盲”。很多事情如果只从当前的状态来看，往往感觉不出它的意义所在，一旦把它放进流动的历史长河中来考察，历史的逻辑便赫然显现。

（2）深度来自展示人的心灵。一个记者，若能将他的笔游弋于人们心灵的海洋，探索人生课题，抚慰受创伤的心灵，启迪心智，往往可以在读者渴求的心田中激起回响，使人感到“深刻”的震撼，从而产生精神上的动力。因此，凡是写人或与人有关的通讯，都要在开掘人物思想深度上下功夫，方能取得读者的回应。

（3）深度来自全局意识。新闻记者要对那些乍一看没有什么新鲜之处，影响似乎也不大的新闻，挖掘出其题材的通讯主题的深度，必须把这些题材放到全局的高度去衡量，深入研究其在全局中所占的地位，他们的代表性、典型性如何等。

近年来，新闻报道中的批评报道越来越多，涉及的问题也越来越复杂。因为事实复杂、头绪繁多，记者往往使用通讯这种体裁反映问题、探索原因、总结经验、梳理思路。而这类通讯常常需要运用“全局性的视角”和根本利益的标尺来观察和研究问题。

（三）通讯提炼主题的方法

1. 预选设定

记者依据长期对生活的观察和思考的结果或新闻媒体确定的报道指导思想，预先设定要写的主题，然后围绕主题去等待、选择表现这个主题的新闻事实，以验证主题。很多新闻实践证明，这种预先设定主题的办法，即在进入采访之前就考虑主题的思维过程，往往可以产生无主题意识时采写通讯所难以产生的效果。因为采访前对某一主题的大致设想，是记者依据长期对社会生活思考、观察的结果，是对其传播价值深思熟虑、反复推敲的结晶，这类主题一般具有针对性强，适合广大受众或解惑或警示或寻求服务的心理需要，具有一拨即明、一碰就炸的传播效果。

2. 依据事实，提炼主题

依据事实，提炼主题是通讯采写过程中选择、确定主题的常规思维过程：记者在接触新闻人物和新闻事件前，对将要采集的事实不甚了解，对将要写作的通讯主题也没有事先预想，需要在了解事实过程中逐步分析素材，进入主题发现和提炼的过程。

通讯的写作过程是，先将大量事实收集到手，然后对这些事实作详细分析，弄清楚事实各个侧面之间、多个事实之间的内在联系，搞清楚作为原因的事实和作为结果的事实，然后抽出可以贯穿各事实之间的意义线索，再判断这些意义线索哪条更具有传播价值，更具有普遍的示范意义，然后预测它的传播效果而最终确定主题。

五、通讯选材的技巧

（一）通讯选材的类型

无论表现事件还是人物，通讯所选取的素材主要是骨干事例、细节材料和一般叙述性材料三种。

1. 骨干性材料

一篇通讯必须有能够支撑主题的骨干性材料，也叫骨干事例。也就是突出的、较有分量的典型事例，否则，通讯的主题根本就不能成立。

所谓骨干事例，就是那些事实过程比较完整、事实意义比较突出又有代表性，能够说明主题的事例。一个大的骨干事例，如果情节丰富，通常可以独立写成一个新闻小故事或一篇事件通讯。

2. 细节材料

几乎在任何新闻写作教材上，细节材料都被列为通讯写作最具特色的要素。细节材料是再现型的材料，是指骨干（或典型）事例中细致的情节、细致的现场画面，或者富有个性化的对话。它们是通讯中最有灵性、最富有感染力、最易吸引受众的部分。

文字报道中的细节材料虽然比不上新闻图片直观和电子媒体声画一体的原生态效果，但通过白描手法“再现”事实，也可使这种再现的材料通过读者阅读中的想象力触动读者的感官，使人仿佛听到、仿佛看到了新闻事实，从而产生一种心灵的体验。

通讯中大量细节在传播典型事例中的画面、声音、对话和情节的同时，也传播着记者的深切体验，传递着人类共同的情感。人们阅读信息，一般是了解了就行，无须读第二遍。但是，人们阅读优秀的通讯时，却常常被感染、被感动，虽然读懂了，了解了仍不忍释卷，因为人们阅读通讯不仅要了解信息，更是享受一种人生的体验。

（1）详细的情节事实。情节事实的特点是：比较完整地再现了某一事态前因与后果之间的行为形态演变环节，就像一个个故事。那些行为形态环环相扣的变化，包含着明显的情节悬念和变化着的人像物像，适合大众的阅读口味。

情节事实可分为完整情节、片段性情节和言论性情节。

完整性情节事实是指完整表现行为形态演变环节的事实。它具有明显的事态起因、中间变动环节和结果。

片段性情节事实是指一个完整故事的每个阶段中行为形态演变环节的事实。比起完整的情节事实，这种有外部形态特征的演变反映的事实过程更短暂，是典型事实的一个侧面。

新闻人物在采访过程中与记者的对话，新闻人物之间的对话，内心独白，常常呈现出带有个性特征的感情材料。另外，报告、演讲、会谈中都可以摘取大量生动的语言情节片段。既然叫语言情节，一般不是只取一两句话，而是将围绕某个问题的谈话环节较完整地记录下来。这里有两点需要注意：一是引用一段有新闻价值的连续对话或谈话，内容要求环环相扣；二是全部用直接引语，即引用原话，要尽量显示个性语言、群众语言的特点，甚至包括有个性的语气词，有特点的方言词汇。这样新闻人物谈话中的信息、观点、语气、情感就容易活灵活现在读者眼前了。

（2）特写镜头。通讯所选的最富有表现力和个性色彩的细致的画面和瞬间的特写，正如摄影中的特写镜头，可以使人产生特别的关注并能使读者借助想象力体味其中的意义。

细致的画面分为场景画面特写、人物特写和人物个性语言特写。

3. 一般叙述性材料

一般叙述性材料可以不是事例，也不细致生动，但它可以对人物、事件、风貌的背景和现在状态作概括性介绍和解释，使人了解一个大致的事实框架，“织”出通讯的一个基本背景和舞台，让骨干事例和细节材料有赖以展现的场所。

（二）通讯选材的特点

1. 要注意材料的典型性

“用事实说话”是新闻写作的基本方法，也是新闻文体的基本特点，是新闻报道取信于受众的最有力的武器。从传播效果的研究成果看，人们更容易接受“暗示”出来的道理。既然要通过传播事实的手法达到记者对社会表态、发言，以求影响大众的目的，被传播的这类事实就必须典型，必须有“以一当十”，“以点带面”的作用。

选材的典型性的直接含义，即材料的代表性。“代表性”有两层含义：一是所选材料较一般事实材料突出，有特点，有特别之处；二是所选事例无论大小，都不是社会中的个别现象、个别事件，而是普遍存在的现象和事件。

因此，在通讯的选材中，先要分析一下事实材料有没有特别之处，是不是比一般的事实材料突出，二要考虑一下事实材料的存在有无普遍性。符合了这两条，事实材料无论大小，均具有典型性。

2. 要围绕主题选材

记者通过深入采访，了解了事实的来龙去脉和本来面目，确定主题后，就完成了采访的第一个任务，换一种表述就是完成了第一度思维。一般人对事物的了解认识就可以说基本告一段落。但作为记者，仅仅完成了第一度思维是不够的，因为记者的任务是向大众传播，因此，时时要考虑怎样传播的问题。

在确立通讯主题之后，记者就围绕着主题，寻找能够表现主题的事实材料。因此，选择通讯素材，说到底是一种思维的结果，是记者用新闻价值标准过滤事实材料的结果。我们选择的每一个典型事例，都是想让读者顺着这一个个事实达到记者对事实本来面目的认识。

一些通讯失败的原因，在于选材与要表现的主题错位，一个事例说明这个主题，第二个事例又说明另外一个主题，几个事实所标明的意义之间缺乏逻辑联系，又没有更高层次的一个主题作为统领，就如同村中的铺路石子东一块，西一块，横七竖八，不成体统，形不成一条完整的路径，让人难辨方向。

3. 选材忌重复

说明同一问题、同一侧面的事例，列举一个即可，不必连续用几个意义相同的事例来强调。

（三）通讯感性素材采集的渠道

1. 记者的现场观察

现场材料很多来自记者的悉心观察和记录。是否及时地赶到事发现场，目睹新闻事件或等待新闻事件的发生，取决于记者的现场观察能力，更取决于记者的现场意识，取决于记者敏锐地捕捉新闻事件的能力。

对于记者来说，对较重大突发性事件的现场采访，是可遇不可求的。能够在事件发生的第一时间赶到事发地点采访的概率是很低的。记者大多只能“闻风而至”。而对于大多数预知事件，如某种特殊天文现象的出现，某些重大活动，如运动会、大型会议等，记者完全有可能在事件发生之前做好充分准备，并及时赶到现场。

2. 记者的体验式采访

体验是人们认识事物的一种方法，“纸上得来终觉浅，绝知此事要躬行”。体验式采访可以促使记者获得、加深理解和感受，增强记忆。有经验的记者，常常会千方百计地深入社会，接近采访对象，与采访对象共同生活，参与采访对象的工作，在现场访问中体验，在体验中观察记录，所得的不仅是详细的事实、材料，而且有记者因体验而获得的感受，因感受而引起情感的变化，又因情感的变化与事实的融合而达到对客观事物更深刻的认识和对细节材料的敏锐捕捉。

3. 记者的访问

记者要得到生动的材料，如果已无现场可访的话，靠访问当事人来获取材料便是必走的途径了。访问不仅要求记者有较强的观察和现场捕捉能力，而且要求记者有较强的交往能力。

在访问中获取感性材料是一项艰巨任务。第一，记者与很多人打交道，双方开始都有陌生感，与陌生人谈话很难放开，也难深入；第二，采访对象在接受采访时，所做的事已经成为过去，激动的细节已时过境迁，而且很多人并非懂新闻规律，不懂得什么样的材料才是感人的、才是记者需要的。因此，许多采访对象在回答提问时，第一喜欢概述，泛泛介绍事情梗概，表明自己的态度，至于细节，当时说的话，当时谁在现场，是什么状态等，因为缺少回忆的情景气氛，很少在主动表述之列。而这些恰恰是最好的感性素材。

为了克服这个难点，有些记者常用的方法，就是“触景生情”，即把对象带到曾经历过的地方去采访。写什么事，最好在新闻发生地采访，如采访售票员最好在公共汽车的售票台边上，而采访体操运动员最好在体操器械旁。这在人物访问中特别重要。见证人到了现场，思维记忆都被周围场景激活，细节较容易回忆，情感较容易流露，睹物思人，睹物忆事。有时，一张照片、一幅图画、一个旧物件、一种景色、一个熟人的名字、一段旋律，都可以引起当事人或美好或痛苦或酸或涩的回忆。

六、社会观察通讯的写作

（一）社会观察通讯的含义

社会观察通讯是一种新兴的通讯类型，也是当代使用频率很高、很受关注的一种通讯类型。

社会观察通讯，是报道社会现象、剖析社会问题的通讯。与传统的人物通讯、事件通讯、工作通讯、概貌通讯不同，社会观察通讯并非着眼于社会上的某一个别人物、个别事件，或者某一方面工作中的经验教训，某个地方的风光风貌，而是在上述各类通讯的报道范围之外，用广角镜头透视大千世界、人生百态，反映社会生活中值得注意的新变化、新问题、新观念的通讯，如中央电视台播放的《新闻观察》。

（二）社会观察通讯的基本类型

社会观察通讯按题材和报道方式分类，可分为如下几种类型。

1. 课题型的社会观察通讯

课题型的社会观察通讯所反映的社会现象与问题不是暂时性的，而是具有长远的、重大的意义，深入研究下去，可能涉及法律制度、国计民生、历史文化传统、国民素质等深层结构问题。这种类型的通讯需要在更大范围内进行调查，需要采集典型的事实。它在写作上则比话题型通讯更重视综合分析，常常在事实层面的基础上进一步深挖下去，整个报道具有一定的思辨性。这种类型的通讯写得好，传播效果有可能辐射到政策层面，影响有关决策部门的动作。

课题型的社会观察通讯与话题型的社会观察通讯并无不可逾越的界限。通过媒体的报道，课题可以转变为大众话题，而有些话题性的题材，也可成为社会认真研究对待的课题，例如青少年热衷于电脑游戏，开始只是作为社会热点话题被媒体关注过，随着电脑游戏厅的增多，一些青少年因沉溺于电脑游戏而失学甚至犯罪的事实日益严重，已经成为一个不容忽视的社会问题，电脑游戏厅一度被称为瞄准孩子的“电子海洛因”。

2. 话题型的社会观察通讯

话题型的社会观察通讯，是指通讯所报道的内容，正是此时大众议论的热门话题，或者大众对其感兴趣，有可能成为热门话题的社会现象。这类选题大多比较浅近，比较容易为读者所接受。

3. 展现型的社会观察通讯

展现型的社会观察通讯及时追踪社会上出现的新事物、新动向，所报道的题材大都是读者略知大概而不知详情的现象，因而读者有极强的获知欲。这类通讯要求记者目光敏锐，对新题材反应及时。

4. 剖析型的社会观察通讯

剖析型的社会观察通讯大多报道社会生活中出现的矛盾、问题类题材。这类题材往往已为社会所关注，但受众获知的表面信息虽多，却缺乏对这类问题高屋建瓴的信息梳理和根源剖析。因此，剖析型通讯的报道方式大多在纪实的基础上剖析问题。报道中有许多分析解释的段落，是对纪实内容必要的整理和深化，有比较强的社会认识价值。

（三）社会观察通讯的主要功能

（1）社会观察通讯在选题和报道对象上，自成一体，开拓了人物、事件、风貌、工作以外的另一领域，即社会现象与社会问题。这不仅极大地开阔了通讯的报道视野，也为新闻工作者提供了一种迅速反映现实、监督社会生活的有力武器。

（2）社会观察通讯在通讯的写作理念上有较大创新。社会观察通讯以多角度、多侧面的“立体报道”方式，曝光社会万象，展示社会矛盾，追踪动态中的时代思潮，以新鲜的信息和敏锐的视角，为新闻写作领域吹进创新之风。

（3）社会观察通讯的选题来自社会实践，并集中于那些普遍存在的新现象、新问题，因此它可以比较及时地向受众提供有关的最新社会信息。只需列出一些社会观察通讯的标题，就可以看出它们的作用。

(4) 社会观察通讯中的相当一部分以揭露、批评报道为主，而它所揭露与批评的重点往往是贴近百姓生活的问题，特别是一些社会不公正的现象。例如当一种新的政策实施时，是否有些社会群体的利益受到了损害？这往往是社会观察通讯所关注的问题。因此，这类通讯不仅更全面、真实地反映了社会现实，而且代表了民意民情。对受众来说，它可以成为一个宣泄某些不满的渠道。而从全社会来看，通过这种类型的通讯进行“密集的小批评”，在一定程度上起着“排气阀”作用，有利于缓解社会矛盾。

社会观察通讯与受众的接近性，特别是心理上的接近性，以及通讯体现出的揭露与批判精神，满足了受众对社会信息的获知欲，切中老百姓渴望社会公正的心理诉求。

(5) 社会观察通讯一直在关注着社会的公平与正义，关注着可能引起冲突的社会矛盾和问题，关注着各种社会人群的生存状态，特别是关注弱势群体，为弱者说话。

(四) 社会观察通讯的采写要求

1. 记者要有高度的社会责任感和主持正义的精神

社会观察通讯在选题上有以下两个特点：第一，要直面复杂、多变的社会生活，特别是社会舆论中的热点问题和“难点”问题，这就有可能触动社会的某些敏感区；第二，要直面社会的不公平，甚至社会的丑恶与黑暗面，这就可能有一定的风险。因此在社会观察通讯中记者应该表达的是追求社会正义、维护大众利益的职业精神。研究那些优秀的、有影响力的社会观察通讯的采写过程，都会发现在每篇通讯的背后都有记者的一颗追求正义的心。

2. 努力掌握第一手材料

(1) 社会观察通讯的好题材只能在社会生活的深处发现。没有沉到社会基层、沉到各种社会群体中去的努力，很难抓住那些鲜活的社会变化。

(2) 社会观察通讯的调查性报道，特别是批评与揭露型的报道，更需要掌握翔实的第一手材料。重证据，才能使自己立于不败之地。我们注意到，不少社会观察通讯是记者采取隐蔽式采访完成的。这正是为了获得绝对真实的第一手材料。

(3) 要反复核实事实，要注意对事实之间的因果关系悉心梳理、如实反映。

3. 微观和宏观结合的纪实手法

社会观察通讯的主要写作手法是纪实手法。纪实是一种运用人物、情节、现场、对话、数字等各种资料客观叙述或描写的手法。社会观察通讯因题材的特殊性，必须兼顾微观纪实和宏观纪实的两个方面。一方面，这类通讯所选的“点”是“面”的代表，即微观事实是宏观事实的代表，必须着力去表现，才能以“点”带“面”；另一方面，社会观察通讯的目的既然要表现社会生活的“面”，宏观的纪实材料——综合性的背景介绍、概括性的背景材料和各种统计数字是不可缺少的。

（五）写作社会观察通讯应注意的问题

1. 注意保护隐私权

社会观察通讯在进行调查性报道中，在对弱势群体生存状况的报道中都会涉及具体人、具体事。由于从社会角度进行观察与剖析，容易触及一些敏感问题或个人隐私，这时要掌握好“度”。另外，在运用隐蔽式采访时，也要掌握好一个“度”的问题，这里也有一个保护隐私权的问题。

2. 不要媚俗、盲目追求“卖点”

社会现象与社会问题是复杂的，记者不能受“卖点”的诱惑，而应当以社会的健康发展为己任，严肃地对待它的采访与写作；同时社会观察通讯应当成为研究社会问题的参考书，采写这类通讯的记者要向思考型、研究型记者的方向努力，学会为社会把脉，学会透视深层的问题，给受众以理性的启迪。

3. 篇幅不要太长

社会观察通讯一般篇幅比较长，但这并不意味着越长越好。如何掌握这类报道的篇幅，如何组织好报道的结构，如何简练地写作，已经成为这类报道的新追求。

4. 严防道听途说和虚假报道

社会观察通讯取材面广，采访的难度大，需要记者投入相当多的精力。而报道的社会现象经常是老百姓的热门话题，社会上往往会有很多相关的传闻。在这种情况下，有些记者在“抢时效”的压力下投机取巧，或者以道听途说代替采访，或者从见诸报端的第二手、第三手文字材料中获取素材，更有甚者，剪刀加糨糊，把别人的报道抄抄拼拼就成了“社会大特写”。这种虚假报道的教训已不少见。

5. 防止片面、偏激

社会观察通讯不等于揭丑通讯，许多新的、非常令人鼓舞的社会现象、社会变化，也应列入选题之内。

采写批评、揭露性的社会观察通讯，记者接触到的大多是负面情况，听到的往往是沉重的呼声。置身现场，记者容易受到感染。在这种情况下，如果不能钻进去，又跳出来，以一个新闻记者应有的审慎的态度，冷静、客观地对事物进行分析，行文中就很难把握分寸。反映民情是可以的，但是，一味宣泄，甚至渲染、煽情，就会适得其反，对社会、对弱者不但无益，反而有害。对此，也不可掉以轻心。

第三节　通讯的写作范例

▲人物通讯

（一）人物通讯的含义

人物通讯，就是以人物为中心报道对象，主要是记叙在新时代社会主义现代化建设中，特别是在社会主义建设的改革大潮里涌现出来的那些甘愿无私奉献、勇于开拓进取并卓有贡献的新人物。写他们的新思想、新作风、新成就、新风格、新品质，为人们树立正面的榜样，以榜样的力量推动社会生活的健康发展。人物通讯也可以写反面人物，通过反面人物的事例起到对人们的警示作用。从实际报道的情况来看，能够进入通讯中充当主角的人，大致上有这样几种类型：

（1）各行各业的英雄模范人物；

（2）人们普遍关心的社会名流；

（3）在平凡的生活和工作中体现了某种人生价值的普通人；

（4）某些对社会有警示作用的反面人物。

（二）人物通讯的写作要求

人物通讯的重点是写人物。写人物，一种是全面记叙人物的事迹，如《县委书记的榜样——焦裕禄》；一种是只写人物的一两个侧面来表现其思想心态。那么，如何才能写好人物通讯呢？

1. 选择典型人物

这是人物通讯写作的关键。物色人物，首先要看其言行事迹、思想风貌是否具有时代的特征，能不能体现历史的进程，能不能体现社会发展的方向。

2. 注意表现人物性格的特异点

这是小说常用的刻画人物的方法。不过，小说写人物，将把人物的性格夸张到远离常态的地步，虽能给人留下深刻印象，毕竟有违真实原则。通讯写人，可注意捕捉人物不同于别人的性格特异点，但不能夸张失实。在写人物的新闻作品中，数学家陈景润的“痴”和“迂”，就给读者以深刻印象。还有“老坚决”潘从正的木讷和倔强，“爆炸大王”陈火金的痴迷和书生气，都是成功的范例。

3. 在矛盾冲突中写人

人物性格在激烈的矛盾冲突中才能够充分显现出来。写文章也一样，把人物逼进风口浪尖中去，才能冲刷出人物的深层本色。这种矛盾冲突多是在人物与自然、人物与落后势力和陈腐观念、人物与自身弱点等关系上展开的。

4. 运用典型事例写人

以事写人，这是人物通讯常用的方法。写事首先要写典型的事例。所谓典型事例，就是有代表性的、足以表现人物思想面貌的事例。较之一般事例，典型事例能起到以一当十、以少胜多的作用。那种使用材料多多益善的观念，那种“见物不见人”“见事不见人”的写法，都是不足取的。

5. 借景写人

利用景物写人，是我国的传统写作手法之一。使用这种方法，能使人物形象更鲜明、更感人。

6. 借他人之口刻画人

《领导干部的楷模——孔繁森》一文，多次借藏族同胞之口对孔繁森的形象进行渲染衬托，特别是孔繁森因公殉职之后，人们那些含着泪水表达的思念，对刻画孔繁森的形象起了重要作用。

（三）人物通讯的写作范例

1. 反映先进人物的通讯

【范例】

抗雪灾保畅通的先头兵

——记来安县公路分局××同志先进事迹

××××年××月××日讯　××同志是来安公路分局养护处副处长兼小修队队长，来安公路的病害处理、坑槽的挖补都在他的带领下得到整治。他就像一名医生一样，每天都在给公路把脉治病，保证公路的平整、整洁和安全畅通。他虽然是养护处副处长，在办公室却看不到他的身影，每天从早到晚，他都和工友们一道工作劳动在公路上。熟悉他的人都知道，他是一位爱岗敬业、敢打硬仗的硬汉。

他从事的虽然是平凡的道路维护的工作，但他懂得确保公路安全畅通的重大意义。公路是国民经济的动脉，能够确保国民经济动脉安全畅通，就是一项平凡而伟大的工作。凡是从事过公路工作的都懂得，公路养护工是一项繁重体力技术工种，需要在露天作业，公路养护工作有两大特点，一是天气温度越高，越要工作在路面上；一是天气越寒冷，特别是雨雪天，越要在公路上除冰扫雪。

××同志作为副处长兼小修队长，身先士卒，带领职工夏战三伏，冬战三九。锻炼打造出了一支能打硬仗的小修队伍。他在工作中有股拼命三郎精神，天气越热，修补公路坑槽越忙，你就越能在公路上看到他的身影。重活、脏活他带头干，虽然皮肤晒黑了，但他的感召力和凝聚力却提高了。

公路养护工是一项高危工种，每天都在和伤亡打交道，汽车在他们身边来往穿过，稍不注意安全，就会发生交通安全事故。他们从事路面作业，特别强调安全第一。××××年夏天在公路上作业时，一位汽车司机处理路面情况不当，把车开进了作业区，向一位道工撞去，××见势不妙，不顾自己的安危，冲上去一把将工友推开，自己却被撞伤。经医院诊断为右腿骨裂。俗话说伤筋动骨一百天，他在治疗期间放心不下路面坑槽修补工作，腿绑着石膏，拄着拐杖坚持上路指挥工作。天气虽然炎热，但没有一人叫苦叫累，按时保质保量地完成了任务。他这种以路为业、以路为家的爱岗敬业精神，感动了同志们。

今年新年伊始，××地区从1月26日至今连续4天普降大到暴雪。降雪厚度在30厘米以上。道路雪阻、陡坡急弯处路滑，严重威胁着公路交通的安全。

降雪就是公路人抗雪灾保畅通的战斗信号。作为抗雪灾保畅通的突击队长××，肩负着确保公路畅通的重任，面对暴风雪带来的灾害，××和他的战友们急灾民之所急，想灾民之所想。××把抢险救灾的重点目标锁定在104国道和312省道滁来段上。因为104国道是国民经济的动脉，是国家运送抗灾物资的重要通道。滁来路是省、市把救灾物资及时运到来安县的重要通道，它们是受灾群众的生命线。同时，也是疏散分流南洛高速受阻车辆和人员的重要通道。如何才能确保104国道25.5千米来安段和省道312线滁来段的安全畅通，是对抗雪灾保畅通突击队的一次重大考验。××亲自上阵，制定了科学的抗雪灾保畅通的行动方案。一是分批轮换，实行24小时全天候清雪除冰；二是帮助受困车辆排除险情；三是提出了一切为了受阻司乘人员服务的口号，把受阻司乘人员当成自己的亲人，把他们的困难当成自己的困难，只要他们有求我们就必应，并作为战时一条硬性纪律来规定执行。

××在抗雪灾保畅通的战斗中，针对不同路段，采用不同的方式除冰铲雪。一是用铲车在104国道上来回连续除冰铲雪，特别是在急弯和危险路段。二是将工业盐用水溶解，装入洒水车，用洒水车喷洒盐水，进行融雪化冰。此举，即节约了盐，又达到了融雪化冰的目的，更重要的是达到了环保的要求。三是在急弯和陡坡处抛撒防滑材料，确保车辆的安全通行。四是在大、中型桥梁上彻底清除冰雪，确保桥梁的安全和畅通。

暴雪在不停地下着，××带领着突击队在不停地战斗着。他们挥动着洋镐、铁锹和扫把，在公路线上形成了一道道壮丽的景观。××带领战友们在冰雪覆盖的公路上，除冰扫雪。冰雪被一镐一锹地铲除，黑色路面在一公分一公分地不断延长。4天来××没有回过家，每天在路上战斗16个小时以上。困了，就在保洁车上睡一会儿；渴了，就喝一口凉开水；饿了，就在雪路上吃一口盒饭。见到受困车辆，他就带领战友帮助车辆排除险情，他们一边清雪除冰，一边抛撒防滑材料，一边帮助推动车辆前行，直到正常行驶。他们也记不得推动过多少次车辆了。他们这种舍小家顾大家的精神感动了南来北往的司乘人员，他们一个个地竖起大拇指，感叹地称赞道："好样的。"

××带领着突击队员们战斗在冰雪严寒的公路上，离远望去，就像一条蠕动的长龙，在银装素裹中舞动。大地是白色的，但是一条条黑色长廊却永远显现在白色大地上。

在抗雪救灾的过程中，××家的小孩，因天气严寒得了重感冒，高烧不退，正在医院治疗，急需他在小孩身边。但是他一声不响地投身到抗雪灾保畅通的战斗中。他的家属责怪他无情无义。但是，领导和同志们得知此消息后，都称赞他有情有义。他的情是南来北往司乘人员的情；他的义是南来北往司乘人员的义。

在这场几十年不遇的特大暴风雪中，××带领战友顶风冒雪，衣服湿透了、脸冻僵了，每天战斗十几个小时，但是没有一个人畏缩不前。因为哪里最艰苦，哪里就有共产党员；哪里最危险，哪里就有××。××发扬了一个党员干部的先锋模范和带头作用。当一辆辆南来北往的车辆从他身边通过时，××和他的战友们脸上露出了欣慰的笑容。

2. 反映先进集体的人物通讯

【范例】

战震灾，空军官兵情注藏乡羌寨

××××年××月××日　四川理县甘堡藏寨的藏羌族群众，把精心赶制的鞋垫送给与他们生死相守37个昼夜的空军雷达某团42名官兵。5月12日，官兵们在执行任务途经理县时突遇大地震，官兵们迅速将附近群众营救到安全地带。随后在藏区建立3个空投点，引导飞机展开大规模空投救援。

地震毁坏了有1400年历史的土司官寨，官兵们奋力排险，从废墟中抢救出金、银和青铜佛像等藏传文物。

藏寨群众阿格尔说："他们不顾危险，把文物给我们挖出来，我们要感谢党和人民解放军！"

甘堡乡24个山寨建在海拔2500多米的深山里，官兵们顶着余震、塌方，每天翻山越岭挨家挨户救援。

官兵们为每个山寨送去食品、药品和帐篷，从废墟中挖出数万斤粮食和农具、家具等生活用品。官兵们离开时，有位老大娘拿出家里仅剩的鸡蛋煮熟塞给战士吃，官兵们走了，鸡蛋却留了下来。

理县甘堡乡党委书记黄晓渝说："感谢他们，感谢他们不顾自身的危险来帮助我们，叫我们老百姓不要去冒险，而他们用自己的生命去为我们老百姓抢物资，真的，让我们当地的老百姓都非常的感动。"

▲事件通讯

（一）事件通讯的含义

事件通讯是以写事件为主的通讯。它通过对新闻事件发生、发展、结果的叙述和交代，来反映社会现实，表现时代精神。

事件通讯要以赞扬社会主义时代的新人、新思想、新风尚为主，同时也可以揭露存在的实际问题，以引起人们的重视。

（二）事件通讯的写作格式

事件通讯由于要具体形象地反映人和事，因而没有固定的格式，比较灵活多变。既可以按时间顺序、事实发生发展的顺序或者作者对报道事件认识发展的顺序来安排层次，也可以按事物的性质分类，或以空间变换为标志来安排层次，还可以按时间顺序和空间变换穿插起来写。这几种结构形式可以根据通讯的类别和不同的素材，灵活地加以运用。

（二）事件通讯的写作要求

事件通讯的写作，要准确写出某一事件发生的缘由、开端、发展、高潮和结果的全过程，让读者了解事件的来龙去脉。在写作中，要处理好写人与叙事的关系，即以叙事为主，以写人为辅，写人为写事服务。事件通讯的结构较为灵活，可以顺叙，可以倒叙，也可以运用插叙和补叙。在表达方式上，为了增强文章的生动性和形象性，除了叙述之外，还可以综合运用描写、议论等手法。

（四）事件通讯的写作范例

1. 一般性事件通讯

【范例】

寻觅“吵架的”

×××

9岁的儿子已经嘟囔了好些日子：“老师让在大街上观察一场吵架，描写人在吵架时的神态、语言、动作。可找了几天，没见到一次。交作业的时间马上就要到了，该咋办呢?”

偌大的××，找一起吵架的还不容易！1月13日是星期日，我推出自行车，带上儿子，满怀信心地上了大街。

市东部最热闹的地方是花园路，只见街上挂满了红红绿绿的标语：“依法纳税是每个公民应尽的义务”“支持生产是税务部门的首要职责”。道旁还设了不少税法咨询站、宣传站。对，今年是全国税法宣传教育年，今天又是××市税法宣传教育日。过去常因为缴税收税之事争争吵吵，口角不断，说不定在这里也会有人干上“仗”的。我俩认真“搜索”，仔细寻找，可映入眼帘的是，人流熙来攘往，或驻足宣传栏前，阅读有关税法条文；或伏案咨询台，倾听税务工作者的耐心解说，处处细语低声，笑容可掬，哪里有什么吵架的迹象。

于是，我俩又“搜索”这长长的人民路，来到市中心“二七”广场。广场周围有四家大商场，是××最集中的购物中心。我想，在这里找几起顾客与营业员吵嘴的事还不探囊取物一般！可是，出这商场，进那商场，从一楼到二楼，就是见不到斗气吵架的。走出商场门口，我们终于听到了吵声，儿子不禁“喜出望外”，拉着我就跑上前去。遗憾的是，不是大人在吵架，而是一位妈妈在训斥不懂事的孩子。

猛然记起摄影记者×××同志告诉我的，文化路上的太平洋商场今日开业，海鲜、水产最多最便宜。我想，新开业的商场肯定人多，人多吵嘴的机遇可能性就多一些。于是立即飞车而去。果然，“太平洋”里简直是“人海”，虽离春节还有月余，但那气氛跟除夕临近似的，鲤鱼、武昌鱼，三块一二角钱一斤；大带鱼、小带鱼，两块多钱一斤；上好的海米，十来块钱一包。还有鱿鱼、丁鱼、海螺，简直目不暇接。人虽很多，但处处秩序井然。我俩在黄花鱼柜边一站，营业员就笑眯眯地说：“秤点黄花鱼吧，又便宜又对小孩子营养好。”“多少钱一斤?”“两块七。”嘿，真便宜，我没犹豫就要了1斤，又要了一包海米。

走出“太平洋”，孩子提醒我：“找个乱糟糟的集贸市场吧，那里保准有吵架的。”我想也是，便飞车来到西郊我印象中最乱的五里堡集贸市场。但一到那里就有点犯“傻”：过去胡摆乱放、横七竖八的这个市场，如今井然有序。摊档分列两旁，三类小商品、主副食品琳琅满目；中间又加一排干鲜水果摊，苹果、大枣红通通，香蕉、鸭梨黄澄澄，看上去都眼馋。整个市场人挨人，人挤人，难找一点缝隙。但与我们“愿望”有悖的是，大家都不急不气，慢悠悠地“随流”而走。忽然，街侧一辆自行车与一辆三轮车迎面相撞，自行车连人带车倒在三轮车车把处。我与儿子相视一笑：“机会”来了。谁知那两人彼此看看车、人无损，居然互相一点头，各自走人。

回到家里已是晚上×点半，妻子听我俩是出去找“吵架的”了，哈哈一笑：“吵架的肯定有，不过现在吵架的比过去少多啦。”年近八旬的老岳母也说：“我天天都在门口街上转转，难得碰上个吵架的。”儿子直埋怨：“真是，老师咋出这个题目。”

2. 以揭露、批评为主的事件通讯

【范例】

××一涉黑团伙因强行入股垄断市场获刑

××12 月 22 日电（××　××）22 日下午，××市第一中级人民法院对×××等 13 名黑社会性质组织犯罪案进行公开宣判。×××因犯组织、领导黑社会组织罪、敲诈勒索罪、故意毁坏财物罪被判处有期徒刑共 19 年，决定执行有期徒刑 18 年。其余 12 名被告人均相应获刑。

××一中院经审理查明，××××年以来，×××先后纠集×××等社会闲杂人员，先后采取强行入股他人河沙、石子生意，垄断煤炭转运、货场等手段，通过有组织地实施敲诈勒索、毁坏财物、故意伤害等活动，逐步形成了对××市××区××镇河沙、石子、货场、煤炭转运行业的非法控制。

当地法院审理后认为，×××纠集被告人×××、××、××等人多次从事违法犯罪活动，人数众多，骨干成员基本稳定，已经形成了较为稳定的犯罪组织，严重扰乱当地经济、社会生活秩序。应对×××按组织、领导黑社会性质组织罪定罪处罚。

××一中院在此间作出如下判决：被告人×××犯组织、领导黑社会组织罪判处有期徒刑 8 年；犯敲诈勒索罪判处有期徒刑 9 年；犯故意毁坏财物罪判处有期徒刑 2 年。

对其余参加黑社会性质组织及其他参与者，当地法院分别以参加黑社会性质组织罪及其行为所触犯的罪名定罪处罚，分别判处有期徒刑 2 年至有期徒刑 14 年不等。并责令被告人退赔被害人经济损失，对各被告人的违法所得予以继续追缴。

▲工作通讯

（一）工作通讯的含义

工作通讯是以报道现实生活中人们在工作中取得的成就和成功经验，揭示和讨论工作中存在问题的通讯类型。

它一般是记叙某项工作如何开展，如何打开局面的情况；或者是贯彻党的方针政策所取得的新成绩新经验；或者是回答在实际工作中所关心的和迫切需要解决的问题，借以推广经验、解决问题，指导和推动工作。

（二）工作通讯的类型

1. 报道型工作通讯

这类工作通讯主要是向受众报道工作中的新鲜经验，或涉及政治、经济、党风、官风、民风的重要问题。

2. 研究型工作通讯

研究型工作通讯重点在于探讨问题的成因，研究解决问题的办法。一般是针对涉及全局性、有普遍意义的问题提出解决的办法。

（三）工作通讯的写作格式

工作通讯一般由开头、主体、结尾三部分组成。

1. 开头

工作通讯开头通常要概述事件的基本情况，简要介绍人物、交代中心思想或提出问题等。概述部分一般不设小标题。

2. 主体

主体是工作通讯的主要内容部分。由于通讯的内容较多、篇幅较长，主体部分常常划分层次，并冠以小标题形式。

3. 结尾

工作通讯的结尾，可将事件作一小结，作一画龙点睛式的评论，也可用文尾展望前程，描绘远景，发出号召，给人以希望和鼓舞。

（四）工作通讯的写作要求

1. 要抓住主题

要注意选择那些在贯彻执行党和国家方针、政策中碰到的问题，选择那些人民群众普遍关心的问题，把着眼点放在推动工作的开展上。

2. 要用事实说话

要选择典型事实，突出重点问题，多角度、多方面地选取材料，证明观点；否则，所谓的经验、结论就只能是空中楼阁了。

3. 要找出解决问题的出路和办法

不仅暴露问题的工作通讯要提出解决问题的方法，报道成功经验的工作通讯同样如此。事实上，对成功经验的肯定，本身就是为同类的单位或企业指出可供借鉴的方法。

4. 生动活泼可读性强

这本是通讯的共同写作要求，这里特意强调一番，是因为工作通讯比较容易让人产生轻视生动性的误解。也许工作通讯在情节上不如事件通讯和人物通讯那样引人入胜，但是不能因此放弃通讯的这一基本特点。缺少文学性、不能有效吸引读者阅读的工作通讯，不能算是成功的作品。

（五）工作通讯的写作范例

【范例】

××的成功之路

××××年××月××日讯　目前，××管理团队核心成员撰写的《××内幕》成了众多企业家、经理人、学者、媒体乃至消费者关注的焦点。本书洋洋30万字，总结了××成功的核心优势（关键因素），读来很有启发，现节选书中部分精华，以飨读者。

《××内幕》从××发展历程、××经营模式、××文化等方面着手，全方位透视××跌宕起伏、高潮迭起的成长轨迹，并力图提炼出对众多经营管理者乃至一般人有所启示的普遍规律。总结起来，××的成功要素有以下五点。

企业家：×××——××成功的核心灵魂

没有×××就一定没有如此成功的××。他的经历（原××生产经营副总裁）、品德（正直、仁厚、坚韧等）、价值观（财散人聚、经营人心、大胜靠德、大智靠学等）在同样大师级别的企业家中，×××可能是最令人佩服的一个。

中国的民营企业普遍处于初创阶段，企业的成败完全取决于创始人的综合水平（中国民营企业离欧美的职业经理人时代还很远）。

企业家是不可再生的稀缺性资源，所以中国××行业也就仅仅出现一个空前绝后的×××一人，而不会有第二人。

企业文化：本质就是×××文化

企业文化是企业的价值观，是企业的“为人之道”，××将企业文化上升到了企业核心的高度，而不是一些企业所谓的“口号”。

以其“经营人心”为例：

——××强调“举贤避亲”，防止企业的家族化倾向；

——选才“三合论”——在合适的时间合适的地点选合适的人才，而不是一些企业的高才低用，低才高用。

——“上礼下”规则：只允许上级送下级财物，禁止下级送上级礼物。

——“三正氛围”塑造“三全员工”，公司只有具备“正义、正气、正确（决策）”的基本面，奉行“公平、公正、公开”，才会有“上下同欲”，才会有“全心、全力、全时”的员工。

——“集体开会，领导坐地上”“××出差深圳睡地板”等等。

……

如果书中所描述的都在坚持不懈的实施，××的企业文化取中国的儒家文化和西方的制度文化之长，令人敬佩！

企业战略——决定了××真正的成功

××使命和远景：强×兴农；创第一品牌，建中国×都。

××总体经营战略：专注××同步发展，整合资源滚动做强。

——显然，不熟不做，专注于××，不盲目多元化，是××的根本发展战略。

经营思路：目标导向——目标出发，反向推演，步步链接；倒推资源配置，倒推时间分配，链接战略战术，链接方法手段。

重大决策：如市场布局（先打深圳等）；工厂布局（国际水准样板工厂，国际示范牧场等），广告集中上央视等等。

反观国内的许多公司，仅仅几千万，几个亿的销售额，不知道自己有几斤几两，就开始四面出击，寻找所谓的“馅饼”（其实更多的时候是陷阱），盲目地实施多元化战略。有所不为，才有所为！专注！专注！再专注！烦躁的中国企业家们，前进的途中还是歇歇脚吧。

制度——保障战略、策略的实施

××靠×××、×××等原××高层10人齐心协力投资创立，一开始就按规范的股份制企业运作。

在共同的利益驱动下，在规范的制度保障下，××的创始人们才真正会齐心协力，同心同德，患难与共，比肩作战！

后来，随着摩根等投资银行的介入和香港的上市，××的上市公司运行制度更加健全。

几年前，摩根等国际投行之所以看中××，不只是中国××的快速发展，更加看中的是××的经营团队和完善的公司管理制度！

“系统好，凡夫变天才；系统不好，天才变凡夫”，在好的制度里，一个平凡的员工会发挥其应有的贡献，但是在一个不完善的制度里，人才也会变成庸才。

××能被摩根等财团看中，能够成为香港最“牛”的上市公司之一，有产权明晰，独立运行的机制，股东价值为先，相对先进的管理制度是前提条件。

营销策划——四两拨千斤，令人惊叹

××绝对是营销的顶尖高手，其综合策划水平应该在养生堂之上，在中国的消费品业界可能无出其右！

“运筹帷幄，决策千里，98%的成功在于家中的营销决策”“媒体无大小，新闻无小事”“事件营销是品牌的成长线”“事事都是营销点”“定期主动给媒体发送稿件”等等，从这些标语就可见×××对营销策划和公关的重视程度。

虽然××的中央台广告很猛，但相比于它的事件营销那是小巫见大巫。××深知“注意力经济”时代如何吸引公众的眼球。

“公关第一”“事件营销第一”，××和×××本人都做到了。最近数年，关于××的媒体报道多达数万篇，单单9月5日一天，网络上关于××的新闻就多达30多条！

“争创×××第二品牌”“神五上天”“摩根参股”“香港上市”“老×捐股”“××酸酸乳超级女声”还有《××内幕》本书……

只要注重事件营销，善于炒作的××从来不缺乏素材，连“×××参加央视春节晚会”也成了新闻，最近关于“××到底是花多少元赞助超级女声”都成了许多媒体的报料！××的营销炒作绝对可以成为中国最经典的营销教科书标准案例！

作为营销人也不得不感叹：这是近年来最令人尊敬的快速消费品企业！

▲概貌通讯

（一）概貌通讯的含义

概貌通讯是以报道某一地区、某一单位、某一行业的基本面貌、风土人情、自然风光和日新月异的建设成就为主的报道。

概貌通讯在表达方式上，往往运用具体事例来叙述和描写一个地区、一条战线、一个单位、一个点、一个方面的风貌变化，展现时代的步伐和人的思想境界的变化。一般采取“巡礼”“纪行”“散记”等形式，向读者介绍。

（二）概貌通讯的写作格式

概貌通讯一般分标题和正文两部分。

1. 标题

标题比较灵活，但一般要突出“风貌状况”方面的内容。

2. 正文

正文要求围绕主题，但不要求围绕一个人物或一个中心事件，最好涉及各方面风貌和特色。

（三）概貌通讯的写作要求

概貌通讯是记叙某一地区、某一行业或某一事物的风貌状况以反映其整体变化的新闻体裁。概貌通讯的重点在于写“貌”，因而特别注重反映某些地方的山川景物、风土人情和世俗习惯。

概貌通讯比起别的通讯形式来，要求有更多的文学性。概貌通讯的文学性，主要通过描写、抒情的方法来实现。描写主要是写景状物，要把景色、事物写活。抒情则是缘景生情、借景抒情，努力做到情景交融。

（四）概貌通讯的写作范例

【范例】

神秘的海滩青皮林

××× ×××

这是一条神秘的林带。宽 0.4 公里、长 25 公里、面积 1.5 万亩，生长在××省××县西南海滨的沙滩上，它是全国独一无二的、世界罕见的青皮林保护区。

我们一大早就来到这片令人神往的林带。但见霞光映照下，大海波光粼粼，涛声呼啸，翠绿的林带蒙上了金色的外罩。这条生长在海滩上的青皮林带，平均树高

10 多米、胸径 30 多厘米，最大胸径 56 厘米。有趣的是，那些大树底下幼树密密麻麻，几乎难以插足，犹如祖孙几代围绕在老祖宗的膝下。保护区的×××站长告诉记者：这片青皮林始于何时、为啥能在海滩存活等等，这许多谜还没有被人们揭开。单说这树的繁殖吧，必须是从树上自行脱落的果实掉在沙滩上才能发芽生根，若是人工从树上采集下来的果实就不行；而且这里长出的树苗一旦移到别处就栽不活。

最奇特的是，这片青皮林会“呼风唤雨”。每年 3 月至 6 月间，常常从 4 时到 8 时，这片林子内雷雨来势迅猛，轰隆震耳，暴雨倾盆而泻，很快又雨过天晴，骤然沉寂。因为它发生在××县城的西南方，所以被老百姓称为“西南雷雨”。陈站长解释，这可能是地域性森林小气候造成的一种奇特的自然现象。20 世纪 50 年代，这片海滩青皮林茂密葱茏，“西南雷雨”奇观时常出现。后来由于乱砍滥伐，青皮林惨遭破坏，到 70 年代就很少再现了。科学的保护与开发是密不可分的，没有保护也就没有开发。如今，××县正是因为有这样一条十分珍贵的海滩青皮林带，才引起了国内外游客和投资者的极大兴趣。

▲集纳通讯

（一）集纳通讯的含义

集纳通讯，又称主题通讯、综合通讯，即围绕一个主题，同时报道一组新闻材料的通讯。集纳通讯分为人物集纳通讯和事件集纳通讯。

人物集纳通讯，是以一个相同或相近的主题、意旨、身份、职业和性格特点等将有关的人物组合、集纳在一篇通讯里；事件集纳通讯，是围绕一个大致相同的主题、题材将有关的比较典型的事件集中写在一篇中的通讯。

集纳通讯的中心思想十分突出，主题在对文章素材和结构的整合、归整上所起的作用非常大。可以说，没有十分突出的主题，就没有集纳通讯。当然，主题思想和中心思想对其他通讯也是很重要的，但唯有集纳通讯将其看作命根子，看得很重很重。因为集纳通讯要向读者传达的主要是某一种观点、某一种建议等主题。在这里，人物和事件都是为说明观点、论证观点服务的。所以，从对读者的感受来说，留下最深印象的也是主题。从对材料的整合来看，正因为有了一个有力的主题，才使得表面上散乱无序的材料被归聚到一起。

（二）集纳通讯的写作要求

1. 提炼主题注意指导性

由于集纳通讯主题突出、引人注目，所以在提炼主题时，要注意其指导性，看是否提出了社会上较为普遍的为人们所关心的问题，解决这一问题有怎样的意义。

2. 选择事实注意联系性

由于集纳通讯归并、集中了许多人物和事件，人多事杂，视野广阔，涉及面广，因此必须密切注意事实与事实之间的联系性，注意选好联系点。

3. 谋篇布局注意衔接性

（1）注意首尾呼应，如在开头提出问题，在中间叙议事实，在结尾提出建议，得出结论；

（2）注意事件的逻辑关系，如过程关系、递进关系；

（3）注意事实之间的搭配关系，如在第一个故事中讲最精彩的故事，在中间讲平淡的故事，在最后又讲精彩的故事，以调动读者的首因效应和近因效应。

▲幽默通讯

（一）幽默通讯的含义

所谓幽默通讯，是指运用幽默的表现手法报道新近发生的有趣、可笑而意味深长的事实的一种通讯形式。这种通讯形式能给读者带来信息，带来轻松、愉悦和会心的笑，更能给读者启迪和教益。

幽默通讯篇幅不长，内容集中，长的千把字，短的二三百字，最短的七八十个字，能吸引读者站着读完，读起来愉快，是一种精神上的享受。这就要求作者在写作时，坚决摒弃套话、空话、废话；要求字斟句酌，再三推敲，字字顶用，句句简洁；要求以最简洁生动的语言将最能引人发笑的内容恰当地表现出来。幽默通讯作为通讯的一种，它也必须遵循新闻报道的原则，其内容必须真实、准确、客观，不得为了幽默而改变事实的本来面目而胡编乱造。

（二）幽默通讯的写作要求

1. 眼观六路，耳听八方

幽默通讯是对一般通讯的补充，采写者一定要做有心人，勤跑勤看，多听多想。有些重要的会议，有些大型运动会，以及其他一些群众关注的大型活动，其里里外外、上上下下、方方面面、点点滴滴，都要尽量搜罗，作为写幽默通讯的素材。

2. 巧选题材，捕捉笑料

一要注意异常性事例，如一个人倒骑自行车周游全国。二要注意愉悦性事例，如一本正经的人踩上一块西瓜皮；新来的看门人拦住校长不让进。三要注意荒诞性事例。

3. 精心构思，妙句结尾

有了笑料，有了异常性、愉悦性、荒诞性的事例，并不一定就能写成耐人寻味的幽默通讯。这就需要作者精心构思，合理安排结构，注意设计好的结尾。结尾就像相声中抖包袱一样，要出人意料，让读者感到意外，用结句去解开导语中所留下的谜和悬念。

4. 文字活泼，语言幽默

幽默通讯离不开幽默、风趣的语言，离不开活泼生动的文字。要文字活泼，通常不能用长句、复杂句型，应使用短句、简单句，用有动感、美感的句子。语言幽默，要掌握好尺度、分寸。幽默不足，不能产生喜剧效果，不能引人发笑；幽默过分，便是哗众取宠，又会让人生厌。

（三）幽默通讯的写作范例

【范例】

实力之外定成败

某公司招聘一名维修部主管，在经过几轮残酷的淘汰考核之后，应聘人数从几十人落到最后两人，他们分别是小张和小李。最后一轮考核总经理亲自出场，给了他们每人一部残旧不堪的坏机器，然后叫他们修理。

小张把机器拆开，仔细地检查内部的每个零件，不一会儿，他皱起了眉头。总经理看了笑着问："可以修好吗？"小张犹豫片刻，自信地说："只要功夫深，铁杵磨成针，我一定能修好的，请放心好了。"

总经理又看了看小李这边，他也是把机器拆了个"粉碎"，仔细地检查，过了一会儿，也皱起了眉头。总经理又问："可以修好吗？"小李笑了笑："对不起，这部机器实在是修不好，很抱歉。"

最后应聘结果让人大跌眼镜，竟然是小李。小张不解地望着总经理，想寻找答案。总经理笑了笑："原因很简单，因为这两部机器是无法修好的，无论你下的功夫有多深，铁杵是无论如何也磨不成针的。"

▲小通讯

（一）小通讯的含义

小通讯，是寓新闻于故事之中或以故事的形式报道新闻的一种通讯形式。它是反映现实生活中的一个片段，通常表现一人一事，线索单一而有故事情节，短小精悍，生动活泼。

（二）小通讯的写作格式

小通讯的写作格式一般包括标题、正文、落款三部分。

1. 标题

标题要求精练，标题下可另起一行用破折号引出副标题，标题下可注明作者。

2. 正文

这是小通讯的主要部分，要求篇幅短小，但意义重大。

3. 落款

小通讯正文部分最后另起行注明作者，有的作者名字也可注在标题下。

（三）小通讯的写作要求

1. 要抓住有新闻价值和故事情节的事件

决定一则小故事的成败，关键在于它所揭示的思想和它所蕴含的现实意义如何。故事内容要有新闻价值，故事情节有头有尾，有高潮有冲突，要写得起伏有致，能“以小见大”在平凡的小事中体现出重大的思想意义。

2. 结构要新颖别致

好的结构、好的情节，往往能引起人们的阅读兴趣。新闻故事的作者总是精心构思，巧妙结构，或设置悬念、引而不发；或开门见山，一一道来；或推出冲突，再解决矛盾；或巧借对比，突出主体。

3. 语言要生动简练

由于新闻故事篇幅短小，事件集中，因此，在写作时要求使用生动简练的语言。

（四）小通讯的写作范例

【范例】

深山坞里培训法律明白人

××××年××月××日讯　“今年雪灾期间，邻居家的多根竹子被大雪压倒在我家的屋顶上，春雨季节，屋面渗水，严重影响我一家人的生活。我要求邻居砍掉这些竹子，却被拒绝。无奈，我只好自己动手砍竹，而邻居却要我赔偿。请问这方面有法律依据吗?”“我国《物权法》中相邻权规定，在相互毗邻的不动产的所有人或者使用人之间，任何一方为了合理行使其所有权或使用权，享有要求其他相邻方提供便利或是接受一定限制的权利。因此，你的行为法律上讲没有什么过错，相反还可以要求对方付砍竹子的劳务费。”顿时，在场的农民朋友们报以热烈的掌声。这是10月15日，记者在绩溪县金沙镇中坞村农户法律明白人培训班上见到的该镇司法所长×××在接受村民法律咨询的一幕。

为推进“五五”普法的进程，使普法工作取得实效，绩溪县在全县农村开展“农户法律明白人活动”。中坞村地处深山，村民法律意识薄弱，刑事案件多，邻里纠纷多。2006年11月，县委组织部在加强基层组织建设中，为该村选派了村党支部第一书记×××同志驻村工作，为了加强法制教育，使村民增强法治观念，让法律知识进农村，使广大农民通过学习法律知识，能够知法、懂法、学法、用法，村里办起了全县第一家法律培训班。在县、镇、村干部和村民们的共同努力下，该村面貌得到了显著改善，村民们的法律意识明显增强，深山村里荡漾着和谐的春风。最近中坞村被县司法局、县民政局授予该县第三批“民主与法制示范村”。村里的农民朋友听说村里获得了“民主与法制示范村”的荣誉，县里干部还来授牌，心里特别高兴，尽管是农忙季节，不少农民朋友还是放下手中的农活，早早就坐在村部会议室里，参加培训。镇人大主席×××介绍该镇开展“农户法律明白人活动”的方法和步骤，让农民朋友们心中有了底，做好合理安排农活接受培训的计划；县司法局副局长×××向村干部授牌后，给在场的村民们讲了《掌握法律，维护自身合法权益》一课；县委组织部副部长×××结合该村变化的事实，给村民们讲解了加强农村基层组织建设的意义，还讲解了《村委会组织法》等相关内容，村民们听了不时点头，以示领会。×××在给村民们上法律辅导课时，结合自身的工作经验和农村中易发生的典型案例，就《物权法》《婚姻法》《安全生产法规》等讲得生动易懂。培训过程中，村民们时而报以掌声，时而鸦雀无声。

培训结束了，村民们还围着干部们问这问那。年逾花甲的×××、×××等老同志感言道：“建设新农村，建设和谐家园，农民们更需要懂法。干部们常来说法，俺们欢迎。”

▲专题通讯

【范例】

全市广大文艺工作者积极投身抗震救灾

2008年5月21日讯　5月12日汶川8.0级强烈地震，使我市绵竹、什邡两地受灾严重，人民生命和财产安全遭受到极大的伤害和损失。灾情牵动着市文联党组、全市文艺工作者的心。

按照市委、市政府的总体部署和指示，市文联确定了四项措施做好抗震救灾工作：一是发出号召，要求各县（市、区）文联及文艺工作者紧急行动起来，紧紧围绕党和政府抗震救灾的中心工作，积极发挥广大文艺工作者的作用，发扬特别能吃苦、特别能战斗、特别能奉献的优良传统，全力以赴配合和支持抗震救灾工作。目前市文联抗震救灾领导小组要加强与各县（市、区）文联及文艺工作者的联络、协调、服务，及时通报情况。二是积极参加到抗震救灾工作中去。地震灾害发生后，市文联已安排市摄影家协会、市作家协会、市音乐家协会、市散文家协会、东方文学创作学会、市曲艺家协会、市戏剧家协会的骨干作家、艺术家配合抗震救灾中心工作分赴灾区进行采访和专题创作，目前已拍摄了大量的照片，创作了诗歌、散文、报告文学、歌曲等作品；地震重灾区的作家也正在抗震第一线，一边采访创作，一边抢险自救；市文联机关共产党员服务队和干部职工，积极参与到市抗震救灾物资配送站进行救灾物资的搬运和发放，努力为抗震救灾出自己的一份力，尽自己的一份责。三是号召文联机关和广大文艺家积极向灾区捐款捐物，为灾区人民送温暖，支援灾区人民的抗震救灾工作。四是加强舆论宣传工作，积极宣传地震科普知识，组织本单位人员科学避震，同时做好应对可能发生的余震和其他自然灾害等准备。

目前，全市文艺界党员、干部、文艺工作者都在各自的岗位上，以自己的方式积极投身抗震救灾工作，担负起文艺界的使命和责任，发扬“一方有难，八方支援”的精神，为抗震救灾尽自己最大的努力，贡献自己的力量。

第三章　新闻专访、新闻特写的写作

第一节　新闻专访概述

一、新闻专访的含义和特点

（一）新闻专访的含义

新闻专访，具有通讯和谈话录消息的某些共同性，一定意义上说，它是用通讯体裁写的谈话录，或者是以记录专一访谈为基本内容的通讯。从表达手法看，它应归入新闻三大类体裁中的通讯类。

（二）新闻专访的特点

新闻专访跟通讯有相近的地方，都讲究详尽和丰富，都运用多种表达方式以求文章的生动性和可读性。但是，它们也有一些不同，主要表现在：

1. 记言为主

通讯是写人、述事、写景、状物为主，而专访以记言为主。以记言为主是专访的特点，主要是采访者和采访对象之间的对话，其中以采访对象的话语为中心。在专访中，记者除了提出问题、作些适当的插话之外，基本放弃了话语权利，即便是转述，也不得违背采访对象的原意。

2. 专题性

这是专访在选材上不同于一般通讯的地方。“专”就是记者根据目前形势和受众的期待，事先就一个比较热门的问题，针对一个专门的意图和目的，而进行采访和写作的一种特征体现。

3. 访谈性

新闻专访从形式上看，是采访者和采访对象之间的双声对话，具有一定的“口述实录”性质。话题围绕着一个中心，在问答的过程中次第展开。这种谈话是双向互动的，不像新闻发言人答记者问那样死板。在交互的问答中，话题不仅始终在双方的兴趣范围之内，而且双方有着较多的相互讨论和情感交流。

二、新闻专访的类型

新闻专访，按内容分为人物专访、事件专访、科学专访。

（一）人物专访

抓住当前人们普遍关心的人物或单位，用第一人称出场的形式写，常用问答式介绍访问内容。这种报道以“访”为主，即以叙述被访人的看法、意见为主，以“作者”为辅，即围绕被访者对某特定问题的看法，写他在这方面的经历和见闻。

写人物专访有以下几个要点。

1. 要交代清楚访问对象和访问原因。
2. 对被访问者的描述要有重点。
3. 要抓住特点，刻画出人物的精神面貌。
4. 要注重描写人物语言，给人以访问的实感。
5. 人物专访的结尾，可写一点作者的感受或对被访者的祝愿和希望。

（二）事件专访

事件专访虽然也是采访人，但采访者和采访对象的主观意向都不在于人本身，而在于采访对象所经历过的或比较知情的某件事。从采访者角度来看，目的无非集中在以下两点：请采访对象提供事件的过程或真相；请采访者发表对事件的意见和评价。

（三）科学专访

这是一种以传播科学知识为主的人物专访，由采访对象向读者介绍有关某一学科或某一技术的基本知识和应用前景。

第二节 新闻专访的写作技法

一、新闻专访的结构形式

新闻专访的结构形式可分为问答交谈式、人物自述式和散文式三类。

（一）问答交谈式

问答交谈式是以“问”和“答”为记言的主要方式。新闻专访中的“问”与“答”，常伴有对话，即记者有时不是纯粹地“问”，也表达出思想、观点，和被访者形成对话，这种对话可能是双方认知的共鸣、互补，也可能是观点的交锋，在共鸣或交锋中产生思想的火花。无论是共鸣还是交锋，都使新闻专访的“问”与“答”显现出交流、交谈的色彩。

（二）人物自述式

人物自述式专访，是指由人物以自述的方式谈人物自己的思想、情感、业绩。谈话录中的人物直接叙述，一般是针对记者的提问，回答问题，陈述观点。这里的人物自述，主要是述人物自身。一般在人物自述之前，由记者交代背景，介绍人物。

人物自述式专访比一般人物专访的取材面宽，具有人物通讯的取材幅度，但表达手法没有人物通讯那么多样，这可以说是体裁演变发展的新尝试。

（三）散文式

散文手法，和谈话录消息的记言叙述式写法，看似相仿，实则不同。记言叙述式是用记者的话语串联被访者的谈话，基本是记言。散文式则是将记言、叙事、写景、描绘人物音容笑貌融为一体，有时还可以融入记者的议论和抒情，有较浓的文学色彩。

二、新闻专访的写作要点

（一）记言准确传神

专访和谈话录消息一样，记言是最重要的特色。因此也和谈话录消息一样，要求记言必须准确而传神。不仅要准确记录谈话的寓意，还要准确体现被访者的性格、身份。要抓住被访者个性化的语言与风格，再现于作品。对于被访者的话，可以直接引用，也可以转述即间接引用。直接引用更具现场谈话氛围，间接引用便于概括集中。

（二）再现场景

这里的场景，是指访问现场。再现场景于作品，一是给读者以身临其境的感觉，增强作品的表现力；一是以景写人，用场景衬托人物身份、性格、情趣和精神风貌。

（三）透出时代气息

专访，访的是当代人物，写的是当代人们关心的事情或问题，因此，时代感便成为专访的生命。时代感，主要是通过问题的针对性和人物的精神、观念体现出来的。

选题要切准时代脉搏，要写当代人们关注的问题，写当代人们政治生活、经济生活、文化生活中普遍感兴趣的问题。选择专访对象，要选择具有先进思想、先进事迹或者掌握先进知识、先进文化的代表性人物。

只要专访的问题切准了时代脉搏，专访的人物具有时代的代表性，专访的时代精神、时代气息也就在其中了。

（四）新鲜活泼

新鲜是指内容而言，活泼是就形式而论。内容新鲜，一是要及时捕捉生活中出现的新问题和新人新事；二是要选择好新闻的由头，这里就有个时机问题。

（五）专访要“专”

专访的“专”，表现在两个方面，一是内容的专题性，写人、写事、写问题都要求集中、专一，不宜散；二是媒体专栏、专页、专版的“专”有特色。不同的媒体，面对不同的受众，有不同的需求，因此不同的媒体应形成自己专有的、不同于其他媒体的专访栏目，谈论自己的受众关心的问题，访问自己的受众关注的人物，采用贴近自己受众的语言和表达方式。

另外，专访的结构应灵活、自然。写人物，可以按几个片段组织材料；写事件可以按几个侧面安排层次；无论写人、写事、写问题，都可以按访问谈话的自然次序写来。可以直接入题，也可以从环境写起。

第三节　新闻专访的写作范例

▲人物专访

（一）人物专访的含义

人物专访，就是抓住当前人们普遍关心的人物或单位，用第一人称出场的形式写，常用问答式介绍访问内容。

这种报道以“访”为主，即以叙述被访人的看法、意见为主，围绕被访者对某特定问题的看法，写他在这方面的经历和见闻。

（二）人物专访的写作要求

1. 要交代清楚访问对象和访问原因。
2. 对被访问者的描述要有重点。
3. 要抓住特点，刻画出人物的精神面貌。
4. 要注重描写人物语言，给人以访问的实感。
5. 人物专访的结尾，可写一点作者的感受或对被访者的祝愿和希望。

（三）人物专访的写作范例

【范例】

浪漫的中国·梦想的世界

——2008 年 8 月 8 日北京奥运会开幕式总导演张艺谋专访

在北京奥运会开幕式前夕，总导演张艺谋接受了新华社记者的专访，就北京奥运会开幕式创作进行了解读。

问：成为北京奥运会开幕式总导演，经常表示要以一颗平常心开展工作？是否做到了这点？

张艺谋：为北京奥运会开幕式付出了两年多的努力，虽然一直说是要以平常心看待。但真正做起来时谁也做不到平常心，因为肩上的担子和责任太重，由此带来的压力是巨大的。奥运会开幕式的创意，很像我拍电影时寻找好的剧本一样。电影的好与坏，往往取决于剧本是否精彩。花了一两年时间用在寻找好的创意，即使是到了彩排的时刻，我们也仍然没有放弃好的创意。只有真正等到了开幕式办完后，回过头来才能发现，其实真正好的创意，它真的是好。我们最初的有些精彩创意，经过了一次次考验，一直坚挺到了最后。

问：开幕式上有哪些是亮点？

（略）

问：点燃主火炬的时刻都是历届奥运会开幕式最激动人心的时刻，北京奥运会也不例外，怎么解读北京奥运会的这一震撼瞬间？

张艺谋：主火炬点燃，是整场开幕式的最高潮。是对北京奥运会开幕式理念最完整的阐述，是北京奥运会世界性的一种体现。北京奥运会绝不仅仅只是中国人的奥运会，除了要展示中国文化之外，更要展示当代中国宽广的胸怀、海纳百川的气魄。北京奥运会开幕式团队成立以来，收到了无数的建议。我们的这个点火仪式，体现了为全人类的这一盛会欢呼的主旨，让人们能够看明白这一点。

问：如何定位北京奥运会开幕式最大的特点？

张艺谋：我们的这次奥运会开幕式最大的特点就是一个词：浪漫。我个人非常喜欢“同一个世界、同一个梦想”这个主题口号。“梦想”这个词就让人心生浪漫。

中国人其实从古至今，一直不缺乏浪漫。中国古代的写意画，中国的诗词、音乐，充满着浪漫的色彩，浪漫其实早就融入了中国人的血液里面。不着一字，尽得风流。

但在现当代，外国人对中国的认识还是较为片面的。不少人总是认为中国人生活单一，模式化。我们这次就是要借奥运会这一个巨大的平台，让全世界都认识到中国的浪漫。

问：承担奥运会开幕式的总导演与拍电影相比，哪一个更累？

张艺谋：当然是开幕式了。办这么一个开幕式，比拍10部电影大片还要累。工作量和困难简直是拍一部电影的上百倍，幸运的是从生理到心理都扛了下来。

这主要是奥运会开幕式承载的内容太多、太多。百年奥运、中华圆梦。中国人上百年才办一次奥运会，太不容易了。作为有幸承担这一重任的一名艺术家，只能竭尽全力，办好开幕式，为中华文化的弘扬贡献力量。

而拍电影则不同，拍电影更多的是一位导演的个人创作。拍砸了三四部电影，还有希望从下一部中东山再起。而奥运会开幕式则完全不同，只能成功，没有失败一说。其重要性，二者根本不能相提并论。

▲事件专访

（一）事件专访的含义

事件专访虽然也是采访人，但采访者和采访对象的主观意向都不在于人本身，而在于采访对象所经历过的或比较知情的某件事。从采访者角度来看，目的无非集中在以下两点：请采访对象提供事件的过程或真相；请采访者发表对事件的意见和评价。

（二）事件专访的写作范例

【范例】

科技的能量有多大？

——中国科协副主席×××访谈录

一间书房，沿壁书橱摆满了《中国大百科全书》和中外科技、医学专著，精神矍铄的主人正在撰写书稿，此情此景恰好映衬了×××教授那“献身、创新、求实”的心境。

听说记者要他谈谈科技是第一生产力的问题，这位74岁高龄的中国科协副主席颇有感慨：科学技术是第一生产力现在大家都会说，然而，科学技术的能量到底有多大，恐怕没有多少人能讲得明白，因为这是很难计量的啊。

×××教授是我国泌尿外科学奠基人之一。作为中国科学院学部委员、中国科协副主席，他对其他领域科技的发展也很关注。据他介绍，科技在古代发展是缓慢的，与经济的关系也不密切，但是近代蒸汽机的发明导致了第一次产业革命后，情形就不同了。这次产业革命的发祥地英国因此大大提高了劳动生产率，它在世界各国中工业产值的比重猛升到39%，煤和铁的产量更占到了50%，外贸总值达32%，商船总吨位则是荷兰、美国、德国、俄国的总和。之后，科技的进步使美国、德国崛起，英国的地位有所下降。但是，科学技术对生产力日益增长的影响，却引起了更多人的重视。有人用这样一个公式来表示它：生产力＝（劳动者＋劳动工具＋劳动对象）×科技。

（略）

“对于我们这样一个人口众多、资源相对不足、环境污染日趋严重的大国来说，这是一个最根本的制约发展的因素。我们的国情已不允许再用能源、材料的过度消耗来搞经济建设，必须真正地把经济发展转到依靠科技进步和提高劳动者素质的轨道上来。”

×××教授急切的心情溢于言表：“在当今世界各国增强综合国力的‘战争’中，谁能抢占到科技的‘制高点’和‘前沿阵地’，谁就能取胜。一国兴，兴于科技发达；一国衰，衰于科技落后。要让大家看到科技的能量，就要从这样的高度看问题。希望人们达成共识，并赶快行动起来。”

▲科学专访

（一）科学专访的含义

科学专访是一种以传播科学知识为主的人物专访，由采访对象向读者介绍有关某一学科或某一技术的基本知识和应用前景。

（二）科学专访的写作范例

【范例】

神七返回需经历4个阶段多重难关（节选）

中国空间技术研究院原神舟飞船回收系统副主任设计师××

主持人××：轨道舱和返回舱分离的过程难在哪儿？或者是危险在哪儿？

××：分离从原理来说应该没有什么难度，因为主要是空间环境比较恶劣，也可能某一个零部件出现了故障不同步等原因造成，具体我就不是太清楚了。

主持人××：飞船返回前要调姿了，调姿怎么来理解呢？很多人还不太理解。

××：调姿就是调整姿态。利用小火箭改变飞船的运动方向，原来是绕着地球转，要使它脱离原来的轨道，给它一个外力，使它朝着地球方向走，是这样的意思。因为火箭的力有方向，如果姿态不好，往外推，就回不来了。都要通过精确计算，所有程序安排都是通过遥控实现的。推动力都是自己设计的。

主持人××：之后还要有制动，制动又是什么？

××：制动就是把速度变小，反方向推就是制动了，速度慢一点，飞船运行的轨道圈就小了，朝着地球缩小的方向走，预先都设计好了，由地面发出指令。但是到底怎么样靠近地球，都要经过弹道分析，也不能让它太快靠过来，太快下来的话，很难控制，比较危险。

主持人××：有报道“神七”飞船返回地面要经历4个阶段，分别是制动飞行阶段，就是刚才我们说的阶段。还有自由滑行阶段，然后进入大气层阶段和着陆阶段。我们才刚说了一个阶段，这些阶段的技术关键和最危险的阶段分别是哪些阶段？

××：调整姿态就是脱离轨道，这是很关键的，搞不好的话回不来。自由滑行问题不大，主要是高温，飞船靠外层的保护通过这个区域；以后就是回收着陆，就是减速，把速度进一步减到最终使航天员比较舒适地落到地面的范围以内。

主持人××：自由滑行可能难点不是特别大，主要是能对抗高温就可以了。

××：还有过载也不能太大，因为里面有人，很难承受，不像卫星。过载的问题，可以通过弹道师设计来解决，例如可以调整姿态，使它产生一定的升力，滑行的时间比较长，气动载荷的时间长。

主持人××：什么是过载呢?

××：过载是这样的，你坐汽车速度很快，你如果突然间来个急刹车，人是往前面撞。

按照你重量的倍数，两个过载可能就是超过你人体重量的两倍，人承受这种能力是有限的。宇航员在地面做过训练，有一个设计指标，过载应该控制在某个范围内。

主持人××：减速太快了，怕航天员受不了。

××：一切都是为人来考虑的。

主持人××：刚才我们说了两个阶段，这是自由滑行阶段。接下来进入大气层阶段，这个阶段是什么样?

××：就是高温、高过载。可以让飞船有一定的升力，让它能够滑行，把载荷降下来。高温的地方靠船舱来保护，外面即使温度很高，但里边还是保持原来的温度。

主持人××：当初看“神五”报道的时候，杨利伟在返回的时候说觉得有点热，就是因为外面是很热的。我现在有疑问的是，返回舱的温度很高很高，能把钢铁熔化的温度，真的能够保护好我们的宇航员不会被高温伤到，可能需要很多技术吧?

××：这是一个技术难点，我们现在已经是第七艘载人飞船，前面都经过考验，这个技术过去卫星也经受过考验，应该没问题。座舱有各种装置，有空调，可以保证工作温度、环境温度不会升到太高。

主持人××：接下来看最后一个阶段：着陆阶段。着陆阶段是不是也应该有技术难点呢?

××：有。比如说降落伞是串联式的，哪一个环节卡住，就不能正常工作。比如伞舱盖子打不开，主伞那么大，它很薄，万一损坏了，也不行。如果减速伞没有分离，主伞就出不来。到了底下，着陆缓冲火箭，高度如果测不准，提前了也不行，推迟了也不行，一环扣一环，每一个环节都有一些技术难点。

主持人××：这都是你们要保证的?

××：对，考虑的方面还比较多。

主持人××：特别降落伞的打开，您刚才说一个伞打不开可能都很有可能造成一定的后果。

××：对。

主持人××：您当时说这个伞很薄、很小、很轻，还要被压制在一个很小的体积里，然后要迅速打开，这都是技术难点。

××：降落伞开伞环节是最难的，因为那么大的伞，包装包在里面，搁在返回舱里头，重量、体积要求非常严格，而且你都要保证各项性能指标都符合要求，制约条件越多，问题就越难。

主持人××：刚才我们从返回舱的角度看这些问题，接下来我们把角度换一下，放在航天员的角度，返回的过程中，宇航员所要经受的考验，我听说考验可能有高温、黑障区还有过载等等，站在宇航员的角度考虑一下，咱们挨个来说一下，“黑障”区是怎么回事？

××：“黑障”区就是飞船和外界失去联系，因为飞船高速下降，等离子体把飞船包围起来，信号无法通过电离层。

主持人××：像咱们为了应对这个高温，要采取很多技术措施，您所了解到的比如咱们应对高温所采用的技术手段都有哪些呢？

××：主要是外面的材料、保护层。是多层的保护，外层烧了，里边还是好的，热不会传到里边去。

第四节　新闻特写概述

一、新闻特写的概念

新闻特写是区别于消息与通讯和一种体裁。它摄取新闻事实中最富有特征和表现力的片段，通过多种表现手法做具有强烈视觉及情感效果的着力刻画，使其产生立体感，从而更集中、突出地表现新闻事实和主题。

新闻特写与新闻通讯相比较，新闻特写比新闻通讯的内容容量要相对小些、新闻特写的体式亦较新闻通讯要单纯些、简省些。新闻通讯写人可以纵横伸展笔墨，要有一定的完整性，写事则写出事件发生与发展的过程。而新闻特写写人往往只取其生活瞬间的片段，不求完整全面；写事也只截取某些横断面，不要求事件在时间和空间的延续上反映事件的全貌。

二、新闻特写的分类

（一）人物特写

人物特写以写人为中心，不写过去湮没的人物，要写在当代（并且是新近）

生活舞台活跃而有一定影响的“新闻人物”，主要是能对生活起推动作用的正面人物。不是写人物全部的生活史，也不是写人物现实表现的各个方面，而是只写新近引人注目的生活镜头，生活片段。

（二）事件特写

事件特写重在写事，写具有新闻价值的典型新事，要通过典型新事表现出崇高精神，良好风气。

第五节　新闻特写的写作技法

一、题材的选取

好的题材可以从以下几个方面去选取。

1. 奇怪的事、反常现象、巧合、特殊人物，等等。
2. 众人熟悉的人物、场所、事情；里程碑性的历史事件、纪念日。
3. 暴发户英勇抢险行为或震撼人心的险情、受迫害人等。

二、写作的运笔技巧

（一）安排趣味点

新闻特写中，总要有一到数个趣味点。趣味点就是新异精彩、生动有趣、能够激发读者阅读兴趣的地方。这是特写区别于其他新闻体裁的特异之处。没有趣味点的特写是乏味的。趣味点可以是显示人物独特个性的细节，可以是事件的某个关键之处或出人意料的转折之处，可以是某种动物、植物或其他事物的特异点，可以是某种反常现象。

短小的特写，可以只有一个趣味点，但一定要安排在合适的位置上。不能出现太早，那样后文难以吸引人继续阅读；也不可太晚，让读者已经失去耐心还没出现。至于在什么地方出现才是合适的，那要因事而定、因文而定。较长的通讯，不能只有一个趣味点，而要有较多的趣味点相互呼应。这若干个趣味点中有一个是中心趣味点，其他的趣味点分布在它的前后。

（二）工笔、白描

工笔就是细描，是浓墨重彩、精雕细刻的写法。这在特写用于刻画人物、描绘景物的时候，不妨适当采用。不过，在特写中使用最多的，还应该是白描。白描是简笔勾勒、遗貌取神的一种描写方法，文字比较简练朴素，但能够传达描写对象特有的神韵。特写毕竟还是新闻，不是小说，白描应该比工笔更受重视。

（三）制造气氛和情调

在新闻特写中，作者还要常常运用弄引、铺垫、烘托、渲染等方法，制造特定的气氛和情调，在此基础上再描绘相应的人、事、景、物。

第六节　新闻特写的写作范例

▲人物特写

（一）人物特写的含义

人物特写，即以人物为中心，但既不是人物消息，也不是人物通讯，而有些类似于文学作品中的人物素描。

（二）人物特写的写作范例

【范例】

残奥英雄凯歌还

××××年××月××日13时，北京残奥会主火炬手侯斌和参加北京残奥会的厦门籍选手叶超群、陈鸿杰载誉归来。在本届残奥会上，厦门仅有的两名参赛选手合力拿下了一金一银一铜的优异成绩，延续了厦门在最近四届残奥会上都有金牌入账的优异表现。

中午1点10分，侯斌、叶超群和陈鸿杰三人刚刚出现在厦门机场贵宾厅，就被前来迎接的社会各界人士和媒体记者围了个水泄不通。鲜花、掌声、频频闪动的闪光灯，18岁的陈鸿杰显得有些腼腆。陈鸿杰15岁才开始接受规范性训练，仅仅3年时间，还缺乏任何世界大赛经验的他就一鸣惊人，拿下了北京残奥会男子跳高的铜牌。而且他1米95的成绩，也接近了他个人的最好成绩。

北京残奥会男子跳高铜牌获得者陈鸿杰说："对我今后发展肯定很有帮助。各方面对我的关心和照顾真的很大，今天能取得这样的成绩，真的很谢谢他们。"

恰逢本命之年的叶超群在赢得北京残奥会金牌前，已经拿到了无数荣誉。面对镜头，帅气的他显得很淡定。叶超群说，下一步只想休整之后，早点回学校读书。

北京残奥会乒乓球团体冠军、男单亚军叶超群说："挺兴奋的，我很急切地回来这里，我已经一年没有回来了。这次回来以后，忙一阵子完了以后就得上学了，我在福（建）师大上学。今年好像没比赛了，可以好好休息一下。"

×××副市长给了两位夺得奖牌的选手一人一个有力的拥抱。他说，我们的小伙子都是好样的。同时他还提醒我们，今天是北京残奥会主火炬手侯斌的结婚周年纪念日。

北京残奥会主火炬手侯斌："在今天这样一个难忘的日子，我和所有的运动员能够回到我们家乡，回到我们热爱、生活的地方。在一周年以前，我和我太太是在厦门举行了婚礼，潘世建副市长参加了我们的婚礼，这个日子非常难忘。今天非常高兴，有这么多人来接，这么多运动员回家乡，非常感谢市委市政府对我们残疾人事业的关心关怀，我也希望有更好的工作去做，能把残疾人事业做得更好。"

侯斌说，在传递火炬的当天，他就接到了何立峰书记的电话问候，感受到了厦门人民以及市委市政府对残疾人事业的关心。担任本届残奥会形象大使的侯斌说，近一段时间他已经接受了200多家媒体的采访，他最高兴的就是通过采访，把残疾人的形象、厦门的形象又做了一次推广和宣传。

▲场面特写

(一) 场面特写的含义

所谓场面特写，即新闻事件中精彩场面的再现。

(二) 场面特写的写作范例

【范例】

第二十九届奥运会开幕　全球共享"北京时间"

——北京8月8日电

两千零八名演员在变幻莫测的光影组合中击缶而歌，中国人以既古老又现代的方式向世界致敬。第二十九届夏季奥运会，就在北京这样一个"充满魔力"的夜晚开始了。由四万一千八百七十五吨钢架编织而成的"鸟巢"，笼罩在中国式智慧的神秘之中。中国著名导演张艺谋担负着把中华五千年文明史浓缩在一个夜晚的重担。

世界正在倾听这个动人的中国故事。故事的开头足以震撼世人：随着不同组合的或明或暗和排兵布阵般的莫测变换，两千零八名身着古装的演员用中国古老的乐器——缶，魔术般地敲击出奇光异彩，神奇般地出现倒计时数目……

此刻，开幕式"鸟巢"焰火燃放实施团队总指挥赵伟平已在"鸟巢"顶部待了十几个小时，他将随时准备对一万六千枚焰火发出准确的指令。在随后的三个多小时内，作为火药发明地，中国将以一场史无前例的烟花表演点燃全世界四十亿观众的激情。

在"鸟巢"的贵宾席上，布什、普京、萨科齐等近百位外国政府首脑、国家元首和皇室成员正在分享这美妙的北京之夜，这是奥运史上规模最大、层次最高的阵容。本届奥运会的特殊在于，这是联合国五个常任理事国中最后一个举办奥运会，也是社会主义国家中首次完整举办的奥运会。

作为百名海外华人代表之一，南开大学老校友林恒正见证着这一盛典。一九零八年，他的校友、南开大学创始人张伯苓曾发出著名的“奥运三问”：中国何时参加奥运、何时夺金、何时举办奥运会。回答前两问，历经七十六载。今晚，第三问也有了答案，历时整整一百年。

从浙江开化县骑行十二天来到北京的鲁民成为九万一千名现场观众中的一员，他有着比其他观众更为骄傲的理由：十三岁的儿子鲁致远在首都机场守候八天后获得了包括网坛巨星纳达尔在内的三百多名全球明星的签名。鲁民说：“是奥运成就了普通人的梦想。”

白领丽人于兰坐在“鸟巢”A区三层二十五排二座的红色椅子上，屏息观望。一九七八年出生的于兰，恰好与中国改革开放同岁。她说：“这是我们国家改革开放后接受的一次‘成年礼’，我为我们的国家感到骄傲。”

此时，开幕式仍在继续，而主火炬点火方式仍是悬念，三个多小时后，经历一百三十多个城市传递的奥运火炬将传至“鸟巢”并揭开谜底。

长长的“中国画卷”正在开幕式上徐徐展开，中国人仍在对其历史和现状进行极具象征意义和想象力的展示。此刻，全球共享“北京时间”。

▲专题特写

（一）专题特写的含义

所谓专题特写，就是写一个问题或一种社会现象。

（二）专题特写的写作范例

【范例】

“神七”升空 香江欢腾

——新华社香港××××年××月××日电

“……5、4、3、2、1！”25日晚，伴随着神舟七号发射升空的电视直播，正在此间参加香港九龙西区各界庆祝国庆59周年联欢晚会的数百位香港市民，聚集到电视屏幕前，齐声高喊着为飞船升空倒计时。

在飞船腾空而起的那一刻，全场欢声雷动，掌声、欢呼声、笑声，交织成一曲欢乐的乐章。

“这是中国在太空领域迈出的重大一步，是一个新的突破。”九龙西区各界庆祝国庆筹委会常务副主任委员×××在接受记者采访时，语调无比激动。他笑着说，这个夜晚，香港同胞乃至全球华人都十分开心、十分荣幸。“在‘神七’升空之际，我们恰好举办庆祝国庆的晚会，这更加令人满怀喜悦、满怀豪情。”

×××说，香港市民一直关注国家航天事业的发展，神舟五号、六号的成功让大家都非常开心。航天员是香港市民心目中的英雄，希望“神七”的航天员在成功返回后也能来香港访问，一定能和神舟五号、六号的航天员一样，受到香港市民的热烈欢迎。

香港特区行政长官曾荫权25日晚代表香港特区政府和全港市民，祝贺神舟七号成功发射。

今晚，神舟七号发射成为香港市民关注的焦点。在香港有电视大屏幕的街道上，来往行人纷纷驻足，仰头观看“神七”升空的历史性时刻。看到“神七”顺利发射飞向灿烂星空，香港的街道上一片欢腾，素不相识的人们相视而笑，用掌声或挥舞的手臂来表达自己的喜悦。

“我天天都看报纸，了解神舟七号的情况。”市民钟小姐说，一直坚信飞船一定能发射成功，“我对国家的航天科技有信心”。

香港社会福利服务机构庆祝国庆59周年筹备委员会主席陈圣光对记者说，这次“神七”升空，中国的航天员将进行第一次太空漫步，非常有意义，香港市民都很高兴。在电视上看到航天员说“无限风光在险峰”，令人非常感动，这对香港青年人很有教育意义。

“希望‘神七’航天员完成任务后来香港访问，给香港青年人以更大的鼓励。”陈圣光说，香港同胞十分关注国家航天科技的发展，“国家进步、国家好，香港也好”。

港人不仅关注而且一直大力支持国家航天科技的发展。全国人大原常委会委员、香港金利来集团主席曾宪梓曾于××××年捐资1亿港元设立曾宪梓载人航天基金会，旨在奖励为载人航天事业作出重要贡献的优秀科技工作者，以吸引更多有志之士投身中国载人航天事业。

今天在接受记者采访时，曾宪梓动情地说：“‘神七’的顺利升空，说明我们中国人有智慧、有本事！这极大地振奋了我们中华民族的信心。”

他表示，“神七”升空显示了国家的经济实力，因为航天航空事业没有经济基础是不行的。中国航天技术发展很快，从“神五”到“神七”，不过几年时间，这次可以太空漫步了。

曾宪梓表示，载人航天基金已经颁奖两届，今年11月又将颁发1500万元人民币的奖金，奖励为航天事业作出贡献的人，包括航天员、工程师和科学家。

第四章　新闻评论、新闻言论的写作

第一节　新闻评论概述

一、新闻评论的含义和特点

（一）新闻评论的含义

新闻评论，是新闻机构所发表的言论的总称。新闻和评论一实一虚，如同鸟之双翼，构成报纸的两大文体。评论要运用正确的观点、方法对现实社会生活的种种事物、现象、问题在评析议论的过程中，透过现象揭示本质，从而分清是非曲直、优劣媸美，以其鲜明的意旨、明确的导向，提高人们的思想认识，指导人们的社会实践。

（二）新闻评论的特点

1. 新闻的特点

新闻评论这种说理文章，其内容仅限于针对最近发生的事实，眼下存在的社会问题、思想倾向进行评价论理，发表主张意见，从而发挥指导或影响群众思想，促进和推动工作的作用。它像消息、通讯一样，紧跟社会运转的步伐和节奏，有严格的时限，求快求新，而且多是配合着消息、通讯的主要内容选择、确定观点，展开评论。

2. 论理的特点

评论文章的主要表达手段、主要内容在于议论说理，同一般说理文章很相近。评论文章运用概念、判断、推理的手段，即议论的手段，把道理直接说出来，文章的内容由论点、论据、论证三要素构成。

3. 灵活的特点

①从篇幅上看评论可长可短，以千八百字长短居中的篇幅为多，近年来有日益短小精悍的发展趋势，三五百字、两三百字的微型评论越来越多。

②从内容上看，评论文章涉及的范围，除去很专业的学术问题理论问题外，现实社会生活中的各式各样的问题大至国家前途、世界风云，小至一个人的言谈举

止、街谈巷议，它都可以抓住其中的是非曲直进行评论。

③从风格上看，评论以通俗晓畅见长。在这个前提下，根据评论内容的实际情况，它既可以庄重严肃、朴实无华，也可以幽默轻松、活泼生动。

二、新闻评论的性质

新闻评论是新闻媒介的政治旗帜。具有鲜明的时代性和阶级性。我们的新闻媒介的根本性质就在于它是党的喉舌，必须坚持党性原则。“党性原则”最明显地体现在新闻评论中。

三、广播新闻评论的含义和特点

（一）广播新闻评论的含义

广播评论是广播电台播发评论的总称。广播新闻评论，是广播评论的核心，被称为电台的旗帜，专指新闻节目或新闻台播出的评论。它有着其他广播新闻不可替代的作用。

（二）广播新闻评论的特点

广播新闻评论的性质、功能、特点和党报党刊的新闻评论是一样的。广播新闻评论由于传播媒介的特殊性，也形成了它有别于报刊评论的个性。

广播体裁的风格特点是短、浅、软，这个特点，尤其是浅和软的特点，最明显地体现在广播评论包括广播新闻评论中。这样，广播新闻评论就形成了新闻性、政论性和短、浅、软为其表现风格的个性特征。

第二节　新闻评论的写作技法

一、新闻评论的要素

（一）论点

论点是从论题中提炼、引发出的观点，是评论者的主观意识与客观实际统一的产物。对论点的要求是正确、新颖、有针对性。

一些短论及编者按、新闻点评，一般只有一个总论点，而较高规格的评论在总论点下还有分论点。总论点就是评论的总观点、中心思想，或者叫立意。它是评论的灵魂，贯穿评论的始终，支配着评论的各个分论点以及选材、布局。

分论点是由总论点派生出来的，是说明、支撑总论点的，是总论点的几个侧面或几个层次。

总论点与分论点之间，是主从关系，支配与被支配的关系。

分论点之间，或者是并列关系，或者是递进关系。

（二）论据

论据是指证明论点的依据。对论据的要求是真实、充分、精当。论据必须真实，论据失实，论点不攻自破。论据必须充分，论据不充分，以点带面，以偏概全，论点难以成立；论据充分还要求论据和论点间有必然的内在联系，而不是偶然的联系。论据还要求精当，所谓精当指的是与论点有紧密内在联系的、能够以一当十的典型材料。

论据按其性质，分为理论性论据和事实性论据两类。

1. 理论性论据

理论性论据指的是已经被实践证明被人们普遍接受了的正确思想、观点、公理、准则、经验等，包括哲学社会科学方面的成果如马列主义、毛泽东思想的基本原理；党和政府正确的决议、路线、方针、政策、政令、法令；自然科学方面某些为人们熟悉的公理、定律；前人的文化遗产以及格言、谚语、民谣等等。

马列主义、毛泽东思想的基本原理，是被实践证明了的真理，是我们认识世界改造世界的强大思想武器，也是新闻评论最为重要的理论性论据。评论的理论高度、思想深度，与这类论据的运用有重要关系。

党和政府的正确决议、路线、方针、政策等，是从实践中总结出来，具有理论性和科学性，对正确认识现实生活有直接的指导意义，也是新闻评论的重要理论性论据。

自然科学中的某些公理、定律，有时也可以运用在新闻评论中，说明某些社会、人生问题。但运用这类论据须特别注意它的通俗性，如果不是受众普遍了解的，又非用不可，需作通俗化解释。

历史的思想文化遗产，乃至成语、谚语、格言、寓言、故事等，是前人认识世界改造世界的文化结晶，它们仿佛是历史的镜子，可以折射现实，对我们认识当前有重要的观照作用。这类论据，还可以增加评论的生动性。

谚语、民谣，凝聚着劳动人民认识世界的经验、智慧，运用这类论据不仅可以说理，还能增加评论的亲切感，缩短与受众之间的距离。

2. 事实性论据

事实性论据指的是证明观点的具体材料、具体事实。事实是不能以人的意志为转移的客观存在。

新闻评论中的事实性论据，从不同角度分为新闻事实、背景事实；当前事实、历史事实；典型事实、概括性事实等。

新闻事实，是新闻评论立论的基础，论点是从新闻事实中引申出来的，新闻事实是证明论点的主干材料。

背景事实，也是新闻评论的重要论据。和新闻报道中的背景材料一样，通过背景的衬托，新闻事实的意义就更突出，评论的道理就更易明白。

历史事实，是背景事实的一种。和历史的思想、文化遗产一样，历史事实，特别是当现实生活中出现了某些与历史有关的现象，或者类似于历史的现象时，历史事实也是观照现实的一面镜子，它给人们的认识启迪与借鉴往往更生动、更深刻。

典型事实，指的是对证明观点能起到以一当十的那种最有说服力的具体事实。可以是新闻事实，也可以是背景事实，这是证明论点的最生动最有力的论据。

概括性事实，是指全局性的事实，常以统计数据出现。

在实际新闻写作中，常常需组合多种事实，证明其论点的正确或驳斥论敌观点的谬误。事实性论据必须真实，论据失实，论点就不能成立。

（三）论证

1. 论证的基本方式

论证的基本方式，从不同的角度可分为立论、驳论、直接论证和间接论证四种。

论证就是用论据说明论点的过程，一些小言论、编前编后及新闻评点虽然没有严密的论证过程，但都要求观点和材料统一，说理合乎逻辑。

（1）立论。所谓立论，就是讲道理，自己提出一个观点，再用论据证明自己观点的正确性。

（2）驳论。所谓驳论，就是批驳，证明对方观点的错误，从而间接证明自己观点的正确。

在实际写作中，立论和驳论两种方式常结合运用。一篇立论性评论，为了说理更有力，常常要树立一个靶子，树立一个假设的论敌，在局部范围里采用驳论手法。同样，一篇驳论性评论，在分论点时，有时也采用立论手法。

（3）直接论证。所谓直接论证，主是用论据直接证真或证伪，即直接证明自己观点的真理性、正确性，或者直接证明论敌观点的错误荒谬性。

（4）间接论证，就是通过否定对方观点的正确，证明自己观点的正确；或者通过论证自己观点的正确，证明对方观点的错误。

2. 论证的推理形式

论证的推理形式，包括演绎推理和归纳推理两种论证方法。

（1）演绎推理。这是从已知的公理、定理出发，推证尚待证明的论点的方法，是由一般到个别的推理方法。运用理论论据，就得采用演绎推理。

演绎推理的理性论据，必须恰当地证明具体事物的本质、属性，必须对论证对象有理论的涵盖性；这些理性论据还必须是受众公认的真理，而不是一部分人的偏见，否则就会“言不及义”，证明不了观点。

（2）归纳推理。归纳推理是与演绎推理相对应的一种论证方法，是从个别、从具体到一般的论证方法。就是将几个具体的事物归纳起来，抽象出其共同的本质、共同的属性的方法。

这也可以说是从事实到理性的方法，这种方法以事实性论据为依托。

运用归纳推理，必须选择和论点有内在联系的典型事实。所谓典型，是说材料与观点间的内在联系是必然的，不是偶然的；是紧密的，不是松散的；是那些"举此一端，可概其余"的事实。如果事实和论点间没有必然联系，仅仅是偶然的联系，或者是牵强附会式的"联系"，必然导致论点的不可靠乃至虚伪性。

3. 论证的具体方法

论证的具体方法多式多样，常见的有如下几种。

（1）例证法。就是用事实说话的方法，或者叫实证法，依据具体事例，运用归纳推理证明论点的方法。

（2）事例推演法。这种方法，其本质也是事实证明法，与例证法的不同在于，它不是仅用几个典型事例证明观点，而常常由点及面，即由点的事实推演到面的事实，从而把论点建立在更丰富的事实基础上，加强了论点的雄辩性，也拓宽了受众的视野。

（3）引证法。就是用已被证明的原理、准则，证明待证明的论点，属于演绎推理形式。

（4）类比法。将性质类似的事物放在一起比较，以显示其共同的本质。类比论证的比体，可以是事实，包括现实生活中的事实、历史上的事实，也可以是文学形象等。但比体，必须是受众熟悉的事或人，或性质、其中蕴含的哲理是受众公认的。

（5）对比法。对比法是与类比法相对应的一种说理方法。主要是将性质上相反的两个事物或者一个事物在不同的条件下两个相反方面作比较，有破有立，在比较中明理。类比论证，侧重求同，理在同中；对比论证侧重求异，理在异中。

（6）釜底抽薪法。也叫反证法，就是揭示对方论据虚伪性的方法。论据虚伪，不真实，其论点也就不攻自破了。对方论点站不住脚，也就间接证明自己的论点的正确性。

（7）归谬法。假定对方的论点是正确的，按照对方的逻辑方式推下去，得出一个荒谬的结论，从而证明对方论点的荒谬、自己论点的正确。

二、评论的写作要求

1. 论点务必具体单一

评论和多数专栏言论属于跟踪现实生活中发生的具体事件、社会现象的说理小型评论文章，它们不正面接触大政方针、大是大非的问题。

2. 关键是把“理”评出来

短评和专栏言论的论点具体单一，文章也不能写长，但是一定要把道理评出来，这一点和其他评论以及别的说理文章大同小异。评论说不出一点道理，无论长短，也无论论点怎样高明，都是不合格的评论。

3. 采用“短平快”的论述节奏

从总体上说，评论的篇幅是比较短小的，文字量极为有限。因此，评论多采用简洁明快、直截了当的论述节奏。对于评论的事，要用尽可能简明的文字交代出来，而不必添加什么铺垫。因而也不需要绕弯子；评论的意见主张也宜开门见山，鲜明干脆地告诉读者，论证问题更要简明扼要，是非曲直的根据在哪儿，点到为止，而不能像写学术论文那样引经据典，长篇大套。

三、广播新闻评论的写作要求

广播新闻评论在论据、论证等方面的要求和报刊新闻评论是一样的。其写作要求为：

1. 直截了当

广播新闻评论由于传媒的特殊性，应单刀直入，直戳要害，不可兜圈子。要一条主线，贯通首尾，不可枝蔓。

2. 论题要选得小些

广播新闻评论要求比报刊新闻评论更短些，而且还要有深度。这就要求论题要选得小些，只论一个单一小题目，不能庞然杂陈。只有小切入，才能以较短的篇幅把问题讲透。

广播新闻评论的论题必须是在某一个系统、某一个方面带有全局性的、倾向性的问题；立意必须对全局具有针对性、指导性。这就要求论证的材料，必须是典型的。

3. 软些近些

软是广播评论风格的又一特点。软是形式，是为了更好地贴近听众，为了更好地宣传硬的内容。

形式上的软主要是指语言表达亲切些、轻松些、幽默些、形象些。轻松幽默、生动形象是所有新闻体裁共同的要求，但比较而言，广播新闻特别是广播新闻评论，更需轻松幽默、生动形象。幽默而生动的形式，易于引起听众兴趣，以便把那些处于半收听状态的听众的注意力，完全吸引到广播中来；易于激发听众的通感心理本能，把听觉形象变为视觉形象，使抽象道理，变得似乎可触可摸，从而提高广播新闻评论的收听效果。

4. 深入浅出

广播体裁风格特征之一就是深入浅出。深入，就是深入题旨；浅出，是指表现风格浅显。其一，论据要选择典型的、为广大听众熟悉的材料；其二，推理的方式要尽可能简易；其三，语言要通俗易懂。

5. 运用音响

音响，被称为广播的特殊语言。采用音响是广播新闻评论区别于报刊评论的特点，也是优点。精当得体的音响运用，能增强广播评论的真实性、生动性和感染力。

第三节　新闻评论的写作范例

▲社会评论

（一）社会评论的含义

社会评论是用理论联系实际的方法，以现实生活中的重大事件或人民群众关心的重大问题为对象进行分析、议论、评判的文章体裁。

社会评论是一种特殊的文体，它具有特殊的任务和作用，有自己的特点。

1. 浓郁的大众色彩

社会评论要面向广大读者，在论述方式上也要符合大众的口味。这就要求社会评论一方面要使思想内容与读者接近，评论大家当前关心的问题；另一方面还要注意知识性和趣味性，在写作形式上要尽量生动活泼、丰富多彩、通俗易懂。

2. 强烈的时效色彩

社会评论的时效性体现在及时有效地评论现实存在着的重大问题。社会评论要善于抓住处于萌芽状态的思想或刚刚发生的重大事件进行评论，要抓住人们最感兴趣的最有新闻价值的问题，及时地挖掘出事件现象之后的本质，提出解决问题的办法，这样才能取得较好的社会效果。

3. 鲜明的政论色彩

社会评论是政治活动、思想斗争的工具，具有鲜明的政论性。它所反映的观点都代表一定阶级、政党或政治集团的利益，为当时的需要服务。社会评论的政论性，体现在它评论的对象往往是具有政治意义、经济价值和重大社会意义的事件，它重在阐明立场和主张，提出观点和解决问题的方法。社会评论必须反映舆论和引导舆论，旗帜鲜明地表彰先进、针砭时弊，为群众释疑解惑，帮助他们分辨先进与落后、新生与腐朽。

（二）社会评论的写作格式

社会评论写作的重要步骤体现在三个方面：一是确定评论对象，提出诊断，即选题与立论；二是分析和解决问题，即论述和说理；三是行文中注意语言的运用。

1. 确定评论对象

社会评论的评论对象主要可从以下两方面选择。

（1）以新闻为评论对象。因为新闻是及时而客观地反映新近发生的有价值的事实，它往往是评论的对象。但新闻成为评论的对象，必须具备有评论价值和据以立论的新闻必须真实两个要求。

（2）以社会事件与现象为评论对象。选取社会实际生活的事件和现象作为评论的对象，也有如下两个要求。

①选择党和国家的有关方针政策或重大行动进行评议，这有利于宣传党的路线方针和政策，推动社会主义建设。

②选择具有典型意义的社会热点进行评议。

2. 论述和说理

社会评论的实质是从材料中挖掘观点进行说理论证的过程。它必须注意以下几点要求。

（1）论点论据要统一。这实际上是材料和观点的统一。一篇成功的评论，必须做到论点准确、鲜明，论据真实、典型。同时，论点、论据还要恰当地统一起来。要做到论点和论据的统一，要注意几点：首先，坚持实事求是的原则。“实事”就是全面掌握材料，“求是”就是从占有的大量材料中研究事物的内部联系，掌握其规律。其次，正确处理好论据和论点的辩证关系。在构思阶段，论据越多越好，这样形成的论点才可能准确、鲜明。

（2）论述要虚实结合。社会评论中的“虚”，指观点、理论、政策、思想；而“实”则指事实、实践、业务、材料等。务“虚”是侧重于谈理论、谈政治、谈方针、谈思想作风等；务“实”则谈业务、谈具体工作、谈典型事件等。评论的写作要求既要反映事物具体的内容，更要揭示抽象的本质的方面，只有两者结合，才能增强文章的思想性和指导性。

（3）严密的论证结构。社会评论要靠它的逻辑力量震撼读者，因此，必须讲究逻辑结构的严密性。一篇好的评论，要做到行文上严密周到，不留破绽，使自己的观点立于不败之地，还要概念明确，层次清晰，同时，要恰当地使用归纳法、演绎法、对比法、归谬法等推理方法。

3. 行文中注意语言的运用

说理的语言艺术也很讲究，不能只求“辞达而已矣”。要艺术地表达观点，可以从以下几点去考虑。

社会评论作者在写作时要像在老朋友面前讲述一件有趣的新闻一样，在随意和轻松之中将道理阐释清楚。社会评论的语言切忌艰深晦涩、矫揉造作，反对空话、套话。要善于把深奥的道理用普普通通的群众语言讲述清楚。

评论在讲究逻辑性之余，还应力求把抽象的道理讲得富有形象性，这样可以增强文章的吸引力。常见的方法有：注重运用比喻；注重对评论的客观事物进行形象化的富有感染力的描写；注重寓理于情，将观点融入富有感情色彩的语言中，做到情理交融；适当运用有关修辞手法，如排比、设问、反诘等句式的使用。此外，有的社会评论还具有幽默感，即使用一种巧妙、机智的论述方式及轻松或富有感染力的笔调表达一种严肃的观点。

（三）社会评论的写作范例

【范例】

公众有权监督才能确保食品安全

××××年××月××日　唐　昊

保障食品安全一向被认为是企业的道德责任，也是政府的监管义务。但一个月前被揭露的毒奶粉事件，证明这两方面都已经出现严重的问题：有着1000多道检测工序的奶粉企业仍未能阻止人为添加有毒物质，并且有证据表明这已成牛奶行业“潜规则”；至于政府监管方面，某市政府在公开道歉中承认其在8月初接到报告后，为保护当地企业和控制“负面影响”而延误上报达月余，致使事态蔓延。

毒奶粉事件给整个公民社会的反面教训就是：当政府和企业都靠不住的时候，一个社会必须能够自救，或者有能力推动制度变革，以使类似问题不再发生。如果社会没有这个能力，只是寄希望于企业自律和政府安排，就很难保护自身的利益。

如果公民社会比较发达，毒奶粉事件发生后会出现什么样的情景呢？首先，媒体会在第一时间将其曝光，并且深挖整个毒奶粉的产业链，列出可能的责任人；全社会开始对这种现象进行声讨，将追究责任和救助受害者等话题引向深入；行业协会要为其监管不严而负上责任，或者建立新的行业协会，并确定食品健康的新标准，公布其他厂家情况；司法救助也在第一时间展开，大批律师准备为受害者打官司，针对厂家和监管部门的诉讼开始大量出现，有些是集体诉讼；相关企业做出道歉和巨额赔偿；政府承诺负责和弥补制度漏洞……公民社会的行动不会停止，直到事件得到令人满意的解决，人们能吃上放心的奶粉。

在我们这里，这一切似乎也在发生，但其主导者都是政府：追究责任、检查患儿、赔付受害者等工作都是由政府来做，甚至三元收购出事的三鹿，也是由政府主导。这样做的结果是大家都在等政府拿主意，所有的期望、所有的压力和责任都在政府身上。在这种情况下，稍有差池就会对政府信用构成致命打击。

同时，政府承担了整个社会监护者的角色，社会本身的自我保护能力也没有机会得到提升。拿食品安全问题来说，由于其涉及面太广，任何国家都不可能只靠政府监管，必须要诉诸公民社会的监督。但在我们这里，公民社会的监督缺乏最基本的激励机制，如公益诉讼很难打赢，赔偿也少得可怜，甚至连消法中的双倍赔偿都拿不到；媒体经常处于沉默状态；第一时间提出质疑的公民轻易就被收买噤声；民间自发的揭弊和志愿律师团追讨等行为不受鼓励，等等。这些情况都导致公民社会的监督无法落地，甚至要为这种监督付出过高的代价。与之相比，企业则很少为自身产品的质量问题付出什么代价。作为要赚钱的经济单位，企业一旦在维护食品安全的成本和赔偿消费者的成本之间做比较，毫无疑问是后者的成本低，难怪欺诈消费者行为成为企业第一选择。

一个国家进步的动力、创新的能力和自我净化的潜力都来自社会层面，政府更多的时候是在扮演一个事后认可的角色。中国改革开放30年的历史大抵如此。与此类似，西方国家的发展也是由公民社会推动的。20世纪初的“进步主义”运动，就是在美国社会因两极分化、垄断、腐败而乌烟瘴气的时候，由公民社会主动出击，逼使政府和大企业改弦更张，在一代人的时间内建立起了一个干净的社会。美国的社会有自我成长和促进政治经济持续发展的能力，这一点是其发展的关键所在。但要指出的是，群众的首创精神是来自于一个社会本身的活力。如果一个社会事事依赖政府，又有什么活力可言?

毒奶粉事件说明，我们的问题不是技术，而是有了好的技术却用不好；不是法律缺失，而是法律已成一纸空文。制度和法律层面的完善当然有赖于政府，但制度的实践和法律的落实却要靠整个公民社会的推动。而恰恰是在这一点上，公众并没有行动起来，或者因为缺乏相应的保障而无法行动。

举个例子，要培养社会的自救和进步能力，前提是信息公开和媒体监督。如果社会公众对安全风险浑然不知，就不可能自我保全。约瑟夫·普利策说：“倘若一个国家是一条航行在大海上的船，新闻记者就是船头的观望者。他要在一望无际的海面上观察一切，审视海上的不测风云和浅滩暗礁，及时发出警告。”但在毒奶粉事件即将被媒体曝光前，石家庄市政府却收到三鹿集团关于“请政府加强媒体的管控和协调”的报告，并真的这样做了。石家庄市政府的做法其实是许多地方政府的常规做法。类似的管制使得公民社会无法发挥促使制度进步的作用。

历史已经证明，要最大限度地防范公共危机，就必须唤起公民社会的力量。只有这种力量才能促使唯利是图的企业和迟钝不前的政府向正确的方向迈进。

▲思想评论

（一）思想评论的含义

思想评论是通过对现实生活中表现出来的具有代表性的思想问题，进行分析评论，赞扬先进思想，鞭挞落后意识，以树立良好的社会风气。思想评论能够及时抓住问题进行评论，还能够有的放矢地对具体思想问题进行评论，具有较强的时间性和针对性。

（二）思想评论的写作要求

1. 选准问题，找好角度

在现实生活中，有正气向上的精神，也有邪气向下的倾向。评论者要敏锐地发现问题，选准问题，找好角度。

2. 掌握政策，注意分寸

思想评论的问题多属人民内部矛盾问题，对这些矛盾问题都要以党的方针政策来分清是非。所以，在写作思想评论时要注意有关的政策，不能任意发挥，语言要热情，态度要诚恳。而且，还要注意把道理讲透，令人信服。

（三）思想评论的写作范例

【范例】

市场经济的道德悖论

××××年××月××日　《中国经营报》　丁栋虹

每一种经济制度都有相应的道德观念和法制基础。以追求自利作为核心特点的市场经济，为什么在发展结果上，呈现了与道德经济的统一性？这是一个典型的道德悖论。

其一，真正的市场经济是一种道德经济。费尔巴哈有句名言："没有精神的肉体是动物，没有肉体的精神是神，肉体和精神的统一才是人。"之所以真正的市场经济是一种道德经济，关键在于市场经济提供了实实在在的道德手段。也就是说，市场具备一种道德的软性力量，一种通过让经济人做它想做的事情而获得预期结果的能力。这是通过引诱而不是强迫实现目的的一种能力。市场经济之所以能起道德作用，是因为它能够说服经济人遵守或同意那些能够产生预期行为的准则或制度。

政治学家塞缪尔·亨廷顿说，物质上的成功使得一种文化和思想变得具有吸引力，而经济和军事上的失败则会导致缺乏自信和特性危机。他的话是对的。市场经济的道德的软性力量正具有其应有的吸引力，而道德说教和政治思想教育的失败经常引致普遍的社会性危机。

（略）

其四，作为道德基础的中国市场经济需要进行制度完善。对市场经济与道德的研究，不能拘泥于个体的道德规范与教育的研究上，而应该扩展到制度的道德问题。人的社会本质决定了任何人都是在一定制度下生活的，而制度本身的结构是否合理以及由此产生的各种政策和规章制度是否正确公正，直接关系着人们的价值取向和品行的好坏。一旦制定的方针、政策、规章制度缺乏公正，就会导致社会权利和义务倾斜，使得社会利益分配失衡，为投机钻营的各种不道德的行为提供滋生和蔓延的沃土，因此，制度的非道德性对社会的文明和道德风气，具有举足轻重的作用。由于社会转型，制度本身的不完善所产生的漏洞，使得一些人靠钻政策或各种规章的空子大发不义之财。为此，扭转社会道德的颓势，就不能光抓个体的道德建设，而应从根本上加强制度的道德建设。

▲文艺评论

（一）文艺评论的含义

所谓文艺评论，是对各种文艺现象进行分析、研究、探讨、评价的一种理论性文章体裁，又称文艺批评。其直接对象包括作家、艺术家、文艺作品、文艺思潮、文艺理论、文艺运动等一切文艺活动现象。

（二）写作文艺评论应考虑的问题

1. 简介文艺作品的作者与内容

作者是文艺领域内从事文艺创作的主体，文艺作品只是作者精神劳动的艺术产品，没有作者，就不会有异彩纷呈的文艺世界，因此，我们写评论的第一步是了解作者，介绍作者，把握作者的社会存在结构与自我结构。

简介文艺作品的内容，实际上指的就是复述作品的内容。所谓复述就是概括性地用评论的语言简明地转述文艺作品的主要内容和有关材料。

2. 阐释文艺作品蕴含的思想性

一部作品的思想性如何，将直接关系它的社会价值和社会效果的评定。准确阐释文艺作品的思想意义，是文艺评论不可推卸的职责。要阐释作品的思想性，应研究分析作者和作品的总的思想倾向；坚持从作品的实际内容出发，阐释其思想性；将作者的实际情况和作品内容的时代背景、社会关系等联系起来评价其思想性。

3. 评述文艺作品的艺术形象

文艺作品是以艺术形象来反映社会生活，表达作者的情思的。不同门类的文艺作品其艺术形象的表现方式是不一样的，评论者首先应把握其艺术形象不同的特点及表现方式，然后进行分析评价，揭示其认识价值与审美价值。

4. 论析文艺作品的艺术形式

文艺作品的艺术形式由作品的结构、表现手法、语言创造、创作技巧、创作风格、意境的营造、作品的体裁等因素构成。在文艺评论的写作中，可以根据作品的特点，选择一两个重点来写，或交互运用，有机结合，以便写深写透，写出具有独创性思想力量和艺术魅力的文艺评论。

（三）文艺评论的写作范例

【范例】

从思想史角度切入当代汉诗的内核
——评赵思运、韩金玲《中国大陆当代汉诗的文化镜像》

××××年××月××日　《中国艺术报》　刘　波

在当下，以个人独立立场进行研究，不受多少利益和意识形态影响的学术，实在是凤毛麟角。面对无趣的文学研究现状，我们迫切需要有人能从个体心灵和思想史角度出发，重新指证并解读一个时代的文学。赵思运、韩金玲所著的《中国大陆当代汉诗的文化镜像》（以下简称《文化镜像》），正是这一背景之下应运而生的带着个人立场、并发出了思想之声的诗歌研究著作。这不是一部纯粹的诗歌史，也非按时间、流派等线性发展来作总结的报告，作者从深层次和多角度，全面呈现了1949年以来大陆汉诗每一阶段所蕴含的思想价值，具有很强的启蒙色彩与拓荒性质。

《文化镜像》没有停留于就诗论诗、就诗人论诗人，而是结合时代、社会与政治等各个层面，将诗人诗作置放于大的背景下来进行检索，以解析出诗歌在艺术与思想上融合的价值，并给出诗人在其所处时代的位置。作者对新时期以来汉诗的民刊传统和现状也作了精细梳理，尤其是对这一中国大陆独特诗歌出版现象的社会学研究，的确折射出了现代制度下诗歌出版的另一重面貌。

这本专著与很多新诗史论著作不同的地方，在于其冒险精神，很多人不敢或不屑于去涉足的领域，本书却提供了极富个人性的精辟见解，同时又将一些诗歌现象和思潮重新作了理性评析。对于那些因各种原因去国离乡的大陆诗人，他们用贴近心魂的方式，建立起了一条通向这些有着浓郁乡愁意识的“去国诗人”内心的精神路径，这是殊为难得的学术立场之体现。赵思运和韩金玲不仅有自己宽广的眼界，还有求真的美学。他们不是一味地赞扬和吹捧，而是带着质疑和反省，去对那些曾经无法解释的纠结性难题作出追问，进行对话，从而探寻诗人创作时的心理。由此，作者在选择个案时，不是随意选取，而是综合考量，以择取最具代表性的诗人诗作来进行研究。

《文化镜像》的个案研究中所呈现的异于常人的选择，透出了赵思运和韩金玲独特的学术研究之路，他们出示了一种新的文学研究观：诗歌研究也是一种创作，这当是他们的文字让人感觉亲切的缘由。在那些灵动的解读和评论中，他们既做到了理论分析透彻，又不乏评论文字的创新，这也是我们读那些学报体文字时所体验不到的美之快感与享受。

除此之外，《文化镜像》很重要的价值，就在于对我们长久忽略的大陆汉诗中思想性的关注，以及对很多人不屑的“介入”写作的聚焦。他们既可以沉于历史的考查，又可介入现场的还原，所以，融合历史感与现场感也是《文化镜像》的精彩之处。我们何以对当下的学术表示失望？我想，更多的还在于我们越来越失去一种精神言说的力量，因为学术里缺乏锐利的思想，而《文化镜像》恰恰为我们提供了久违的学术思想之力，这或许才是我们对这本著作需要另眼相看的原因，它不仅关涉一种探寻真相的学术秩序，更关联于我们的美学趣味和生活情怀，我相信，这可能才是本专著的核心价值。

▲影视评论

（一）影视评论的含义

影视评论是文艺评论的一种，指以电影、电视为研究和评说对象的评论形式。

影视评论的内容大致包括三个方面：剧本、导演、演员表演。剧本的主题思想、人物刻画、故事情节、人物语言、悬念设置，导演对主题的把握和表现、对人物性格的塑造、艺术创造力、审美理想的表现，演员创造形象的能力、对剧本和导演要求的把握及演出技巧，艺术风格等，都在评论范围之内。

（二）影视评论的写作格式

影视评论的写法很多，可以宏观大扫描，也可以微观具体评说，讲总体印象，也讲最深感受。但每篇评论不能泛泛而谈，要有中心、有重点，评出特色来，评出自己的独到见解来。关键是细心审视作品、艺术家如何反映生活中一些本质的现象。下面介绍几种写法。

1. 理出最佳的线索

对任何一部影视作品，先从总体上找到感受，是成功，还是失败，进行具体分析，上升到理性认识，归纳出几个观点，然后再提炼一下。把发自内心的观感揭示出来。

2. 找到最深的感受

读者观赏任何一部优秀的作品，总会找到最深的感受。影视内涵、形象特点、导演技法、音美设计等，新的构思、新的艺术方法，总会触动读者的心灵。抓住这一点来写，就会有特色。

3. 进行认真的对比分析

对比分析是写影视评论常见的方法。这种对比，包括史料的对比、生活的对比等等。艺术可以虚构，可以加工，但必要的生活真实不能马虎从事。对比分析之后，最好有更进一步的综合分析，进一步升华，概括几个理论问题，站得更高、看得更远一些。

（三）影视评论的写作范例

【范例】

新“007”伦敦放映遭恶评

——新华社××××年××月××日讯

即将于下月在我国公映的最新邦德电影《007：大破量子危机》（前译《余温之恋》），近日在伦敦放映，观众是制片方邀请的部分媒体人员。这些媒体在肯定影片制作精良的同时，集中批评了该片的节奏把握和人物塑造。有影评人认为，较之前作《皇家赌场》，《量子危机》明显逊色。

BBC影评人认为，《量子危机》给人的感觉是“三部曲的第二集”，既没有第一集的炫目，也没有起到承上启下的衔接作用。整部影片的动作场面火爆，但没有脱离以往的套路。应当说，该片能看下来，丹尼尔·克雷格的蓝色双眸起到了关键作用，而朱迪·丹奇扮演的M还是一如既往的老辣。

《独立报》的评论说，克雷格在《皇家赌场》的高调亮相把007系列推向了新境界，但《量子危机》却没有延续这股气势和劲头。由于该片片长适中，所以观影过程还是非常震撼的，至少猛烈的动作场面胜过布鲁斯南时代的任何一集007作品。遗憾的是，松散无力的结尾让全片魅力受损。

在各家媒体的评论中，《时代在线》最为苛刻，其影评人表示，《量子危机》貌似《皇家赌场》续集，但整部电影却不如前者那样生气勃勃，邦德更像个退化版的“伯恩”，只顾着从一个国家跑到另一个国家。和以往的邦德片相比，该片还少了些智慧，台词也不够幽默。尽管片长已缩短很多，但看起来还是冗长。

▲经济评论

（一）经济评论的含义

经济评论以宣传党和国家的有关方针、政策、法规，推动经济活动的健康发展为宗旨。

经济评论具有强烈的针对性、严格的时效性和突出的政策性。

（二）经济评论的写作格式

经济评论的写作分一般评论的写作和经济杂文的写作。

1. 一般经济评论的写作

一般经济评论由开头、主体、结尾三部分构成。

（1）开头。一般先摆出与评论对象有关的事实，并提出论题或观点。

（2）主体。集中笔墨，对评论对象进行评论和分析。由于写作的目的不尽相同，评论主体的写法也略有变化。有的可针对经济现象，分析出若干原因，层次一般是并列式的。但有的主体在分析原因之后，或提出相应的对策，或进而点明问题的实质，其主体的材料安排则是递进式的。

（3）结尾。一般是指出问题的本质，或归纳上文得出的结论，或提出改进的办法、建议等。

2. 经济杂文的写作

经济杂文篇幅一般较短，但取材却很广泛。大至宏观经济，小至微观经济，都可以任意选择。但其切入点常以经济活动中的一件事、一个侧面，或一个有代表性的论点为“由头”生发议论，形象说理。经济杂文的结构类似散文，具有形散神不散的特点。

（三）经济评论的写作要求

1. 标题文字要尽量简练，做到无一字可增删。

2. 标题的意思要明确、要贴切。

3. 标题所指范围不要过大，并能暗示或体现主旨。

4. 适当运用多种修辞手法，令读者耳目一新，产生阅读兴趣。

（四）经济评论的写作范例

【范例】

尽快改革增值税救企业、救经济

——××××年××月××日 《每日经济新闻》

从G3经济区（欧、美、日）到新兴市场，从美国、匈牙利到巴基斯坦，所有的国家都在应对金融危机，以及接踵而来的经济衰退。全球信贷市场仍然紧缩，大宗商品交易价格下挫近半，全球衰退不可避免。

我国终于出台了一系列政策，目标是在尽可能短的时间内阻止经济增长速度大幅下滑。财政部、国家税务总局21日联合发布通知，将从××××年××月××日起再次调整纺织品服装商品的出口退税率，部分纺织品、服装、玩具出口退税率提高到14%。10月22日晚，财政部与央行出台房贷与房税新政，以阻止房地产交易急剧下滑的势头，10月23日，媒体传出消息，财政部9月初提交的千亿元减税规模的增值税全面转型方案已获国务院批准，减税规模保底为1500亿元，有望达到2000亿元，××××年××月××日起实施。

系列救市举措是救市场、救企业、救经济的应急之举、必要之举。面对目前的经济形势，有关各方必须放弃救市或者托市之争，抛弃政府不应救市的书生之见，参与全球救市行动，保住中国的经济增长，不能让中国受全球经济下滑的大害。

笔者早在一系列文章中以数据说明，中国经济下滑势头迅猛，从用电量来看，

GDP 已降至9%以下，沿海中小制造企业的倒闭风潮已经蔓延至上游资源性企业，导致中国资源性产品价格全面过剩。同时，美国信贷继续紧缩，商业票据几近断流，全球经济有可能陷入长期衰退，从外部冲击我国出口导向的经济结构。

与紧急救市相比，更为急迫的是，救市举措应成为中国基础制度改革的契机，为中国企业与经济的市场化发展提供空间。企业增值税改革就是这样的基础性制度改革，短期可为企业降负、增加工商企业投资积极性，长期来看可以提振内需，配合中国经济结构转型。

增值税改革一直雷声大雨点小。“十一五”规划明确提出，××××年到××××年期间，将“在全国范围内实现增值税由生产型转为消费型”，从××××年××月起，东北地区“三省一市”的八个行业开始试点增值税转型，××××年××月起又延伸到中部六省26个城市继续试点，但年年说改年年难以推广，主要是增值税在我国整体税收中所占比重过大，牵一发而动税收半壁江山，也因为我国的征税手段较为落后，而生产型增值税是最为简便的征税方式。

为了迁就落后的征税手段，难道我们就必须维持落后的税收体制，向企业重复征税？全球90%以上的国家实行消费型增值税，难道我国的征税手段与税收人员素质落后于90%以上的国家？这显然说不通，关键是有关部门有没有让利于企业、让利于民的决心和勇气，是改革的动力所在。

增值税改革的核心是企业购买固定资产发生的进项税可以在当期销项税中扣除，缩减增值税税基。这将导致税收下降，但仍在政府可以承受的范围之内。国家税务总局对中部六省的26个老工业城市、一万两千多户企业进行了扩大增值税抵扣范围的试点。到去年底为止，一共为这些企业抵退增值税仅34.5亿元。即使减税冲击达到千亿元人民币以上，与披露方案的减税规模保底为1500亿元，有望达到2000亿元相近，以××××年国内生产总值达到24.66万亿元，比GDP增长更快的全国财政收入5.13万亿元而言，也在可以承受的范围之内。

增值税改革势在必行。由于我国据测算的隐性税负高达30%以上，增值税只对工业企业和商业企业征收，导致不同的企业处于不公平的竞争平台；增值税税率档次多，政府对于不同企业出台重重叠叠的优惠政策，导致税负的法律严肃性荡然无存；由于政府的税收主要来源于增值税，使地方政府唯提高投资与GDP为能事，而对于促进内需、促进消费兴趣不大，因为消费税进项远远不如增值税。

税收是重要的经济激励举措，正确的激励可以促使企业将市场与消费者当成上帝，而错误的激励则会让地方政府与企业将一味生产无视污染。从××××年税改以来，中国的财富分配形成了重政府、轻居民、重生产、轻消费的格局，长此以往，拉动内需将成一句空话，不当的税收政策已经对中国经济增长方式的转变直接造成负面影响。

坏事变好事，此次全球金融危机是我国基础制度改革的契机。只有推进增值税改革，才能拉动内需，促进工商企业投资，让政府与企业重视消费。

▲体育评论

（一）体育评论的含义

体育评论是一种针对体育活动及体育领域出现的倾向性问题或具体赛事发表看法的议论性文体。它常常从宏观和微观两个层面对体育问题进行述评与思考，对体育精神进行倡导和褒扬，促进并帮助人们升华对体育的认识。

（二）体育评论的写作要求

1. 选择角度

体育评论的角度选得是否有新意、有深意，直接决定着评论价值的大小；体育评论的角度选得是否恰当，也是其生命价值的一个重要参数。所谓恰当，第一，要求评论切入点要新，不落俗套，使评论具备应有的吸引力；第二，是切入点要准，不偏不倚，使评论具备应有的说服力。

2. 准备材料

作者在进行评论时，要做到左右逢源、得心应手，从而使评论产生应有的启迪和感染力量，需达到以下要求：

（1）必须占有较为充足的体育专业材料，使评论能够在专业知识的铺垫之上展开；

（2）要有较为充足的社会材料，使评论能够较好地适应当时社会背景的观众（读者）的心理需求；

（3）要占有一定的相关知识材料，使评论能够在较大的思维和审美空间中有效拓展其立论和说理的多维魅力。

3. 组织结构

一般说来，写作体育评论时，常用的结构形式有先叙后议式、先议后叙式、夹叙夹议式等几种。

在一般的写作过程中，这几种形式可以独立使用，而在较长的专题评论和综合评论中，也可交替使用。

（三）体育评论的写作范例

【范例】

专家称小贝去米兰只能添乱纯粹只起卖球衣作用

××××年××月××日　网易体育　马可范

为了延续自己在英格兰国家队的生涯，贝克汉姆有意在冬季转会期租借加盟

AC米兰一事，经米兰副总加利亚尼证实之后，一时引起轩然大波，恐怕贝克汉姆是历史上第一个能因为一次租借同时在英格兰、意大利、西班牙和美国受到聚焦的足球明星了。不过尽管AC米兰和小贝本人都对这次租借的美好前景充满了憧憬，但并不是所有的业内人士都表示认可，英国卫报的足球专家多米尼克·费菲尔德就撰文对小贝租借米兰一事表示了不认可，他认为AC米兰根本不需要贝克汉姆，小贝去了只能给米兰添乱。

这就是小贝的作用?

费菲尔德首先设想了这样一幅场景：在未来的某场比赛中，AC米兰在对方禁区前沿获得了一个位置极好的直接任意球，当对方战战兢兢地排起人墙时，红黑军团内部却先炸开了锅。小罗感觉这个球自己要往近角罚，卡卡却想绕过人墙转远角，皮尔洛显然不同意他们的观点，强烈要求要先迷惑对方的门将，西多夫和舍甫琴科还在一旁虎视眈眈，这个时候贝克汉姆走了出来，“不好意思伙计们，这个球是我的”……很像广告是不是?但这个场景的确有可能出现。

尽管已经执教米兰7年的安切洛蒂对于贝克汉姆的到来表示了欢迎，“对我来说这是大好事，他能踢中场任意一个位置”。但事实真的是这样吗?AC米兰在经历了赛季初的低迷和磨合之后，目前正在走上正轨，米兰德比战胜了国际米兰，打出一波5连胜之后已经重回联赛夺冠行列，在联盟杯也是稳步前进。贝克汉姆如果在冬天加盟往哪里摆?卡卡和小罗的作用他肯定代替不了，如果是论中场的拦截拼抢，贝克汉姆显然不如加图索和安布罗西尼好用，若论组织，皮尔洛和西多夫之于米兰的风格都比小贝适合许多，即使是米兰今年买进的弗拉米尼恐怕都比贝克汉姆管用，温格的高徒是个真正的多面手，能够支持安切洛蒂的临时变阵。如果让一个打不上主力的球员拿着和小罗一样的高薪，皮尔洛会怎么想?

已经33岁的贝克汉姆在英格兰国家队起的最大作用已经不是冲锋陷阵，他的经验和一脚传中才是目前所长，但是看看米兰的阵容：加图索30岁，安布罗西尼31岁，西多夫32岁，埃莫森32岁，就连皮尔洛都29岁了，AC米兰一队28名球员有15人已过而立，他们难道还缺少经验?……你要说贝克汉姆起到的号召力和领袖作用?笑话!40岁的马尔蒂尼是干什么的?

还是从加利亚尼的谈话中透了一点实情，“如今的足球已经不仅仅是和战术以及技术相关，这包括一个整体的运营，如赞助商，他们的目光会聚焦在贝克汉姆这样的巨星身上……”对，这才是实话，今年小罗的转会已经让AC米兰在经营上大尝甜头，贝克汉姆的到来恐怕又会让AC米兰球衣销售翻番——小贝目前身穿的23号是副队长安布罗西尼的，肯定不可能让出，至于以前的7号，帕托是AC米兰的未来希望，舍瓦的回归也没要回这个号码，这样一来，贝克汉姆就必须选一个新的号码!想想吧，万人迷在AC米兰将穿上一个新的号码，这对涌入商店准备买球衣的球迷是个多大的诱惑?……

▲政治评论

【范例】

中国房地产业的变局已提前到来

××××年××月××日 《新京报》

××××年××月××日国办发布了《关于促进房地产市场健康发展的若干意见》(以下简称《意见》),这是国务院在短短两个月时间之内,出台的第七项有关房地产稳定发展的公共政策。

就针对性而言,《意见》是10月份以来,中央政府出台的一系列房地产公共政策中,最准确地诊断了目前房地产市场的病状和病因。《意见》不仅细化了保障性住房的建设计划,放开了改善性住房的二套房贷政策,大幅度减免交易的营业税,更重要地,第一次在中央政策层面提出要合理调整房地产的价格,并对房地产未来的重组和洗牌可能引发的信用风险在政策层面给予防范,将成为未来主导中国房地产洗牌和变局的重要文件。

其实,研判中国房地产面临的困局,我们认为,在供求规律和产业生命周期的作用下,房地产目前显示的数据表明,在价格高企和空置率屡创新高的情况下,中国房地产业的变局已经提前到来。

首先,供求拐点已经出现。经过10年的发展,中国房地产的供求状况发生了极大的改变,我国人均住房面积××××年已经达到28平方米,很多城市的住房自有率远超国际水平,比如北京的住房自有率××××年就已达75%。更重要的,按照《意见》的规划,未来三年,还要建750万套的低收入家庭的保障性住房,每年130万套的经济适用房。因此,住房的“饥渴型”需求已成历史,房地产业的产能过剩已经出现。

其次,产业的生命周期拐点已经出现。中国房地产业经历了10年的快速发展期,特别是××××年以来,三年的非理性暴涨期透支了房地产的平稳发展周期,促使房地产直接从高速发展硬着陆进入调整周期。世界各国的经验表明,在人均居住面积达到30~35平方米之后,房地产将告别快速发展期,而××××年人均28平方米的数字已经基本接近数字“拐点”,无论是否发生金融危机,周期调整必然到来。

最后,政策的边际效应拐点已经出现。近期中央和地方出台很多刺激经济的政策,但房地产市场交易乏振的局面并未改变。而这一切症结的根源在于房地产业无视供求规律的改变和产业周期的自然调整而固守高房价所致,而地方政府与房地产之间的千丝万缕的利益关系更让开发商对未来的政策力度有不现实的期待。所以,即使目前彻底放开二套房贷，都很难阻止价格的自然回落。

从这个角度而言，《意见》的意义与其说救急措施，毋宁说是引导房地产业主动变局的长远之举。《意见》提出“房地产开发企业要根据市场变化和需求，主动采取措施，以合理的价格促进商品住房销售”，可谓一语中的。而地方政府出于自身利益，采取行政干预的手段阻止降价的行为，显然无助于房地产的周期性调整，反而可能因为资金链的最终断裂，错失调整时机，引发大规模的烂尾楼和开发商倒闭事件，最终将风险传导到金融系统。

就政策的未来关爱而言，面对高达1.36亿平方米的空置面积和达9000亿元的资金缺口，中央政府无疑会事先预防可能引发的风险。因此，期待彻底放开二套房贷不现实，停建保障性住房的可能基本没有。最好的选择无疑是顺应市场规律，调整价格无疑是一个多赢的出路和选择。

这样，通过政策的主动引导和价格的自然回落，一方面对开发商采取“分类信贷”政策，促使信誉不高和开发能力不强的开发商被兼并重组，避免大面积烂尾楼的出现和对银行系统的冲击；另一方面，积极探索地方政府的收入之源，从体制上改变地方政府对房地产的过度依赖，切断地方政府和房地产的利益关系，让房地产完成自身的调整周期，真正回归民生。

▲科技评论

【范例】

中国航天事业里程碑——外媒热评神七凯旋

2008年9月28日 环球时报

2008年09月28日17时37分，“神舟七号”载人飞船顺利返回地面，中国第三次载人航天飞行任务取得了圆满成功。美联社、法新社、路透社、英国广播公司、美国有线电视新闻网等媒体都迅速发出了“神七”返回舱顺利着陆的消息。

美联社报道说，中国航天员返回地球并从返回舱中顺利走出，成功完成了中国首次太空行走任务。

法新社报道称，实施了中国首次太空行走的航天员们周日（28日）在中国土地上着陆。电视直播画面显示，“神七”返回舱在中国北部内蒙古的着陆场缓缓飘落。

路透社的消息称，在成功完成一场具有挑战性的、包括太空行走在内的太空飞行任务后，中国三名航天员已安全着陆。这是中国科技水平的展现，也是中国向登月迈进了一步。

美国有线电视新闻网消息说，三名中国宇航员周日返回了地球，完成了包括中国首次太空行走在内的三天的任务。

消息还称，“神七”返回舱在内蒙古着陆场着陆前，负责搜救任务的多架直升机已起飞待命。航天员在着陆前告诉控制中心他们很安全，状态良好。

英国广播公司报道则称，“神舟七号”返回舱在北京时间28日17时40分左右着陆。内蒙古气象台预报称，28日午后，四子王旗主着陆场天气晴到少云，符合“神七”着陆的气象条件。

外媒纷纷指出，“神七”是中国航天事业的一个里程碑，显示中国在太空俱乐部的实力迅速上升。同时，也有外媒指出，“神七”不应导致“中国威胁论”抬头，它是带着和平使命升空的，是和平新使。

▲编辑部评论

（一）编辑部评论的含义

编辑部评论是代表报社编辑部的一种比社论分量轻而比短评分量重的中型新闻评论。它通常标明“编辑部文章”或署“本报评论员”“本报特约评论员”。它往往就国内外某一重大事件、问题发表评论，其作用介于社论和短评之间，帮助人们辨明是非，坚持正确的思想认识，克服和抵制一切错误的认识和倾向。从文章的思想内容上分，其评论的大体内容有贯彻党中央指示精神的，提高思想认识的，批评错误认识的，讲究事业心工作方法方面的。

（二）编辑部评论的写作格式

编辑部评论属于新闻评论的一种，对论点的要求是正确、鲜明、有针对性；对论据的要求是真实、充分、有典型性；对论证的要求是透彻、有力、有逻辑性。其写法灵活多变，现只介绍如下三种。

1. 深入一点，具体分析

评论的篇幅有限，不可能面面俱到。因此，常常是深入一点，作具体的分析。广东中山县由一个落后的农业县变为县级市，再到地级市；行政升级很快，经济发展也很快；从告别贫困到步入小康，再到户户富裕，短短十几年。为什么?《突出一个“实”字》这样概括：“他们创建文明城市的一个突出特点是：着眼实处、着手实事、着重实效，从始至终贯穿着求真务实的精神。”文章从三个方面做“实”字的文章：首先指出，中山市在精神文明建设中特别忌空、忌虚，牢牢把握“实”、十分突出“实”、非常崇尚“实”。从住房改善到文明小区、从乘车困难到公交新风、从满天黄沙到见缝插绿等，都是让人民群众称心如意的实事。其次，阐明了创建精神文明需要实，巩固和提高精神文明建设成果更要下实实在在的功夫。最后，论述了文明创建在“实”，领导干部是关键。通篇在“实”字上做文章，主线突出，中心明确，主题集中。

2. 全面观察，辩证分析

“下岗”与“就业”是一个问题的两个方面。如何看待，如何解决，是人们非常关心的话题。《放开眼光看就业》（1998 年 6 月 3 日《人民日报》评论员文章）对“下岗”与“就业”的问题进行了辩证的分析。第一层阐述了“如何看下岗”分析了国有企业严重超员的原因，论述了“下岗分流，减员增效”的必然性。第二层阐述“如何看就业”分析了今后一段时期的扩大再就业主要在第三产业，论述了关键是转换择业观念，观念一变，就会看到就业的门路。第三层阐述怎么样解决再就业问题。通篇都闪烁着辩证法的思想光辉。

3. 变换角度，透彻分析

同一个问题可以从不同侧面来加以深入分析，不是泛泛而谈。《论正确对待困难》（1998 年 6 月 11 日《人民日报》评论员文章）阐述了工作就是解决困难、如何正确对待困难。文章提出三个论点：“困难就是矛盾”“困难是具体的”“困难是座熔炉”。文章逐个加以分析，论述了怎样解决困难和解决困难的意义。一个中心，三个侧面，逻辑严密，说理清楚。

（三）编辑部评论的写作范例

【范例】

努力开创金融工作新局面　更好服务经济社会新发展

××××年××月××日　《人民日报》

在应对国际金融危机冲击、保持经济平稳较快发展和金融稳健运行的关键时期，国务院召开了第四次全国金融工作会议。会议全面总结五年来我国金融改革发展实践，研究部署今后一个时期的金融工作，对于进一步推动金融更好地服务经济社会发展大局，具有十分重要的意义。

应对国际金融危机，关键是把自己的事情办好，做好金融工作至关重要。过去五年，是国际金融危机发生、蔓延、深化的五年，国内外经济形势极为复杂严峻。在党中央、国务院的坚强领导下，我们坚定不移地推进和完成了一系列具有里程碑意义的重大金融改革，不断完善金融宏观调控，加强金融监管，提高驾驭复杂经济金融局面的能力，积极稳妥处置金融领域重大风险隐患，全面提升金融业对外开放水平，我国金融业发生了新的历史性变化。在应对这次国际金融危机中，我们处于比较主动的地位，这与国内金融稳定健康发展有着直接的关系。事实充分证明，中央关于金融工作的一系列方针政策和部署是完全正确、行之有效的。

形势虽好，尤须兢慎。当前，我国金融改革发展既面临难得机遇，也面对诸多挑战。我们仍处于发展的重要战略机遇期，工业化、城镇化和农业现代化快速推进，将为金融业发展提供更坚实的基础、更广阔的空间。随着经济发展方式加快转变，我国经济社会发展呈现新的阶段性特征，对金融业发展提出了新的更高要求。同时，应当清醒地看到，国际金融危机并未结束，外部经济波动和金融市场动荡对我国经济金融的影响仍然存在，甚至可能加大，确保金融安全高效稳健运行任务艰巨。我国金融领域也存在一些突出问题和潜在风险：金融机构经营方式总体粗放，农村金融和中小金融机构发展相对滞后，金融体系有待进一步完善，一些领域风险隐患比较突出，金融宏观调控有待改进，金融监管能力需要进一步加强，信贷政策与产业政策结合得不够紧密，对实体经济的支持不够及时有力，金融业的服务能力和水平与经济社会发展需要相比还有不小差距。我们要增强忧患意识、责任意识，居安思危，努力开创金融工作的新局面。

开创金融工作新局面，必须紧紧围绕今后一个时期金融改革发展的总体要求和主要原则，全面推动金融改革、开放和发展，显著增强我国金融业综合实力、国际竞争力和抗风险能力，切实提高金融服务实体经济的水平，着力完善金融宏观调控和监管体制，形成结构合理、服务高效、安全稳健的现代金融体系。要坚持金融服务实体经济的本质要求，确保资金投向实体经济，有效解决实体经济“融资难”“融资贵”问题，坚决抑制社会资本“脱实向虚”“以钱炒钱”；坚持市场配置金融资源的改革导向，该放的坚决放开、该管的切实管好，坚决取消各种不必要的金融管制，最大限度地减少政府对微观金融活动的干预；坚持创新与监管相协调的发展理念，为金融创新营造有利的政策环境和监管条件，并把防范风险始终贯穿金融创新全过程；坚持积极防范化解风险的永恒主题，将防范风险作为金融工作的生命线，有效防范经济与金融风险相互作用、金融与财政风险相互传递、外部风险向境内转移；坚持自主渐进安全共赢的开放方针，在确保国家经济金融安全的基础上提高金融对外开放水平。

开创金融工作新局面，必须把握时机、突出重点、统筹兼顾、有序推进，全面落实今后一个时期金融改革发展的主要任务。要加大对农村、小型微型企业等经济社会发展薄弱领域的金融支持，进一步完善金融机构公司治理，加强和改进金融监管，防范化解地方政府性债务风险，加强资本市场和保险市场建设，完善金融宏观调控体系，扩大金融对外开放，加强金融法制、社会信用体系等金融基础建设。今年，各金融部门和金融机构要认真贯彻中央经济工作会议精神，全面做好金融工作，促进经济平稳较快发展、社会和谐稳定。

金融是现代经济的核心，金融棋活，全盘皆活。做好新形势下的金融工作，责任重大，意义深远。我们要按照中央的方针政策和工作部署，不断开创金融工作新局面，让金融更好地服务于科学发展这一主题和加快转变经济发展方式这一主线，为全面建设小康社会和我国现代化建设做出更大贡献。

第四节　新闻言论概述

一、新闻言论的含义和特点

（一）新闻言论的含义

所谓新闻言论，是针对某一新闻事实发表的理性认识及其论证。

（二）新闻言论的特点

1. 评论性

评论性是新闻言论区别于其他新闻体裁的最明显的特征。“评”是评判和评价，“论”是论述和论证，在“评”和“论”的过程中，作者不仅表明了自己对某一新闻事件的观点和态度，而且要对自己的观点进行充分的、有说服力的论证。

2. 新闻性

新闻性是新闻言论区别于其他社会论文的重要特征，主要表现为：

（1）提供新闻事实

新闻事实是整个言论的“由头”，没有新闻事实，言论失去了事实的依托，也没有什么针对性可言了。

（2）迅速及时

新闻言论必须是对新近发生的事实所作出的迅速反应，拖延了的言论因时过境迁已不再有价值。

（3）真实准确

作为“由头”的新闻事实必须是真实可靠的。建立在虚假论据之上的言论经不起推敲和质疑，也不会有深刻的见解和现实的意义。

3. 群众性

群众性是新闻言论区别于专业性、学术性论文的一个基本特征。专业化的学术论文，内容是科学性的，读者限于一个特定的范围。而新闻言论的内容是社会性的，读者是全社会的广大人民群众。这一特征决定了新闻言论必须是：

（1）通俗易懂，形式活泼，为人民群众喜闻乐见；

（2）针对人民群众关心的社会问题而发；

（3）与人民群众站在相同立场上努力维护人民的利益。

正是由于坚持了群众性原则，不少报刊、广播、电视的言论栏目成为群众最喜爱的栏目。

4. 精练性

精练性是新闻言论在篇幅和语言上体现出来的一个鲜明特征。社会性的论文，一般都比较短小，而新闻言论尤为突出。《人民日报》的“今日谈”和《文汇报》的“虚实谈”栏目中发表的新闻言论，一般只有六七百字甚至更短。文字虽短，但精辟有力，分量并不轻。

二、新闻言论的主要类型

（一）社论

社论是以一个新闻媒体的身份针对某一重要现象或问题发表的意见。

社论是编辑部的论文，它反映编辑部对某个问题的观点。社论是指导性论文，它指出方向，表示报纸的方针。特别是在我们这样的社会主义国家，对多数作为党的机关报的新闻媒体来说，社论在一定程度上代表着同级党委，直接表达党委的观点意图，传达党和政府的声音。因此，它有极强的政治性、权威性、指导性。

社论主要有以下几种。

1. 时事性社论

时事性社论是针对一些重要节日、纪念日，国内外重大事件，以及国际国内的最新形势变化发表的社论。

2. 指导工作的社论

指导工作的社论是对思想政治、经济建设、文化教育等领域的业务工作和生产活动进行总结、指导和督促的社论。

3. 方针政策性社论

方针政策性社论是阐明一个政党或政府的路线、方针、政策的社论。它需要分析形势、确定原则和策略，是一个时期内的基本行动纲领。

4. 论战性社论

论战性社论是揭露和批判国内外的一些荒谬言行和异端邪说的社论。

（二）评论员文章

评论员文章是介于社论和短评之间的一种新闻言论形式。

评论员文章又可分为本报评论员文章、特约评论员文章、观察家评论等形式。

（三）编者按

编者按是编者对自己编发的新闻稿件所加的评论性按语。它可以针对新闻稿件中的事实和观点表明编者的意见和态度，可以对稿件的中心思想和现实意义进行强调，可以提供有关新闻背景，帮助读者理解新闻稿件的内容。

现代的编者按体现了一种文体的自觉性，是编者在编发重要稿件时，用以引导读者阅读的重要方式。

编者按主要有说明性按语和评论性按语两种。

1. 说明性按语

说明性按语主要用来提供帮助读者理解的相关材料，如新闻事件发生的背景，作者的有关情况，采写的过程，以及刊登或转载的目的等等。这些材料一方面可以引起读者的阅读兴趣，一方面可以为读者理解新闻内容提供一定的背景依据。

2. 评论性按语

评论性按语的职能是：指出新闻报道的中心思想和现实意义，使读者能够准确理解文意；或借以传达有关的新精神、新政策；或肯定先进、批评错误、辨明是非、提出建议等。

（四）短评

短评是一种篇幅短小、内容集中、简明扼要、运用灵活的新闻言论。与社论、评论员文章相比，它的题材没有那么重大，因此庄严、凝重的色彩少一些，轻便活泼的特点较突出。

短评具有以下特点。

1. 短评要想写得短，必须遵循一事一议、一理一评的原则，针对一个问题、一个事件或一种现象，把道理讲深讲透。

2. 短评的内容不能是老生常谈，要有新意，要有独到见解。新鲜和深刻其实是不可分离的，有了别人所未见的深刻认识，才能给读者以新鲜感。

3. 短评形式多样，笔法灵活，常常三言两语，语言机警。

（五）杂文

杂文既是文学作品，又是社会论文，又是报刊上常用的新闻言论体裁之一，人们通常称杂文为三栖文体。

杂文具有以下几个特点。

1. 现实性和战斗性

杂文虽然也有歌颂性，但多数是站在批判的立场上立论的。它敏锐地对现实生活中种种腐败、愚昧、落后现象作出反应，进行嘲讽和抨击。

2. 讽刺性和幽默感

杂文的语言富于幽默感，常采用反语、夸张、调侃的手法，进行机智灵巧的辛辣讽刺，在嬉笑怒骂之中实现其质疑和批判的功能。

3. 手法灵活

杂文在形式上变化要比其他新闻言论体裁都要丰富。杂文既可以采用短论的形式，也可以采用书信、序跋、对话、剧本等多种多样的形式。从手法上说，比喻、对比、象征、想象等文学手法，都可适当运用。

第五节　新闻言论的写作技法

一、社论的写作要求

因各种类型的社论，其内容各有不同，格局也不一样。现就比较普遍使用的问题性社论为例，介绍一下其写作要求。

1. 概述提出问题的背景

在什么样的形势下提出问题，即问题的背景情况，这是解决问题的前提。

2. 主体部分

在本部分中要分析问题产生的原因、解决问题的重大现实意义及如何解决问题，讲措施、讲办法。这部分要理论联系实际，把问题论述透彻。具体问题，具体分析。最后，表示出坚定的信念和决心。

二、读者来信的写作技巧

读者来信一般由称呼、正文、落款三部分组成。

1. 称呼

是指写信的群众对报刊编辑部的称呼。一般在信纸第一行顶格书“编辑同志”或“《×××报》××部”等。

2. 正文

正文是书信的主体部分，也是读者来信的缘由所在。本部分内容包括向编辑部所反映的情况、问题，所提的意见、建议、要求等。

3. 落款

可以写上寄信人的单位名称和姓名，也可以署上笔名、化名供发表用，但须同时向编辑部注明自己的单位和真实姓名。

三、编者按的写作技巧

（一）编者按的写作形式

编者按的形式分文前按语、文中按语和编后按语。

1. 文前按语

文前按语一般没有标题，而且特别短小。它出现在新闻稿件的标题之下，正文之前，所以通常又被称为“题下按语”。

2. 文中按语

文中按语穿插在正文之中，这样的按语十分简短，用括号与正文区别开来。由于这种形式的按语容易阻断原文的脉络，造成一定的结构紊乱，所以使用时一定要慎之又慎，不当用时万不可用。

3. 编后按语

编后按语又称编辑人语、编者附记、编辑后记、编后小议、编余等等，在各种媒体上都很常用。它依附在新闻稿件的后面，有感而发，针对性强，言简意赅，引人入胜。

（二）编者按的写作要求

1. 以文章为由头，借题发挥，表明编者对问题的看法和态度。按语要比文章看得深、想得远，给读者以启发。

2. 开门见山，抓住要点。在批评一种倾向时，要注意分寸。

3. 要有感情、有气势，别开生面，不落俗套。

四、短评的写作技巧

（一）短评的写作格式

短评的写作分标题和正文两部分。

1. 标题

大部分短评的标题，就是短评的中心论点。

2. 正文

短评的正文包括提出问题的部分、分析问题的部分和解决问题的部分。

（二）短评的写作要求

1. 形式多样，语言活泼

短评要尽量写得通俗、生动、活泼，以获得更多读者的共鸣。要做到这些，首先要注意文本体式的多样化。可以写成论文式的，也可以采用读后感、家常话、小品文、随笔的形式。另外，语言要有些幽默和机警，要有些独特的风格和文采。

2. 大中取小，小中见大

在短评写作的选题和论证中，首先要引起注意的是“大”与“小”的关系的处理。在选题时，应该“大”中取“小”。这里的“大”是指纷纭复杂的现实社会，犹如无边海水，浩瀚无涯。短评不可能展开笔墨去评论这个大千世界，而只能从中选取一事、一人、一景、一物来评议，这就是“大”中取“小”。但评论针对的事件虽小，却不能仅仅就事论事，也要借小事件阐发出有广泛意义和深刻价值的思想见解，最好能有“放之四海而皆准”的普遍意义，这就是“小”中见“大”。

3. 深入剖析，准确概括

短评是一事一议的写法，笔墨往往集中一点，既然瞄准了这一点，就应该挖出一眼深井来，也就是说，短评要有深入的剖析。除了剖析，短评还要有准确精当的概括，使全文的中心突出，焦点清晰。

五、杂文的写作技巧

1. 虚实相生，叙议结合

写杂文，首先要处理好虚实结合的问题。“实”，指的是作为杂文写作由头的新闻事件或其他的种种社会现实；“虚”，指的是由事实生发出来的思想认识、理论观点。而杂文的“虚”处，常是作者深入思考后的思想精华所在，与“实”处相比，有事实与理念、现象与哲理的区别。一般来说，“实”处用“叙”，“虚”处是“议”。这就是我们说的写杂文要虚实相生，叙议结合。

2. 多用曲笔，讽刺辛辣

杂文较多地使用反语、暗喻等言此意彼的手法，目的是利用归谬、反讽造成错位，从而形成巨大的张力，给读者以深刻震撼，给时弊以强烈的嘲讽。

第六节　新闻言论的写作范例

▲社论

【范例】

光荣属于伟大的奥林匹克

——热烈祝贺第29届夏季奥林匹克运动会闭幕

人民日报社论

2008年北京8月24日专电　8月25日出版的《人民日报》将发表社论，题为：“光荣属于伟大的奥林匹克——热烈祝贺第29届夏季奥林匹克运动会闭幕”。全文如下。

燃烧了16天的奥运圣火，在国家体育场缓缓熄灭。放飞梦想的“鸟巢”，用不舍的温情点亮告别的夜晚，为第29届夏季奥林匹克运动会画上圆满的句号。

16天里，北京，这座有着光辉历史而又充满生机活力的城市，让我们经历了多少激情和欢乐。16天里，奥林匹克，这人类体魄与精神的大舞台，为我们呈现了多少精彩故事和传奇。

204个国家和地区，1万多名运动员，45亿名观众，北京奥运会成为有史以来参赛国家和地区最多的一届奥运会，也是奥运会历史上转播规模最大的一次。体育是天神的欢愉，体育是生命的动力，奥林匹克的旗帜，前所未有地将整个世界凝聚在一起，这是北京的光荣，更是奥林匹克的光荣。

我们不愿告别，16个日日夜夜，我们尽情享受属于奥林匹克的欢乐和自豪。

博尔特百米潇洒飞越，菲尔普斯泳池狂揽八金，刘春红举重力拔山兮……奥运会上不断刷新的纪录，书写着人类超越自我、挑战极限的梦想。这里有力与美的展示，更有精神和意志的壮歌——它来自南非游泳独腿健儿的抗争，来自50岁的栾菊杰挺剑而起的勇气，来自印度、蒙古等国激荡人心的“零的突破”。“更快、更高、更强”，无数运动员的精彩表现，将体育精神带到一个新的高度，这是北京的光荣，更是奥林匹克的光荣。

我们不愿告别，16个日日夜夜，我们奏响团结、和平、友谊的北京乐章。

不同国家、不同民族、不同文化，五环旗下的伟大聚首，让我们看到人类携手未来的热切向往。当那些从索马里崎岖的砍柴小道上，从阿富汗、伊拉克战后动荡中跑来的健儿，共同站在了北京奥运会的赛场，当各国和各地区选手簇拥着冠军绕场向观众致谢，当热情的观众为所有选手欢呼加油，人们再次看到奥林匹克精神超越一切的力量。“同一个世界，同一个梦想”，北京奥运会展现了世界人民团结友谊的和谐图景，这是北京的光荣，更是奥林匹克的光荣。

我们不愿告别，16个日日夜夜，百年梦圆的中国与世界美好相遇。

带着举办一届“有特色、高水平”奥运会的庄严承诺，13亿人民以最大的努力和最大的热情，为人类搭建一座欢乐的舞台，也为中国打开一扇理解之门。中国从未以这样的角色走进世界人民的视野。竞赛场上，中国健儿以51枚金牌100枚奖牌的优异成绩和崭新风貌令世界瞩目；赛场内外，百万志愿者以他们的亲切微笑和周到服务令世人称颂。奥运的契机，让我们在30年改革开放之后，从容不迫地呈现一个更加开放自信的中国。绿色奥运、科技奥运、人文奥运，北京奥运会必将在中国现代化进程中产生深远的影响，这是北京的光荣，更是奥林匹克的光荣。

赛场的奋斗只是人类奋斗的一个缩影。正如《奥林匹克宪章》所言：“现代奥林匹克主义是一种生活哲学。”在这里，不仅有成绩、奖牌、冠军，也有汗水、泪水、艰辛；不仅有坚韧、顽强、奋斗，还有和平、自由、公正；不仅有对抗、竞争和拼搏，更有理解、宽容和超越。在这个挑战日益严峻的世界，在我们这颗越来越小的星球，人类从未像今天这样需要相互理解、相互包容、相互合作，也从未像今天这样渴望分享奥林匹克的价值和精神，搭建团结友谊的桥梁。

请世界记住北京，记住这奥林匹克大家庭和谐相处的欢乐时光；也让北京感谢世界，感谢世界人民的共同努力，谱写了人类和平进步的美好篇章。

沸腾的“鸟巢”渐渐平静，心中的梦想仍在飞翔。今天，我们并未告别，带着激情、回忆和热望，让我们相约伦敦，期待4年以后的又一次欢聚，期待奥林匹克的新的荣光。

▲读者来信

（一）读者来信的含义

读者来信，也称群众来信。是人民群众以书信的形式，向报刊编辑部反映情况或问题，提出意见或要求的一种新闻文体。

读者来信，是书信式新闻，所以它兼有新闻和书信的特点，即除了具有新闻的真实性、时效性、典型性外，同时还具有书信的交际性、基本格式的固定性等特点。

（二）读者来信的写作范例

【范例】

“限塑令”不能仅收费了事

××××年××月××日　《人民日报》　刘安保

自今年××月××日“限塑令”实施以来，塑料袋使用量明显减少。商场、超市、集贸市场随处可见自备购物袋的顾客，不过也有不少顾客购买商家的塑料袋。我陪女儿购物时，就曾购买过两次，一次收费0.2元，另一次收费0.4元。就一般规模的超市来说，按每天卖出1000个塑料袋计算，平均增收可达300元，一年下来可获利10万元左右。全国有多少家超市，他们出售塑料袋增加的收入有多少？显然，那是一个庞大的数字。这部分因“限塑令”取之于民的巨额收入，用之于民了吗？

“限塑令”不能仅约束使用塑料袋的消费者，更不能沦为商场、超市的生财之道。针对这部分巨额收入，可以设立白色污染治理专项基金或由商家给自带购物袋者一定的优惠或奖励。特别是有儿童参加购物时，自带购物袋可以奖励一个小玩具或饰品。从娃娃抓起，是民族振兴之本，可取得事半功倍之效。

为最大限度地保证“限塑令”的实施效果，更好地推动“限塑令”长期执行，防止变样或流产，建议有关部门进一步完善相关机制，尽快制定必要的监督措施。

▲评论员文章

【范例】

关键的抉择　伟大的历程

——纪念改革开放30周年

××××年××月××日　新华社　特约评论员

当代中国人最熟悉的词汇是改革开放，当代中国发展最强大的动力是改革开放。以30年前召开的党的十一届三中全会为标志，中国改革开放大潮波澜壮阔，势不可当。回顾30年来改革开放的伟大历程，总结改革开放的宝贵经验，对于我们继续解放思想，坚持改革开放，推动科学发展，促进社会和谐，进一步开创中国特色社会主义伟大事业的新局面，意义重大而又深远。

（略）

改革开放，是人类发展史上的一曲壮歌。30年的洗礼，30年的进步，让这个世界上最大的发展中国家面貌发生了巨大变化，生产力极大提高，综合国力不断增强，经济总量跃居世界前列，科技、教育、文化等领域取得巨大进步；中国人民的面貌发生了巨大变化，生活水平总体上达到小康，生活质量明显改善，精神面貌充满活力；中国共产党的面貌发生了巨大变化，党的建设新的伟大工程不断推进，党的先进性继续保持，执政能力不断提高，凝聚力、战斗力、创造力进一步加强；社会主义的面貌发生了巨大变化，在实践探索与理论创新的相互促进中，走出了一条有中国特色的社会主义道路，形成了中国特色社会主义理论体系；世界战略格局发生了巨大变化，中国与世界的联系日益紧密，中国的国际地位明显提高，中国在世界上发挥着越来越大的影响和作用。改革开放带来中国社会的这些巨变，无论在中国历史上，还是在世界历史上，都是少有的，也是举世公认的。

实践是检验真理的唯一标准。抚今追昔，见证了30年改革开放的每一个中国人，都会由衷地感受到祖国的发展进步，都会发自内心地赞叹改革开放的神奇伟力。30年的实践充分证明，改革开放是决定当代中国命运的关键抉择，是发展有中国特色社会主义、实现中华民族伟大复兴的必由之路；只有社会主义才能救中国，只有改革开放才能发展中国、发展社会主义、发展马克思主义。30年的实践充分证明，改革开放符合党心民心、顺应时代潮流，方向和道路是完全正确的，成效和功绩不容否定，停顿和倒退没有出路。

实践永无止境，历史昭示未来。站在新的历史起点上，身处风云变幻的世界中，中国的发展不会一帆风顺，改革开放作为一场新的伟大革命也不可能一蹴而就。在中国特色社会主义伟大旗帜指引下，中国人民有信心、有决心不为任何风险所惧，不被任何干扰所惑，继续解放思想，坚持改革开放，推动科学发展，促进社会和谐，把祖国建设得更加美好，为世界发展和人类进步作出新贡献。这，就是我们回顾改革开放30年得出的必然结论。

▲短评

【范例】

办一届最干净的奥运会

2008年7月30日　中央电视台

中国是第一个加入《反对在体育运动中使用兴奋剂国际公约》的亚洲国家；中国对本国运动员的兴奋剂检查和处罚力度超过国际惯例；中国拥有世界一流的兴奋剂检测水平。作为东道主，中国在反兴奋剂斗争中以身作则，同时有决心、有能力兑现申奥承诺，承担起举办一届“最干净”奥运会的责任。

▲编后语

【范例】

编后语

编后语　从遭遇“绿色壁垒”到标准化建设“强身健体”，从单一追求量变到转向质变的跨越，从小农经济的分散经营到农业产业化的龙形经济……加入世界贸易组织后的中国农业正在进行着以提升国际竞争力为核心的大变革。透过这一历史性的变革，我们清醒地看到，今日中国农业正站在一个巨大的突破点上，并逐步勾勒出21世纪发展的清晰轮廓。透过这一历史性的变革，我们同样感受到作为中国农业战略旗舰的超大现代农业与时俱进的轨迹和中国农业的美好未来！

▲专栏言论

（一）专栏言论的含义

专栏言论是报纸上专门刊载某类议论文章的常设园地，并标注特定的栏目名称，是刊登在专栏内的评论文章。专栏言论是作者署名的，是一家之言。

（二）专栏言论的写作格式

专栏言论一般在千字以内、三五百字最多。但内容广泛，可谈天下大事，也可讲个人见闻中的心得体会；其行文风格，结构布局也无所拘泥，自如活泼。

（三）专栏言论的写作范例

【范例】

洋奶粉疯狂涨价欺负了谁

××××年××月××日　魏英杰

洋奶粉价格高，这许多人都知道。价格高得有没有道理，却不是谁都明白。据《广州日报》等媒体报道，中国内地部分洋奶粉价格为原产地的4倍，有的售价为全球最高水平。按有关专家测算，即便加上进口关税等成本，其售价也不至于如此之高。

毫无疑问，原装进口洋奶粉的价格几年间从200元迈进400元大关，其中不无虚高成分。这多出来的部分，肯定包括了对内地市场消费心理的准确把脉。说白了，部分洋奶粉品牌就是抱定了涨不涨你都得买的一种市场心理。在这种情况下，为购买“放心奶”而多掏钱的消费者，自然成了洋奶粉价格疯狂上涨的冤大头。

人家这么做，确实抓准了部分消费者的软肋。记得三聚氰胺风波期间，托人从香港带奶粉，虽说价格并不算贵，但当时考虑的并非价格因素。就算是价格涨一倍，恐怕许多人也愿意出这个钱。因为，那时候买的就是“放心”二字。那年还有朋友从德国寄奶粉过来，奶粉值多少钱另说，快递费等加起来也是高得吓人。可只要有点办法的人，恐怕都不会说，既然那么麻烦，索性还是买国产奶粉罢了。

所以，要说洋奶粉借势涨价欺负消费者，那也得说许多消费者是心甘情愿挨人家宰。就算消费者心不甘情不愿，这么做何尝不是无可奈何之举。如果不是国产奶粉让消费者丧失信心，洋奶粉断不至于这么疯狂，而国内奶粉市场也不会呈现这般畸形发展的状况。与其说洋奶粉是在欺负消费者，不如说是在欺负国产奶粉生产厂家。国产奶粉要争气一点的话，今天也不是这个局面。

国产奶粉的不争气，还不仅体现在三聚氰胺事件上。这一事件固然对消费者信心构成了严重打击，但应该说，如果国产奶粉吸取教训，勇于从跌倒的地方站起来，还是可能逐渐挽回颓势，重新赢得消费者信赖。可大家都知道，这一事件过后国内乳业市场依然风波不断。个别乳业巨头的表现，似乎根本不在乎消费者的切身感受。这些乳企依然片面重视营销战，而忽略了对产品质量的严格把关。这样做的后果，就是一次又一次地让消费者失去信心。

这么说绝对不是为洋奶粉疯狂涨价辩护，而是对国产奶粉恨铁不成钢。从长远来讲，奶粉作为婴幼儿日常食品，价格太高肯定不能持久。如果一户人家每个月花在奶粉的钱动辄上千，许多中低收入家庭终究还是吃不消。就此而论，洋奶粉价格越高，中低端奶粉的市场空间就越大。这自然就给国产奶粉留出了生存发展的空间。只要国产奶粉厂家不再玩虚的，认认真真从质量抓起，最终还是能够恢复大部分市场占有率。

国内奶粉市场这几年来的形势变化，对监管部门也是个沉痛教训。这充分说明了，市场监管绝不可手软。对企业好，并不是说对违规企业从轻处罚，那样到头来不仅会伤害消费者利益，企业也将受到市场规律的惩罚。不管监管部门怎么做，消费者总是能够用脚投票，将坏企业踢出市场。从这角度看，洋奶粉疯狂涨价也只可能得意一时。当消费者发现其中猫腻，自然就会对这种非理性市场行为坚决地说“不”。

▲编者按

【范例】

编者按

编者按　生态建设是西部大开发的重要内容。中国工程院组织专家经过两年多的考察、研究，完成了《西北地区水资源配置、生态环境建设和可持续发展战略研究》报告。这个报告提出了必须确立人与自然和谐共存的发展方针，必须以水资源的可持续利用来支持经济与社会的可持续发展等思路，以及10项战略对策，对西北地区经济社会可持续发展具有重要的指导意义。本报从今天起刊登对课题组部分成员的专访，介绍报告中的一些重要观点和对策。

第五章　事件新闻、非事件新闻的写作

第一节　事件新闻、非事件新闻概述

一、事件新闻的含义

事件新闻，是以突发事件为主的新闻报道，是动态新闻的主要品种。其内容包括：

1. 社会政治、经济局势的突变：战争、骚乱、暴动、兵变、政权更迭、政府人事或政策大变动、经济危机等等；

2. 重大自然灾害：水灾、旱灾、火灾、风灾、地震、海啸、泥石流等等；

3. 重大交通事故或其他意外事故：空难、沉船、撞车、翻车等等；

4. 暴发性流行病：瘟疫、肝炎等等；

5. 重大刑事案件：杀人、投毒、抢劫等等；

6. 对社会各界有较大影响的新发现或新成就，如卫星上天、登月探险、考古新发现，以及自然界新出现的奇观、人们打破历史纪录的行动等等。

二、非事件新闻的含义

非事件新闻是在表现内容与表现方法上都有别于事件新闻的新闻报道的统称。其特点如下。

1. 抓渐变中的规律

非事件新闻不以记录突发事件为满足，而是注重事物渐变过程中对某些带有规律性内容的揭示。

非事件新闻，一般都具有一定的分析、研究色彩，通常要求有一定的思想或理论深度。

2. 具有新闻性

非事件新闻也如事件新闻一样要求具有新闻性，然而它对新闻时效性的要求没有事件新闻那样严格，不必拘泥于“今天”或“明天”。非事件新闻所报道的内容要新鲜，要有现实针对性，而且是广大读者应知、未知而又渴望知道的。

3. 综合、归纳多个事件或事实

非事件新闻，不像事件新闻那样以一个独立事件为主体，而是综合归纳了多个事件或事实，经此衬托、说明某种新发现、新见解或解决问题的新方式。

4. 非事件新闻，写作要找新闻由头，发表要寻报道时机

非事件新闻由于涉及事物的渐变过程，时间跨度一般总是比较大，搞不好，写出来的东西就会“不像新闻”。为了消除这个弊病，一定需在报道时找一个较好的新闻由头。非事件新闻能否发表，要看当时当地的时机是否成熟。非事件新闻的报道时机总是与当前形势，当前人们所关注的“热点”问题有关，抓住了这一点，就易事半功倍。

5. 非事件新闻仍需以写实为主

尽管非事件新闻往往由多种事件通过综合、归纳、概括、提炼而成，比写事件新闻，记者有更多的主观能动作用，然而仍要严格遵守客观叙事的原则。首先要尊重事实，实事求是，按照事物的本来面目来如实报道，不允许任意夸张、曲解事实；其次，要善于“用事实说话”，通过客观叙事的方式来体现记者所欲表达的某种见解，议论不要太多，而且一定要依托新闻事实。

6. 揭示实质

非事件新闻是一种透视性的新闻报道，它要求记者具有较强的政治理论素养与新闻洞察力。就报道本身来说，切不可简单地罗列现象，要通过纵横对比、层层剖析、由表及里地揭示事物的实质或新闻背后的新闻。

广义的非事件新闻，包括综合新闻、记者见闻、记者述评、新闻综述、采访札记、工作通讯等多种报道形式。狭义的非事件新闻常常限于消息体裁。

第二节 事件新闻、非事件新闻的写作技法

一、报道事件的首选体裁

消息是报道事件的首选体裁，原因在于：消息具有广泛的适应性，在真实准确的原则下，消息可以用概括的手法记述各类新闻事件；消息制作和传播过程的简短、平实迅速的特点，也为它报道事件创造了条件。特别是面对突发性事件，消息无疑是报道事件的最佳体裁。

二、事件在新闻报道中的重要性体现方面

1. 事件本身具有明显的变动特点，易对读者引起关注。
2. 事件都有其原始的戏剧性，对读者都有吸引力。
3. 事件本身程度不同地都具有典型性的特点，具有典型示范的作用。

三、报道事件新闻需注意的问题

1. 清楚明了地记事

尽管对于不同的事件，写作的着眼点不尽相同，但是事件性新闻总要写事，因此，清楚明了地记事，就成了事件新闻的写作要求。

2. 勿做表面文章

记者应当能够透过事件的表面现象看到其深层的含义，预见到事件的影响，并用准确的语言将事件的意义、自己的发现告诉读者。

3. 不要忽视人的要素

读者关注事件，实质上也是关注人。采写事件新闻，不应忽视人的要素。

四、非事件新闻的写作要求

1. 将其变化、问题性、新闻性，明显地揭示出来

非事件性新闻所报道的一些社会或自然界的现象、问题，往往呈渐变状态，不像事件，特别是突发性事件那样，容易引起人们的注意。因此，非事件性新闻的写作，要求记者通过材料的选择和运用，将其变化、问题性、新闻性，明显地揭示出来，摆在读者面前。

2. 将散在的事项加以概括和集中

非事件性新闻在写作上有必要将散在的事项加以概括和集中。集中的一个有效手段是总体量化——剥去事件的个别的外壳，以抽象了的全局性的数字，反映某些社会问题、社会现象的总体态势。

五、非事件新闻的特殊价值

1. 非事件新闻以消息体裁报道非事件性事物，可进一步拓宽新闻的报道面。
2. 非事件新闻可以促使记者和媒体不待事件召唤，主动寻找报道题材，也就是说，它有助于发挥媒体的主体意识。

3. 非事件新闻富有趣味性，可以给读者带来精神的愉悦。
4. 非事件新闻可为媒体采制独家新闻创造条件。

第三节 事件新闻、非事件新闻的写作范例

▲事件新闻

【范例】

一位大学生“村官”的合作社“改良试验”

××××年××月××日 《大众日报》

观水村是牟平远近闻名的苹果专业村，××××年就办起了果品专业合作社，但由于不懂管理，合作社一直没发挥出应有的作用。去年××月，大学生“村官”林岚接手合作社管理后，用自己的专业知识对合作社进行了一系列“改良试验”，引发了当地农民对合作社的重新思考。

“产学研工作站”落户小山村

今年××月，青岛农业大学合作社学院产学研观水工作站正式揭牌成立，这是全国首家专业合作社产学研工作站，也是林岚对观水的农业合作社进行的第一项改良试验。

农业合作社的一个重要功能，就是将农业新品种、新技术及时传播到田间地头。但接手合作社不久，林岚就发现，现有合作社的成员大多是本村村民，技术力量缺乏，更缺乏与外界交流的渠道，制约了合作社功能的发挥。

“大学的技术力量丰富，如果能跟大学联合，我们的技术力量一下子就可以加强了。”毕业于青岛农业大学的林岚，萌生了请母校老师“出山”的想法，在镇里的支持下，她与青岛农业大学合作社学院多次联络，促成了二者之间的合作。工作站成立后，来自合作社学院的一名果树专家和两名研究生长期在此驻站，指导全镇的果树技术，合作社学院还为观水镇的合作社经理、村支部书记举办了3期合作社运营管理培训班。

专业人才很快开始显现效果。村里推行了多年的果树“密改疏”，一直因为村民们不忍心而停滞，工作站入驻以后，看到专家图文并茂的讲解，村民们才下定了改造决心；受完培训、开了眼界的合作社经理们也开始重视商标保护，全镇42家专业合作社，现在一半设计了自己的苹果商标。

（略）

原来，观水每年都有大量的苹果客商来考察、做生意，还有不少游客慕名来参

观。为来观水参观的游客们提供服务，可为合作社带来一笔新收入。

大学生“村官”如何尽快“发光”

“到村里工作不过一年，林岚做的这些工作，非常不简单。”观水镇政工书记董瑞林，对林岚给镇上的合作社带来的一系列变化非常赞赏。

“我觉得，大学生到村里的主要目标，不是简单地处理村内事务，在这方面，林岚可能还不如一般村干部有优势，她现在做的是充分利用自己的专业知识和各种资源，为村里提供新信息、新办法，为农村发展注入科技元素。”董瑞林深有感触。

而观水村支部书记姜玉波对林岚做的一些小事印象深刻。“刚来不久，林岚就组织全村妇女学计算机，手把手教她们网上购物；镇上组织秧歌比赛，她每天陪村民练到晚上9点多，为村里捧回来了一个‘优秀表演奖’。正是这些不起眼的小事，帮她赢得了村民的信任，村民们才能认真听取她的建议。”姜玉波说。

“农民需要知识和技术，但缺少有效途径，对陌生人也不信任；农村之外的不少人，也在寻找实践和投资机会，通过我这个双方都熟悉的桥梁，‘产学合作’就能顺利实现，我感觉这是大学生村官实现其价值的一个好办法。”林岚自己总结说。

▲非事件新闻

【范例】

中国离婚率呈持续增高　婚姻指导师行业兴起

××××年××月××日　中国新闻网

记者从中国全国妇联人才开发中心培训部获悉，一项旨在培训婚姻家庭指导师的课程今天开始在北京正式开课，这将为北京培训第一批职业从事婚姻家庭咨询指导领域的专业人士。

今年5月18日，中国民政部发布的《××××年民政事业发展统计报告》显示，从××××年以来，中国离婚率一直呈现持续走高之势。去年办理离婚手续的有一百七十八点五万对，比上年增加十二万对。

北京大学社会学系教授夏学銮说，离婚率升高是所有国家在现代化过程中必须经历的阶段。本来爱情、家庭关系讲求的是一种奉献的公有关系，但是市场经济条件下的现代化过程中，包括婚姻在内的人际关系凸显的是一种市场条件下的交换关系，在婚姻关系中金钱物质占了相当大的比重。所以，市场交易法则自然破坏了家庭关系的公有基础，离婚率当然就升高了。

今年早些时候，家庭婚姻指导师培训项目已经在广州、上海等中国的几个大城市落地开花。

全国妇联人才开发中心培训部主任宋光解说："该培训以共创和谐社会、和谐家庭为举办宗旨，全力打造婚介咨询领域的专业人才来指导和维护我们的婚姻。"

一些人口学家和社会学家的研究表明，中国离婚率呈 U 字形分布，即具有大学文化程度的人口和文盲半文盲人口的离婚率都比较高，而中等文化水平人口的离婚率则比较低。

据负责本次北京培训班的王凯民介绍，北京第一期婚姻家庭指导师培训班已经招收了十多名学员，其中女性居多，其培训课程设置中，三分之二侧重于心理学方面，三分之一侧重于法律方面。

据了解，目前婚姻家庭指导师咨询指导的收费标准在每小时三百元至八百元。

▲记者见闻

【范例】

青岛成立应急宣教志愿者服务队

××××年××月××日　中国广播网

7 月 16 日消息（记者　刘华栋　王　伟）16 日下午，青岛市应急宣教志愿者服务队成立大会举行，首批来自青岛农业大学的 300 名志愿者参加了大会。

据了解，为加强青岛市应急宣教志愿者队伍建设，普及应急管理知识，增强全民应急意识，促进青岛市志愿服务事业专业化、常态化发展，青岛团市委、市应急办、市地震局联合成立了青岛市首批专业化应急宣教志愿者服务队。

在成立仪式上，与会领导向志愿者代表授旗，并为志愿者代表发放了录用通知书和青岛市防震减灾知识手册。志愿者代表带领全体志愿者宣誓："牢记岗位职责，践行志愿精神，争当宣教使者，展示文明形象，尽己所能，不计报酬，为青岛市应急宣教事业的发展贡献志愿者的力量！"

仪式结束后，青岛团市委、市应急办、市地震局还共同组织志愿者进行了救护知识、应急避险知识的专业培训。

据了解，下一步，青岛团市委、市志愿者协会将联合相关部门，继续对志愿者进行专业化、全方位的培训。在暑期，将组建多支应急宣教志愿服务小分队，进社区、进学校、进企业、进农村，进行防暑降温知识、应急逃生知识、安全防护知识、安全用电等常用知识的集中宣讲，将知识送进千家万户，并根据实际情况进行实地演练。

此外，团市委联合相关部门，还会依托专业志愿者队伍的再培训能力，以社区为重点、以基层为突破、以普及为抓手，实行应急宣教志愿服务工作的基层普及计划，争取在全市每个社区都配备应急宣教志愿者，在全市更广范围内开展应急科普知识培训。不断完善志愿服务的组织体系，积极推动应急宣教志愿者队伍的规范化、专业化、系统化发展。

第六章　现场短新闻、会议新闻的写作

第一节　现场短新闻概述

一、现场短新闻的含义

记者亲临新闻现场的目击式再现报道，就是现场短新闻。它是一种新闻价值较高、现场感较强、篇幅较小、精粹的新闻品种。

二、现场短新闻的特点

现场短新闻主要有以下几个特点。

1. 动态感

现场短新闻属于动态性报道，所再现的是事件发生、发展、变化中的动态形象。

2. 现场感

现场感是现场短新闻的特质，能增强新闻的真实性和可信性。

现场感是指能让人有如临其境、如见其人、如闻其声的感觉，展现给人们一个动感强烈的画面，加深受众对人物与事件的印象和认识。

3. 鲜活感

现场短新闻的鲜活感主要体现为：它报道的是新事件，而且由于记者在新闻现场，记者的采访和新闻发生、发展同步，比起事后的追述性报道，有较强的时效性。真正是记者对刚发生的事实的现场报道，在广播、电视新闻里，它还可以是正在发生的事实的报道。

4. 形象感

现场短新闻尤其是特写类现场短新闻，要在作品中再现现场新闻形象，即再现现场的人、物、景、情、氛围等可触可感的形象。再现现场形象就是描摹耳所闻目所睹，主要是用眼睛“写”新闻。

三、现场短新闻的种类

现场短新闻按其表达方式可分为特写式现场短新闻和动态式现场短新闻。

1. 特写式现场短新闻

特写式现场短新闻是新闻特写的一种，是发自新闻现场的特写式消息。这不仅报告主要的新闻事实，还描摹新闻事实的动态形象，描写和叙述两种表达方法缺一不可。

特写式现场短新闻与一般特写的差别，就在于现场性。一般意义上的特写消息，内涵更丰、外延更大，包括事件的、人物的、社会的、风貌的等，有的有场景，有的无场景，可以是现场采访，也可以是事后采访。特写式现场短新闻，侧重写事件，且必须是现场目击式采访。

2. 动态式现场短新闻

动态式现场短新闻，是动态消息的一种，篇幅短小，有的像短讯，只报告主要的新闻事实，表达方法基本是叙述，但都是发自新闻现场的目击式报道，都有很强的现场感。

第二节　现场短新闻的写作技法

一、现场短新闻的写作要素

1. 新闻价值要高

现场短新闻必须饱含新闻价值，着力于选择现实生活中新近发生的具有普遍社会意义和广泛社会兴趣的题材，作为自己的报道对象。

（1）增强对新鲜事物的敏感，善于识别新闻事实的信息价值。

（2）增加“喉舌”意识，善于识别新闻事实的宣传价值。

（3）增强美学意识，善于体现新闻的审美价值。

2. 现场感要强

现场短新闻有别于其他新闻形式的最显著的特点之一，就是它要以作者在新闻发生的现场捕捉到的细节、材料来报道新闻事实，要以“活动”着的视觉形象和现场画面来传递信息、报道事实、感染受众。

3. 要短而精

现场短新闻应体积小（篇幅短）、分量重（含义深邃）、光泽诱人（文笔清新、吸引人）。

二、现场短新闻的重点

1. 现场短新闻是记者在新闻事件发生的现场，用第一手材料写成的纪实性的现场报道，而不是在新闻发布会上获得“转手材料”写成的反映性报道。

2. 现场短新闻中的“现场”就是新闻事实的载体。

三、现场短新闻的标题特色

1. 鲜活俏靓，时态感强。
2. 浓缩精当，片言居要。
3. 实而不露，实中有虚。

四、现场短新闻的写作要求

1. 抓住新闻发生发展的动态

再现现场的事和人，要着力再现事和人的动态，动态最具传神写照作用。捕捉并再现现场动态，对写好现场短新闻至关重要。

2. 深入现场多感官采访

记者必须亲临新闻现场，运用多种感官全方位地感受现场的事件、人物、环境，感受现场的动态、色彩、声音、情感、气味等，深入认识新闻事件的原因、结果、意义，才可能写出“色、香、味”俱全的现场短新闻。

深入现场，是写好现场短新闻的首要条件。以记者的身临其境，才能使受众如身临其境。

3. 捕捉细节

一般的消息，为了求得生动，有时也要勾勒一二细节。通讯、特写、现场短新闻等再现式报道，就更要注意捕捉典型化细节，以突现新闻意义，以传神写照。典型化细节，对于再现现场形象往往能起到“一滴水现太阳”的作用。

4. 点化场景

现场短新闻要再现的，主要是现场发生的新闻事实，但同时也要再现新闻发生的场景。

再现场景，不需面面俱到，只需选择最能衬托新闻事实、最能烘托现场气氛的典型场景，简笔勾勒，境界全出。

五、写作现场短新闻应注意的问题

1. 要注意选取最有说服力、最有典型意义的事实。
2. 要通过细节描写再现人物的真切风貌，直达逼真的情境。

第三节　现场短新闻的写作范例

▲特写式现场短新闻

【范例】

玉树地震灾区档案收集工作全面启动

2010 年 4 月 26 日　国际在线

4 月 26 日电（马　勇　王　博）　记者从青海省玉树抗震救灾指挥部了解到，玉树地震灾区抗震救灾档案收集工作已经全面启动。抗震救灾工作结束后，档案资料将统一移交给青海省和相关州、县的国家综合档案馆进行保管。

目前，玉树地震灾区已开始全面收集抗震救灾活动中形成文字、图表、声像等文件材料和实物档案资料。这主要包括三类：一是党中央、国务院和抗震救灾指挥部及各级党委、政府在抗震救灾工作中形成的文件材料；二是党和国家领导人及各级党委、政府负责人和境内外地区、单位、部队、志愿团体、友人进行抢险救灾和慰问等活动形成的文字、图表、录音、录像等文件材料；三是抗震救灾过程中的宣传报道。

▲动态式现场短新闻

【范例】

土耳其东部发生里氏 6.0 级地震目前已致 17 人死

2010 年 3 月 8 日　中国新闻网

中新网 3 月 8 日电　据法新社报道，土耳其危机应对中心表示，当地时间 8 日晨土耳其东部发生的里氏 6.0 级地震目前已经造成 17 人死亡。

据报道，土耳其危机应对中心在一份简短声明中写到，土耳其东部埃拉泽省卡拉科钱镇附近地区当地时间8日晨4时32分左右发生里氏6.0级地震，目前造成17人死亡。临近多个省均有震感。随后该地区还发生多次余震。

此前有报道称，地震造成11人死亡，其中包括2名儿童。

据信此次地震震感持续约1分钟，当地很多居民从睡梦中被惊醒，感到害怕和恐慌，纷纷跑上街头等较为空旷的地带避难。

土耳其是地震多发国，1999年8月和11月都曾发生强烈地震，导致约2万人丧生。

第四节　会议新闻概述

一、会议新闻的含义

会议新闻，是报道会议上发生或与会议有关的新闻。通常也可把会议新闻理解成是报道会议的新闻。

二、会议新闻的种类

1. 工作会议新闻

工作会议新闻包括各级党、政、军、社会团体研究重大问题和主要工作而召开的全会、常委会、代表会、现场会、规划会、例会；也包括各级、各部门召开的年终总结表彰大会、庆功会等等。这类新闻要突出会议的主要精神，包括重大举措、重要思路、重大人事变动，新成果、新经验等。

2. 集会新闻

集会新闻包括报告会、团拜会、文艺晚会、纪念会、追悼会、声讨会等等。这些会议的内容各不相同，但写法大致相同：它们通常采取单向信息的传播形式，报道会议的主要内容。

3. 新闻发布会的新闻

各行各业的新闻发布人对本地区、本单位、本系统、本阶层的新动态、新成果、新经验进行介绍，对重大活动、重大事件进行解释，往往召开新闻发布会或记者招待会。

第五节　会议新闻写作技法

一、会议新闻的写作要求

1. 抓会议中的重要内容

一般说来，每个会议都有一个或几个中心内容，作为记者在报道会议新闻时，应该从其中心内容入手。

2. 挖掘新闻背后的新闻

就会议新闻来说，会议本身的形式和内容的新闻价值较小，报道意义不大，在这种情况下，记者就不要把眼光盯在会议上，而应该从会议圈子里跳出来，通过会议所提供的新闻线索去挖掘会议新闻背后的新闻。

3. 会场采访和会外采访相结合

会场采访和会外采访是相辅相成的，只是工作的侧重点不同而已。会场采访，就是记者在各种会议的会场上进行的采访活动；会外采访是指记者在会场以外进行的采访。

会外采访是会场采访的一种配合和补充，记者们常常运用会外采访的方法来挖掘更多的会议新闻背后的新闻。记者可在会外专访一些会议参加者谈与会议有关的问题、意见、要求、心得体会，以及自己参加会议的情况等；也可以采访会议组织者、工作人员谈会议日程、生活安排等；还可以围绕会议主题采访会外公众的反应。

4. 猎取会场上富有人情味的事件或镜头

会场上某些富有人情味的事件或镜头一旦被记者猎取，这样的报道往往会成为会议报道的“鲜活货”。

二、如何才能抓住会议报道的要点

首先，要对会议的性质分分类。任何一个会议都有自己的特定内容和历史定位，要搞好会议报道，最大限度地发掘会议的“含金量”，必须准确把握会议的性质、内容和定位。一般会议分三类：一类是集会，如演讲会、报告会、表彰会、纪念会、追悼会、声讨会等；二是工作会议，如研讨会、现场会、例会等；三是记者招待会。这些不同的会议，写作上的要求相应不同。我们报纸上报道的大部分会议属于工作会议，所以，对工作会议一般就应该注重其内容而不是其形式，需要的是从“会海”中捞“活鱼”，从中挖掘最新最有价值的新闻信息，即不求其全，择要而写，这样才能跳出从会议报道会议的框框，跳出会议报道的陈旧模式。而对会议本身，就没有必要直接去反映它。如果要说起这个会议，最多只是附带地提一下消息来源于这次会议。

其次，记者要吃透会议精神。会议上领导报告的内容非常多，初出道的记者往往会觉得这也重要，那也有价值。只有吃透会议精神，才能从中选择最主要的、读者最关心的信息来落笔。现在，记者都有一条线在跑，跑线跑得时间长了，应该知道哪些信息重要，哪些信息老百姓关心。有人说，写会议新闻稿时，屁股坐在领导的角度上，体现的是较浓的宣传味，坐在老百姓位置上突现的就是新闻性。报纸要让领导与群众双满意，记者在写稿时必须找到两者的结合点。

最后，要善于了解会议的背景。每次会议的召开都有一定的背景，以往这些背景材料往往不受重视。其实，这些背景材料可以帮助你把会议消息写活。新华社的著名记者郭玲春写的会议消息，往往运用大量的背景材料，而把领导的讲话中的最关键几句用直接引语引出来，点缀在背景材料中，使报道的内容更为深厚，主题更为突出。这样读者读来不觉得沉闷，觉得少了些说教味，多了些亲近感。

第六节　会议新闻的写作范例

▲会场采访新闻

【范例】

东亚论坛第一会场采访稿

××××年××月××日　北京大学《学生周报》

（记者　武丹）××月××日，第三届大学生东亚论坛在北京大学召开，本届论坛围绕的主题是“东亚，在奥运圣火的照耀下”，论坛主要以“东亚如何在新的历史形势下探索新的发展道路”和“亚洲自身主体意识认同”等问题为讨论核心，组织全国在校本科学生就东亚问题进行研究和讨论，以促进不同学校学生之间的相互学习，打造一个属于本科生的交流平台。

××月××日上午，第三届大学生东亚论坛的代表们在国际关系学院C102会议室进行了分组讨论，讨论的议题为“亚洲的主体意识：历史和现实”的课题和“多元视角追问亚洲认同：差异与共识，想象与实际”。与会代表有来自北京大学、北京外国语学院、外交学院、武汉大学、南开大学等高校的同学，北京大学国际关系学院的张植荣副教授担任本次讨论的点评老师。

首先，来自武汉大学的张传月同学就“东亚主体意识缺失”的问题进行发言。

她谈到，处于后现代时期，社会和个人的关系面临着重新的定位，东亚国家应该注意个人的培养，在集体主义的价值观上构建自己的价值观念，通过充实每一个人的社会公德来充实个人的自我存在感，在认同自我的基础上认同他人，在肯定自我的基础上肯定他人，从而做到在构建东亚主体意识的同时包容地接纳优秀外来思想。

接着，来自外交学院的侯婷婷也就亚洲认同问题阐述了自己的观点，她指出应该采取合理措施来减少历史问题的消极影响，不能使之成为东亚国家在共同合作发展过程中的“瓶颈”。

两位同学精彩的发言赢得了在场师生的阵阵掌声，同时也激发了同学们的思考，大家纷纷就东亚文化和主体意识的问题展开了探讨，并向发言者提出了很多有启发性的意见，尤其是对于东亚主体认同和文化认同的关系；东亚经济一体化和文化一体化的关系；传统文化在传承中是否需要变通；儒家思想是否需要随着东北亚发展体制的变化而变化等问题进行了广泛而深刻的讨论。在提问回答环节，参加谈论的代表提出了很多有启发性的问题，大家就东亚问题各抒己见，集思广益；同学们独到的视角、深入的剖析、精辟的诠释，赢得了点评老师张植荣副教授的称赞。正如一位来自南开的代表在评论东亚文化交流时所说的那样“有交流才会有碰撞，有碰撞才会有融合”，同学们在讨论中思想的碰撞、观点的交锋、意见的融合，对将来的学习研究都大有裨益。

之后，北京大学的韩国留学生朴恩贤与大家分享了她对东北亚一体化进程中核心文化动力的作用的认识。虽然是韩国留学生，但她流利的汉语，对东亚文化的深入了解，得到了在场老师同学的接连称赞。武汉大学的黄英平同学还从传媒合作的角度剖析了东亚认同的可行途径，她的发言也博得了大家的一致好评。

本次讨论在大家的阵阵掌声中圆满结束。会后，许多与会同学表示通过此次讨论，他们获得了知识，增长了见闻，开阔了视野，感觉受益颇丰，并希望以后还能有机会参加此类活动。

▲新闻发布会的新闻

【范例】

抚顺浙商国际商贸城××月××日开业

××月××日，××××年东北地区日用商品交易会开幕式暨抚顺浙商国际商贸城开业庆典新闻发布会在友谊宾馆隆重举行。市服务业委员会主任张哲、新抚区常务副区长刘培宏、抚顺浙商国际商贸城董事长曾渊峰等出席发布会。

浙商国际商贸城的开业，标志着抚顺商业进入了一个新的发展时代。作为全国商业翘楚的浙商集团，近年来，其服务触角一再延展。××××年，浙商进驻抚顺，兴建了浙商国际商贸城，力求为抚顺人奉献良好的购物环境。抚顺浙商国际商贸城董事长曾渊峰说，抚顺浙商国际商贸城是星星集团布局东北第一个城市综合体项目。从第一个主力商家入驻到数十家出类拔萃的战略合作伙伴，从第一个商户到今天近8000家商户，这离不开市委、市政府和社会各界的大力支持。抚顺浙商国际商贸城作为市重点招商引资项目，借助自古繁华的裕民商业圈，自成繁华商业氛围，交通便利。浙商国际商贸城的入驻抚顺，力求让这个商业中心区域得到最大的延续和传承。

在新闻发布会现场，曾渊峰就浙商国际商贸城的产品类别和优势等问题回答了记者的提问，他说："抚顺浙商国际商贸城总建规模32万余平方米，其中商业经营面积约26万平方米。拥有日用百货精品馆、红星美凯龙家居生活广场、大商抚顺集团、韩国CGV影院、颐高数码连锁等知名商家，是集购物、批发、展示、商务、办公、居住、娱乐、餐饮、仓储、物流等等多功能于一体的大型一站式商贸综合体，涵盖日用百货、家居建材、电子数码、时尚精品、超级卖场、娱乐休闲、金融商务等，是抚顺首座一站式商业摩尔。同时，浙商国际商贸城具有环境、交通、大市场和品牌的优势，会为抚顺人带来新的购物理念。"

抚顺市服务业委员会主任张哲对东北日用商品交易会暨抚顺浙商国际商贸城开业表示祝贺，他说，市场是我市的经济命脉、发展根基和动力源泉。开业后的浙商国际商贸城，将成为我市最大的日用品消费品市场，也是我市目前规模最大、影响最广的商品交易集散中心，及展示我市形象与风采、交流与合作的一个重要窗口，对促进我市经济发展，建立并推动与外界的交流合作将起到重要的作用。相信，浙商国际商贸城定会创出"小商品、大集聚"，"大品牌、大市场"的无穷魅力，为抚顺市经济建设和社会发展谱写出更加华美的篇章。

第七章　调查报告、深度报道的写作

第一节　调查报告概述

一、调查报告的含义和特点

（一）调查报告的含义

调查报告是对生活中某项工作、某种事件、某些情况进行调查研究后以书面形式写成的报告。

（二）调查报告的特点

1. 具有针对性

调查报告的针对性表现为：它所反映的内容必须是现实生活中人们普遍关心、迫切需要解决的问题。其针对性越强，报告的分量就越重，发挥的作用也就越大。

2. 具有真实性

调查报告的真实性表现为：它是客观事实的报道，必须以事论理，用事实揭示规律性的东西。

3. 具有典型性

调查报告通过对大量事实的介绍、分析、综合，总结出具有方向性的普遍经验，推动实际工作的开展。它选择的事实，必须具有典型性，能对现实生活发挥指导作用。

二、调查报告的分类

调查报告按内容和功能可分为如下几类。

1. 关于社会情况的调查报告

这种调查报告重在反映社会生活各个方面、各条战线（政治、经济、军事、文化、思想、工业、农业、财贸、教育、卫生）的基本情况。可以总览全局，分别从几个方面分析情况，从宏观方面写出较为详尽的报告，也可以从一条战线的某个方面微观地进行集中而深入的具体剖析。这类报告主要是送交领导者、决策机关，为制定工作方针、政策、措施提供依据。

2. 关于典型经验的调查报告

这类调查报告为了树立典型的榜样，指导并推动全局，集中总结并推广先进地区、先进单位、先进个人的典型经验。这类调查报告一般要写出经验产生的特定背景与条件、具体而扼要地分列出主要经验，以及取得的成效，进而分析出取得经验的原因，还有现存的问题等等。

3. 关于反映问题的调查报告

在我们的现实生活中既有表现光明面的成绩与创举，也无可回避地存在着哪怕是支流的却又是不容忽视的阴暗面的问题。这一类调查报告就是反映社会问题的。这类报告有的是揭露生活中的阴暗面、消极因素，发人警醒；有的则是反映某个事件的真相，以期矫正视听。这类调查报告反映社会问题，是为了引起人们对问题的重视，并采取切实有效的方法与步骤解决问题。

4. 关于历史情况的调查报告

调查报告虽重在反映现实生活，但也有由于某种特殊需要而对某些历史情况进行调查了解，写成此类调查报告的。这类调查报告，有的是为现实生活和建设与发展的需要借鉴历史的某些经验教训。以历史的经验教训，为现实提供有价值的参照与借鉴的科学依据，有的为了澄清历史是非，有必要实事求是地重新对某些重大的历史事件、历史问题进行调查。了解事实真相，做出切实的结论。

5. 关于研究性的调查报告

这类调查报告可以分为工作研究与理论研究两种情况。前者着重于某项工作的具体了解与综合分析；后者侧重于问题产生原因等方面的理论探讨。

此外，学术研究还有专业性调查报告，如地质考察调查报告，考古发掘调查报告，需要理论与实际相结合的研究与探讨。

第二节　调查报告的写作技法

一、调查报告的结构

一般来说，调查报告由标题、前言、主体、结尾四个部分组成。

1. 标题

（1）单标题

①公式化写法

公式化写法就是按照“调查对象 + 调查课题 + 文体名称”的公式拟制标题。

如《对广州市一集体企业的财务调查》就是这样的标题，其中“广州市一集体企业”是调查对象，“财务”是调查课题，“调查”显示文体是调查报告。这样写的好处是要素清楚，读者一看就知道这是写的什么单位，涉及的是哪些问题，文种也很明确。

②）常规文章标题写法

具体方式灵活多样。可以用问题做标题，如“儿童究竟需要什么读物?”；可以显示作者自己的观点，如“莘莘打工者，维权何其难”；可以直接叙述事实，如“三个孩子去蛇岛”；可以用形象画面暗示文章内容，如“航空母舰逐浪经济海洋”。

③双标题

双标题由正、副标题组成，其中正标题一般采用常规文章标题写法，具体写法如上所述。副标题则采用公式化写法，由调查对象、调查课题、文体名称组成。

2. 前言

调查报告的前言一般要根据主体部分组织材料的结构顺序来安排，常用的有以下几种类型。

（1）提要式

提要式就是把调查对象最主要的情况进行概括后写在开头，使读者一入篇就对它的基本情况有一个大致的了解。

（2）交代式

在开头简单地交代调查的目的、方法、时间、范围、背景等，使读者在入篇时就对调查的过程和基本情况有所了解。

（3）问题式

在开头提出问题来，引起读者对调查课题的关注，促使读者思考。这样的开头可以采用提问的方式引出问题，也可以直接将问题摆出来。

3. 主体

调查报告主体部分的材料丰富、内容复杂，在写作中最主要的问题是结构的安排。其主要结构形态有三种。

（1）用观点串联材料

由几个从不同方面表现基本观点的层次组成主体，以基本观点为中心线索将它们贯穿在一起。

（2）以材料的性质归类分层

课题比较单一，材料比较分散的调查报告，可采用这种结构形式。作者经分析、归纳之后，根据材料的不同性质，将它们梳理成几种类型，每一个类型的材料集中在一起进行表达，形成一个层次。每个层次之前可以加小标题或序号，也可以不加。

（3）以调查过程的不同阶段自然形成层次

事件单一、过程性强的调查报告，可采用这种结构形式。它实际上是以时间为线索来谋篇布局的，类似于记叙文的时间顺序写法。

4. 结尾

调查报告常在结尾部分显示作者的观点，对主体部分的内容进行概括、升华，因此，它的结尾往往是比较重要的一个部分。常见的写法有：

（1）概括全文，明确主旨

在结束的时候将全文归结到一个思想的立足点上，例如《关于××钢铁总厂管理经验的调查报告》的结尾。

××的实践证明，国有企业适应建立社会主义市场经济体制要求，必须在转换经营机制的基础上转换经营方式，切实转变经济增长方式，这样才能充分挖掘企业的内部潜力，提高企业的整体素质和市场竞争力。××的做法为国有企业实行从传统的计划经济体制向社会主义市场经济体制，从粗放经营向集约经营两个具有全局意义的根本性转变提供了借鉴的经验。

（2）针对问题，提出建议

在揭示有关问题之后，对解决问题提供一些可行的建议。例如《人民日报》曾刊登的专题调查《人情消费，让人如何承受你！》就写了一个建议性的结尾。

在人情消费已成为一种风气的情况下，制止大操大办单靠哪一个人、哪一个单位很难从根本上奏效，如喝喜酒，往往是通知范围大了人们反感，范围小了没接到通知的人也有意见。遏制人情消费，建立新型的人际关系，倡导社会新风，是一项社会系统工程，需要各级各部门共同努力。首先要加强宣传和教育。提倡新事新办，勤俭持家，厉行节约，建立新型的社会主义人际关系。节日期间，报纸、电台、电视台可举办专题栏目、节目进行宣传，文化部门应挑选一批优秀的影片（主要是婚丧嫁娶新事新办方面的）在各乡、镇、村巡回播放。通过广泛深入的宣传教育，使人们树立正确的人情消费观。其次要制定社会规范。在政府机关和企事业单位建立红白理事会，推行节俭办红白喜事。建立约束机制，对人情消费进行引导、规范、管理。三是严格稽查。对大操大办甚至借机敛财的干部要严肃处理，直至在新闻媒体上曝光。

（3）指出问题，启发思考

如果一些存在的问题还没有引起人们的注意，如果限于各种因素的制约作者也不可能提出解决问题的办法，那么，只要把问题指出来，引起有关方面的注意，或者启发人们对这一问题的思考，也是很有价值的。例如《暗访××站前发票非法交易》一文的结尾。

记者随后又转了几个地方，16 时 10 分从××站前离开。在这 40 分钟里，碰见了大约 20 名卖发票的不法人员。听口音他们大都是外地人。从言谈举止可以感觉到他们知道自己的行为是违法的。在广场、路口维持秩序的公安、保安人员不少，也许是司空见惯了吧，记者没有看到他们出面制止这种不法行为。

对发票非法交易的现象，到底该由谁来管？怎么管？作者指出这一问题，相信能引起有关部门的重视。

二、调查报告的写作技巧

1. 材料占有要丰富、细致、全面

必须进行深入细致的调查研究，大量地、详细地占有材料，做到既要掌握间接的材料，又要掌握直接的材料；既要了解现实材料，又要了解历史材料；既要了解正面的意见和材料，又要了解反面的意见和材料。占有材料越丰富、越细致、越全面，对提炼的主题、精选的材料越有利。

2. 认真研究分析，找出规律性的东西

分析中，还要分清现象和本质，区别主流和支流，抓住主要矛盾，从而揭示出规律性的东西。

3. 必须做到材料和观点的统一

不得把材料和观点割裂，讲材料的时候没有观点，讲观点的时候没有材料，材料和观点应互相联系。也不要堆砌一大堆材料，不提出观点，不说明赞成什么，反对什么。一定要用明确的观点去统率材料。材料不在多，能够说明问题就行。

第三节　调查报告的写作范例

▲综合调查报告

（一）综合调查报告的含义

综合调查报告，是对一个问题进行多方面的调查研究，或是对某一地区、某一系统或某一单位的多方面情况进行全面系统的调查研究。

（二）综合调查报告的写作范例

【范例】

××××年大学生薪酬调查报告

——《海峡导报》××××年××月××日讯

进入8月，××××年的应届大学毕业生们唱完骊歌，告别校园，大多数已经在工作岗位上开始新的生活。

不过，网络上不时有大学生抱怨："工资太低，还不如保姆，大学4年白读了。"这样的抱怨有些悲观，越来越多的人开始关注刚毕业大学生的工资。

近日，100位××××~××××年毕业的大学本科生成了本报记者采访的样本：他们参加工作后的第一个月工资是多少？工作几年、几个月之后，现在的工资是多少？这5年来，应届大学毕业生第一个月的薪酬走向如何？这期报道，希望对将要求职、正在求职，或者刚步入岗位的大学生们有所帮助。

此次调查共回收有效问卷100份，其中，××××年、××××年、××××年、××××年、××××年大学本科毕业生各20人；职业包括：公务员、教师、工程师、助理、文秘、业务员、技术员、财务、广告策划、护士、金融顾问、记者等。

值得一提的是，这次调查的对象均为大学本科生，毕业院校包括：厦门大学、南京大学、××理工大学、江苏大学、天津大学、南昌大学、集美大学、上海师范大学、福建师范大学、三明师范学院、漳州师范学院、华侨大学等。此次调查对象均在厦门工作。

数据　第一个月平均工资：1671元

根据统计，这100名大学生工作第一个月的工资平均为1671元，其中，1001~2000元这个档次占了七成多。

调查发现，第一个月收入低于1000元的相对较少，且多为业务员。××××年毕业的小陈在一家网络公司工作，主要职务是营销。"名片上印着'销售代表'，实际工作就是拉业务。底薪800元，其他收入就靠提成。"小陈说，他第一个月工资就只有底薪，因为没有经验，还没摸着门道，没有完成一笔业务。不过第二个月他就拿到1000元月薪，他拉到第一笔业务，从中提成的200元成为他的奖金。

不过，也有不少从事销售业务的大学生，第一个月就拿到了高薪。××××年从厦门大学毕业的小禹，在一家电子企业上班，第一个月工资3000元。别的同事大概在2000元，他因为具有语言优势，待遇比其他人高些。

第一个月工资3000元以上的相对较少，不到一成。从职业上看，主要有公务员、IT行业技术人员、媒体从业人员、教师、垄断性行业等。

××××年毕业的小张，在厦门一家媒体工作，第一个月工资就拿了近5000元。“不过，媒体的收入并不是每个月都固定的，底薪一般在几百元，奖金和稿件数量、质量有关，稿件发得多，工资就高，如果没什么稿件，收入就很低”。

专家：1200元到1600元最集中

×××，思明区就业管理服务中心主任。她说：“据我了解，大学本科毕业生工作第一个月的工资的确大部分集中在1000～2000元，并且1200～1600元最集中。”

有人抱怨1600多元的工资还不如保姆，保姆包吃包住还有1000多元，其实两者间没什么好比较的。保姆做的活，许多大学生不一定做得来。另外，大学生将来的工资收入根据能力、资历还会有很大的提升空间，但保姆的工资提升空间却很小。

×××说，大学本科生月收入低于1000元的很少，除了上面提到的业务员，还有一小部分是在私营企业上班的。

第一个月就能拿三四千元的也很少，公务员是其中一类，所以这几年考公务员的人越来越多，但真正能考上的只是个别。垄断性行业收入相对高些，福利也不错，但刚毕业的大学生很难一进去就拿高薪，大部分在两三千元，如果做得好，会有比较大的提升。还有许多单位，工资收入和业绩挂钩，能力强的就体现出优势了。

数据　目前平均工资：2787元/月

根据统计，这100名大学生目前的工资平均为2787元/月，其中，2001～3000元这个档次为多数，占了四成。和前面数据比较可以发现，七成多大学生第一个月工资在1000～2000元，但工作几年后，随着经验、资历、业绩的增加，工资普遍上涨，工资在2000元以内的比例下降到三成多。并且，记者在统计中发现，当前月工资低于1000元的已经没有了。

第一个月工资在3000元以上的不到一成，但工作几年后，高收入者逐渐增多，3000元以上的占了1/4，其中不乏月薪近万元的高收入者。这些高收入者的职务有很大一部分和刚工作时有了变化，从原来的职员、技术员变成了部门经理、组长、主管等。

××××年从浙江大学毕业的小郭，在一家科技公司上班，这家企业主要从事自动化设备的研发和制造。刚进公司，他只是一个普通技术员，第一个月工资1100元；经过几年打拼，他的能力得到领导和同事认可，现在已是经理，月薪8000元，每月还有一两千元的奖金。工作4年，工资翻了近10倍。

××××年毕业于北京工商大学的小梁，在××一家证券公司上班，因为努力，现在已经是客户经理，工资从第一个月的2000元变成现在的8000元。

第四节 深度报道概述

一、深度报道的含义和特点

(一) 深度报道的含义

所谓深度报道，就是在报道新闻事实的同时，对事实作出解释和分析，努力阐明事件之间的因果联系，并力图对事件发展趋势作出准确预测的报道方式。

(二) 深度报道的特点

1. 重视揭示新闻事实的基本性质和深层含蕴

深度报道的这一特点体现在：

(1) 不仅要报道现象，还要抓住现象背后的本质；

(2) 不仅要叙述清楚事件本身，还要揭示出事件的深层含意；

(3) 不仅要确认事件的现状，还要预测事件的发展趋势。

2. 解释充分，分析透彻

深度报道永远离不开解释和分析。

报道在提出新闻事件的同时，更要注重追踪事件发生的原因和影响，预测今后发展的趋势，并在可能的条件下，提出解决问题的方案。要想做好一篇或一组有深度的解释性报道，充分地采访以获取全方位的事实材料是必不可少的。

分析事件的影响时，从辩证法角度出发，我们更需要分析事件的主要影响。在分析事件对当事人及部门这些微观客体的影响时，我们更不能忽视其对整个行业、社会乃至国家这些宏观客体的影响。

3. 形式多样化

报道形式的多样化是深度报道的一个显著特点，但一般情况下在单篇作品中看不出来。深度报道自身并无固定的形式，可以借助于通讯、述评、专访、调查报告的形式，也可以融合以上各种形式于一体。

4. 视野开阔，材料详尽

深度报道叙事不局限在中心事件上，议论也不局限在一事一议的小范围之内，它所提供的信息有一定的立体感和系统性，明显带有视野开阔的特点。

二、深度报道的分类

深度报道分为复合型和单项型。复合型由若干篇组成，其组合形态有两种，一种是沿时间顺序展开的进行性深度报道；另一种是呈并列态势的系列性深度报道。

单项型是指针对一个中心话题，作一次性的集中报道。

1. 复合型深度报道

（1）系列性深度报道

系列性深度报道与进行性深度报道的不同之处在于，它不是在时间的链条上逐次展开的纵向结构，而是围绕一个中心，分别从不同角度进行报道。每一篇文稿之间，基本上是呈现并列关系，合起来才能体现出思想的深度。

例如，《经济日报》在××××年1月30日第1版刊登了题为《“一块二”官司值不值得打》的报道，报道了一位法律工作者丘建东在使用公用电话时，公用电话站未按特定时间减半收费的规定收费，经投诉后仍不改正，丘建东就向法院提出诉讼，以邮电局为被告。“仅为一块二毛钱打官司值不值得?”方方面面对此议论甚为热烈。报道最后说：“这一场官司如何了结？还有待法院作出裁决。”2月2日，该报在第1版又分别发表《我为什么打这场官司——访丘建东》和《“这个官司打得好”——福建省邮电局负责人一席谈》两篇报道。2月8日，再次在第1版发表了《暗访被告》和《走访邮电局》两篇报道。最后一篇《“一块二”官司画上了句号》，发表于该报2月26日第1版。这组报道刊出后，《经济日报》收到近600封读者来信，高度评价这组“小题大做”的报道。“一块二”官司虽然小，却反映了市场经济就是法制经济的观念转换，以小见大，揭示了社会的深刻变化，是一组很有深度的作品。

（2）进行性深度报道

一个事件正在发生和发展的过程中，还没有结果，新闻就可以对它进行连续的阶段性报道，这就是人们常见的连续报道或曰追踪报道。如果这种报道不满足于现象的描述，而是逐步进行深入的发掘，这组报道就是进行性深度报道。

进行性深度报道是在时间顺序上逐次展开的，每一篇文稿都是整个报道中的一个环节，作者在写作前面的文稿时，并不知道事件下一步将发展为什么状况，更不知道事件最终的结局。能够成为连续性报道题材的新闻，一般都是众人关心的事件，而后续内容的不确定性，以及不断制造出来的悬念，吸引读者更强烈地关注。

进行性深度报道多以事件为中心题材，也有以某一人物一个时期内的行动，或以探讨某一存在问题的过程为中心题材的。

2. 单项型深度报道

（1）典型性深度报道

典型性深度报告，就是选择一个具有广泛代表性的事物，对其进行深入的剖析，得出一些具有普遍价值和意义的结论，用以指导全局的一种报道方式。典型性深度报道一般用于报道有模范意义的先进人物或集体，或介绍和推广成功经验。

（2）解释性深度报道

解释性深度报道的特点是，在报道新闻事实的同时，对其发生的原因进行深入的说明和解释，以使读者对事件发生的必然性有准确的把握。其用于解释和说明的材料比较丰富，包括人物事迹、地理环境、历史形态、相关政策、物质条件等。

（3）调查性深度报道

调查性深度报道是针对某一新闻事实，通过展示调查过程，提供大量事实、数据和有关反映及评价的方法，来深入揭示其本质、特征及发展规律的一种报道方式。调查性深度报道多用于各种媒体的新闻调查。

（4）分析性深度报道

分析性深度报道的特点是，在报道新闻事实的同时，运用分析、综合、比较等方法，确认新闻事实的性质、意义和发展方向，以帮助读者深入理解新闻事实。分析性深度报道常用于经济形势报道、政治形势报道和国际问题报道。

第五节　深度报道的写作技法

一、深度报道的写作要求

1. 善于把握导向

深度报道要具有一定的舆论导向作用。要有鲜明的立场、观点和倾向，要提供积极的、建设性的意见，对读者进行正确的引导。

2. 题材要有分量

题材分量要重，一是能引起人们的注意；二是有深入的余地。所谓分量重，主要体现在以下三个方面：

（1）报道人民群众普遍关心、迫切要求解决的问题；

（2）报道所反映的事件关系到重大的原则问题；

（3）报道是各界注目的社会焦点。

3. 运用立体思维

深度报道所涉及的多是重大事件、热点问题，在写作时，作者只有运用全方位、多层次、多角度的立体化思维方式，才能不断开拓出新的思路，触发新的灵感，获得创造性的发现。

4. 手法灵活多样

深度报道并无固定的形式和固定的写作手法，各种新闻体式皆可拈来，各种手法皆可运用。

二、深度报道的写作要点

1. 内容深刻

充分延伸和拓展“6W”的要素，注重“6W”中“Why”“How”的要素。

When：立足此时，追溯既往，推测未来。

Where：立足现场，左右延伸，纵横兼顾。

Who：立足事实，追踪采访，涉及相关。

What：立足此事，搜集情况，报道细节。

Why：立足直接，分析横向，追究纵深。

How：分析意义，注重结果，预测未来。

2. 思考科学

多维思考，不孤立报道单个事件，围绕一个中心（事件或观点）立体地组织新闻要素。

3. 目标主流

选择显著的新闻事件

（1）准备报道的事实读者是否关心，事实在多大程度上关系到多少读者的利益。

（2）新闻性强，事实包含多项新闻价值。新闻性较弱的一般不宜做深度报道。

（3）事实内部是否包含复杂的关系。内容比较单一的事实也不适合做深度报道。

第六节　深度报道的写作范例

对于深度报道，新闻界有多种不同分类方法，我们根据内容侧重点和写作特点的不同，列举了两种最常见的类型：解释性深度报道和调查性深度报道。

▲解释性深度报道

【范例】

中国学者解读福岛核泄漏影响路径

研究人员称，福岛核泄漏物质通过海洋通道

抵达中国附近海域的时间大致需要 5 年至 15 年

××××年××月××日

【财新网】（见习记者　崔　筝）“3·11”日本大地震和海啸造成日本福岛核

电站发生泄漏后，北美、冰岛、中国等相继监测到环境辐射水平异常。中国学者发表的一篇研究论文，则对未来一段时间福岛核泄漏物质影响路径进行了情景预测。

在4月25日出版的××××年第12期《科学通报》杂志上，国家海洋局第一海洋研究所乔方利研究员及其同事发表论文称，核泄漏物质短期内对中国的影响主要通过大气通道，中长期则主要通过海洋通道。“从气流分布看，首先受影响的是北美，然后是欧洲，最后才传到中国和朝鲜半岛。早受影响（的话），浓度会高一些”。

据悉，该论文3月23日正式提交。在3月26日中国境内检测到核泄漏物质之前，研究人员已经基于发生核泄漏的纬带盛行强劲西风等因素，做出如下预计：核泄漏物质10天后影响范围可达北美大部，20天左右跨过欧洲，前锋进入中国境内，30天后布满整个纬带。

论文同时指出，核泄漏物质随着气流的运移扩散，浓度迅速降低。在不考虑沉降和衰变的理想情况下，其前锋到达中国时，浓度也仅为福岛附近模式浓度的百万分之一；如果考虑核泄漏物质存在沉降和衰变等过程，浓度量值应比前述估计还要低。而极低浓度的放射性物质首先从中国北方进入，也正是中国境内在黑龙江省首先监测到放射性物质的原因。

至于海洋通道传输，目前主体上是向东输运，需要3年至5年才能到达美国西海岸，然后沿美国加利福尼亚沿岸向南，再转向西。经过这样一个大循环，再回到西太平洋。中国附近海域属于西太平洋的一部分。目前，对于放射性物质回到西太平洋海域的时间估计有所不同，但大致需要5年至15年。

不过，研究人员强调，海洋通道运输速度缓慢，长期预测非常困难。关于核泄漏物质何时通过海流进入中国管辖海域，还需进一步监测和研究。“目前我们预报了2个月……近期内对中国造成影响的可能性极小。但给出一个长期的、非常确切的估计很难。”

研究人员表示，核泄漏物质运移存在三类自然通道，即大气中随气流的快速输运通道、海洋表层随海流的慢速输运通道，以及海洋内部的极慢速输运通道。此外，还有船舶、飞行器等人类活动，海洋游泳生物等非自然输运通道。北美和欧洲在泄漏物质运输通道上处于中国上游，上述地区的环境辐射水平监测、评估结果将对中国具有警示和借鉴意义。

▲调查性深度报道

【范例】

联通 iPhone 销量真相调查

××××年××月××日 《华夏时报》

一个个 iPhone 手机缺货、要求补货的电话和邮件传递到中国联通运营终端的子公司联通华盛，在好不容易旺销之际，iPhone 手机却在全国大面积断货，出现罕见的一机难求的局面，这到底是怎么造成的呢？本报记者调查后发现，这其中虽然联通 iPhone 套餐降价带来销量大增为主要因素，同时，苹果公司对 iPhone 前景误判，导致生产和供货严重不足则是让人吃惊的另一原因，反映了 iPhone 在华销售的曲折道路。

iPhone 缺货困境

"iPhone 缺货"，从××月下旬开始，这一信息在经销商中开始传出。××月××日，中国联通北京朝阳路营业厅，对于这个问题，一位营业员说："目前北京基本还能保证 iPhone 供货，听说外地很多营业厅缺货，一般各地的旗舰营业厅里肯定有货。"

斜对面的苏宁电器朝阳八里庄店一位卖手机的店员则说，目前联通为保证自己的供应，对社会卖场限制供货，很多地方的手机卖场已无法卖 iPhone 裸机，联通主要保证合约套餐中的 iPhone 手机供货。

而中国联通运营终端的子公司联通华盛的一份内部报告也如此描述："××月初虽然 iPhone 呈现了良好的销售势头，但渠道库存异常紧张，尤其是 16G 产品缺货，广东、北京、江苏、山东等销售大省的库存已经严重告急，目前的到货只能满足销售大省联通自有渠道的部分需求。"

(略)

在这两种因素的影响下，尤其是 iPhone 降价的刺激下，iPhone 销售开始火爆。联通原计划五一之后 iPhone 销售冲刺 7 万部，实际上最后结果是，根本不用"冲刺"，而是各地断货的告急信如雪片般飞来，渠道库存异常紧张。

但即便如此，iPhone 也不应该供货告急，本报记者获悉的情况是，今年××月，iPhone 的供应商苹果公司对联通 iPhone 的销售判断不足，未予安排足够的货源供应，即便联通 iPhone 降价，也未引起苹果公司足够重视。结果，如此热销局面大大出乎苹果公司的想象，但之前制订的生产计划目前根本无法满足货源需求。

在这种情况下，据悉，苹果公司已逐步调整了生产计划，从本周开始对中国联通的货源供应逐渐增加。

“好东西不愁卖。”中国联通一位高层曾如此坚定地对外说。但实际上，iPhone销售历经诸多曲折，“好东西也要讲究物美价廉。”这是消费者的反映。

第八章　社会新闻、经济新闻的写作

第一节　社会新闻概述

一、社会新闻的含义

社会新闻就是从人们的日常生活角度出发，报道类似社会学所研究的范围（人口、就业、道德、秩序、婚姻、家庭等）以及人类与自然界中奇异现象的新闻。在报道社会学研究范围内的主要内容中，多以社会伦理道德为基础，反映社会风尚。

二、社会新闻的分类

一般来说，社会新闻主要分为道德类、伦理类、生活类、法制类、风光类。

1. 道德类

主要是指反映新的道德风尚的新闻。

2. 伦理类

是指反映恋爱、婚姻、家庭方面的内容，表达评价和维护一定的社会伦理道德的新闻。

3. 生活类

是指反映新闻人物、社会人物的生活和活动以及人们的日常生活的新闻。

4. 法制类

反映与法制密切相关的社会事件的新闻。

5. 风光类

反映自然风光、风土人情以及自然界和生活中奇异现象的新闻。

第二节　社会新闻的写作技法

一、社会新闻的写作特点

1. 社会性

首先表现在题材上，诸如：道德风尚、恋爱婚姻、家庭问题、业余生活、邻里关系、世态炎凉、风俗习惯、乡土民情、天灾人祸、民事纠纷、社会治安、名人逸闻、奇异的社会现象或自然现象等等，都是社会新闻的报道范围。其次是它的读者群有广泛的社会性。社会新闻取材于民间，反映的都是与人们的日常生活息息相关的事情。

2. 趣味性强

奇风异彩，珍闻趣闻，与众不同的人和事，都会让人感到新鲜、亲切，因而也就受人关注。

3. 涉及面广

社会新闻不受行业的限制，涉及社会领域的方方面面，题材广泛，内容丰富。

4. 在各类新闻中，社会新闻不能忽视

它所报道的内容必须服务于中心工作，引导社会舆论。

社会新闻与其他一些专业或重点新闻报道比较，虽然不直接和专门地去反映和指导“中心工作”，但它报道的是与中心工作有着直接和间接联系的社会生活的各个层面的情况，对于服务于中心工作，引导社会舆论，促进精神文明；对于移风易俗，鞭笞丑恶，匡正时弊，促进社会进步；对于开阔眼界，增长知识，拓宽新闻报道领域等方面，有着不可忽视的重要作用。

二、社会新闻的写作要求

1. 注重社会效果

坚持正确的舆论导向，既要宣传先进典型，也要揭露阴暗面。但这一切都要着眼于社会的稳定和发展。过多报道消极的东西，只会使人产生错觉。多报道先进方面的人和事，才能反映时代，引导人们前进。

因此，写作社会新闻要着眼于社会效果，既要如实报道，又要有目的、有针对性、有选择地确定写作角度和取舍材料，不能损害我们的社会利益，在揭露假、恶、丑的东西时，要寓引导于暴露之中，防止片面性，防止副作用。

2. 要有故事性

故事情节能使人对事件产生浓厚的兴趣。选择典型的情节，是写作社会新闻的一个起码的要求。

3. 要有健康的知识

帮助读者开阔视野，扩大知识面，增强文化素养，是社会新闻的使命。但是，开什么样的眼界，长什么样的知识，要有选择，不能宣传伪科学和愚昧的东西，不能传播诲淫诲盗的知识。要选择给读者以有益的知识——有益于生活，有益于工作，有益于破除迷信，有益于身心健康，有益于增长科学知识。

4. 要有趣味性

趣味性是社会新闻的一大特性。社会新闻要对社会负责，给读者的情趣必须是健康的、高雅的，必须寓教育性于趣味性之中，要用富有趣味性的词语写出社会生活中多姿多彩的人物，戏剧性的片段，妙趣横生的情节，幽默的细节和耐人寻味的场面，把人们共同的喜怒哀乐表现出来，来吸引读者、感染读者，取得引人入胜的效果。

需要注意的是，趣味性要健康幽默，趣而不俗。

5. 态度明确

社会新闻一定要带有作者的明确的态度倾向。这种倾向性的表露，一是通过事实本身去鲜明地说明问题，作者只要把事情的来龙去脉讲清楚就行了；二是采取夹叙夹议的写法，依事为据，画龙点睛，这可以采用解释性、分析性报道的形式；三是另外配言论，以编者按、编后语，或者评点的形式出现，明确表示作者或编辑部，或政府有关部门对此所持的态度及采取的措施。

第三节　社会新闻的写作范例

▲一般社会新闻

【范例】

大学生辞掉国企工作母校门口卖米线

××××年××月××日　华龙网（重庆）报道

过不惯国企“喝茶看报”的闲适生活，24 岁的大学生××辞掉工作跑到云南，拜师学做过桥米线。昨天，××和同学合伙的“校缘过桥米线”店开张满两个月，刨除人工费用、设备更新和房租，终于开始收支平衡。

××拜师做米线

“当初没想到这么辛苦。”一见面，××很坦白。他是××邮电大学经济管理学院××××级的学生，××××年毕业后，被××一家大型国企录取。

“日子太舒适了，喝茶看报，周末打牌，我觉得是在浪费青春。”三个月后，××辞掉工作回到重庆，被介绍进一家企业，后来，又因为同样的原因辞职。这个时候，他心里开始有了创业的打算。

“我以前在外地吃过过桥米线，觉得特别好吃。”念头一动，××直接跑到××，找到当地一家比较有名的过桥米线店当起了学徒，拜师学艺。××给自己的同学××打了个电话，碰巧××也刚刚辞掉了销售员的工作，赶到××与××会合。

××拜师学艺不到10天，两人回到××，在母校××大学老校门对面租下一个门面，向父母借了6万元开店。

考虑到学生的消费水平，××他们店里的过桥米线起价只有6元。最开始的大半个月，为了节省支出，××和××既当厨师又当服务员，“每天7点多就要起床去采购，直到深夜才收工。”后来实在撑不下去了，两人才请了服务员。

随着生意慢慢走上轨道，平均一天店里可以卖出70多份米线，××他们又增加了菜品种类，加了设备，请了厨师。但人多的时候，两人还是要既当老板又下厨，忙得不可开交。

××算了一笔账，两个月下来，他和××没有开过工资，但加上房租、人工、设备更新，现在已经基本收支平衡，下一步，应该就可以盈利了。“等到我积累够经验，就可以走出去，开家更大的川菜馆。”

▲法制类社会新闻

【范例】

××规定公交司机热天不开空调可罚500元

××××年××月××日 《南方日报》

公交车大热天不开空调，司机最高可被罚款500元；车厢内不配置安全锤等逃生器材的，企业最高可被处以1万元的罚款；而乘客上车不付费，除补交车费外，还可能被罚5倍车费。上述条款出自《××市公共汽车电车客运管理条例（修订草案修改建议稿)》（以下简称《条例》），为贯彻民主立法原则，××市人大常委会法工委目前正就该《条例》向社会各界征求意见。

据悉，社会各界人士可在11月30日前，将书面意见发送给××市人大常委会法制工作委员会法规处，地址：××市××路××号，邮政编码：××××××；传真：×××-×××××××××；电子邮箱：××.××@××.com。

司机不给发票，乘客可拒付车费

《条例》规定，公交司机应按照规定的线路、站点运营；无正当理由不得拒载乘客、中途逐客、滞留车站候客；并按照核定票价标准收费，按规定使用公共交通电子收费、空调等设施；因车辆故障不能继续行驶的，要安排乘客免费转乘同线路车辆。

根据规定，如果司机出现飞站、拒载、中途逐客、滞留车站候客等现象，或大热天车厢内不开空调等设施，或者不按照规定安排乘客免费转乘的，将可处以200元以上500元以下罚款。如果司机不按规定的标准收费或者拒绝出具车票凭证的，乘客可以拒绝支付车费。而车辆故障不能继续行驶，司机又无法安排乘坐同线路车辆的，乘客有权持乘车凭证要求经营者按照原价退还车费。

同时，乘客未按规定支付车费的，经营者及其从业人员可以要求其补交车费，并可以对其按照运营收费标准的5倍加收车费。

车内不配安全锤可罚万元

记者了解到，《条例》对于公交车的安全设施配置也有明确要求。如遇险可用于敲碎窗玻璃的安全锤配置不齐，按有关法律、行政法规的规定给予行政处罚；有关法律、行政法规没有规定的，由市交通行政主管部门责令改正，予以警告，并可处以1000元以上1万元以下罚款，对相关责任人给予处分，构成犯罪的，依法追究法律责任。

占用公交专用道、在公交站内摆摊设点，这种情况在广州并不少见。《规定》实施后，将对公交站点及设施的专用性提供保障。例如，《条例》明确指出，非公交车在公交车的停车场、车站停靠或者上下客的，由交通行政主管部门给予当事人处以200元以上500元以下罚款。覆盖、涂改公交车站牌、标志牌和客运交通标志，或者在车站范围内停放其他车辆、设置摊点、摆放物品的，责令改正，可处以200元以上1000元以下罚款。

线路经营期不得超8年

在规范公交企业的经营管理方面，《条例》明确："线路的经营期限每期不得超过8年"，该条款首次写入了××的地方性法规，这意味着公交企业经营权的终身制被打破，有利于行业良性竞争。同时，如制定线路、调整计划（包括线路走向、停靠站点、发车频率、首末班车时间），应当向社会公示，听取公众意见，并于实施前20日向社会公布。

相比上述限制性措施，《条例》也对公交企业的经营提供了政策保障。如提出要建立规范的成本费用评价制度和政策性亏损评估制度，对经营者因实行低票价、月票，老年人、残疾人、伤残军人等减免票措施形成的政策性亏损给予补贴，对经营者因承担政府指令性任务造成的经济损失给予补偿。

▲伦理类社会新闻

【范例】

一位伤残军人的婚恋

×××　×××

××军分区边防某部排长×××与××粮油机械厂女工×××即将举行婚礼了！消息传开后，熟悉的人们都衷心祝愿他们幸福。一对青年恋人的婚姻为什么这样惹人注目？原来，这里面还有一段不平凡的经历呢！

去年7月的一天，×××得知心中的恋人在前线不幸负伤的消息后，由母亲陪同，怀着忐忑不安的心情，赶到野战医院。在护士的引导下，门吱呀一声开了。出现在她们眼前的，是一个眼睛上的绷带缠了一圈又一圈，断腿上的纱布裹了一层又一层的重伤员。他，就是×××。这一情景像晴朗的天空突然响了一个闷雷，震撼着姑娘的心。她眼前又浮现出另一个×××……

一年前，也是在这个医院里，×××的父亲——××军分区原副参谋长因病住院了。姑娘每每去看望父亲时，都会碰见一个年轻的病号，正在一声不吭地为行动不便的父亲端水、拖地板。他那英俊的脸庞、高尚的品德，给她留下了深刻的印象。“小×真好！”日复一日，他们之间的话多了。接触中，小×了解到小×爱好文学，小×了解到小×喜欢美术，志趣和爱好犹如两股泉水聚合在一起，爱情的花蕾在一对青年的心中开放了。

后来，×××病愈出院回到了边防前哨，小×的一颗心也随之飞到了边防部队。她最大的乐趣是读他的信。然而，扣林山还击战斗打响后，盼星星，盼月亮，却再也听不到他的声音。她多么盼望他能早日凯旋啊！

现在，×××看着躺在病床上的×××，心痛欲裂。她努力使自己保持平静，在母亲的搀扶下，蹒跚着靠近了病榻。一个护士对×××说：“她们看你来了！”小×起初怎么也不相信。战斗中小×负伤被抬下阵地后，战友们问要不要把他负伤的情况告诉小×一家，他摇了摇头说：“万万不要告诉，他们知道了会伤心的……”但静静听了一会儿，又听出了那熟悉的声音。亲人就在眼前，小×多么想看她们一眼，可是，眼前什么也看不见；话到了嘴边也说不出来。

不知什么时候，母亲离开了病房，屋里只剩下小×了。姑娘心里非常清楚，眼前的他已经是一个残疾人，嫁给他就要准备吃一辈子苦。但是，他是为了保卫祖国边疆负的伤啊！想到这里，小×拿定主意，坚决地对小×说：“××，你只管养伤，什么也不要想，我一定等着你……”

第二天，×××向所在单位请了三个星期的假，来到医院照顾小×。为他洗脸洗手，喂水喂饭。小×刚锯掉腿，行动不便，大小便她都扶着他去。对一个姑娘来讲，这需要多大的勇气和力量啊！然而她确是对自己的诺言信守不渝，默默地护理着他。小×的伤一天比一天好转，而小×的身体却一天天瘦下来。

经过一段时间的治疗，×××的双眼有一只模模糊糊，另一只已有了零点二的视力。一天，小×坐在床上，向邻床病友要过一面镜子照起来。看着镜子里的模样，小×简直不相信自己的眼睛。镜子里自己再不是一个五官端正的青年人了，而是一个伤痕满面的小老头。他再看看锯断了的腿，思绪一下翻腾开了。在以后的几天里，小×给他端大小便他不让，还一个劲地要她今后不要来了。

×××把小×的这种异常的变化，统统告诉了母亲。母亲直率地问女儿："那你打算怎么办呢?"女儿好像早就准备好了似的，坚定地回答："××残废了，更需要有人照顾，我不能只顾自己不顾别人！"妈妈听了女儿的回答，爱怜地对女儿说："是啊，××现在已经够难受的了，我们绝不能干那种无情无义的事。"看见妈妈这样通情达理，×××不由得一头扑到母亲的怀里说："妈妈呀，您真是我的好妈妈!"

×××住院期间，×××的父亲去××老家探亲去了。当他赶回来后，听老伴讲述了小×受伤的事，立即赶到医院探望。

小×再次向老人谈了自己怕今后拖累小×的想法。××的父亲亲切地对×××说："你现在还有一只眼、一条腿，不能在部队工作，还可以干其他事。生活难以自理，还有我家××呢！你一定不要胡思乱想，现在的任务是养伤……"

一席话，说得×××热泪盈眶。他点着头，不知说啥才好。

在医生护士的精心治疗和小×全家的热情关怀下，今年春节前夕，小×出院了。×××全家把小×接到家里，合家欢度新春佳节。两位老人还为他们备办了结婚用品，准备等×××的伤再好一点就为他俩办喜事。

×××的一些战友，原来还担心小×家在××农村，兄弟姐妹又多，家庭生活不宽裕，现在又残疾了，他的对象是干部子女，"门不当，户不对"，这亲事还能成吗？现在看来，这些顾虑都是多余的。想到×××一家的高尚品质，人们不禁夸赞说："这样的家庭不愧是干部家庭，为我们部队争了光。"

▲风光类社会新闻

【范例】

南览河之夜

×××

南览河横卧在中缅边境线上，平波如镜，水清得能看见嬉戏的鱼群和天空游云的倒影。只是染了一层透明的蓝，蓝得令人心醉。

但更使人陶醉的，却是傣家人的风情。而在他们奇特的风情中，又数“串”让人难以忘怀。

昨天傍晚，我踏着柔和的月光，漫步在翠绿的河畔，但见大青树下、竹林边，身材苗条的傣族姑娘点着篝火，神采飞扬地织线。火光一堆又一堆，似满天繁星。傣族小伙子们披着崭新的花毯，三三两两地向火光靠近。他们特意去串姑娘——求爱。

这一带傣家姑娘在十四五岁时，都要学习纺线，自己动手织新颖的筒裙。这样，可以学到使小伙子羡慕的技术，引起他们“串”的兴趣。姑娘开始纺线时，要拜师求艺，邀请几个老练的妇女在一块，对付小伙子们各种形式的“串”，从中学习经验。

日复一日，姑娘们掌握了“技巧”，能正确处理自己的婚事了，便一人外出纺线，挑选情人。眼下织线的这些姑娘，都能独自决定自己的婚姻大事。

在燃篝火、纺线的姑娘中，最引人注目的是依香。她在竹林边神志专一地纺线，四五个求恋的小伙子围着她一动不动。在这群小伙子中，最痴情的是岩帅。他那股迷劲，只差给依香跪下。但依香谁也不理睬，只管纺她的线。岩帅没有办法，取出一支竹笛，舒心地吹了起来。笛声犹如金丝鸟的声音，悠扬动听。它代表小伙子的心声，一个音符就是一滴爱情的泉水。姑娘很稳当，小伙子吹了一曲又一曲，仍不表态。岩帅放下竹笛，微微一笑，轻声唱道：“心爱的姑娘哟，你若是一只孔雀，我就要把你请来，关在屋子里，时时听你歌唱；心爱的姑娘哟，你若是一朵花，我就要把你摘来，插在枕头上，天天闻你的芬芳……”小伙子的情感太动人了，依香喜上眉梢，停止纺线，眼眶里闪动着激动的泪花。她伸出手，取出竹凳递给了岩帅——接受了他的爱情。剩下的小伙子见“大势”已去，悄悄离开了。

岩帅欣喜若狂，将依香搂在怀中，小伙子和姑娘倾诉着亲昵、爱慕的心声，向竹林深处走去……

月光如洗，山野寂静。青翠的芭蕉林，高高的椰子树，潺潺流淌的小溪，都在为这对青年祝福。我在心里也暗暗说道：“多么甜蜜的一对！”

第四节　经济新闻概述

一、经济新闻的含义

经济新闻，一般是对有关国民经济、生产建设、人民生活等方面的新近发生的有价值的事实进行的报道。

一般来说经济新闻具有如下特点。

1. 实用价值明显，直接服务于现代经济生活

不管是经济领域的决策者，还是产品的生产者、经营者，以及商品的消费者，都把经济新闻看成现代经济生活中不可缺少的重要信息来源。比起其他新闻来，经济新闻有着明显的实用价值。

2. 政策性强，有突出的指导作用

经济是国家的命脉，它的兴衰，直接关系到国家能否强盛，人民生活水平能否提高。因此，党和国家的一系列方针、政策，都是围绕发展经济这一中心而制定的。经济新闻的一个不可推卸的责任，就是对党和国家经济政策的宣传和阐释，指导人们更好地贯彻落实。

3. 有一定的专业性，需要作者具有相关的知识

经济问题总是有一定的专业性，有些领域的专业知识甚至很深奥，例如金融、外贸等。因此经济新闻要求作者应该是内行甚至是专家。只有这样报道才能准确，分析才能到位，解说才能深刻。

二、经济新闻的分类

经济新闻按题材的不同，可以分出许多种不同的类型。新华出版社于 1993 年出版的《经济新闻学初探》。书中把经济新闻分为社会经济新闻、自然经济新闻、边缘经济新闻三大类。

社会经济新闻是人类参与各种社会经济活动的事实的报道，主要反映人与人及人与自然之间的经济关系。

自然经济新闻是关于与自然紧密关联的经济现象以及将影响经济的自然现象的报道。

边缘经济新闻是既涉及经济问题，又涉及其他领域问题的复合型报道。

在上述三大类之下，还可分出许许多多的小类，大致有：

政策性经济新闻，用于报道最新的经济政策；

分析性经济新闻，对新近发生的重要经济现象进行分析；

述评性经济新闻，就是经济题材的记者述评；

解释性经济新闻，侧重于对经济新闻事实的背景进行补充和解释；

预测性经济新闻，侧重于对某一经济现象的发展方向和未来结局进行预测；

信息性经济新闻，主要提供产品和市场的供求信息；

经验性经济新闻，介绍经济领域里的成功经验；

经济珍闻趣闻，报道经济领域里的一些奇闻趣事；

人物经济新闻，报道经济领域中的主要人物如经济学家、企业家的言论和行动。

第五节　经济新闻的写作技法

一、经济新闻的写作方法

1. 写活人物

作为新闻，它必须要有事件，而事件就是人的行为，因此它也必须要写好人物。

2. 通俗生动

经济新闻的作者有责任将作品写得更为贴近生活，通俗生动，吸引更多的群众关注经济问题。通俗生动的方法很多，就连枯燥的数字，如果利用好了，也能变得十分有趣。

3. 运用多种体式

消息、通讯、特写、专访、调查报告、新闻言论等等体式，都可用以报道经济新闻。

二、经济新闻的写作要求

熟悉国家的各项经济政策，掌握丰富的经济学知识，是写好经济新闻的前提。做不到这一点，首先就不可能发现真正值得报道的新闻题材，不管在什么领域，都是只有内行才能有真正意义上的发现，更不要说经济这样专业性较强的领域。其次是难以保证报道的正确性，发表了一些违反了政策的言论，或者犯了知识性错误，自己还浑然不知。最后是表达时无法准确地运用概念和术语，即使勉强表达出来，也不会有深度。

第六节　经济新闻的写作范例

▲国际经济新闻

【范例】

油价暴跌推动美股飙升

——××××年××月××日　新华网

由于国际原油期货价格创三个月以来的新低，推动零售和运输板块强劲上扬，

8 日纽约股市三大股指涨幅均超过 2%，道琼斯指数上涨超过 300 点。

当天，英国央行和欧洲央行先后如期宣布维持利率不变，美元兑欧元汇率出现近八年来的最大单日涨幅。此外，市场担心全球经济减缓将会导致世界范围内的原油需求下滑。8 日纽约市场国际原油期货价格暴跌近 5 美元，收于每桶 115.20 美元。

受此影响，零售和运输板块增长强劲，并推动道琼斯指数大涨了 300 点。零售业巨头家得宝和梅西百货的股价分别上涨了 7.7% 和 9.6%。标准普尔 500 种非必须消费品板块大涨 5.2%，是××××年××月以来的最大单日涨幅。美国第二大包裹速递公司联邦快递上涨了 5.9%。

此外，全球最大的快餐集团麦当劳 7 月份的销售额超出预期，麦当劳的股价涨至上市 43 年来的最高水平。道琼斯 30 家成分股中有 28 只股票收高。

不过，美国第一大房屋抵押贷款公司房利美报告第二季度亏损 23 亿美元并表示将降低分红。由于其亏损额是华尔街此前预期的三倍多，令市场大失所望，房利美的股价重挫了近 10%。

到纽约股市收盘时，道琼斯 30 种工业股票平均价格指数比前一个交易日涨 302.89 点，收于 11734.32 点，涨幅为 2.65%。标准普尔 500 种股票指数涨 30.25 点，收于 1296.32 点，涨幅为 2.39%。纳斯达克综合指数涨 58.37 点，收于 2414.10 点，涨幅为 2.48%。

▲国内经济新闻

【范例】

中国对部分个体经营者实行收费优惠政策

××××年××月××日　《中国工商报》

国家有关部门近日发出通知，登记失业人员、残疾人、退役士兵以及毕业两年以内的普通高校毕业生，凡从事个体经营（除建筑业、娱乐业、广告业以及销售不动产、从事房屋中介等）的，自其在工商部门首次注册登记之日起，3 年内免收登记类、证照类和管理类等有关行政事业性收费。

通知称，此举旨在鼓励自主创业和自谋职业，进一步促进失业人员再就业。

通知规定，个体经营从业者免交的收费项目具体包括：工商部门收取的个体工商户注册登记费、个体工商户管理费、集贸市场管理费、经济合同鉴证费、经济合同示范文本工本费；税务部门收取的税务登记证工本费；卫生部门收取的行政执法卫生监测费、卫生质量检验费、预防性体检费、卫生许可证工本费；民政部门收取的民办非企业单位登记费；人力资源和社会保障部门收取的职业资格证书工本费；

国务院以及财政部、发展改革委批准设立的涉及个体经营的其他登记类、证照类和管理类等行政事业性收费；各省、自治区、直辖市人民政府及其财政、价格主管部门按照管理权限批准设立的涉及个体经营的登记类、证照类和管理类等有关行政事业性收费项目。

▲专题经济新闻

【范例】

奥运经济要算大账

××××年××月××日　××社记者　×××

8月8日，两千零八张“笑脸”在北京夜空绚烂绽放。

有人说，为了这一天，北京投入了三千亿元人民币。如果从申奥成功那天算起，七年来，为了这十七天，中国每天投入近两亿。

有人说，耗资二百七十亿元的“新国门”（首都机场T3航站楼）、造价数十亿元的巨型“鸟巢”，这对人均GDP刚过两千美元的发展中国家来说，是“赔本赚吆喝”。但事实并非如此。官方近日表示，虽然由于受安保费用提高、原材料涨价等影响，预算有所增加，预计北京奥运会仍将实现收支相抵，略有盈余。

据专家估算，包括商业推广、赞助商活动、电视转播费、门票等在内，北京奥运会将带来直接收入约二十亿美元，大体与直接的运行费用相抵。若算上旅游、商业、体育等因奥运受益的外延产业，从××××年到××××年八年间，奥运产生的总体经济影响将逾七百一十七亿美元。这是笔相当庞大的收入。

专家同时指出，机场、地铁等基础设施的投资，按照以往办奥惯例是不计入奥运会的直接投资的，这些设施是北京这次办奥即便不投入，也要在近年投入建设的，它们将会对中国长远发展发挥效益。

何况，对于一个经济总量排名全球第四的大国而言，给奥运经济算账，除了算算小账赔没赔，更应当算算大账赚没赚。

如果中国城市的功能因奥运而更完善，如果中国经济能在奥运后持续健康发展，如果中国能因奥运变得更为自信和开放，那么即便不赚钱，北京奥运会也是桩划得来的“好买卖”。

过去七年间，为兑现“绿色奥运、科技奥运、人文奥运”的承诺，中国倾力投入，确也物有所值。

“绿色投入”逾千亿元，首钢搬出首都，令北京天更蓝，水更清，呼吸更顺畅。36亿元打造“科技奥运”，令北京奥运成为奥运史上节能环保程度最高的一届奥运会。××××年至××××年，奥运因素拉动北京GDP增加逾千亿元。奥运会从筹办到举办，每年带动全国 GDP 百分之零点三到百分之零点四。

处于工业化中期的中国，因为奥运的缘故，更重视环保和节能，经济重心由制造业加速向服务业转变，产业结构进一步优化，对外心态更为开放。这一切，无疑为后奥运时代的经济稳定增长打下良好基础。

对于奥运会后可能出现的“白象效应”（奥运场馆闲置）和“蒙特利尔现象”（奥运前期巨大投资造成财政亏空），北京自有应对之策。场馆“瘦身”，运营外包，旧馆翻新，在减少大笔开销之余，亦降低了“后奥运衰退”的风险。从“办历史上最好的奥运会”到“节俭办奥运”的嬗变，彰显了中国大国心态的成熟。

××××年是中国的奥运年，也是中国改革开放 30 周年。当下，改革进入“深水区”，所遇阻力渐趋加大。经历了二十余年高速发展的中国经济，正面临新难题。经济下行风险加大，通胀压力居高不下，宏观政策在“钢丝”上寻求艰难平衡，亟待破题。

中国“入世”首席谈判代表龙永图在谈及“入世”前后中国的变化时曾说，“许多事情积重难返，仅仅凭借自身的力量去解决往往不行。一个健康有效的外力，则可能推动我们完成那些想做却迟迟做不成的事。”

尽管北京奥运会之于中国经济的推动力不宜估计过高，但它的确是“健康有效”的。

第九章　法制新闻、科技新闻的写作

第一节　法制新闻概述

一、法制新闻的含义

法制新闻就是对新近发生或发现的有关法制问题的事实报道。具体涉及范围十分广泛，既包括立法、司法、执法等方面，也包括守法、违法、犯法等方面；既涉及公安、检察、法院等机构，也涉及所有单位和所有社会成员。

法制新闻是社会新闻的一个重要组成部分，人们通过法制新闻，可以了解当前社会的现状、特征、发展动态。

二、法制新闻的特点

1. 突出的政治性

法制新闻是对法律实践的及时报道，而法律是维护国家机器正常运转和人民群众社会权益的武器，从根本上看，法制和政治是很难分开的，法制不管在什么国家都有着极强的政治性。

2. 以法律为准绳

法制新闻的内容，应以阐释法律、宣传法律、维护法律为原则。对遵纪守法的好人好事给以褒扬，对违法违纪的行为予以揭露，对复杂的案情进行分析，对种种有关法律的疑问给以解答，这一切都以国家的种种法律条文为依托，为准绳。可以说，法制新闻中所报道的人和事，都是经过法律的眼光测定过的。

3. 事实的确切性

法律是非常细致严谨的，事实差之毫厘，性质就有可能发生根本的变化。因此，法制新闻在对事实的报道过程中，特别讲究材料和数据的准确无误，以免出现差错。

4. 风格的严肃性

一般新闻为了增强可读性，可以写得轻松幽默、活泼风趣，但法制新闻很少有这种情况。受报道题材的限制，法制新闻一般都是比较庄严郑重的。

第二节　法制新闻的写作技法

一、法制新闻的写作要求

1. 遵循客观性原则

新闻记者不是法官，在法庭没有作出审判之前，记者不能认定案件的性质、确定罪名。记者只需把事实说清楚，而不要妄加评论，这就是法制新闻的客观性原则。

2. 事实准确清楚

在讲述法制新闻特点时，我们已经提出了“事实的确切性”问题，这是法制新闻的一个要害问题。另外，新闻报道中的法制事件，还要清楚明白，时间、地点、人物、事件、原因、结果等要素，以及事件发生的过程、阶段，都要完备。在有些新闻中出现的要素含混的情况，如时间说成“最近”，地点说成“华北某地”等，一般不得在法制新闻中出现。

二、法制新闻的写作要点

1. 措辞精当

法制新闻写作的措辞，要比一般新闻更精确、恰当。法律界有许多专用的词语，各自有着特定的含义，以民间所说的“诉状”为例，就有民事起诉状、刑事自诉状、行政起诉状等，各自适用于不同性质的诉讼。

2. 常用“系列报道”“追踪报道”的形式

有一些法制案件，案情复杂，法律界人士看法不一，很难一下子就审理出结果；还有一些人们关心的法制案件，其侦破、审理的时间有时很长，而且中间常有反复。对这样的法制新闻题材，可采用系列报道或追踪报道的形式。

第三节 法制新闻的写作范例

▲国内法制新闻

【范例】

重大突发事件不能捂 第一时间客观报道

——××社××××年××月××日电 ×××

“及时、准确、公开、透明、客观、真实”。××省委宣传部部长×××在近日召开的××省宣传部长座谈会上，为该省今后重大事件特别是突发事件的宣传工作定下了这十二字报道原则。

“在××爆炸事件发生后，××市相关部门迅速作出了反应，市委市政府的最高领导也第一时间赶到现场。此次事件的处理堪称危机处理的典范。”××公交爆炸案发生后，××卫视著名评论员×××如此评价××相关部门对该起突发事件的处理方式。

据介绍，爆炸案发生两个小时后，××警方即召开了第一次新闻发布会，说明爆炸情况，也使“××发生多起公交爆炸”的谣言不攻自破，同时也稳定了市民紧张的情绪。警方通过媒体第一时间发布了相关消息，使信息公开成为此次事件处理的亮点。而信息公开也正在成为××处理重大突发性事件的常态。

×××说：“对于重大事件尤其是突发事件，要在第一时间掌握第一手材料，要做到及时、准确、公开、透明、客观、真实。”他还特别强调对此类事件“不能捂”，要客观及时地报道。

▲奥运法制新闻

【范例】

奥运与法治同行 梦想与制度匹配

——2008年8月7日《××日报》 ×××

导语：在20世纪的同一年里，中国人奥运梦想的诞生和一个宪法文件的颁行，其中包含着值得玩味的隐喻：从奥运梦想放飞的那一刻起，它就与保障人之所以为人的法制捆绑在一起，而当奥运梦圆的时候，也需要相应的制度文明与之匹配。通过举办奥运提升中华民族的整体素质和生活质量，才是其价值所在。

生活在当代的我们，无法想象一百年前的中国人是个什么样子。“东亚病夫”的冠名虽让人倍感屈辱，但却是当时中国民众状况的真实写照。

腐败无能的清朝政府，虽然也颁布禁烟令，颁诏禁止妇女缠足，无奈收效甚微。不思进取的清政府，在外交上对列强的欲取欲求尽数满足，在内政上对黎民百姓的疾苦却漠不关心，中华民族的积贫积弱达到了史无前例的境地。于是，摆脱贫弱困境以实现富强，遂成为无数有识之士的梦想。

一个强大的民族，当然需要有强健的体魄。然而，当时沉迷于鸦片烟与三寸金莲的民众，别说是抵御外侮，保卫家国的安全，即便是派出几名体格健壮之士去参加奥运会都不可能。

于是，在20世纪初的1908年，《天津青年》杂志有了这样的设问：中国何时能派一名运动员参加奥运会？中国何时能派一支代表队参加奥运会？中国何时能自己举办一届奥运会？为了回答这些问题，中国人花了整整一百年的时间。

1932年，我们实现了派出一名运动员的梦想；1948年，我们实现了派出一支代表队的梦想，而中国自己举办一届奥运会则要等到百年后的2008年来完成！

20世纪的中国命运多舛，在连绵不断的战乱中，勉强可以派出一名运动员或一支代表队参加奥运会；经历了无休止的内耗和政治运动后，在百废待兴之际和改革开放的初期，奥运健儿们也可以屡屡在运动场上取得骄人成绩；然而，要成功举办一届奥运会却绝非易事，1993年首次申奥的失败，就给我们提出警示：只有国家的综合实力、民族的自信心与凝聚力等均得到国际社会的认可时，我们才有机会。在2001年7月13日北京申奥成功的那个晚上，只有中国人，才能深切体会个中甘苦与艰辛。

百年的奥运梦圆，不仅仅是成功地举办一场奥运会，更是几代中国人的强国之梦！

历史的经验告诉我们，一个国家的强大，不仅需要有强健体魄的国人，而且还需要有精神上独立的、享有尊严的国人。它可以用举办一场奥运会来证明，但它更需要由认同普通人的、主体地位的、提升人格的、公正的制度来保证。在庆贺我们奥运梦圆的同时，我们也不应该忘记前人对制度进步的企盼。就在《天津青年》杂志进行设问的同一年，中国人也开始了施行宪政以保证民众权利的逐梦之旅。

1908年，清朝政府颁布了中国历史上第一个宪法性文件——《钦定宪法大纲》，这个被迫推出以继续维系清廷统治的文本，第一次为公权力的行使设定了界限，第一次用文本的形式将臣民的权利加以固定。从生物学意义上的自然人，到逐渐成为享有做人权利和自由的有尊严的人，从公民权利受法律保护，到“国家尊重并保障人权”，我们也用了将近一百年的时间，中国人民在权利保障事业方面的成绩也是有目共睹的。

在现实中，我们欣喜地看到，中国人已经为奥运梦圆做好了充分的准备：绿色奥运、科技奥运、人文奥运的理念深入人心；鸟巢、水立方等奥运场馆的竣工、北京空气质量的好转、交通状况的改观等，为奥运的成功举办提供了雄厚的物质基础；民众的广泛参与和奥运志愿者的热情，则为奥运编织了良好的人文氛围，向世界展示了中国人民健康饱满的精神风貌。当2008年8月8日，奥运圣火在北京点燃的时刻，百年来中国人的奥运之梦将如期成为现实。

与此同时，我们也希望在与奥运有关的“软环境”的准备方面较少残缺，不留遗憾。奥林匹克运动实际上是一场由各国人民一起参加的大游戏，既是游戏，就需要参加的各方遵守规则。无论是参赛的运动员，还是看台上的观众，抑或是对奥运兴趣较少或不感兴趣的人，都和各种各样的规则联系在一起，可以说，规则是游戏的灵魂，是奥运的灵魂。

对于运动员来说，公平竞赛是最基本的要求，而使用兴奋剂以提高成绩则有违奥林匹克精神，因此我国的《反兴奋剂条例》和国家体育总局出台的《国家队运动员兴奋剂违规处罚办法》的严格执行，将有利于净化北京奥运的比赛环境。对于观众来说，到现场观看比赛，体验激情，愉悦身心，“享受奥运”的过程，也是“重在参与”的奥林匹克精神的一部分，不过，为了保证奥运会安全有序地进行，做文明的“看客”也是展示人的精神风貌的一个过程，对《奥运场馆观赛规则》的遵守，就成为每一个现场观赛者应尽的义务。进入2008年以来，由于国际上恐怖危险的加剧、分裂势力的抬头、国内各种自然灾害的频繁发生、个别地方社会矛盾的激化，使北京奥运的平安保卫工作任务异常繁重。为确保北京奥运的安全举办，对进京车辆的检查就非常必要，由于安检而给人们生活带来的不便，也需要民众的理解和支持。

举办奥运的硬件设施，可由鸟巢和水立方来体现，而奥运软环境的好坏，则需要我们每个人用心在制度中来体验。无论如何，我们都将为中国人的奥运梦圆喝彩。冥冥之中，当百年前那些面黄肌瘦、蓄辫缠足的前人，看到他们的后人不仅有健全的体魄，而且有健全的人格、体面尊严的生活的时候，他们一定会感到由衷的欣慰。奥运梦圆的时刻，也将托起我们民族复兴的希望。

第四节　科技新闻概述

一、科技新闻的含义

科技新闻是对新近发生的有关科学技术方面的事实的报道，具体地说，它报道与科学技术有关的方针政策，新取得的科研成果和科技成就，已有的科学技术的普及应用情况，科学工作者工作、学习、生活情况，以及人们对科学的认识和反映等等。

二、科技新闻的特点

1. 科学性和知识性

人们对客观事物的本质特征和基本规律的准确发现和把握，就是科学；对这些特征和规律的成功利用，就是技术。而科学和技术实践中不断积累下来的符合规律的认识，就是知识。从科技新闻的功能看，它一方面要报道最新的科学发现和技术创造，让读者了解最新的科技动态；一方面要宣传现代科技知识，满足人们强烈的求知欲望。

2. 通俗性和生动性

新闻是大众读物，不是学术论文，可是科技新闻又有很强的学术性，这就产生了矛盾：既要讲究科学的深刻和准确，又要让读者大众能够接受、乐意接受。不管二者兼顾起来有多难，我们都不能放弃努力。科学家们能把深奥的科学知识写成通俗生动的科普说明文，专业能力强的记者也应该能够做到这一点。

3. 时代性和时宜性

科技新闻是最具有时代感的文体之一。新的科技发现永远处于时代的前沿，即使是旧的科技事件的解密性报道，也很能让人联想起时代日新月异的变化：当年尖端的科技成果现在已经显得陈旧了。这就像看一张当年的旧照片一样能够引起人们的时代对比。为此有人说，科技新闻其实有着很浓的体现人类进步的人文特色，这种说法是有道理的。

第五节　科技新闻的写作技法

一、科技新闻的写作要求

作为新闻工作者一定要有严谨认真的态度和精神，明辨是非，宣传科学，揭露伪科学。

科技新闻的科学性跟真实性有密切的联系。一篇科技新闻即使报道的事实是真正发生的，如果认识有悖于科学原理，那么它也是虚假新闻。

二、科技新闻的写作技巧

1. 知识、人物、事件三者统一

对于科技新闻而言，科学知识是文章内容的一个构成要素。但是，科技新闻不是科普说明文，不能孤立地介绍科学知识，必须借科技人物和科技事件的表达，来实现知识的传达。

人物是科技新闻的主要报道对象，且不说科技人物消息，科技人物通讯，科技人物专访，都是以人物为核心，就是动态性的科技新闻，也要涉及科学技术的实践者。事件当然更是必不可少的，它是科技新闻的核心要素，这一点无须再作详细论述。人物、事件和科技知识，在科技新闻的题材中，本身就是三位一体的，因此，一般性地将三者统一起来，并不是什么困难的事情。

2. 表达的规范性和创造性

科技新闻的表达，既要合“规矩”，又要有一定的“巧”。合规矩是对新闻基本文体特征的尊重，“巧”则是作者的创造性发挥。没有规矩不行，而没有巧，文章就没有活性。

第六节　科技新闻的写作范例

▲重大科技新闻

【范例】

嫦娥一号卫星测控首次实现国际联网

2007 年 11 月 1 日　搜狐新闻

国家航天局发布，北京时间 11 月 1 日 12 时，北京航天飞行控制中心首次应用国际标准实现与欧空局所属空间操作中心联网，开始启用国际测控站测控嫦娥一号卫星。

据介绍，1 日 12 时至 15 时，北京中心与欧空局所属的空间操作中心、新诺舍站、玛斯帕拉玛斯站及库鲁站实现联网。

新诺舍站、玛斯帕拉玛斯站开始对嫦娥一号卫星进行试验性跟踪。通过新诺舍站，北京中心接收了嫦娥一号卫星的遥测数据；通过玛斯帕拉玛斯站，北京中心进行了遥测遥控、测控和测速的试验，一切正常。

库鲁站从 15 时开始正式对嫦娥一号进行跟踪，北京中心通过库鲁站进行了卫星遥测遥控、测距和测速的工作。

据了解，在此次嫦娥一号卫星测控任务中，我国积极开展国际合作，充分借助国际航天测控资源，与欧空局开展了测控系统业务合作。通过合作，将进一步提高嫦娥一号卫星的测控覆盖率。

▲航天科技新闻

【范例】

神七获得圆满成功

——2008 年 9 月 28 日

17 时 38 分，夕阳西照，彩霞满天。神舟七号飞船返回舱在红白相间的巨大降落伞托带下，安然降落在内蒙古阿古木朗草原，航天员翟志刚、刘伯明、景海鹏平安健康返回。

18 时 22 分，率先出舱的翟志刚迈出最踏实的一步，这一迈饱含着对祖国的眷恋。

经历了三天的太空洗礼，双脚重新稳稳矗立在祖国的大地上，没有失重的感觉，只有成功的喜悦。历史在这里定格：我国第三次载人航天飞行任务在美丽的草原上印下一个完美惊世的句号。

经过约 30 分钟的地球重力适应后，三名航天员状态恢复良好，依次自主出舱。面对返回舱前的搜救队员和记者，他们频频点头微笑、不断挥手致意。

三人并排坐到返回舱前的三把简易座椅上，翟志刚铿锵地说：“我们顺利地完成了这次载人航天飞行任务，刚刚返回到地面，昨天，中国航天员进行了首次出舱活动，使命光荣，充满挑战，结果圆满，我为祖国感到骄傲!”

“向祖国和人民，敬礼!”在刘伯明、景海鹏简短发言之后，翟志刚发出口令，三人以一个标准有力的军礼，献给祖国和人民，献给脚下这片七次承载神舟着陆的土地。

时光回溯，此前 72 个小时，42 岁的翟志刚迈出了最执着的一步，这一迈凝结着百折不挠的勇气。

从酒泉的航天发射场脐带塔进入飞船，这位神七乘组指令长这一步，记录了中国航天员大队成立 10 年的发展历程，记录了他和 13 名战友刻苦训练近 3900 个日日夜夜的艰辛与汗水，记录了他神五、神六两次入选梯队、两次止步飞船的遗憾。

这一步是执着的胜利，是坚持的结果。翟志刚，胸怀大志，意志如钢。

时光回溯，此前 26 个小时，身着国产“飞天”舱外航天服的翟志刚迈出了最具挑战的一步，这一迈诠释了中华民族探索的新高度。

像43年前完成人类首次太空行走的苏联航天员列昂诺夫一样，翟志刚的这一步并不轻松。在距地343千米的太空轨道上，沉重的舱门、虚报的火警，都不能阻止五星红旗在太空中高高“飘扬”。

在刘伯明、景海鹏的直接协助下，在三千多个参研参试单位的协同下，在数十万人员的共同努力下，翟志刚圆满完成了空间出舱活动，取回固体润滑材料试验装置。

我国从此成为世界上第三个独立掌握空间出舱技术的国家，迈出太空交会对接、建立空间站的下一步，不再遥远。

第十章　体育新闻、娱乐新闻的写作

第一节　体育新闻概述

一、体育新闻的含义

体育新闻，是以消息的形式反映有关体育人物和事件的报道。

二、体育新闻的种类

1. 综合新闻
即全貌性地综合反映某一时间或某一阶段、某一类别、某一范围的体育运动。
2. 比赛新闻
即反映体育竞技运动的情况。
3. 人物新闻
即反映人们普遍关注的体育运动优秀人物的报道。
4. 会议新闻
即有关体育方面重要或有特点的为人们普遍关心的会议的报道。

第二节　体育新闻的写作技法

一、体育新闻的写作特点

1. 时效性特别强

体育新闻，特别是其中最重要的一支——赛事新闻，时效性特别强。一般而言，体育赛事的结果发生在何事、何地都是事先预定的，人们在赛事开始以前就已经期待着结果的发生，而且伴随着强烈的情感倾向。比赛一结束，新闻界必须马上向受众提供比赛的结果。

2. 类型最为丰富

体育新闻可分为动态和静态两大类。报道赛事的属于动态新闻，其他的大多属静态新闻。在这两大类中，具体的类型不可胜数。

3. 以表现力量和竞争精神给人以美感

人们阅读体育新闻，特别是赛事新闻，在获得信息的同时，都会有一种精神快感，也就是美感。

二、体育新闻的写作要求

1. 学会预测与分析

科学、准确地预测报道往往令人拍案叫绝。一般来说，在重大的运动会或某些重要比赛之前，读者需要对比赛进行预测。这要求记者在写作中能总体上把握赛事的情况，根据历史的与新近的情况，分析各队的实力，对比赛的结果进行分析、估计。

这类报道，难度大，风险大，对读者的吸引力大，对记者是一种挑战。

2. 在深度上做文章

报刊体育新闻写作所追求的“制高点”就是：能从深度上来做文章，从分析体育现场入手，来揭示体育运动深层的规律。

3. 把握情趣与理趣

体育新闻写作应该跳出程序化、模式化报道，表现出体育新闻的情趣与理趣。

在体育新闻的写作中，只有记者全身心地投入到体育运动中去，才能体察到那份运动中特有的情趣，并用饱含深情的文字表达出来。体育新闻动人的关键就在于此。

体育新闻的情趣还表现在语言幽默、富于人情味等方面。

体育新闻的理趣，又是体育新闻写作另一方面的要求。

理是事物的内在联系、本质，是蕴含在个别中具有普遍性的东西。理是深层的，无法直接由感官来把握，而需要透过可被直接感知的事与理，经过发掘、分析、研究才能认识。因此有理趣的体育新闻多给人以思想的启迪。

第三节　体育新闻的写作范例

▲体育比赛新闻

【范例】

兰帕德助攻特里头球破门　切尔西1:0罗马

2008年10月23日　网易体育

北京时间2008年10月23日凌晨2时45分，欧冠小组赛第三轮A组进行了一场焦点比赛，切尔西坐镇斯坦福桥迎战罗马，两队上半场闷战一场，兰帕德射门曾击中门柱，下半场第77分钟，兰帕德角球助攻特里得分，凭借这个进球，切尔西1:0力挫罗马，目前以7分占据A组榜首，落败的罗马目前积3分与波尔多并列第三。

两队唯一一次正式交手，还是65～66赛季的博览会杯，切尔西主场4:1大胜对手，到了客场双方互交白卷。本场比赛前，两队只差1分，谁能取胜谁就能占据有利位置，不过双方状态不同。切尔西客场5:0大胜米堡，而罗马主场四球惨败国米。

本场比赛，切尔西众多伤员复出，切赫迎来自己欧冠第50场，而卡瓦略伤愈后首次与特里搭档，德科也出现在主力阵容，单前锋依然是阿内尔卡。罗马方面，球队依然排出了451阵形，托蒂顶在最前面。

比赛开始后，双方都在试探，第8分钟，兰帕德禁区外凌空抽射，多尼将球稳稳扑住。第9分钟，托蒂远射还以颜色，可惜足球射高。第10分钟，兰帕德铲球时对阿奎拉尼犯规。第21分钟，梅克斯禁区前对米克尔犯规吃到黄牌。

德科将球做给兰帕德，后者劲射，足球打在人墙上反弹击中横梁。第29分钟，马卢达犯规也吃到黄牌。第35分钟，托蒂人球分过卡瓦略后直塞，布里吉射门被特里飞身铲断。第37分钟，德科脚后跟做球，兰帕德25米处远射偏出左门柱。上半场结束，两队0:0打平。

下半场开始，切尔西作出人员变动，马卢达被贝莱蒂换下，巴西人依然出任后腰。第47分钟，贝莱蒂远射高出。第57分钟，贝莱蒂挑传右路可惜稍大，博辛瓦没有追到球。第60分钟，切尔西获得角球，德科开出角球，卡劳头球攻门力量很大，可惜顶得太正被多尼扑出。

第70分钟，兰帕德的任意球射门又被人墙挡出。第71分钟，特里蹬踏动作侵犯托蒂吃到黄牌。第75分钟，博辛瓦右路传中，帕努奇将球解围。第76分钟，卡劳被迪桑托换下。第77分钟，兰帕德开出角球，特里门前5米处后蹭头球破门，1:0，切尔西领先。

罗马随即换人，梅内斯和托内托换下塔代伊与里瑟。第83分钟，兰帕德小角度任意球攻门，多尼将球托出。第84分钟，帕努奇不满裁判判罚吃到黄牌。第91分钟，切尔西快速反击，博辛瓦带球到禁区前直接射门，可惜偏出。随后阿内尔卡被费雷拉换下。第93分钟，兰帕德禁区前断下帕努奇足球，但他没能获得起脚机会，足球被后卫破坏。最终，凭借特里的进球，切尔西1:0击败罗马，目前战绩为2胜1平，占据小组榜首。

▲体育人物新闻

【范例】

体操王子李宁飞天点火

——新华社2008年8月8日电

中国前体操运动员李宁高举火炬凌空绕场一周，奔向主火炬。无论哪种猜想都没有火炬正式点燃这一刻那么精彩、那么震撼、那么激动人心！当排球运动员孙晋芳把李宁手中的祥云火炬点燃，李宁神情激动地高举祥云火炬时，全世界似乎都屏住了呼吸。

当李宁出乎意料地被钢丝高高吊起到鸟巢体育场的上空，全世界都在猜想下一步李宁将会以怎样的形式点燃圣火。

升到空中的李宁一直被一束光照着，当他到达鸟巢顶部的大屏幕时，李宁突然摆出了跑步的姿势，开始在鸟巢的上空奔跑。

随着李宁的跑动，大屏幕也出现了卷轴展开的画面，李宁就仿佛是这个卷轴的展开者。随后，卷轴上开始出现奥运圣火在世界各地传递的画面，这些画面引起了所有人关于圣火传递时的美好回忆，从圣火在希腊点燃到圣火到达北京，所有人仿佛又一次经历了北京奥运圣火传递的每一个美妙时刻……

近了，近了，画面上奥运圣火到达了北京，李宁也跑到卷轴尽头了！卷轴的尽头出现奥运赛场的主火炬！

这个火炬和祥云火炬有异曲同工之妙，仿佛都是用卷轴卷出来的，就在此时，李宁停了下来……

李宁先平静了一下，然后点燃了一个长长的火信，只见一团火光马上亮了起来，紧接着主火炬点燃了！圣火在主火炬上熊熊燃烧，全场的观众都沸腾了，万众瞩目的谜底就这样揭开，心中的激动需要尽情地宣泄，焰火适时地在鸟巢上空散开，美丽、壮观、美轮美奂……

百年奥运梦从圣火点燃的那一刻再次沸腾，象征和平、友谊的奥运圣火照耀整个鸟巢，北京奥运会在这一刻正式拉开帷幕！

▲体育会议新闻

【范例】

××群众体育会议召开 确定奥运年是“基础建设年”

——《××日报》2008年3月27日讯

2008年全市群众体育工作会议昨天举行，会议在充分肯定2007年我市群体工作的同时，对2008年的全市群体工作提出了更高的要求，确定了以“为了人、依靠人、提高人”为指导方针和“山海本色”为特点的城市体育精神，唱响“全民健身与奥运同行、与全运同行”的主旋律，进一步加强社区（村）健身设施建设，确定全年为健身设施“基础建设”年。

今年我市群体工作将在落实《全民健身计划纲要》二期工程第二阶段任务和《××市群众体育工作“十一五”规划》目标，继续加大全民健身工程建设力度，重点抓好××市黄金海岸健身长廊、××市全民健身中心、市老年体育活动中心、农民健身工程建设。按照规划，投资9000多万元的黄金海岸健身长廊西起团岛角，东至××第二中学，延绵43千米；××市全民健身中心位于四方区周口路88号，规划总建筑面积16569平方米，总投资5700万元；市老年体育活动中心位于市南区八大峡巫峡路2号，规划占地面积7264平方米，预计需投资1150万元；农民健身工程建设目标是在2009年底前，确保每个行政村建有一处健身设施，这些设施建成后，将增强我市健身设施布局的合理性和功能的多样性。

会议提出，要紧紧抓住今年是“奥运年”这个有利契机，全力唱响“全民健身与奥运同行、与全运同行”主旋律，以“六大板块”全民健身活动为统领，广泛组织开展方便群众参与、有影响、规模大的群众体育健身活动；完善国民体质三级监测网络，做好“迎奥运、更健康”国民体质监测年活动，使国民体质监测数据成为市民科学健身、合理饮食的主要参考数据；贯彻落实中共中央、国务院《关于加强青少年体育增强青少年体质的意见》，积极推动学校体育场馆向公众开放，为体育传统学校培训教师骨干；加强群众体育骨干队伍建设，为构建和完善全民健身服务体系夯实基础。

第四节 文化娱乐新闻概述

一、文化娱乐新闻的含义

文化，其广义指人类在社会实践中所获得的物质、精神的生产能力和创造的物质、精神财富的总和；其狭义指精神生产能力和精神产品，包括一切社会意识形态，如自然科学、技术科学、社会意识形态等。有时又专指教育、科学、文学、艺术、卫生、体育等方面的知识与设施；泛指一般知识，包括语文知识。娱乐，即欢乐有趣的活动。

阮籍《咏怀》："娱乐未终极，白日忽蹉跎。"说明古人已经把娱乐作为有意味的或令人沉迷于其中的活动了。

尽管娱乐只是文化的一小部分，但是它在新闻传播方面，现在几乎跟文化并列。版面少一些的报纸，设一个文娱新闻版，也有设文体版的，把文化和体育放到一块；版面多的就把文化和娱乐分开，各设一到几个版。一般每天都有一版，最少的每周也有一版。在报社内部机构设置上，综合性的报纸给从事文化娱乐报道的人员专门设一个部门，有的叫文艺（化）部，有的虽还叫副刊部，实际上是以报道文化娱乐新闻为主。专门的文化娱乐报就直接是新闻部，这让文娱记者们特别提气。为了扩大销量，行业报也有文化娱乐版，也刊登文娱新闻，特别是娱乐新闻，比如好多行业报，照样登"张王恋""姐弟恋"这一类消息。因此可以说，没有文化娱乐新闻，几乎就不成为一张报纸。

二、文化娱乐新闻的发展趋势

当今媒体越来越重视媒体的娱乐性能，文化娱乐新闻在媒体的地位日渐突出。但是，现在的趋势是媒体的文化娱乐新闻几乎等同于明星绯闻。每天，无数媒体都整版不厌其烦反复炒那么几个明星。文化娱乐仿佛就是脱离思想内容的无聊与浅薄。媒体之所以对明星那些鸡毛蒜皮的小事感兴趣，不外乎就是希望以此来吸引受众占领市场。媒体以为抓住了明星、绯闻就抓住了受众，这其实是对受众兴趣的一个认识误区。受众果真像媒体想象的那样对明星绯闻充满了浓厚兴趣吗？其实不然。对媒体热衷的明星绯闻，许多受众都表现出不满与反感。

三、文化娱乐新闻侵权的表现方式

1. 错误地报道，认定他人行为违反社会道德。
2. 错误地认定他人犯罪或违法。
3. 贬低他人才能。
4. 以侮辱性言辞贬损他人人格。
5. 评论语言失当。对于社会公共事务和文化、艺术、学术作品的评论意见与事实分开，致使公众易于把意见误解为事实或者用意见修改事实。

第五节　文化娱乐新闻的写作技法

一、文化娱乐新闻的表现形式

文化娱乐新闻的表现形式也可以说是多种多样。下面我们结合范例，仅对文化娱乐报道的形式中的个别访问形式和记事加访谈的形式进行一下介绍。

（一）个别采访形式

【范例】

××明星到场

导语：莫非真应了那句话：情场失意事业得意。今年××失恋了，事业却上了一个新的台阶。和×××搭档主演的电影《××××》上映了，新专辑也一口气出了两张。日前，事业和感情发展得极不平衡的她，应邀来到《娱乐现场》接受我们的独家专访。演播室里的××还是那个坦诚开朗的××，面对失恋这个敏感话题也是毫不避讳。

主持人：今天我们演播室请来的，是大家非常熟悉的，但是现在已经给了我们许多新的感觉的××。

××：大家好，我又来了。现在已经是6月份了，我之前差不多半年都在做唱片的工作，从7月份才开始拍电影。哪样喜欢得多一些？拍戏、唱歌，对于我来说，这两个真的是缺一不可。

主持人：咱们聊聊那个《××××》，大家可能对这个也会觉得特别好奇，就是说一改你以往的那种很漂亮的外形啊。

××：我们很少在银幕上看到不漂亮的女孩当主角，所以我想，那我要演一个不漂亮的女生，但是也可以让人家喜欢，有点让我觉得，替不是很漂亮的女孩子争口气吧。我觉得这种感觉我喜欢，包括我去演了以后呢就试妆，每次试完妆，真恶心，然后跑到×××那里，哎呀，不够丑，回去，回去，回去，就一直回去，回去，不够丑，后来他说，××我知道了，你的眼睛太大了，所以怎么化别人都知道是你，用胶布给它贴起来，就留个缝在外面。所以最后变得，前两次我去配音，哎呀，我看完这个片子我就觉得，观众你同情我吧，觉得××一定勇气可嘉，变得这么丑。我觉得出来效果是蛮好的。

主持人：你最近拍的一些照片，杂志上面登的，总是觉得一下成熟了很多很多。

××：其实我并不特别想当一个完全成熟的一个人，我特别珍惜我身上的孩子气，而且我希望它永远不要消失。我觉得这对我来说，我的质其实是没有变的，顶多是外在形式和包装上面，去多尝试一些以前不敢试的东西，就像我以前让穿露背装，去你的，我怎么会穿露背装，但是，我现在觉得，其实没有关系呀，只要心无邪念那都OK。

主持人：说说你的新唱片。

××：我觉得《××××》那张呢，比较成熟一点，比较有感情一点，因为它随着你戏剧角色发生变化，所以，这张专辑充满了一些成熟、哀愁的味道。我这张《××××》，也是还有点原来的风格，但是呢稍微成熟一点吧，因为最近确实分手了，所以这张专辑叫《××××》，希望不要老分手。还有我的主题曲那个主打歌《××××》，听起来特别轻快，实际上全是失恋的歌，人家不看歌词，还以为是一首很开心的歌呢，但一看歌词，失恋了。其实给我写歌的朋友，像那首《××××》，现在各个音乐台都打得很凶，实际它是一首失恋的歌曲，但是给我写的人是我的朋友，他们说××这个就是我对你的印象，虽然你失恋了，但是你可能还是当着人去笑，然后会特别乐观。

主持人：实际上你是当着人笑呢，还是说自己也能够……

××：我会把所有的眼泪都留在戏里面放出来，这是一个比较节省的办法，免得生活当中也要哭。人家说人的眼泪呀，跟人的感情啊，就像一个杯子里的两杯水，是有限度的，倒光了就没了，所以失恋的时候我就会不哭，但是演戏的时候去想一想，就拼命哭、拼命哭、拼命哭。

以上是《娱乐现场》里的一个小单元“明星到场”，采用主持人与来宾对谈的形式，也可以说是现场采访。这就是广播电视的独特之处，采访稍加剪辑，就可以传播出去，如果是直播，连剪辑也省去了。这种既方便快捷又生动形象的形式，何乐而不为？当然，谈话准备是很重要的，比如××一上场说的问题，显然缺乏新闻性，主持人就说“咱们聊聊那个《××××》”，又引导性地要她谈在戏里边的造型。这就打开了话匣子，可以说××谈得很好。然后主持人又由杂志上的照片谈到成熟问题，××也有很多话要说。最后要她说说新唱片，都是很“新闻”的问题，至少是具有时效性的。

不仅可以把明星请到演播室里访问，在其他场合也是机会多多。

（二）记事加访谈的形式

【范例】

片场追踪×××　戏里戏外两相异

导语：日前，在××的一个茶园里，我们见到了首次为内地拍广告的×××。×××的电影对于内地观众来说，是再熟悉不过了，可这回在拍片现场里看他拍戏却是头一回。

［同期］出镜记者：观众朋友，我现在是在××郊区的一个非常大的茶园里。今天在这里，我们没有看到采茶的姑娘，却碰到了一个正拍摄广告的摄制组。和许多明星出现的场合不同，今天这里既没有追星族，也没有围观的群众，可能谁也没有想到，今天在这里正在进行秘密的广告拍摄的正是××演员×××。

［解说］正如人们乐于谈论的那样，电影之外的×××完全没有了无厘头的样子，拍片之外很少说话，只有在镜头前他才露出印象中的喜剧表情。

［同期］×××：曾经有一瓶娃哈哈非常茶饮料，放在我的面前，我没有珍惜，等我喝完后才后悔莫及，人世间最痛苦的莫过于此，如果有人能再给我一瓶，我会对他说我爱你，如果一定要加上一个数量，我希望是一万瓶。

……

［解说］一天的拍摄下来，×××始终都是沉默寡言，尽管当天的广告拍摄工作强度很大，但想必这对于拍过几十部电影的×××来说应该没什么问题，少言寡语或许是他生活中的真我表现，抑或是在现场养精蓄锐的招数。不管怎么说，能够看到电影之外的一个完全不同的×××，对于喜欢他的观众来说应该算是一个不小的收获。

导语：趁×××拍广告间隙，我们的记者采访了他。没想到×××这回敞开心扉，给我们说了好多他刚出道时的艰辛。让我们去听一听这位喜剧之王的星路历程。

［同期］×××：我从训练班出来的时候，应该是1981年，我做龙套演员一年，然后就变成一个儿童节目的主持人，五年之后再出去，再做龙套演员一年。

我当然有最辛苦的时候，就是为什么都没有机会？我只是要讲两句对白，都没有机会呢？就是没有机会的时候，感觉很难受，但是我还是有一个很明确的目标在前面，我一定要讲两句对白。

其实我真的没有想过，我会当大明星的。我是因为我真的喜爱演戏，对我来说有一点点的机会给我表现一下，我已经很开心了。

这个机会的实现是在一个电视台的电视剧，叫《××××》，有一个电视剧是跟×××演的。它是我第一个演的电视剧。我终于有机会去演戏了，这样子虽然也是差不多是龙套，对我来说已经兴奋得不得了了。×××对我来说，他教我很多演戏方面的东西。

没有什么红不红起来的，我就是认为我当儿童节目主持人这个经验是蛮重要的。那时候因为这个儿童节目，是非常空闲的，不是每一天都有工作，一个礼拜工作两天，还有五天我是坐在家里没事做的。那时候，我就去研究演出方面的东西，看书，看其他人，看其他演员，一些理论方面的书，我都看过，虽然现在我都忘记了。在那个时候，我整整五年的时间，每天都是在准备，如果有机会给我，给我演的时候，我就要怎么样怎么样去演，那时候想得最多。

（赵军歌）

这是一个类似报纸的“记事加访谈”的形式。记者本来是只准备做一般形式的报道，但既然能抓到在一天的广告拍摄里都“始终沉默寡言”的×××袒露心扉大讲当年的机会，真是再妙不过了，于是就有了这段比较完全的×××出道自述实录，应该说是挺有新闻价值的。

由此可见，广播电视的文化娱乐新闻特别重视的是采访，有时候采访即报道。但是，不能因此就重采访而轻写作，广播电视新闻的写作也还是有讲究的，特别是报道的结构和语言。

二、文化娱乐新闻的写作要求

尽管在新闻界一直存在着重采访轻写作的倾向，在受众那儿也只把很多新闻报道当作信息“快餐”来看待，但还是没有人敢说做记者写报道不需要一个好笔头。

最初的报纸新闻，在写作上的确没有多少技术，但很快，就有了“导语”和“倒金字塔”，这是新闻作为一种文体区别于其他任何一种文体的独创的写作技术，它使记者一旦掌握，工作起来便如鱼得水。而随着新闻业务的发展，一般消息（短新闻）已不能满足受众的需求，有一定长度的报道（通讯）也成为现代新闻媒介的常规发布手段，记者们在写作文化娱乐新闻时要注意以下几点要求。

1. 不能违背新闻报道的基本原则

新闻写作不像文学写作那样可以随心所欲不受事实的约束，而且由于新闻以传播信息为其基本功能，无论如何创新，不能违背新闻报道的基本原则。这一点，在文化娱乐新闻的写作上也一样。

2. 要具有可读性

从受众对文化娱乐新闻的要求看，其可读性是摆在相当重要的地位上的。一般的政治新闻、经济新闻、科技新闻枯燥一点，还是可以理解的，但如果连文化娱乐新闻都不好看，那就让读者太失望了。

3. 文化娱乐新闻要好看

从文化娱乐新闻所传播的内容上看，一般只要选材没问题，好看是比较容易做到的。但是内容好并不就等于好看，好看的新闻离不开规范和用心的写作，这就要求记者们在写作时要多多把握了。

第六节 文化娱乐新闻的写作范例

▲戏剧性娱乐新闻

【范例】

圆明园画家村（节选）

一天，我和×××在去一位画家家的途中，遇到一位手提一只烧鸡的陌生人，陌生人问我们认不认识一位住在村里的画家，×××说："哟，不巧，他今天进城办事去了……这样吧，你从他的窗子里翻进去，坐在屋里等，晚上他会回来的。"陌生人离去后，我问×××，为什么要别人翻窗子。×××说："进屋等人等得才定心，这样烧鸡也就不会飞走啦！"傍晚，我们走得腹内空空，×××提议去今天进城办事的那位画家家吃晚饭，我没有去。回到家里，吃着有鸡有鱼的晚餐，我这才猛然想到×××为什么想去有烧鸡的画家的家……

下次再去艺术村时，我手里提了只烧鸡。×××想赚钱，想让我帮他找女朋友，这些我都没门路，烧鸡却是小事一桩。面无血色的×××看见烧鸡，眼睛发亮了，并要拎到×××家去一块儿吃。这时×××进来，手里拿着一颗包菜、四根葱、一袋香肠，请我们去他们那儿吃午饭，×××指指烧鸡："你看看这是什么！我们有烧鸡！你们还是过来一道吃吧。"

×××回家叫上同屋的室友，加上我、×××和他来玩的弟弟，共5人浩浩荡荡地朝×××家开进。路上，遇到×××，大家邀请他也来，他一听有烧鸡，想了想说："看你们这模样，又得喝酒。我要赶画，一喝完酒我没法画画了，不去不去。"

×××和他的女朋友×××看见烧鸡，立即张罗做饭，大家提议因为人多鸡得切得小小的，最好像鸡丁那么小。×××听完建议开始认真地剁鸡，但×××的狗×××围着×××转着圈流着口水，×××挑了一小块鸡皮扔给×××，×××立即叼起鸡皮往院子里跑去。不一会儿，院子里搭起了一个用板子铺成的饭桌。×××又派人去请来××。我们一共8人，在酸辣泡菜、香肠、凉拌黄瓜、凉拌西红柿前就座。这时，我突然发现×××还在将嘴里的鸡皮放下又叼起、叼起再放下，我问×××这狗怎么啦，×××说："它舍不得吃呢！"

开吃前，有人问喝酒吧，×××说："不喝，就这么吃起来吧。"切得小小的一盘烧鸡是最后端上桌的。大家吃得都很客气，或许是长期饥饿使大家的胃缩小了。×××还用鸡骨头在电饭煲里煮了一锅汤。尽管大家吃得很小心很礼貌，但当米饭煮好后，桌上所有的菜、汤已被吃光。于是，大家一边吃着白米饭，一边回味刚才的种种美味。×××说："如果有两根香肠放在米饭上这么一蒸，那吃起来才香呢！"

"为什么不放四根？"××问。

"为什么不放六根？"×××接下去。

"为什么不放八根？"×××再接下去。

"为什么一根都没有？！"×××说。

大家全都笑了。午饭结束，×××总结道："这是我头一次吃饭没有喝酒。"下午我去×××家，得知我们中午没喝酒，直说遗憾没有吃成鸡。

▲纪实性娱乐新闻

【范例】

×××攀岩练胆秀肌肉　自称似"大雕"空中飞

——××××年××月××日讯

××日前为了克服恐高症，攀岩展现肌肉，但他穿不下小号护裆裤，自豪自己像"大雕"在空中飞。

××11月将于小巨蛋开唱，演唱会上安排吊钢丝，由于他有恐高症，昨天唱片公司安排××魔鬼训练，前往内湖运动中心攀岩练胆，吓得他一度想逃跑。

站在地面抬头看，××说："我光看就开始不停冒汗了，天呀！要怎么爬上去？"

硬着头皮上场前，唱片公司为了保护"×××"，特别为他准备了亮闪护裆裤，××收下宝贝袋看了一眼，流露出骄傲的神情说："这件太小了啦，根本罩不住我，可以换一件大一点的吗？"自豪尺寸够"大"。

当××努力向上攀，还以单手示众，手臂肌肉全都露，整个人吊在半空中，他骄傲地形容自己像“大雕”在半空中飞翔。

▲文艺新闻

（一）文艺新闻的含义

文艺新闻是用语言文字，或用色彩，或用音乐和舞蹈语汇，塑造栩栩如生的艺术形象，用以感染和教育人民群众，激发人们生产和工作的热情，给人以美感和艺术享受。

（二）文艺新闻的写作要求

1. 要求记者和广大通讯员都要努力培养自己敏锐的观察力和高度的政治敏锐性。只有这样，才能在文艺生活中一些看似平常的现象里挖出不寻常的新闻。

2. 应当将文艺新闻写得生动形象，富有文艺特色，给人以美感。

3. 文艺新闻同其他新闻一样，在报道文艺动态、评价文艺演出等方面，无论是对艺术作品，还是对作家、艺术家、演员的评价，都要实事求是，坚持新闻的真实性。

（三）文艺新闻的写作范例

【范例】

由“×××受伤”事件想到6·11《××传奇》晚会
××：会把危险降到最低

××师×××先生意外受伤事件引起了××迷普遍担心，6月11日在××举办了××晚会的××的人身安全问题也成了人们关注的焦点。连日来晚会的主办单位××舞台艺术公司电话铃声不断，观众纷纷来电询问节目的危险程度，并叮嘱××一定要注意安全。那么，××到底有没有危险性很大的节目呢？为此记者专访了正在抓紧排练的××。

××说：“非常感谢广大观众对我的厚爱和关心。×××先生是我的长辈，出现这种事情我特别震惊，真心希望他能够早日康复。其实，干××这行的人，经常会遇到一些危险，因为有的时候，也的确需要有这些东西去刺激观众。比如说，在《××传奇》这台晚会当中，就有一个节目叫《××××》，挺危险的，因为床上面装的都是真的铁钉子，20厘米长，像锥子一样，密密麻麻的有40多个。如果没有熟练的技术表演起来就非常危险，稍有不慎，××师就会有生命危险。”

但是，他认为每个××师都会把节目的危险系数降到最低，一般情况下不会有闪失。不过，尽管事先想得很周全，但是有些事情是始料不及的，所以，××师在舞台上随机应变的能力和操控舞台的能力要强，有时候，一个助演在舞台上，出现任何问题都会直接影响这个节目。不过，××表示《××××》虽然有一定危险但是他会认真排练，争取安全、又不“失色”地把五场演出演好。

另外，主办方特别推出超值套票。

▲记事加访谈式娱乐新闻

【范例】

杜丽痛失首金因压力大　赛后坦言准备不充分

2008年8月10日　新华社

北京时间8月9日消息，奥运会第一枚金牌产生，在女子10米气步枪决赛中来自捷克的卡特日娜·埃蒙斯以503.5环获得奥运会第一枚金牌，中国选手杜丽发挥失常，最终499.6环排在第五名。

杜丽走下场后非常沮丧，她认为自己对奥运会比赛准备并不充分，她说：“自己在场上的时候不是特别清楚，可能是准备不太充分吧。”

在资格赛中杜丽打出399环的好成绩，不过捷克的卡特日娜·埃蒙斯超长发挥打出400环的成绩打破奥运会预赛纪录。在决赛中杜丽有夺冠机会，不过从一开始她发挥就不是很理想，杜丽首环只有9.8环，而卡特日娜·埃蒙斯打出10.6环的成绩排名保持第一，杜丽瞬间掉到第四位。从此后她再也没有进入过前三，一直与前面的加尔金娜有差距。杜丽认为主场压力对自己太大了，她说：“资格赛是我比较好的成绩，最近练的可能自己感觉上不是特别的好，资格赛打出这样的成绩自己也特别的满意。决赛的时候可能还是因为在主场作战的情况下，有一些自己让自己静不下来。”

杜丽在奥运会开始前被认为是奥运首金有力的竞争者，在上届雅典奥运会上正是她一枪成名夺得首金，为中国赢得光荣。过去四年她一直在这个光环压力下，比赛开始前她的压力已经非常大了。杜丽说谈到失利的原因时说：“可能吧。”

在奥运会开始前杜丽因为意外还扭伤了脚踝，这也对她今天的发挥产生了影响，杜丽说：“应该是有一点。前两天我还是不小心又扭到了一次。但还是自己坚持住了。”

第十一章　广电新闻、新潮文体的写作

第一节　广播电视新闻概述

一、广播电视新闻的含义

广播电视新闻的基本要求与报纸一样。不同的是，广播的最终“产品”是声音，电视的最终产品是画面、声音和字幕，而报纸则是文字。因而，它的写作规律有所不同。

二、广播电视新闻的种类

广播电视新闻的种类大致与报纸相同。不同的是叫法和采制。目前列入中国广播电视新闻奖的种类有短消息、长消息、连续报道、评论、专题、现场直播等。平常，经常使用的还有广播、电视讲话。广播电视新闻与报纸新闻可以根据自身特点相互转换。

第二节　广播电视新闻的写作技法

一、广播电视新闻的写作特点

1. 文字的写作必须通俗易懂

广播电视新闻的文字稿要通俗易懂，做到口语化。不口语化，就会破坏一条新闻的完美。

2. 文字的写作要考虑声音和画面

广播电视新闻的写作是“为听而写”，电视除了与广播一样，要考虑声音传播的规律，还要考虑与画面的配合。

3. 要面向不同国家、民族的受众

广播电视新闻如在卫星频道播出，覆盖范围的国家可以收听、收看，新闻的制作要考虑这些国家的受众。

二、广播电视新闻的写作要求

广播电视新闻的写作要求具体表现在以下几个方面。

1. 内容新鲜、具体形象

广播电视新闻最好是“现在新闻现在报”，同时，还应展现更多具体形象的事实，特别是专题、连续报道、现场直播更应如此。

2. 篇幅短小，精粹粗放

广播电视新闻要短小精粹，简洁明白，在庞杂的新闻要素中把握精华，在纷纭的事物中抓住其要害。

3. 行文顺畅，通俗易懂

结构要做到简明顺畅，适合听的规律；语言要通俗到口语化的程度。

第三节　广播新闻的写作范例

▲广播新闻

【范例】

联合国官员和专家对××中学人口教育工作十分赞赏

×××　×××　×××

本站消息：

××中学人口教育教师×××今天在他的办公室里，拿着一本厚厚的笔记本告诉本站记者：联合国官员和专家对××中学五年多来的人口教育工作十分赞赏。

人口教育是贯彻“计划生育”基本国策的战略措施。早在20世纪70年代初，周总理就倡导在中学生中进行人口教育。××××年××月，根据我国政府与联合国人口活动基金会签订的中学人口教育项目协定，××中学被列为全国10所试点中学之一。五年多来，这所中学已经有1200多名高中学生系统接受了人口科学基础知识和人口政策教育。去年底，学生写的5份专论被提交联合国教科文组织亚太区教育处。

××××年××月××日，联合国教科文组织人口教育顾问×××博士来××中学视察，他做了这样的评价：“我对你们卓有成效的人口教育表示十分赞赏。”

去年××月××日，联合国人口活动基金审评小组全面审评××中学人口教育工作后，一致表示满意。当审评小组成员海迪·斯温德尔斯女士听了几位学生用英语汇报学习人口教育知识的体会后，高兴地说：“我要把你们写的心得带回纽约，让我的女儿拿到学校去念，使他们更好地了解你们。”

今年××月，联合国人口活动基金审评小组在给联合国的审评报告中写道：“政府官员、教员和学生的高度主动性是非凡的”，“那些教师和学生将人口教育的信息传递到他们的村庄，例如，劝说他们的亲属遵循一对夫妇一个孩子的政策。”

今年××月××日，联合国计划开发署驻华代表×××委托他的夫人访问××中学后，称赞这个学校的人口教育搞得好，写下了热情洋溢的题词：“向××中学学习。”

▲电视新闻

【范例】

街道园区扮靓夜晚迎新春

××××年××月××日

主持人：岁末年初，全区各街道、开发园区积极做好夜间亮化美化工作，以崭新的面貌喜迎新春的到来。昨晚，记者分别赶赴开发园区和谷里、秣陵、淳化、禄口等街道，亲身感受夜江宁的独特魅力。

记者来到有着“江宁的湖南路”美誉的开发区胜太路商业街。华灯初上，沿街的灯柱和各种灯饰相互辉映，20 根幻彩灯柱、各种五彩灯饰成串成片，霓虹灯闪烁着五彩缤纷；琳琅满目的橱窗映衬着夜晚的街面，火树银花、流光溢彩。记者从开发区相关部门了解到，自××××年开发区管委会在胜太路沿线开展提亮出新改造工程以来，××××年又投入近 2000 万元对胜太路周边、百家湖周边、机场高速进行亮化改造，包括海通大厦、海关大楼、托乐嘉、湖滨金陵饭店、凤凰台广场等多处，并对楼宇灯光、橱窗灯光、小品灯光和节庆灯光进行了检查和整修工作，确保城市夜晚形象更靓丽。其中，去年 4 月份起，开发区重点对机场高速全线实施亮化工程，至 12 月份完工，有力提升了“省门第一道”的对外形象。

各街道也积极行动起来，谷里街道投入 400 万元，对科创中心、文化中心、中琅大厦、市民休闲广场等 6 处主要建筑进行了立体亮化，投入 60 多万改造了牛首大道沿线路灯，在各主干道布置了灯笼、彩旗和 LED 显示屏，营造节日氛围；秣陵街道用光带和灯饰在大中沟沿线勾勒出一派明清风情，让人赏心悦目；淳化街道则主打现代小镇风格，投入400万元对集镇进行了整体亮化，流光溢彩的建筑在梅龙湖畔熠熠生辉；禄口街道以兔为元素，在各大广场和主要路口布置了形态各异的小品。

▲广播稿

（一）广播稿的含义

供给有线广播和电台广播的专用新闻稿件叫广播稿。

（二）广播稿的写作要求

1. 结构要简化，跳跃要小，语言要简洁

广播稿的写作和播出要首先考虑听众能听得懂、听得清。这就要求文章在线索安排上要力求单一，或按事情的发展顺序写。而且，文章的上下文之间连贯要紧，层次衔接要严，运用倒叙、插叙时要自然，时间和空间的跳跃要小。广播稿的语言跟其他报刊文章不同，它要求尽量简洁，尽量不要使用长且复杂的句子。这样，播音员读起来省力，听众也易听懂。

2. 要注意使用好懂易记的语言

要做到广播稿好懂易记，首先，要注意使用通俗易懂的语言；其次，对于一些关键性的内容，可做适当的反复交代和说明，以加深听众的印象。

（三）广播稿的写作范例

【范例】

“高尚医德，高超医术”暖人心

××××年××月××日　央视网

××××年××月××日，在抗震救灾医疗队中，有一位年过半百的军人。在重灾区、在群众最需要的地方人们总能看到他的身影，他就是北京军区总医院“华益慰医疗队”队长×××。

5月14号下午，×××带领的医疗队在前往汶川途中，遇到山体滑坡车辆受堵。×××和他的医疗队没有停止前行，他们徒步30多千米冒着余震和山石滚落的危险，终于进入了都江堰市受灾最严重的向峨乡，在废墟中建起了第一个救护所。

向峨乡党委书记×××说：“他们来的时候是医护人员和医疗器械带得最完整的，从废墟里抢救出来的伤病员看到他们感到有救了。”

为了不漏掉一户村民，×××带领医疗组翻山爬坡进行“拉网式”的巡查，在救治伤员的同时还给村民发放随时可以找到医生的联系卡。在抢救病人时即使条件再简陋、现场再忙乱，他和医生们都从病人的长远健康出发，坚持手写医嘱留存病人的用药情况，有时医嘱只能写在口罩的外包装纸上。目前他们已经走遍了汶川和都江堰的6个乡，28个村，救治伤病员6100多人。

人民群众说："他们不顾生命来救我们，所以我们感谢党和解放军同志，感谢北京军区总医院'华益慰医疗队'队长×××。"

北京军区总医院是华益慰大夫生前战斗的地方，军区总医院的医护人员说："我们是他的战友，是他的传人，我们就要把华益慰精神带到我们的抗震救灾过程当中。"

第四节　新潮文体的写作

一、网络新闻的写作

（一）网络新闻的含义和种类

1. 网络新闻的含义

网络新闻，是指综合运用文字、图片、图像、音响、动画等手段，借助网络平台和网络技术对新近发生的事实所进行的报道。

2. 网络新闻的种类

网络新闻分原创新闻和复制新闻两种。

（1）原创新闻

原创新闻才是网络新闻写作研究的对象。

其含义包括：

①是指独家的、第一手的，是网络记者自己采访、写作的新闻报道。

②是指通过重组新闻资源、重新编辑、改写的新闻报道。

③是指该新闻是利用网络传播的特殊优势，制作出的适合网络信息传播规律，与传统媒体的报道方式、方法在形式上有差别的新闻报道。

在对原创新闻的描述中，实际上提到了内容和形式两层意思。

①第一层意思主要讲的是内容

网络新闻从业人员已经越来越清楚地认识到，网络媒体以"内容为主"。

在网络新闻的内容中，是否具有以及具有多少富于冲击力与渗透力的原创内容至关重要。一个媒体网站如果仅仅做裁剪工与泥瓦匠，是不可能占据网络新闻制高点的。在拥有了一定规模的新闻量之后，必须不断推出自己的原创新闻，才能形成风格，才能赢得受众注意力的市场。

②第二层意思主要讲的是形式

网络新闻写作与传统媒体写作在形式上有三点不同，它更强调即时滚动式写作，它是一种超文本写作，又是一种互动写作。

由于写作方式的变化，网络原创新闻应该在表现新闻的手段、方法、形式上与传统新闻有所不同，或者是一种新的结构，或者是一种新的文体。

（2）复制新闻

复制新闻，或者称 COPY 新闻，是指从传统媒体上复制（COPY）来的新闻。各个新闻网站把传统媒体的新闻搬上了网络，然后大家再彼此搬来搬去。

现在的网络新闻竞争，在某种意义上说，是看谁家的网站新闻搬运得快、全、多。

复制新闻谈不上写作，因为它奉行的是“拿来主义”，它更多涉及的是网络编辑技巧。其制作过程如下：

①编辑从上网报纸的内容中寻找新闻；

②具有新闻价值的稿件被挑选出来；

③通常新闻不作改动，只是把长段打开，多划分几段；

④改写标题，多为实题，包含新闻基本要素，单行题；

⑤搜索本条新闻的相关链接，敲入与此新闻相关的关键字，搜索出相关的新闻，在发送该条新闻的同时，也完成了对它自身的“合并同类项”的归类。

复制新闻只是网络媒体初创时的一种形态，在今后的发展中也只能是网络新闻中的一部分内容。如果只有复制，或者复制新闻比例占得过多，就会直接影响到网站的生存。

（二）网络新闻的写作技巧

1. 即时滚动式写作

即时滚动式写作，即改变传统媒体的单篇静态报道为多篇滚动的动态报道。

传统媒体的新闻写作，主要是纸介媒体的新闻写作，受到出版时间以及版面的限制，其新闻报道写作的文体是独立成篇的，即便连续报道，也是以“日”为单位，一天一更新。网络媒体则不受这种限制，它的写作更接近通讯社记者的写作，但比传统通讯社的写稿与播发还要快。例如我国的两个通讯社新华通讯社（简称新华社）和中国新闻社（简称中新社），原来也实行的是滚动式发稿，也要求记者学会滚动式写作。但他们原来的供稿对象主要是报纸，抢时效也主要是抢晚报和日报两个截稿时间。由于有截稿时间，因此严格来说，大部分消息都是一天情况的综述。而网络新闻没有截稿时间，一切都应该是以“现在进行时”的要求投入新闻写作，因此网络新闻的写作变成了一种全方位跟踪新闻事件发展，即时滚动式的写作。

新华网把一篇网络新闻的写作过程描述为：

事件发生或得知的第一时间：发快讯；

十多分钟后：多篇详细报道，以超文体的方式展开；

接下来：附上背景资料和相关报道；

最后：对此事件的评论。

2. 超文本写作

超文本写作，即改变传统媒体写作的线形文本结构为超文本结构。

所谓超文本，一方面是指信息以多媒体形式存在；另一方面是指通过超链接可以使信息之间产生联系。

（1）运用多媒体技术进行网络新闻写作

多媒体和超文本技术，集文字与声音、图画、照片、影像以及三维动画等为一身。随着各种智能、易用软件的不断推出，记者在网络新闻写作中，在文字报道的同时，需要运用声音文本、图画文本、动画文本或者影视文本时可以随时变换。这样就打破了传统新闻写作的局限，即只能用一维的线形文字来陈述，只能按有先后顺序的线形结构来排列，只能用千篇一律的黑色的、无声的文字来复述，而实现了有声有色、声情并茂、图文并茂地全方位地报道新闻事件。

（2）超文本写作结构

通过超链接使与新闻相关的信息之间产生联系，使得网络新闻的文体不再是传统媒体的线形结构，而是网状结构与多维结构。

（3）运用这种超文本写作的要领

①把新闻素材划分层次。正如传统写作时对新闻素材的分类，有主要新闻事实、典型事实、背景事实、新闻细节等。在进行网络新闻写作素材划分时，应把最关键的新闻事实划为第一层次，或者为“骨干层次”。而相关的新闻事实，例如背景、细节以及新闻事实的详细展开，作为第二、第三甚至第四层次等，也称为“枝叶层次”。

②要着力写好骨干层次。如果把网络新闻比喻为一棵大树，那么我们先要把这棵大树的主干勾勒出来。骨架搭得越好，就越吸引受众，同时为枝叶的展开创造充分的空间与条件，使其舒展且繁茂。

③在骨干新闻中凡涉及枝叶部分的“关键词”，分别用超链接给出。读者可以根据自己的需要决定进入一方面的内容阅读。通过超链接可以使新闻既向外延、平面地展开，又向内延、纵深地展开。同时枝叶部分可以是多媒体的不同文本。

3. 互动式写作

互动式写作，即改变传统媒体写作对受众灌输式的信息单向传播为与受众之间的、平等的双向传播。

在互动式写作中，记者要始终保持与读者的交流，要有强烈的信息服务意识，例如为了你随时能被找到，在页面上要做一些发送反馈的按钮或公告牌等，例如你要学会按照读者的具体需要，或者说按照读者的“定制”来撰写新闻。

在这个意义上说，互动写作要求记者当好新闻信息的“导航员”。网络上的信息洪水，再加上鱼龙混杂，给阅读者带来选择上的茫然和困难。有人形容互联网是一个真假信息难辨、资料太多、知识太少的嘈杂世界。互动写作是解决这个问题的途径之一。运用互动式写作方式可以深入到具体的阅读群体，并作为他们的信息代理人，帮他们梳理、搜寻信息，为他们提供有价值的新闻，并与他们交流与讨论。

二、散文式新闻的写作

（一）散文式新闻的产生

随着近几年来，我国的新闻传播事业进入空前繁荣时期，读者不断提高的阅读品位要求报纸上刊载的文章要更加丰富化和多样化；另外，报刊也要有各种不同类型和风格的文章来填充日益扩大的版面。这样的局面势必促进文体的变革，变革的方向之一就是用更灵活多样的手法把新闻报道写得更生动形象、情感充沛，换句话说，就是写得更有文学性。于是，散文式新闻就应运而生了。

（二）散文与新闻的区别

散文和新闻的区别在于：

1. 散文的主观随意性强，新闻则以客观性为根本

从整体上看，散文和新闻有一个内在的区别在于持主观还是客观立场。散文即使是记事的，作者在处理时的随意性也很明显。新闻在立场上，它不能丧失客观性这一根本；在内容上，它不能违反真实性的原则。它的散文化，只能表现在结构、语言、手法、风格等几个方面。

2. 新闻只能以记事为主，而散文可记事、抒情、冥想、议论

新闻只能写人、述事、写景、状物，而散文可以分为记事散文、议论散文、抒情散文三大类。其中记事散文，可用来记人、述事、写景、状物。议论散文以辩理为主，但有一定的文学色彩和作家个性。抒情散文，可用于抒发情感、心境、感觉、情愫。抒情散文又有托物言志的常规“抒情型”和自始至终抒写感觉和心境的“冥想型”。

3. 新闻是严格纪实的文体，散文是大致写实的文体

新闻是一种严格纪实（记述现实）的文体，在新闻要素上均不得虚构想象，连细节也不得添枝加叶。

一般而言，散文无须像小说那样虚构，大部分散文的内容都是真实的。但是，作为纯文学作品的散文，不可能不作一定的艺术加工，在细节上有些虚拟、想象是不可避免的。甚至有的散文的主要内容是虚构的。因此，散文最多只能说是一种大

致写实的文体。

（三）结构形式

1. 性格中心式

散文和新闻，都是比较擅长于写人的文体。散文写人，可用过去时态的怀念式写法，也可用现在时态的素描式写法，一般都不求形象的完整。而新闻写人，也有两种情况，一种是刻画整体形象的写法，一种是只写一时一事的速写式写法。

后一种写法比较接近散文的素描式写法。这种新闻的结构形态通常以人物性格为中心。这类散文式新闻在报刊上是比较常见的，这种用散文笔法写人，报道可读性较强。

【范例】

×××：学士猪倌

——××××年××月××日《××××报》

××××年，×××大学毕业时，就想回家养猪，他上大学的一个初衷，也源于与此相关的一个隐痛。

××××年，上中学的×××鼓动父亲办养猪场，父亲听了，拿出三九天冒雪挖莲菜攒下的800元钱，养了20头猪。但因为不懂技术，20头猪死得只剩一头。家庭不仅没有致富，反而损失了近2000元。作为始作俑者，×××对此一直负疚在心。

高考前夕，学校保送×××到一个综合大学就读。这对许多人来说，都是求之不得的好事。但×××放弃了："我要上农业大学。"在报考志愿上，他一连填了4所农业院校。最后，如愿进入××大学。

大学毕业了，本可以留在城市，好好发展，×××却想回家养猪，这让乡亲们感到不可思议：在农村，再没本事的人也能养猪，你一个大学生去养猪，算咋回事？

×××无法超越现实，他违心地来到××地区食品公司上班了。但按部就班的办公室工作，让×××难以适应：想干的干不了，不想干的非得干。××××年，他终于决定，与畜牧学校毕业的妻子一起辞职回乡办猪场。……

2. 意象组合式

意象能显示事物外形，但不是表象，因为它有思想感情的内涵；意象能在一定程度上揭示事物的内在特征和本质，但不是概念，因为它有着鲜活的形象性。意象是表象与本质的统一，是感性与理性的统一。意象的形成，标志着作家已经捕捉到了既有生动形象，又有深刻内涵的艺术形象。

在文学创作中，小说是以一系列场面构成的形象系统，诗歌是以若干意象构成的形象系统。而散文则介于二者之间，侧重于叙事写人时，是场面结构形态；侧重于抒情时，是意象结构形态。

新闻在叙述新闻事件的同时如能创造意象，就具备了一定的文学品质，就是散文式新闻。下面这则散文式新闻运用的就是意象组合的手法。

第五节 新潮文体的写作范例

▲网络新闻

【范例】

后奥运时代，北京何去何从？

2008 年 10 月 6 日 《北京日报》

举办奥运之后，主办城市甚至国家的经济会不会出现“后奥运衰退”？或者说，相对于筹办奥运过程中形成的对经济增长的拉动和市场需求的刺激，奥运后会不会产生周期性甚至长期的经济疲软？由于近 12 届奥运会都在不同程度上出现过这种情况，人们对北京奥运之后的经济走势和前景更为关注。

北京经济不会出现“后奥运衰退”

中国经历了改革开放 29 年持续高速的增长，年均增长率达到 9.8%，尤其是 2003 年以来的 5 年时间，年均增长率更是高达 10.6%。从今年开始，增长速度出现了周期性的回落迹向，预计今年经济增长率将从去年的 11.9% 降至 10.3% 左右，同今年全球预计经济增长率平均下降速度大体相当。同时受国际国内经济因素的影响，预计 2009～2011 年，增长速度还将继续放慢。这种国际国内经济大趋势，当然会对北京市经济增长产生一定的影响。而这能否称为“后奥运衰退”呢？

我国当前的经济增速放慢与通常所说的“后奥运衰退”是根本不同的，我国工业化和城市化的现代化进展阶段，决定着我国当前增速的放慢只是一种暂时性的周期性波动。中国的工业化正处于中后期的加速期，按现代化国际化标准，中国现阶段的工业化尚未完成，中国的城市化同样远未完成，二元经济的社会特征仍然十分显著，但已摆脱了城乡相互对立、相互分割的发展阶段，开始进入城乡相互依赖、相互促进的发展时期。在工业化和城市化的这一历史时期，无论是投资需求还是消费需求都是最活跃的。没有理由认为一个发展中大国在工业化、城市化尚未全面实现之前会出现经济的长期衰退。

以往的“后奥运衰退”现象，是在发达国家中产生的，有其经济发展的阶段背景，而我国现阶段则恰恰相反，即使出现短时期的波动，也是在高速增长的基础上的相对放慢，而不是绝对增长速度的低落。预计到2030年之前，我国可能的经济增长率在7%～9%，这是一个相当高的也是相当持久的增长趋势，北京的速度肯定会更高。

经济发展质量提高的三个着眼点

北京奥运之后，尽管在短期内对内需不足导致的周期性下滑以及由此引发的社会经济问题应当予以足够的重视，但是必须看到，在长期趋势上，我们的主要着眼点并不在于如何在规模、数量、速度上加快扩张和发展，而在于提高发展的质量。对于北京市的社会经济发展来说，这种发展质量的提高，突出地表现在三个方面。

首先，经济增长越来越多地依靠要素效率的提高，而不是要素投入量的扩大，而要素效率的提升根本在于技术创新和制度创新，北京高速增长是否具有可持续性，关键在于要素效率的水平。

其次，经济发展的阶段性变化和能源、环境、资源等约束条件的变化。要素经济增长越来越多地依靠结构效率的提升，主要是指产业和部门之间的投入产出结构以及在此基础上形成的技术结构、产值结构、就业结构、资本结构等方面的变化，这种变化既要反映市场竞争的效益原则，又要符合经济发展内在逻辑规定的长期趋势。

第三，持续高速有效增长对于增长的稳定性有特别的要求。淡化周期，减轻大起大落时的震荡，这本身就是增长效益的重要体现，对于地方政府来说，如果从需求方面干预经济增长，具有很大的不确定性，从供给方面干预经济对地方政府来说则有更为重要的意义，比如对当地企业和居民的减税、降低各类成本、提高竞争力、加大技术创新支持和鼓励，以及合理的地方产业发展规划等供给管理措施都可以成为既推动经济增长，又降低由此形成的通胀压力的有效手段。

附录一

中国新闻奖简介及历届获奖者名单

中国新闻奖简介

中国新闻奖是由中华全国新闻工作者协会主办的中国综合性年度优秀新闻作品最高奖。开展这项评奖活动的目的在于检阅我国新闻工作的年度实绩，推动新闻改革，促进新闻作品质量的提高，促进新闻队伍的思想建设、业务建设和作风建设。有利于坚持正确的舆论导向，有利于多出精品，多出人才，使新闻事业更好地为人民服务、为社会主义服务、为全党全国工作大局服务。全国 5000 多家报纸、通讯社、广播电台、电视台参加这项评奖活动。中国新闻奖每年评选一次，从 1991 年开始至 2018 年已评选 27 届。

历届中国新闻奖获奖者名单

第一届

第一届中国新闻奖（1990 年度，共有 153 件作品获奖，1991 年 12 月 10 日颁奖）获奖作品中，荣誉奖 1 件，一等奖 17 件，二等奖 49 件，三等奖 86 件。其中获荣誉奖和一等奖的篇目如下：

荣誉奖

通讯，人民呼唤焦裕禄，穆青、冯健、周原，新华社。

一等奖

言论，稳定压倒一切，李德民，《人民日报》。

言论，舍孔雀而取凤尾，李承郃，《新华日报》。

消息，百家“三资”企业调查表明：在华投资大有可为，陆国元、张伟弟、周正平，新华社。

消息，宫峰学成博士乐当“炉前工”，臧虹、光明，《工人日报》。

消息，宝钢“小人物”推动了国家金融政策调整，阮海儿、叶全发，《冶金报》。

通讯，不私亲属的铁木尔主席，曾坤，《人民日报》。

通讯，京郊四胞胎应征记，乔林生，《解放军报》。

通讯，老台胞寻女奇遇记，叶正亭、

邱范、嵇元，《新华日报》。

版面（空缺）。

新闻摄影，第十一届亚运会在北京召开，李士，《北京日报》。

广播消息，欧共体决定立即恢复同中国的关系，杜平，中国国际广播电台。

广播评论，黄河大桥贪污案引出的问号，杨诚勇，河南广播电视新闻中心。

广播专题，大地一样的深情，潘旭东、范蓉，辽宁人民广播电台、中央人民广播电台。

广播专题，和“锅巴王”谈产品结构调整，孙景贤、白群力，陕西人民广播电台。

电视消息，亚运圣火火种在西藏采集，曹玉春，中央电视台、西藏电视台。

电视评论，粪桶畅销的启示，汴东良、王永显、李慧萍，浙江电视台。

电视专题，彩虹在浦江升起，孙泽敏、王一敏、颜迪明、沈渊培、金璞、王晓平、成笛、耿燕南、张黎华，上海电视台。

电视专题，金融卫士，黄贺、王新红，湖北宜昌电视台。

（二、三等奖篇目略）

第二届

第二届中国新闻奖（1991 年度，152 件作品获奖，1992 年 8 月揭晓，1993 年 2 月 23 日颁奖）获奖作品中，特别奖 1 件，一等奖 17 件，二等奖 51 件，三等奖 83 件。其中获特别奖和一等奖的篇目如下：

特别奖

系列报道，祖国大家庭、中央电视台等单位。

一等奖

消息，武汉百里长堤巍然锁长江，彭晓、汪洋，《湖北日报》。

消息，“东北现象”引起各方关注，赵玉庆、刘广军、马义，新华社。

消息，革命圣地延安无铁路的历史结束，赵中庸、王发仂，编辑：郭轮华，《人民铁道报》。

通讯，洪泽湖不会忘记，《新华日报》赴淮采访组，《新华日报》。

通讯，醒来，铜陵！龚声，编辑：刘宇飞，（安徽）《铜陵报》。

通讯，金牌不是名牌，刘欣欣、何大新，编辑：羊章女、徐培英，《经济参考报》。

言论，改革开放要有新思路，皇甫平，《解放日报》。

言论（空缺）。

报纸版面（空缺）。

新闻摄影，江总书记急切奔灾区，王广林，《新华日报》。

新闻摄影，最佳守门员钟红莲，李锦河，《天津日报》。

广播消息，荣成渔民跨国赶集　中国活鱼蹦上日本早市，王悦之、邢飞、韩志国，（山东）威海人民广播电台。

广播评论，补上市场意识这一课，戴锡新、门方玉，辽宁人民广播电台。

广播新闻专题，妻子、女儿和井，王维、杨惠，天津人民广播电台。

广播新闻专题，你好，南极人，窦文涛、封新城，广东人民广播电台新闻台。

新闻性节目编排，1991 年 7 月 28 日《午间半小时》，王丰、张敏、原杰、王丰，中央人民广播电台。

电视消息，南浦大桥成为上海人民心中的丰碑，邬志豪、劳有林、李培红，上海电视台。

电视评论，刑场上枪声留下的警示，李少连、朱建义、陆晓丹、许易生、李楚玲、张思建、李亦平、脱学业、李敬文、贺宁，广东电视台。

电视新闻专题，1991 年中国抗洪曲之二《雄师百万》，陈荻芳、王满、卢国庆、周安银、李安东等，中央电视台。

（二、三等奖篇目略）

第三届

第三届中国新闻奖（1992 年度，154 件作品获奖，1993 年 8 月揭晓，1993 年 12 月 17 日颁奖）获奖作品中，一等奖 18 件，二等奖 52 件，三等奖 84 件。其中获一等奖的篇目如下：

一等奖

消息，上海证券交易与国际市场接轨，时赛珠，编辑：樊天益，《解放日报》。

消息，溧阳兴办开发区　杜绝盲目乱圈地，邓超、李金堂、陈建共，编辑：王汝金，《常州日报》。

消息，大学生列车上见义勇为斗歹徒　乘警列车员闻警不动受指责，张晓华，编辑：孙勇，新华社。

通讯，东方风来满眼春，陈锡添，编辑：区汇文，《深圳特区报》。

通讯，上海打出“中华牌”，张行端、李正华，编辑：徐耀中，新华社。

通讯，家规，王锐，编辑：王喜斌，《吉林日报》。

言论，千万不可忽视农业，何加正，编辑：吴长生，《人民日报》。

摄影，总书记敬酒，武治义，《中国日报》。

摄影，勇战士急下水抢救亲人（组照），郭忠诚，编辑：傅振国、张建富，《空军报》。

广播消息，张学良接受大陆记者采访，王求，编辑：陈金海，中央人民广播电台。

广播消息，江海联运货船首航，王海燕、关中、申安庆、刘成荣，编辑：杨晶，黑龙江人民广播电台。

广播专题，奉献一片爱心，章茜、陈丹燕、江小青，上海东方广播电台。

广播专题，身份证大搬家，王健，深圳广播电台。

广播评论，扫除形式主义，胡占凡、周绍成，编辑：曹仁义，中央人民广播电台。

电视消息，邓小平与中央领导同志一起同十四大代表亲切见面，王晶、王连生、汪保国，中央电视台。

电视专题，邓小平同志在广东，李少连、李亦平、张汉新、赵彬，广东电视台。

电视专题，来自病床上的报道，周军、张健、丁泽兴、王志敏、韩一平，编辑：钟大年，山西电视台。

电视编排，1992 年 2 月 3 日《新闻联播》，邱桂萍、张翔升、王忆非，编辑：罗明，中央电视台。

（二、三等奖篇目略）

第四届

第四届中国新闻奖（1993 年度，160 件作品获奖，1994 年 8 月揭晓，1994 年 12 月 21 日颁奖）获奖作品中，一等奖 16 件，二等奖 49 件，三等奖 95 件。其中获一等奖的篇目如下：

一等奖

消息，中国投巨资加快长江沿岸地区开发，陈铭，编辑：杨继刚，新华社。

消息，武钢近 7 万人不再吃“钢铁饭”，海明雷、李军，编辑：叶翠华，《长江日报》。

言论，加强和改善宏观调控　积极促进改革与发展，于宁、曹焕荣，编辑：周瑞金，《人民日报》。

言论，为什么要整顿金融秩序，孙勇，《经济日报》。

通讯，战士义勇非凡　人民恩重如山，梁万魁，编辑：刘均孔，《解放军报》。

通讯，中国质量的一座丰碑，孙洪康、杨俊，编辑：俞随英等，《新民晚报》。

通讯，三次“上书”总书记的普通农民，朱颖、曹显钰，编辑：江海波，《新安晚报》（安徽）。

摄影，花冈悲歌，唐召明，编辑：黄文，新华社。

广播消息，莫斯科流血事件报道，金铁侠、谢桥、王东政、马为公、王国庆，编辑：陈俊才等，中国国际广播电台。

广播评论，拜金主义要不得，胡占凡，编辑：曹仁义，中央人民广播电台。

广播专题，人民崇尚这颗星，刘德俭、房秀文、张振江、傅立、潘红星、编辑：熊铮彦、王兴功，中央人民广播电台。

广播专题，南街情，张勉之，编辑：张勉之，河南获嘉县广播站。

电视消息，牡丹集团厂庆新办，张长江、张传昌，中央电视台。

电视消息，邓小平同志和上海各界人士共度新春佳节，东升、郭大康、陈海，上海电视台。

电视评论，农民要减轻自身负担，段荣鑫、朱海虎、苗民培、吉红枝、张芹，编辑：段荣鑫、朱海虎，山西电视台。

（二、三等奖篇目略）

第五届

第五届中国新闻奖（1994 年度，150 件作品获奖，1995 年 6 月揭晓，1995 年 12 月 22 日颁奖）获奖作品中，特别奖 1 件，一等奖 18 件，二等奖 54 件，三等奖 77 件。其中获特别奖和一等奖的篇目如下：

特别奖

电视专题，公仆、旗帜、丰碑，杨晔（已故）、刘晶、梁会兰、郭效飞、龙飞，编辑：王汇、王东升、马迅、周福才，锦州有线电视台。

一等奖

消息，六百勇士斗死神　雷场放飞和平鸽，杨统时、徐文良、郑蜀炎，编辑：雷新龙，《解放军报》。

言论，上下一心，打好今年改革攻坚战，周瑞金、施芝鸿，编辑：周瑞金，《人民日报》。

言论，扬州经验的特殊导向意义，刘向东、陶达，《新华日报》。

通讯，菜价追踪，苏会志、王进业，编辑：陈芸、南振中，新华社。

通讯，爱心无价，黄常开、张伟程，编辑：张克眉，《羊城晚报》。

报纸版面，1994 年 4 月 27 日一版，编辑：陈泉涌、刘存学、刘海涛，《中国青年报》。

摄影，生命的最后瞬间，朱大伟，编辑：马飞，《锦州日报》。

摄影，辛勤的哺育，张志刚，编辑：刘全聚，《中国教育报》。

漫画，猪八戒败阵，华君武，编辑：张家瑞，《大连日报》。

广播消息，在巴以签署执行协议的时刻，李支援、关锐，编辑：高世军、汪作舟，中国国际广播电台。

广播评论，反暴利，在南昌为什么难以展开，黄晔明、梁勇，编辑：黄晔明、梁勇，江西人民广播电台。

广播专题，孤岛守塔人——中华英模之 55，陈淦，编辑：李向明、韩长江、燕辉等，中央人民广播电台。

广播专题，海外游子故乡情，王曼华、周导，上海人民广播电台。

电视消息，当农资价格飙升的时候，杨剑锋，编辑：蒋立杰，辽宁电视台。

电视消息，外滩：悄然崛起的上海金融街，温天，编辑：陈雪虎、余浩峰，上海东方电视台。

电视评论，和平　使沙漠变绿洲，盖晨光、胡阳、孙宏、奚祥、水均益，中央电视台。

电视专题，粤海情融天山雪——一个新疆流浪儿童的故事，李威沙，编辑：李威沙，广州电视台。

电视专题，壁画后面的故事，祝丽华、王维，编辑：祝丽华，山东电视台。

（二、三等奖篇目略）

第六届

第六届中国新闻奖（1995 年度，157 件作品获奖，1996 年 6 月 27 日揭晓）获奖作品中，特别奖 2 件，一等奖 18 件，二等奖 53 件，三等奖 85 件。其中获特别奖和一等奖的篇目如下：

特别奖

通讯，领导干部的楷模——孔繁森，何平、朱幼棣、陈雁、陈维伟、魏武、王世亮，编辑：郭超人、张万象，新华社、《人民日报》、《西藏日报》、《大众日报》。

电视专题，领导干部的楷模——孔繁森（一），王闽京、王杰昌、王国柱，山东电视台、西藏电视台。

一等奖

言论，论孔繁森的时代意义，于宁，编辑：周瑞金，《人民日报》。

言论，忠实履行我军神圣使命，解

放军报评论部，《解放军报》。

消息，NGO全会代表批评西方新闻媒介缺乏公正，张丹、陈瑶，编辑：王宗引、周树春、李海堂、王金和，新华社。

消息（空缺一名）。

通讯，师魂，黄绍全、陈朗，编辑：陈维钧，《贵州日报》。

通讯，旱原情，吉虹、杨前进，编辑：吉虹、杨前进，《陕西日报》。

通讯，寻找时传祥，孙德宏，《工人日报》。

版面，《中国青年报》1995年11月17日一版，编辑：陈泉涌、张桂明、刘海涛，《中国青年报》。

摄影，正义之声，李学仁，编辑：薛海涛，新华社。

摄影，新婚该诀别，周晓辉，编辑：林毓根，《广东公安日报》。

漫画，1995年十大国际新闻，华君武、丁聪、方成、英韬、苗地、王宇、王复羊、缪印堂、孙以增、朱根华，《人民日报》。

广播消息，美发生一起故意使用放射性物质使人中毒事件，汤民国，编辑：黄良德，中国国际广播电台。

广播评论（空缺）。

广播专题，孔繁森——九十年代的焦裕禄，蒋小峰、初化臣、张涵，编辑：乔仁贞，山东人民广播电台。

广播编排，您好，祖国！傅成励、崔永元、杜嗣琨、任捷、汪永晨、黄继群、吴朝晖，中央人民广播电台。

电视消息，农机千里走中原，杨华、刘建新、顾海红、韩华春、张勇，河南电视台、中央电视台。

电视消息，广东：农民成了现代农业投资的主体，徐惠如、曾国成、贾真、黎永然、朱广生，广东电视台。

电视评论（空缺一名）。

电视专题，中华之剑（第三集）剑之威，李荃、刘效礼、彭山、盛天鹰、乔保刚、正勇、陈获芳，中央电视台。

电视专题，板车精神文明之花，丁颖安、尚东明、安华，编辑：丁颖安，许昌有线电视台。

电视专题，田沛发，谢英、杨茂林，编辑：王志荣，贵州电视台。

电视编排（空缺一名）。

（二、三等奖篇目略）

第七届

第七届中国新闻奖（1996年度，有170件作品获奖，1997年10月26日揭晓）获奖作品中，特别奖3件，一等奖19件，二等奖56件，三等奖93件。其中获特别奖和一等奖的篇目如下：

特别奖

通讯，把党和政府的温暖送到千家万户，季进成、殷敖佗，编辑：张怀京，《中国建设报》、新华社。

通讯，岗位作奉献　真情为他人，刘连枢、齐晓峰、赵兴林、潘善棠、夏俊生，《北京日报》、新华社、《人民日报》。

通讯，北京有个李素丽，郭萍、吴晓向、王舟波、余勇、于文国，编辑：张宏遵、孟东明、方向明，《工人日报》。

一等奖

消息，我军在台湾海峡成功举行三军联合作战演习，顾伯良、郑宗群、赵险峰，编辑：顾伯良，《解放军报》。

消息，重新评估国资增值3.5亿元，顾建新、毛福忠，《今晚报》。

言论，为经济建设和社会发展提供强有力的政治保证，谢宏（任仲平），编辑：邵华泽、范敬宜，《人民日报》。

言论，旗帜鲜明地同民族分裂主义和非法宗教活动作斗争，黄元才，《新疆日报》。

通讯，让世界走向和平，曹智、李大伟，编辑：刘回年、陈茂林，新华社。

通讯，种树“种到”联合国，李广华、孙亚辉，编辑：高远、郑学良，《内蒙古日报》。

系列，由邯钢经验引出的话题，熊家余、谢双林、吴华清，编辑：吴志根，《湖北日报》。

版面（空缺）。

摄影，上学，杨小兵，编辑：薛向群，《陕西日报》。

摄影，喜不自禁，徐步，编辑：奥运报道组，新华社。

漫画（空缺）。

广播消息，西方反华阴谋再次破产，钱慰曾，编辑：段秀杰、张著，中国国际广播电台。

广播评论，市场不相信“出身”，苏维茗、吴双，编辑：刘素琴、包仲川，天津人民广播电台。

广播专题，英雄　魂兮归来，胡国华，编辑：蔡小林，中央人民广播电台。

广播系列，爱心创奇迹，江小青，上海东方广播电台。

广播编排，含泪笑唱《鲁冰花》，吴平、姜英华、李珂、刘汉斌，辽宁人民广播电台。

电视消息，国庆节　中英街国旗高悬，韩建勇、李夑，深圳电视台。

电视评论，巨额粮款化为水，杨明泽、谢子猛、方宏进，编辑：杨明泽，中央电视台。

电视专题，人情猛于虎，崔彬、李永和、杜士刚、张承东，编辑：李永和、杜士刚、张承东、王跃钧，黑龙江电视台。

电视系列，燕赵儿女抗洪歌，何振虎、吕良春、陈金荣、张炜等，编辑：陈金荣，河北电视台。

电视编排，1996年8月8日晚间新闻，李勇、许文庆，中央电视台。

（二、三等奖篇目略）

第八届

第八届中国新闻奖（1997年度，191件作品获奖，1998年7月揭晓，1998年12月13日颁奖）获奖作品中，特别奖5件，一等奖24件，二等奖55件，三等奖107件。其中获特别奖和一等奖的篇目如下：

特别奖

通讯，在大海中永生，何平、刘思杨，编辑：张万象、王启星，新华社。

系列，展示新成就迎接十五大·学习篇，班明丽、何加正、皮树义等，编辑：范敬宜，《人民日报》。

现场直播，百年长梦今宵圆，中央人民广播电台集体，中央人民广播电台。

现场直播，香港回归现场特别报道，中国国际广播电台集体，中国国际广播电台。

现场报道，1997 香港回归特别报道，中央电视台集体，中央电视台。

一等奖

消息，别了，“不列颠尼亚”，周树春、胥晓婷、杨国强、徐兴堂，编辑：高秋福、徐学江、王宗引、陈耕涛，新华社。

消息，中国拒绝金融风暴登陆，任侃，编辑：曲莹璞，《中国日报》。

消息，台州三千“党代表”活跃在股份制企业，陆熙、沈建波，《浙江日报》。

言论，中华民族的百年盛事，李德民、米博华，编辑：邵华泽、范敬宜、谢宏，《人民日报》。

言论，一个鲜明主题，王晨、李景瑞，《光明日报》。

言论，察潮流　顺民心　天下定，黄种生，编辑：饶新冬，《福建日报》。

通讯，神圣的时刻，肖福、胡训军、高吉全，编辑：孙晓青，《解放军报》。

通讯，140 万双袜子的命运，余兰生，编辑：潘堂林、徐占峰，《长江日报》。

系列，资本运营系列报道，艾丰、张杰、魏劲松、牛文文，《经济日报》。

版面，《羊城日报》1997 年 10 月 4 日一版，张克眉、许维国，《羊城日报》。

副刊，清塘荷韵，季羡林，编辑：卞毓方，《人民日报》。

摄影，中英香港政权交接仪式，刘建生、张燕辉，新华社。

摄影，三峡大江截流胜利合龙，周立新，编辑：曹山旭，《楚天都市报》。

漫画，韩宝曝丑闻，方成，编辑：张春明、郭印川、宋平，《法制日报》。

广播消息，香港热土祭洒社稷坛，文立军，编辑：叶小静，北京人民广播电台。

广播评论，49% 大于 51% 的启示，苏维茗、印永清、陈鹰、马津力，编辑：吴双，天津人民广播电台。

广播专题，新年特别节目《中国 1997》，张浩、王晓辉、毛舟、张彬、李易、李宪力，编辑：王宴青，中央人民广播电台。

广播专题，国门卫士——黑河好八连，王春莉、李晓平、孙连君，编辑：丛林、文佳、宋铁民，黑龙江人民广播电台。

广播专题，回归前夕的香港，张惠玲，编辑：史靖洪、李纳新等，中国国际广播电台。

电视消息，百万群众大转移，陈瑶、沈建、陈鹏飞、许东良，浙江电视台。

电视消息，邯钢跨地区兼并部属企业舞钢，刘莹、李飞、孟晓铮，编辑：张勇、刘强、张涛，河北电视台。

电视评论，“罚”要依法，再军、白河山、方宏进，中央电视台。

电视专题，“麦德龙”冲击波，吴乐霞、倪亚农、秦岱亚，无锡有线电视台。

电视系列，投资不增　成本不生　效益提高缘何而来？肖振生、郑根岭、史联文、赵志文、刘萍、张海鹏，辽宁电视台。

（二、三等奖篇目略）

第九届

第九届中国新闻奖（1998 年度，186 件作品获奖，1999 年 10 月揭晓，1999 年 12 月 24 日颁奖）获奖作品中，特别奖 6 件、一等奖 23 件、二等奖 58 件、三等奖 99 件。其中获特别奖和一等奖的篇目如下：

特别奖

言论，当前头等大事，李德民、米博华、王义堂、王金海，编辑：邵华泽、许中田、谢宏，《人民日报》。

通讯，运筹帷幄　挥师“三江”，王文杰、阎金久，编辑：王文杰，《解放军报》。

通讯，四百壮士战洪魔，谭道博、贾永、刘建新、孙茂庆，编辑：南振中、刘回年、曹国强，新华社。

消息，九江段 4 号闸附近决堤 30 米，贺延光，编辑：杜涌涛，《中国青年报》。

专题，大浪丰碑，孙连君、李皎、金威，编辑：王春莉、文佳、陈华，黑龙江人民广播电台。

系列，1998 抗洪系列报道，中央电视台、湖北电视台、江西电视台、湖南电视台、黑龙江电视台、吉林电视台等，集体采访。

一等奖

言论，迎着老百姓的方向走，郝斌生，编辑：成少安、王长宗，《河北日报》。

消息，长江上游仍在砍树，熊小立、黎大东，编辑：张笃一、吴锦才、南振中，新华社。

消息，项庄舞剑　意在沛公——明传人民币贬值　实为投机谋暴利，任侃，编辑：黄庆，《中国日报》。

通讯，请看法轮功是咋回事，赵宗符、邢强，编辑：盖方鸣，《齐鲁晚报》。

通讯，困难之中显本色，端木晔波，编辑：宋超、黄强，《解放日报》。

系列，关于郑州亚细亚商场集团兴衰的调查，郭久辉、李昕，编辑：李登科、陶玉亮，《郑州晚报》。

版面，《南方日报》1998 年 9 月 11 日一版，编辑：陈庆光、王更辉，《南方日报》。

摄影，当选总理朱镕基，于文国，编辑：孙德宏、杨军，《工人日报》。

摄影，走进“地球最后的秘境”，索朗罗布·多穷，新华社。

漫画，洪水滔滔见真情，张滨，编辑：杨殿军，《黑龙江日报》。

副刊，车到柳园，孟可，编辑：刘建民，《工人日报》。

广播消息，东莞农民上网招商引资遍地开花，莫佛基、杨济平、蔡建勋，编辑：张伟玲，东莞人民广播电台。

广播消息，开学第一课，周升航、周三友、孙国庆，九江人民广播电台。

广播专题，九届人大一次会议特别

节目：期望与信心——中国人看自己国家的新领导人，段爽、丁邦英、丁波、卢爽，中国国际广播电台。

广播专题，帕米尔赤子——吴登云，王宏、季琳萍、曹远秋、蒋一峰、彭文明、窦新国、余斌，编辑：石永强、史林杰，新疆人民广播电台。

广播专题，凋零与崛起的背后，滕兆鹏、江瑾、汪君，编辑：王玮、陈南林、沈刚权，青岛人民广播电台。

广播系列，走进阿里，旺堆、琼达、曾晓东，编辑：新闻编辑部，中央人民广播电台。

电视消息，巴格达遭空袭纪实，冀惠彦、董志敏、水均益，中央电视台。

电视消息，农机下乡了，邢哲、赵立明、刘峰、刘国江，编辑：迟航、陈晓峰，黑龙江电视台。

电视专题，拨通148法律服务到你家，辛余兵、孙震博、白杰，编辑：郭战平，山东电视台。

电视系列，劳动力市场有个戚大姐，丛晶、张海滨，大连电视台。

电视系列，山西假酒案，欧阳平、骆汉城、白央，山西电视台。

电视编排，中国新闻，编辑：刘家俊等，中央电视台海外中心新闻部。

（二、三等奖篇目略）

第十届

第十届中国新闻奖（1999年度，190件获奖作品，2000年7月揭晓，2000年10月17日颁奖）获奖作品中，特别奖7件，一等奖24件，二等奖57件，三等奖102件。其中获特别奖和一等奖的篇目如下：

特别奖

言论，祖国万岁，米博华，编辑：邵华泽、许中田、谢宏，《人民日报》。

通讯，世纪大阅兵，贾永、曹智，编辑：何平、朱承修，新华社。

现场直播，国庆50周年大会现场直播，国庆报道组，中央人民广播电台。

现场直播，国庆50周年现场直播，国庆报道组，中国国际广播电台。

现场直播，国庆50周年现场直播，新闻中心，中央电视台。

系列，亲历炮火，许杏虎，编辑：柴野，《光明日报》。

副刊，没有灯光的漫漫长夜，邵云环，编辑：刘青、王其冰，《参考消息》。

一等奖

消息，北约野蛮轰炸我驻南使馆，吕岩松，编辑：陈特安，《人民日报》。

消息，“天体大十字”预言宣告破产，南振中、姜岩，编辑：王艳红、张小军，新华社。

言论，“实力”救不了李登辉，孙晓青、谭健，编辑：孙忠同，庄汉隆，《解放军报》。

言论，一场严肃的政治斗争，冯并、张曙红、郑庆东、张杰、高路，编辑：徐心华、武春河，《经济日报》。

通讯，中国农家半世纪，徐永辉，编辑：项宁一、叶飞虹，《经济生活报》。

通讯，1503亿赤字预算意味什么，

熊波，编辑：卢跃刚，《中国青年报》。

系列，“三盲院长案”，袁成本，编辑：刘国航，《法制日报》。

版面，《天津日报》1999 年 10 月 2 日一版，编辑：林楠、王立文、高建光，《天津日报》。

摄影，澳门回归，武汉义，编辑：姜东，《中国日报》。

摄影，首都各界群众庆祝中华人民共和国成立 50 周年大会，齐铁砚，新华社。

漫画，哈哈镜里老鼠精，华君武，编辑：沈天呈，《文汇报》。

副刊，说说儿子向群，李德清、赵江，编辑：陈先议、曾凡华，《解放军报》。

广播消息，挤“水分”，田金军、孔祥明，编辑：张云，焦作人民广播电台。

广播评论，粗暴侵犯中国主权的野蛮行径，张敏、钱慰曾、王冬梅，中国国际广播电台。

广播专题，朱总理和我们心连心，高春芳、谢予川，编辑：陈坦汶，福建人民广播电台。

广播系列，废墟上崛起的中国科技，周军、靳雷等，编辑：林涛、潘晓闻，中央人民广播电台。

广播编排，1999 年 9 月 21 日新闻·时事报道节目，华语环球台新闻部，编辑：王忠、张晖、郭彦、刘小勇，中国国际广播电台。

广播直播，大墙内的声音，马平分、李靖、任庆起、李新华，编辑：李英华、马津力，天津人民广播电台。

电视消息，村官不为民办事　村民依法免村官，蔡志豪、骆骏，编辑：王永显，浙江电视台。

电视评论，“吉烟”现象，王文雁、张林刚，中央电视台。

电视专题，青岛名牌战略，任志杰、徐磊、康立华、吕微，编辑：王亚明，青岛电视台。

电视系列，北约空袭南联盟，顾玉龙、王晓琨、高伟、王卓、王齐放、张大立，编辑：孙平、王宇航，中央电视台。

电视系列，消失的哈拉海，胡鑫、张海玉，编辑：迟航、吴玮，黑龙江电视台。

电视编排，1999 年 9 月 29 日阳光直播室，编辑：祝云光、沈芸、司东方，浙江电视台。

（二、三等奖篇目略）

第十一届

第十一届中国新闻奖（2000 年度，209 件作品获奖，评奖结果于 2001 年 8 月 1 日揭晓。本届评选活动由中国记协主办，黑龙江省委宣传部、黑龙江省记协承办）获奖作品中，一等奖 32 件，二等奖 70 件，三等奖 107 件。其中获一等奖的篇目如下：

一等奖

言论，全面加强党的建设的伟大纲领，王义堂，编辑：许中田、张研农，《人民日报》。

言论，“台独”即意味战争，刘格

文、谭健、刘新如，编辑：孙忠同、庄汉隆，《解放军报》。

言论，警惕加重农民负担新动向，邓抒扬，编辑：王甄，《安徽日报》。

消息，朝韩领导人55年来首次会面，黄海敏、李拯宇、姬新龙、郑捷、李保东，编辑：米立功、曾虎，新华社。

消息，法警背起生病被告，杨永辉、王雪莲、吴怡，编辑：史玮、严峻，《北京青年报》。

消息，按“智”分配造就亿万富翁，卢平川，编辑：雷刚、何光华，《湖北日报》。

通讯，用生命搏击贫困——铜川市郊区惠家沟村党支书郭秀明追记，王天乐、黄卫平、卢尚玉、段海洲、靳涛，编辑：王章恒，《陕西日报》。

通讯，治病？骗钱？——发生在传染病院的怪事，萧芷茁，编辑：戚泥莲、张长虹，《黑龙江日报》。

系列报道，孙仲芳回家寻亲连续报道，刘维扬、张继斌、盛学军、姜莉、高林胜，编辑：朱铭佐、陈正仁、戴平、黄建伟，《扬子晚报》。

版面，《中国青年报》2000年3月24日一版，编辑：陈泉涌、唐为忠、罗旭辉，《中国青年报》。

摄影，世纪会晤——联合国举行首次常任理事国首脑会晤，刘建国，编辑：王海燕，新华社。

摄影，迎着炸药扑上去，李建峰，编辑：胡昌国，《郑州晚报》。

漫画，无题，李建华，编辑：黄庆，《中国日报》。

副刊，“刘邦文化”是什么？张雨生，编辑：蒋元明，《人民日报》。

广播消息，陶璐娜夺得第一枚金牌，张文星，编辑：张文星，中央人民广播电台。

广播消息，牧民斯拉木曝光滥砍滥伐者，傅雪琴、孙建中，编辑：史林杰，新疆人民广播电台。

广播评论，两起假货案带给河南的警示，勾志霞、姚居清、陈德年、张铭，编辑：冯鸣，河南人民广播电台。

广播专题，老照片收藏始末，孟庆煜，北京人民广播电台。

广播专题，让爱的阳光融化冰雪，刘素云、关娟娟，编辑：汪作舟，中国国际广播电台。

广播专题，菜头、鱼头、蟹头当了村头，李玉杰、吕玉忠等，编辑：李玉杰，辽宁人民广播电台。

广播系列，北京申办奥运　青岛应对“大考”，衣凡、方少君，编辑：王玮，青岛人民广播电台。

广播编排，2000年8月15日《让历史告诉未来》，李晓平、金威、孙连君、赵冬梅，编辑：刘玉平、郑秀国、丛悦，黑龙江人民广播电台。

现场直播，挑战世界跨越衡山，集体，湖南人民广播电台，新疆人民广播电台。

电视评论，铲苗种烟违法伤农，黄洁、凌泉龙、方宏进，中央电视台。

电视评论，莫把“脱困”当“脱险”，黄有、陆钢、王晶，辽宁电视台。

电视消息，长沙袁隆平等十多位院士成为科技知本家，谢鸿鹤、陈德志、梁强，长沙电视台。

电视消息，长江源头楚玛尔河断流，陈国望、毕茉、董国旭、田双明、杨永辉，编辑：沈国华、唐文铸、石艳丽、惠欣，天津有线电视台。

电视系列，守望家园——“三北”生态纪行，周泳、刘民等 17 人，北京电视台。

电视系列，“书记大姐”李淑敏，杨璐、马利、广军、岳群、栗忠民、李锋、赵瑞，编辑：杨璐，山东电视台。

电视编排，2000 年 8 月 24 日《世界报道》，集体，中央电视台。

现场直播，攀登珠峰，集体，编辑：周国梁、李东时、陈小钢，黑龙江电视台。

现场直播，2000 年钱塘江潮，集体，中央电视台、浙江电视台。

（二、三等奖篇目略）

第十二届

第十二届中国新闻奖（2001 年度，210 件作品获奖，评奖于 2002 年 7 月 25 日揭晓）获奖作品中，一等奖 33 件，二等奖 69 件，三等奖 108 件。其中获一等奖的篇目如下：

一等奖

言论，光荣属于中国共产党和中国人民，米博华，编辑：许中田、张研农，《人民日报》。

言论，中国主权不容侵犯，刘格文、陈贤德、谭健，编辑：孙忠同、张宗银，《解放军报》。

言论，“真抓”与“假抓”，海纳，编辑：安人和、周丹平，《河北日报》。

消息，洞庭湖长大五分之一，万茂华、赵成新、李志林、王利亚，编辑：周乾德，《湖南日报》。

消息，浙江贫困农民依法享有最低生活保障，周建国，编辑：周少华、周荣新，《浙江日报》。

消息，七年上诉冤屈未伸张，“新华视点”记者，编辑：陈芸、张锦胜，新华社。

通讯，上海的辉煌　祖国的辉煌，李蓉、陈春艳，编辑：宋超、余建华，《解放日报》。

通讯，教育局长的好榜样，唐湘岳，编辑：夏桂廉、袁志发，《光明日报》。

通讯，学者不得为商家当“托儿”，薛晖，编辑：王宇，《北京晨报》。

系列，纪念建党 80 周年革命圣地踏访，罗开富，编辑：武春河、冯并，《经济日报》。

版面，《科技日报》2001 年 8 月 13 日一版，编辑：陈泉涌、王宝琳、张克，《科技日报》。

摄影，纽约世贸中心被撞，钱瑜，编辑：董耀武，新华社。

摄影，英雄探妻，袁学军，编辑：李雪梅，《解放军画报》。

漫画，徒劳，英韬，编辑：熊海泉，《湖北日报》。

副刊，慎张“排行榜”，仲言，编辑：杜英姿、杨少波，《人民日报》。

广播消息，世界贸易组织决定接纳中国为世贸成员，赵健夫，编辑：汪作舟、陈敏毅，中国国际广播电台。

广播消息，我向总理讲真话，崔波、

张哲，编辑：朱华昌、张熠，阜阳人民广播电台。

广播评论，信用是本　道德为先，蔡万麟，编辑：王明华，中央人民广播电台。

广播专题，忏悔，赵艳娟、李铭、荣幻，编辑：王春莉、孙连君、赵新宇，黑龙江人民广播电台。

广播专题，一面国旗　两岸情缘，钟启华、黄荣，编辑：石贵田、赵权，湖南人民广播电台。

广播系列，关注食品安全，朱凌翔、章萍，编辑：周艳玲，北京人民广播电台。

广播系列，关注灾区——我们风雪同行，集体创作，编辑：王宏、白彦诚，新疆人民广播电台。

广播编排，2001 年 7 月 14 日《"新北京、新奥运"特别节目》，编辑：景兵、刘锦升、童淑玲，北京人民广播电台。

直播，"上海五国"元首第六次会晤，集体创作，中央人民广播电台、上海东方广播电台。

电视消息，7・13——申奥成功日万众欢腾时，金鹏、樊煜、徐京玲，北京电视台。

电视消息，从后排到前排，15 米走了 15 年，黄铮、徐攸，编辑：姜澜，上海电视台。

电视评论，干部图政绩普九变儿戏，王滨生、王英泽，编辑：吴玮、陈晓峰，黑龙江电视台。

电视评论，河道里建起商品楼，法展、刘文，中央电视台。

电视专题，南丹 7・17 事故初探，万亿、覃水生、杨永坤，编辑：林旭乔、彭勇，广西电视台。

电视专题，党的恩情永难忘，孙晓青、陈国庆、刘冬，编辑：石永强、伊力汗・奥斯曼，新疆电视台。

电视系列，"海尔"阔步走向世界，任志杰、宋建春、封万超、张海鹏，编辑：王亚明，中央电视台、山东电视台、青岛电视台。

电视编排，2001 年 7 月 1 日吉林新闻联播，编辑：孙宝国，吉林电视台。

电视直播，中国入世特别节目，李挺、张宁、梁建增，编辑：孙杰、包军昊，中央电视台。

（二、三等奖篇目略）

第十三届

第十三届中国新闻奖（2002 年度，248 件获奖作品，其中，作品部分共设 210 个奖，新闻论文部分共设 38 个奖。2003 年 10 月 21 日揭晓）获奖作品中，特别奖 1 件，一等奖 33 件，二等奖 85 件，三等奖 129 件。其中获特别奖和一等奖的篇目如下：

特别奖

通讯，公仆本色——追记湖南省委原副书记、省人大常委会原副主任郑培民同志，董宏君、朱玉，编辑：吴恒权、马利，《人民日报》、新华社。

一等奖

言论，沿着党的十六大指引的方向奋勇前进，米博华，编辑：王晨、张研农，《人民日报》。

通讯，肩负起继往开来的庄严使命——党的新一届中央委员会诞生记，何平、刘思扬，编辑：夏林、彭树杰、吴锦才，新华社。

通讯，壮丽的发展诗篇——从数字看上海巨变，李蓉，编辑：宋超、余建华，《解放日报》。

消息，我省交通图五年七变，石磊，编辑：谷峰、张素娟，《河北日报》。

消息，看个“咳嗽”要掏1065元，李红鹰、吴芳，编辑：陈志远、黄剑，《武汉晚报》。

系列，山西繁峙矿难系列报道，刘畅、柴继军，编辑：唐为忠、高山、张英杰，《中国青年报》。

版面，《科技日报》2002年11月14日一版，编辑：陈泉涌、周敢普、何世文，《科技日报》。

摄影，新任总书记胡锦涛面对世界聚焦，徐京星，编辑：王文澜，《中国日报》。

摄影，向“恐怖主义”宣战——中吉首次联合反恐怖军事演习纪实，查春明，编辑：侯俊，新华社。

漫画，中东闹钟，罗杰，编辑：黄庆，《中国日报》。

副刊，人民利益，刘灿校、周玉山、颜章才，编辑：陈先义、李鑫，《解放军报》。

广播评论，政治宣言　举国称颂，王明华，编辑：杨波，中央人民广播电台。

广播消息，钱其琛表示：大陆欢迎除极少数“台独”顽固分子之外的台湾民进党员来大陆访问，郭胜昔，编辑：张霁苍，中国国际广播电台。

广播消息，兴华乡的形象工程掺了多少水，吴冬、王晓霞、刘春梅、周伟，编辑：罗春雷，吉林人民广播电台。

广播专题，“造林”还是“造字”，杨宏斌、胡成、编辑：郭静，湖北人民广播电台。

广播专题，搬迁，赵彤湫、刘险峰、陈夕、宋明辉，编辑：王红宇，辽宁人民广播电台。

广播系列，小东母子状告黄色信息台，李文刚，编辑：马丽英、马平分，天津人民广播电台。

广播编排，2002年12月25日《新闻和报纸摘要》，编辑：姜宝宏、赵军、高华，中央人民广播电台。

广播直播，西部广播的春天，集体，编辑：集体，新疆人民广播电台、西藏人民广播电台、四川人民广播电台、云南人民广播电台、内蒙古人民广播电台、青海人民广播电台、甘肃人民广播电台。

电视消息，大杨扬为中国夺得首枚冬奥会金牌，张伟、刘颖、王平、姚文莉，中央电视台。

电视消息，温副总理带灾区孩子上课，黄寿先、胡凡、郑原，陕西电视台。

电视评论，冲破贸易壁垒　浙江别无选择，王水明、陈鹏飞、朱珠、吴晖、陈丰，编辑：汤伟军，浙江广电集团电视新闻综合频道、温州电视台。

电视专题，热血铸警魂——人民的好警察赵新民，侯朴、许晓娟、秦洪涛、孙莹莹、唐玉琪，编辑：徐樟梅、郭越岭，新疆电视台。

电视专题，“百姓书记”梁雨润，朱海虎、许凌云、肖亚光、薛爱林、刘明、耿辉旺，山西电视台。

电视系列，一个活在人民心中的共产党人——记原湖南省委副书记郑培民，肖振生、庄园、唐怡、姚远、黄京辉、张京、刘朋、谭勇军，湖南电视台、中央电视台。

电视编排，2002 年 2 月 17 日《新闻联播》，集体，黑龙江电视台。

电视直播，三峡工程导流明渠截流特别报道，集体，中央电视台。

新闻论文，“抓作风”与“改文风”——十五届六中全会精神学习笔记，南振中，编辑：刘学渊，《新闻战线》。

新闻论文，《大公报》与红军长征落脚点之研究，尹韵公，编辑：张满丽，新闻与传播研究。

新闻论文，重大突发事件报道的认识与创新，俱孟军，编辑：白继红，传媒发展方略。

新闻论文，怎样写好重大题材的报道，罗开富，编辑：祝晓虎，《新闻战线》。

新闻论文，新闻网站的现状和未来发展，何加正，编辑：许林，《新闻战线》。

新闻论文，频率专业化——广播与时俱进的必由之路，孙孔华、谭奋博，编辑：赵丽平、姜成厚，《中国广播电视学刊》。

（二、三等奖篇目略）

第十四届

第十四届中国新闻奖（2003 年度，248 件作品获奖，获奖作品中一等奖 31 件，二等奖 81 件，三等奖 136 件）。获一等奖的篇目如下：

一等奖

言论，筑起我们新的长城——论抗击非典的伟大精神，任仲平，编辑：王晨、张研农，《人民日报》。

言论，微笑 并保持微笑，尚德琪，编辑：玄承东，《甘肃日报》。

言论，急于动武 缺理少据，古平（朱梦魁），编辑：黄晴，《人民日报》。

消息，美国对伊拉克开战，贾迈勒，编辑：新华社中东总分社、国际部英文编辑室，新华社。

消息，非典型肺炎病源是衣原体？段功伟，编辑：陈广腾、崔向红，《南方日报》。

消息，三峡大坝昨下闸蓄水，剑文、礼兵、忠贤、周芳、志兵、月波、剑军、立新，编辑：雷刚、陈剑文，《湖北日报》。

通讯，目击杨利伟飞天归来，范炬炜、孙阳、唐振宇，编辑：刘兴安，《解放军报》。

通讯，振超效率：赶超世界第一，辛梅，编辑：樊泽顺、赵慎安，《青岛日报》。

通讯，五河：城市贫民背不动豪华广场，周立民，编辑：吴锦才、汪金福、王炽，新华社。

通讯，医药代表向“老百姓”下跪，秦军，编辑：朱仁华、王纲，《浙江日报》。

系列，千里风沙小站行，工人日报集体，编辑：工人日报集体，《工人日报》。

版面，2003 年 2 月 24 日《黑龙江日报》国际新闻版，编辑：连占海、王福荣、黄广庆，《黑龙江日报》。

摄影，祝福全国人民安康，莫定有，《四川日报》。

摄影，总理为民工追工钱，刘卫兵，编辑：吕淑梅，新华社。

摄影，SARS 病房，贺延光，编辑：晋永权，《中国青年报》。

漫画，政绩“工程”，黎青，编辑：卢新，《济南日报》。

副刊，“重赏”之下，仲言，编辑：杨少波，《人民日报》。

广播消息，殷殷嘱托　浓浓民情，阳玲，编辑：何良璋，湖南人民广播电台。

广播评论，召回“新政策”也是进步，丁方、周导，编辑：袁晖，上海人民广播电台。

广播专题，互联网的发展——SARS 无情　网络有情，程浩、林少文，编辑：程浩，中国国际广播电台。

广播系列，站在耕地边缘，张军、张磊，编辑：赵连军、侯永生，中央人民广播电台。

广播系列，来自巴格达的声音，张立、王文宽，编辑：隋艳霞、常海宽、王坚，中国国际广播电台。

电视消息，北京有个总理也是你的亲人，王成、张华迁、赵武军，编辑：赵武军，新疆电视台。

电视评论，用生命撞响的警钟，朱海虎、肖亚光、许凌云、陶亿笑、耿辉旺、刘凤林，山西电视台。

电视专题，钟南山：直面“非典”，王志、张士峰、王扬、孙海南、陈洪奕，中央电视台。

电视系列，非凡抗击，张亮、周星、赵彤、鲍毅、张丽，北京电视台。

电视系列，伊拉克战争连续报道，中央电视台集体，编辑：中央电视台集体，中央电视台。

新闻论文，用“三个代表”重要思想统领新闻宣传工作，王晨，编辑：张书林，《人民日报》。

新闻论文，试论新闻的度，江永红，编辑：刘学渊，《新闻战线》。

新闻论文，时效的魅力，马胜荣，编辑：文璐，中国记者。

新闻论文，报业集团化运作创新：打造价值链、品牌链、产业链，罗建华，编辑：祝晓虎，《新闻战线》。

（二、三等奖篇目略）

第十五届

第十五届中国新闻奖（2004 年度，共评选出获奖作品 258 件）获奖作品中一等奖 28 件，新闻专栏 10 件，二等奖 89 件，三等奖 131 件。其中获一等奖、新闻专栏的篇目如下：

一等奖

消息，中国国家主席与艾滋病人握

手，周效政、刘思扬、樊曦，编辑：倪四义、常勇，新华社。

消息，参演万余人　不见几个兵，张乡林、王宏林，编辑：刘建华、鲁晨，《前卫报》。

消息，昆山31万农民刷卡看病，高坡，编辑：孟海龙，《苏州日报》。

评论，国有企业改制一定要规范，阎卡林、齐东向，编辑：李洪波，《经济日报》。

评论，坚决制止低俗炒作行为，赵金，编辑：徐体义、李维，《云南日报》。

通讯，百姓心中的丰碑——追记公安局长的楷模任长霞，戴鹏、徐运平，《人民日报》。

通讯，达吾提·阿西木北京探亲记，李杨，编辑：王定贵，《新疆日报》。

通讯，惊心动魄35分钟，谭洁、张金玉，编辑：武天敏，《解放军报》。

系列，改善湖北投资环境，熊家余、姜月波、夏一兵，编辑：宋汉炎、雷刚，《湖北日报》。

系列，政府软件采购问题追踪，尹宏群、李国敏，编辑：阎新华、向阳，《科技日报》。

摄影，刘翔获奥运会110米栏金牌，徐京星，编辑：王文澜，《中国日报》。

摄影，她走了　目光依然明亮，金思，编辑：柳赵青，《中国青年报》。

副刊，感恩老兵，郭松民，编辑：严建平，《新民晚报》。

广播消息，翱翔雅典　跨越历史——刘翔夺得男子110米栏金牌，侯艳，编辑：赵军，中央人民广播电台。

广播评论，治理好污水也是政绩，李方存、钱葳、沈杭珍，编辑：巫金龙，浙江人民广播电台。

广播专题，巴勒斯坦送别阿拉法特，涂龙德、贺金哲，编辑：邓淑敏、汪作舟，中国国际广播电台。

广播专题，女儿本色，齐露莹、常志霞、党爱莉、谭可，编辑：常志霞，河南人民广播电台。

广播直播，中国2004——铁路第五次大提速，集体，中央人民广播电台。

电视消息，胡锦涛在河北考察工作，徐少兵、邓睿、冯卓，编辑：冯卓，中央电视台。

电视评论，欠债咋就不还钱，孙锐、孙笑非、王学亮，黑龙江电视台。

电视专题，维吾尔乡村有所汉语小学，高峰、陈晓鹏、秦亚飞、赵晓莉、田晓燕，新疆电视台。

电视专题，惊心动魄22小时，徐滔、鲁盾、王勇国、培源、王旭东、张勇、周鹏，编辑：张硕、何方，北京电视台。

电视系列，党员领导干部的楷模——牛玉儒，顾永生、朝鲁、王雪莲，编辑：任杰、杨颖、张瑞，内蒙古电视台。

电视直播，2004黄河调水调沙直播，集体，中央电视台、河南电视台、山东电视台。

新闻论文，邓小平与《人民日报》——写在邓小平同志100周年诞辰之际，《人民日报》编辑部，编辑：张研农，《人民日报》。

新闻论文，讲究辩证法推进“三贴

近”——谈正确处理好当前新闻宣传工作中的十个关系，尹明华、吕怡然，新闻记者。

新闻论文，典型宣传的改进与创新，赵德润、冷梅，《新闻战线》。

新闻论文，按市场规律的要求改革创新，梁国标、万仕同，《新闻战线》。

新闻专栏，人民论坛，《人民日报》。

新闻专栏，新华视点，新华社。

新闻专栏，新闻和报纸摘要，中央人民广播电台。

新闻专栏，新闻联播，中央电视台。

新闻专栏，国际观察，中国国际广播电台。

新闻专栏，有话直说，《工人日报》。

新闻专栏，解放论坛，《凌河解放日报》。

新闻专栏，燕赵论坛，《河北日报》。

新闻专栏，记者档案，安徽电视台。

新闻专栏，政府在线，河南人民广播电台。

（二、三等奖篇目略）

第十六届

第十六届中国新闻奖（2005 年度，270 件获奖作品，其中特别奖、一等奖共 43 件，二等奖 88 件，三等奖 139 件）。其中获特等奖和一等奖的篇目如下：

特别奖

评论，在全面建设小康社会中充分发挥先锋模范作用——论保持共产党员先进性，马利、崔士鑫、裴智勇，编辑：张研农、陈俊宏，《人民日报》。

评论，提高自主创新能力　推进经济结构调整，李洪波、阎卡林、齐东向，《经济日报》。

一等奖

消息，中铁三局丢了宁夏市场，高鹏，编辑：马文锋，《宁夏日报》。

消息，海拔 4161 米：总理跟我们合影，毕锋、李晓华，编辑：王晓，《人民铁道报》。

消息，3.5 万救命钱留给病友，陈国忠，编辑：袁云才、邬伟，《长沙晚报》。

评论，让和谐创业的主旋律更雄浑更响亮，张志，编辑：严力、彭春兰，《江西日报》。

评论，警惕“专家观点”成为“利益俘虏”，李扬，《新华日报》。

通讯，索玛花儿为什么这样红——记优秀共产党员、木里县马班邮路乡邮员王顺友，张严平、田刚，编辑：邹沛颜、周红军，新华社。

通讯，英雄携手飞天——神舟六号航天员费俊龙、聂海胜出征记，李选清、赵波、刘程，编辑：武天敏，《解放军报》。

通讯，这个头，带得好！李海燕、齐淮东，编辑：王洪涛，《大众日报》。

系列，先进性教育的民间期待，集体，编辑：鲁强、吴秀笔、韩晓军，《钱江晚报》。

系列，走近孟二冬教授，集体，编辑：苟天林、翟惠生、韩秀琪，《光明日报》。

版面，《科技日报》10 月 17 日一版，编辑：宗宝泉、武云生、左常睿，《科技日报》。

摄影，两党一小步　民族一大步，作者：贺延光，编辑：柴继军，《中国青年报》。

摄影，警民接力大营救，钱程，编辑：李忠运、马章安，《大众日报》。

漫画，指鹿为马，李建华，编辑：吴杰，《讽刺与幽默》。

副刊，读刘白羽遗嘱及其捐赠单，陈先义，编辑：赵阳，《解放军报》。

广播消息，历史性的握手，李涛、郭亮、赵雪花，编辑：王宴青、李宪力，中央人民广播电台。

广播评论，旗舰遇坚兵——“大显”陷入困境的启示，金众、刘险峰、王红宇、陈夕，编辑：王中宣，辽宁人民广播电台。

广播专题，离家百年　钟回故里，李贺，编辑：牛予冬，天津人民广播电台。

广播专题，白杨树讲述的故事——留在中国大地的日本人墓园，王丹丹、王小燕、周莉，编辑：谢宏宇、付颖，中国国际广播电台。

广播系列，“微尘”在行动　爱心筑品牌，王丽君、王菲、祝洪珍，编辑：毛元辉、王玮，青岛人民广播电台。

广播直播，再探苍穹——中央人民广播电台“神舟”6 号飞船载人航天飞行大型直播节目（返回段），集体，中央人民广播电台。

电视消息，地震灾区第一夜，张龙、上官海滨、曾佳、孙宏翌、曾军，编辑：刘守洪、洪岱，江西电视台。

电视评论，70 亿维修基金的困惑，陈大立、袁子勇、史月光、王宇、苑秋宝，北京电视台。

电视专题，“党义”悄然离去　党义精神永存，王欣慰、康凯、汤振峰、张立辉，编辑：庄谦宇，吉林电视台。

电视专题，乡胞祭，范维坚、张培宇、张春生、侯晓文，编辑：王忠、孙国栋，山东电视台、枣庄电视台。

电视系列，“落实科学发展观”系列报道，集体，中央电视台。

电视直播，连战大陆行直播特别报道，集体，编辑：高丽萍，中央电视台、江苏电视台、陕西电视台、上海电视台。

网络评论，我们怎样表达爱国热情，丁刚，编辑：唐维红、张爱敬，人民网。

网络专题，网民感动总理　总理感动网民——总理记者招待会网上答问，康晶、林明、刘娟，编辑：周锡生、白林，新华网。

新闻论文，论典型报道，汪家驷，编辑：冷梅，《新闻战线》。

新闻论文，强化服务“三农”是媒体的历史责任，张振华，编辑：姜成厚，中国广播电视学刊。

新闻专栏，人民论坛，《人民日报》。

新闻专栏，新华时评，新华社。

新闻专栏，记者亲历，《经济日报》。

新闻专栏，热门话题，《南方日

报》。

新闻专栏，神州夜航，中央人民广播电台。

新闻专栏，中国时事，中国国际广播电台。

新闻专栏，阳光热线，河北人民广播电台。

新闻专栏，新闻夜航，黑龙江电视。

新闻专栏，传奇故事，江西电视台。

新闻专栏，焦点网谈，河南报业网。

（二、三等奖篇目略）

第十七届

第十七届中国新闻奖（2006 年度，共评出 287 件作品）获奖作品中特别奖 2 件，一等奖 44 件，二等奖 89 件，三等奖 152 件。其中获特别奖和一等奖的篇目如下：

特别奖

评论，长征　迎着民族复兴的曙光，王义堂、卢新宁、林治波、杨健、胡果，编辑：张研农、米博华，《人民日报》。

评论，论新世纪新阶段我军的历史使命——写在《解放军报》创刊 50 周年之际，集体，编辑：王梦云、孙晓青、刘格文，《解放军报》。

一等奖

消息，火车首次跨越“世界屋脊”，周岩、吴宇、拉巴次仁，编辑：陈瑶、易凌，新华社。

消息，兖州：2 亿吨大煤田不挖了，崔永刚，编辑：张鸣雁、王冰，《大众日报》。

评论，构建社会主义和谐社会：从点题到破题，钟怡祖，编辑：李景瑞，《光明日报》。

评论，说要做的事就要做，吴志丽，编辑：李启瑞、吕朝晖，《广西日报》。

通讯，英雄赞歌——记独臂英雄丁晓兵，冯春梅、朱玉、张东波，编辑：马利，《人民日报》、新华社。

通讯，闪耀在手术刀上的道德光芒——记医德高尚医术高超的好军医、北京军区总医院原外一科主任华益蔚（上篇），武天敏、王士彬、刘明学、郭建跃、邹维荣，编辑：刘明学、武天敏，《解放军报》。

通讯，风雪中　伫立着四位“厚道”的农民工，付海厚，编辑：郑勇，《工人日报》。

系列，“城市河流，让我们重新认识你”系列报道，集体，编辑：集体，《经济日报》。

系列，荣辱观的生活解读，集体，编辑：江作苏、蔡华东，《湖北日报》。

版面（空缺一名）。

摄影，面对和谐未来，杨世忠，编辑：徐京星，《中国摄影报》。

摄影，女记者急救落水女童，闫善良，编辑：颜景献，《东方今报》。

副刊，“申遗”少留后遗症，仲言，编辑：向兵、李辉，《人民日报》。

广播消息，求知于实践　问计于群众，李涛、赵雪花，编辑：刘振宇、王锐，中央人民广播电台。

广播评论，决不许亵渎英雄　歪曲历史，张勤、王新玲、陈建海、范少俊，编辑：张勤，浙江广电集团。

广播专题，他们的童年因禽流感而改变，王玉清、龚万鹏，编辑：卫宁、沈汀，中国国际广播电台。

广播专题，追逐太阳的青春，程锐、肖玉、贾丽娟、郁立东，编辑：刘伟、甘韵琪，西藏人民广播电台、唐山人民广播电台。

广播系列，情满旱塬——温家宝总理中部干旱带考察纪行，张国英、张春华、张燕，编辑：毕力格、林君、王英，宁夏广播电视总台。

广播访谈，题目：质疑上海“二期课改”，秦畅、朱愉、朱应、乐建强，文广新闻传媒集团。

广播直播，穿越青藏高原，集体，中央人民广播电台。

广播编排，1 月 3 日《交通新闻午间版》，编辑：邢立新，北京人民广播电台。

电视消息，胡锦涛同延安老区人民共迎新春，徐少兵、冯卓、石伟明、王倩，编辑：冯卓、王倩，中央电视台。

电视消息，综合能耗仅为同行业一半　上海化工区循环经济结硕果，黄铮、张永新，编辑：崔士新、王一敏，文广新闻传媒集团。

电视评论，谁在造假，李力，潘雄海，编辑：覃水生、万亿，广西电视台。

电视专题，大漠胡杨，潘智云、张林熙、莫争名、张苏军，编辑：田晓燕、明月，新疆电视台。

电视系列，新长征路上的浙江人，黄小裕、龚奇、陈李超、朱贤勇、周福增等，编辑：王水明、陈巍峰，浙江电视台。

电视访谈，小崔会客——会见甘肃省长陆浩，杨铭军、包军昊、崔永元、王学锋，中央电视台。

电视直播，中非合作论坛北京峰会，集体，中央电视台。

电视编排，8 月 11 日《东方新闻》，编辑：集体，文广新闻传媒集团。

网络评论，网上“恶搞”有悖和谐理念，张碧涌，编辑：何东平、屠志，光明网。

网络专题，“落实科学发展观”大型主题宣传报道专题，杨贵明、伍刚、甘露、邱翔、张春梅，编辑：集体，中国广播网。

新闻论文，责任造就公信力，江作苏，编辑：徐蟾桂，《湖北日报》。

新闻论文，创新机制体制　提高引导能力，谢国明，编辑：万仕同，《新闻战线》。

新闻论文，互联网时代突发事件的传播应对，项宁一，编辑：孙东哲，网络传播。

新闻专栏，永远的丰碑，中央和地方 150 家新闻媒体。

新闻专栏，人民时评，《人民日报》。

新闻专栏，观察，《光明日报》。

新闻专栏，国际观察，新华社。

新闻专栏，西岸观察，《福建日报》。

新闻专栏，直通车，《深圳特区报》。

新闻专栏，国防时空，中央人民广播电台。

新闻专栏，新广行风热线，新疆人

民广播电台。

新闻专栏，焦点访谈，中央电视台。

新闻专栏，新闻夜航，黑龙江电视台。

新闻专栏，红辣椒评论，红网。

（二、三等奖篇目略）

第十八届

第十八届中国新闻奖（2007年度，共评选出获奖作品261件）获奖作品中一等奖39件，二等奖79件，三等奖143件。获一等奖的篇目如下：

一等奖

评论，走好全国一盘棋，李泓冰、曹荣、吴焰、徐冲、汪晓东、王义堂、卢新宁、何刚，编辑：张研农，《人民日报》。

评论，上海要有更宽广的胸襟，凌河（申言），编辑：裘新，《解放日报》。

消息，跟城里人一样享受政府公共服务，齐淮东、宋弢、孙志山，编辑：王冰、张鸣雁，《大众日报》。

消息，171名矿工遇难两周年祭日临近，王冬梅，编辑：兰海燕，《工人日报》。

通讯，贫困县刮起奢侈风——河南濮阳干部建豪宅机关盖大楼，李钧德，编辑：陈芸、孙杰，新华社。

通讯，方永刚：真情传播真理，江胜信，编辑：何建华，缪克构，《文汇报》。

系列，达尔富尔问题，苏强，编辑：黎星，《中国日报》。

系列，走进卢氏县委土坯房，常法武等，编辑：王亚明，《河南日报》。

漫画，誓师大会，张滨、徐锋，《广州日报》。

广播消息，工人王洪军荣获国家科技进步奖，鲍莹，编辑：黄云鹤、赵宝玲，吉林人民广播电台。

广播消息，铜鼓县砍掉2亿元香菇产业　保住30万方天然阔叶林，张吉昌，编辑：刘崇智、邓季芳，江西人民广播电台。

广播评论，和平的赛场需要更宽广的民族胸怀，唐征宇、刘凌燕、李晓晖，福建广电集团。

广播专题，中国“小土豆”打赢国际大官司，焦春溪、任季玮、牟维宁、郎凯，编辑：刘树国、王岭，黑龙江人民广播电台、齐齐哈尔人民广播电台。

广播系列，穿越“三北”风沙源，集体，编辑：集体，中央人民广播电台。

广播访谈，毛泽东与尼克松：六天改变世界，王蕾、林琳、Paul James，中国国际广播电台。

广播直播，“嫦娥一号”绕月探测卫星发射特别报道，集体，中央人民广播电台。

广播编排，10月19日新闻大视野（辽宁），集体，辽宁人民广播电台。

电视消息，我们要什么样的世界第一，王勇，编辑：谭一丁，文广新闻传媒集团。

电视消息，交警来开会　高速路堵车，李立家、王学亮、高延君、武一鹤、段君凯，编辑：周国梁、任惠敏，黑龙江电视台。

电视专题，岩松看日本：多元交织的二战史观，白岩松、刘爱民、任涛、赵海燕、叶闪、董汉卿，编辑：门曦，中央电视台。

电视系列，中国—东盟合作之旅，集体，编辑：颜兵、徐磊，广西电视台。

电视访谈，沙祖康：我是中国派，王志、王惠东、王扬、李卫华、沈鹏，中央电视台。

电视直播，大雨袭杭州——抗击“罗莎”特别直播，集体，杭州电视台。

电视编排，8 月 8 日北京新闻，集体，北京电视台。

网络评论，谁代表网友给小慧的后妈道歉，吴双建、张剑，荆楚网。

网络专题，中国共产党第十七次全国代表大会，何加正，官建文、孙海峰、王京、李晓明、王倩，人民网。

网络访谈，中日网络对话，集体，国际在线。

新闻专栏，劳动者之歌，《人民日报》、新华社、中央人民广播电台、中央电视台、《解放军报》、人民网、新华网等。

新闻专栏，声音，张研农等，《人民日报》。

新闻专栏，中国聚焦，王建华、陈瑶，新华社。

新闻专栏，记者走基层，江作苏、杨敬文、李迎涛，《湖北日报》。

新闻专栏，热点透视，汪谷震，《安徽日报》。

新闻专栏，天下财经，赵忠颖、潘晓闻、董铁明、赵嘉岭，中央人民广播电台。

新闻专栏，新闻调查，张洁，中央电视台。

新闻专栏，法治进行时，李利影，北京电视台。

新闻专栏，新华直播，白林、杨新华，新华网。

新闻专栏，百姓呼声，肖雄、言娟、吴庠，红网

新闻专栏，广电传媒影响力与国家文化软实力，孙宝国、陈富清，中国广播电视学刊。

新闻专栏，追求军事新闻的有效传播，孙晓青、祝晓虎，《新闻战线》。

（二、三等奖篇目略）

第十九届

第十九届中国新闻奖（2008 年度，共评选出获奖作品 276 件）获奖作品中特别奖 2 件，一等奖 44 件，二等奖 86 件，三等奖 144 件。获特别奖、一等奖的篇目如下：

特别奖

评论，永恒的经典　历史的丰碑——写在北京第 29 届奥林匹克运动会闭幕前夕，新华社社评，编辑：李从军，新华社。

通讯，永远和人民在一起，李亚杰、董宏君，编辑：曹焕荣，《人民日报》。

一等奖

消息，拉萨发生暴力事件，易凌、陈瑶、叶辉，编辑：严文斌，新华社。

消息，郭浩东施工队巧绘北京奥运场馆“双唇”，苏保伟，编辑：马文锋，

《宁夏日报》。

评论，灾难中挺立伟大的中国，任仲平，编辑：张研农，《人民日报》。

评论，万众一心　众志成城　战胜特大地震灾害，本报评论员，编辑：刘成安，《四川日报》。

通讯，“我要做一个诚信的人”，王遐，编辑：田巍，《兵团日报》。

通讯，甘肃14婴儿同患肾病　疑因喝“三鹿”奶粉所致，简光洲，编辑：宁希巍，《东方早报》。

系列，山西霍宝干河煤矿矿难记者领“封口费”事件，李剑平、张国、王俊秀，编辑：吴湘韩，《中国青年报》。

系列，雪域边线行——纪念改革开放30周年，崔士鑫、马志德、张晓明、达次、肖涛、李成业、王杰，编辑：李勤、王梦敏、涂显锋，《西藏日报》。

副刊，一九八〇　四位新华社记者的西行漫记，傅上伦、韩斌，编辑：莫小米，《杭州日报》。

广播消息，挺进映秀，王亮，编辑：刘志，中央人民广播电台。

广播评论，“田”字新解，编辑：李昌文，山东人民广播电台。

广播专题，信访局长的最后24小时，李玉杰、蔚涛、吴静、隋杨，编辑：蔚涛，辽宁人民广播电台。

广播访谈，航天员回家——与翟志刚、刘伯明面对面，焦春溪、温宝明、夏敏、王一婷，黑龙江人民广播电台。

广播直播，爱心守望　风雪同行，集体，中央人民广播电台。

广播编排，8月9日北京新闻，宋梓祯、李彬、王彦，北京人民广播电台。

电视消息，胡锦涛在四川地震灾区什邡市看望慰问受灾群众和救援人员，连生、吴方、徐少兵、冯卓、钟锋、马亚阳，编辑：吴方，中央电视台。

电视消息，冲破六年封关　山东禽肉产品重返欧盟市场，陈琛、李锋，编辑：陈琛，山东电视台。

电视评论，祸起三鹿奶粉，编辑：杜晓华，甘肃广播电影电视总台。

电视专题，陈光标：我是志愿者！陈迹、赵琳、李轩、李晓光，编辑：陈迹，江苏广电总台。

电视系列，决战“109”，陕西台，编辑：邱陆，陕西电视台。

电视访谈，走近“史上最牛的救援队”，魏巍、武大海、胡小川、闫建华、陈晓红、马晓伟，山东电视台。

电视直播，抗震救灾　众志成城，集体，中央电视台。

电视编排，8月8日北京新闻，集体，北京电视台。

网络评论，国际金融危机暴露美式经济弊端，刘江，编辑：李志强，中国经济网。

网络专题，中国军队大救援，左起超、李亮、蓝江桥、桑林峰，编辑：高飞，中国军网。

网络专题，“生态文明”舞动鄱阳湖，吴跃军，编辑：龙和南、黄新阳、毛宁，大江网。

网络访谈，胡锦涛总书记同人民网强国论坛网友在线交流，何加正、官建文、刘红、肖红、余尤宜、赵铮，人民网。

网页设计，改革开放30年——中国

志专题首页，赵冰、胡蓉平，红网。

新闻摄影，她的镜头定格她的勇敢，贾婷，编辑：刘峰，《北京青年报》。

新闻摄影，爱心接力，陈奕启，编辑：刘丽君，《南方都市报》。

新闻漫画，听着会，李嘉，编辑：苏文洋，《北京晚报》。

新闻专栏，望海楼，《人民日报》海外版。

新闻专栏，新华时评，新华社。

新闻专栏，百城赋，《光明日报》，中国记协国内部。

新闻专栏，雪君工作室，《温州晚报》。

新闻专栏，脉动中国，中国国际广播电台。

新闻专栏，政风行风热线，江西人民广播电台。

新闻专栏，经济半小时，中央电视台。

新闻专栏，新闻参考，吉林电视台。

新闻专栏，百姓关注，贵州电视台。

新闻专栏，地方领导留言板，人民网。

新闻专栏，网上民声，胶东在线。

论文，大灾大考中的舆论引导，张研农，编辑：万仕同，《新闻战线》。

论文，中国媒体新闻创新的重大突破——“5·12汶川大地震”报道的思考，杜耀峰，编辑：冷梅，《人民日报》。

（二、三等奖篇目略）

第二十届

第二十届中国新闻奖（2009年度，共评选出获奖作品277件）获奖作品中特别奖2件，一等奖42件，二等奖87件，三等奖146件。获特别奖、一等奖的篇目如下：

特别奖

广播直播，首都各界庆祝中华人民共和国成立60周年大会，集体，中央电台。

报纸通讯，走向希望的春天——来自地震灾区的报告，集体，编辑：李从军，新华社。

一等奖

报纸消息，跨越1000万辆：新的台阶　新的起点，李铁铮、童娜，编辑：张雅，《经济日报》。

报纸消息，短短一个月“拒资”十亿元，陶健、张敏，编辑：刘斌，《解放日报》。

报纸评论，改变历史的“北京时间”，任仲平（集体），编辑：张研农，《人民日报》。

报纸评论，不是所有弯道都是超越好时机，孙秀岭，编辑：周学泽，《大众日报》。

报纸通讯，今天　我们豪迈受阅，李选清、武天敏、胡君华，编辑：孙晓青，《解放军报》。

报纸通讯，倾听历史的诉说——胡锦涛主席访问马六甲海峡侧记，吴绮敏，《人民日报》。

报纸通讯，栾城草农敢闹海，赵俊

芳、郝斌生，编辑：周剑瑭，《石家庄日报》。

报纸系列，大学生结梯救人，刘汉泽、王功尚、康群、卢成、汉钟楠、付勤、余人月，编辑：张勤耘、熊爱玲、周保国，《楚天都市报》。

报纸系列，魅力中国·国庆特稿，集体，编辑：陈芸、唐小可，新华社。

报纸版面，9 月 9 日《中国日报》6、7 通版，编辑：集体，《中国日报》。

新闻摄影，抬起“不屈的脊梁”，范群，编辑：吴林，《姑苏晚报》。

报纸副刊，江堤下的那座小屋，夏坚勇，编辑：刘芳，《新民晚报》。

广播消息，农民女代表顾双燕对话温家宝总理，郭杰、新娜，编辑：赵慧华，内蒙古人民广播电台。

广播消息，一场特殊的婚礼，伊丽娜，编辑：帕尔哈提，中央人民广播电台。

广播评论，国企频繁制造“地王”为转型升级埋下“地雷”，集体，编辑：李修利，苏州广播电视总台。

广播专题，小岗村的好书记——沈浩，黄美娟、黄铮，编辑：张立旺，安徽人民广播电台。

广播系列，探访大学生就业之路，集体，编辑：集体，北京人民广播电台。

广播直播，为祖国加油，中国国际广播电台、黑龙江人民广播电台、大庆人民广播电台。

广播编排，11 月 18 日 909 早新闻，陈璟欣、崔永清、谢百勤，天津人民广播电台。

电视消息，胡锦涛考察北京国庆期间安保、交通和旅游工作，集体，编辑：冯卓，中央电视台。

电视消息，我国首次在青藏高原冻土带成功钻获“可燃冰”，张玲、郑太红、穆艳花，编辑：康维海，青海电视台。

电视评论，温州：望“楼”兴叹，陈振仕、杨育彦、金道武，编辑：陈振仕，温州电视台。

电视专题，小镇民警维稳事，周洋文、吴杰、杨彦翀，编辑：赵惠峰，宁波电视台。

电视访谈，陈竺：坚持公益性 保障人民健康，沈公孚、张恒、白岩松、张芊芊、杨帆，中央电视台。

电视直播，万里追光明，韩丹、黄晓丽、董姝、姜垌羽、索朗德吉、李米东，黑龙江电视台。

电视编排，7 月 1 日东方新闻，集体，上海电视台。

网络评论，Piercing Through Rebiya's Veil（揭开热比娅的面纱），董志新，编辑：刘百家，中国日报网。

网络专题，国庆大阅兵，孙学宝、钟金林，中国军网。

网络访谈，温家宝总理与网民在线交流，集体，新华网。

网页设计，中国一日，编辑：朱德泉、戴兵、刘赟，大众网。

新闻论文，地市报现状与发展对策——对全国 30 家地市报的调查与思考，朱学文，编辑：冷梅，《新闻战线》。

国际传播，商务部官员：中国将继续成为全球贸易保护主义的最大受害者，丁清芬，编辑：刘伟玲，《中国日报》。

国际传播，“盛典”国庆60周年特别节目，集体，中央电视台。

新闻专栏，国际论坛，人民日报国际部，《人民日报》。

新闻专栏，基层发现，《经济日报》。

新闻专栏，江报直播室，《江西日报》。

新闻专栏，告诉你一个真实的市场，《今晚报》。

新闻专栏，城市零距离，北京人民广播电台。

新闻专栏，来自海外的声音，中国国际广播电台。

新闻专栏，记者调查，新疆电视台。

新闻专栏，第一调查，安徽电视台。

新闻专栏，网络问政平台，奥一网。

（二、三等奖篇目略）

第二十一届

第二十一届中国新闻奖（2010年度，共评选出获奖作品292件）获奖作品中特别奖2件，一等奖44件，二等奖91件，三等奖155件。获特别奖、一等奖的篇目如下：

特别奖

报纸评论，决定现代化命运的重大抉择——论加快经济发展方式转变，任仲平（集体），编辑：张研农，《人民日报》。

报纸通讯，坚定沉着战狂澜——以胡锦涛同志为总书记的党中央团结带领全党全国各族人民应对国际金融危机冲击纪实，孙承斌、邹声文、贾楠，编辑：张宿堂，新华社。

一等奖

报纸消息，平潭大开发　共筑两岸人民美好家园，兰锋、王凤山，编辑：王国萍，《福建日报》。

报纸消息，179小时，王家岭见证生命奇迹，安洋、刘鑫焱，编辑：朱伟，《人民日报》。

报纸评论，谱写自主创新的辉煌篇章，本报评论员，编辑：李洪波，《经济日报》。

报纸评论，达赖又自打耳光了，本报评论员，编辑：孟晓林，《西藏日报》。

报纸通讯，在历史灾难中实现历史进步（简版）——2010年中国自然灾害警示录，新华社国内部（集体），编辑：陈芸，新华社。

报纸通讯，中纪委文件刚下发　景德镇市邮政局仍顶风违纪　副科级以上干部公款赴日游　第二批出游者计划明日出发，杜金存，编辑：彭京，《江西日报》。

报纸系列，上海世博会纪略，任伟本，《解放日报》《文汇报》《新民晚报》。

报纸系列，信义兄弟　接力送薪，舒均、楚田（熊爱玲）、张泉、陈世昌，编辑：张勤耘、王溥、屠苏，《楚天都市报》。

新闻漫画，食，宋晓军，编辑：李雪萌，《济南日报》。

报纸副刊，陈中华：当代好记者，

南方，编辑：孙立梅，《日照日报》。

广播消息，高举国旗 呼唤救援，赵萌、杨树赛，编辑：王宏，新疆人民广播电台。

广播评论，善待民工才能够缓解民工荒，袁奇翔、王掌、甘洋，编辑：李方存，浙江广电集团。

广播专题，玉树地震 无论你在哪里我都要找到你，王亮，编辑：孙健，中央人民广播电台。

广播系列，粮安天下，集体，编辑：金威，黑龙江人民广播电台。

广播访谈，《重返灾区》特别节目——中国总理首次走进广播电台直播间，集体，中央人民广播电台。

广播直播，三峡工程蓄水175米大型现场直播《高峡平湖今朝梦圆》，集体，湖北广播电视总台、重庆广播电视集团（总台）。

广播编排，11月8日滨海第一线，王斌、赵天月、王伟，天津人民广播电台。

电视消息，胡锦涛总书记同福建革命老区干部群众和在闽台胞共迎新春佳节，集体，编辑：冯卓，中央电视台。

电视消息，一堆木头与一连串车祸，江虹、艾冀、李佳，编辑：邱智军，荆州电视台。

电视评论，版权保护——南通家纺市场成功密码，顾道远、宋梅、查金，编辑：虞嘉，江苏广播电视总台。

电视专题，姐弟，易娟、何贤德，编辑：周妖，万州区广播电视台。

电视系列，再造新北川，范维坚、朱训壮、李树庆、李东、巩胜义、孔凡兵，编辑：林修功，山东电视台。

电视访谈，天河一号：速度背后的较量，集体，天津电视台。

电视直播，王家岭矿透水事故救援报道，集体，中央电视台。

电视编排，7月1日新闻联播，向国锐、靳松、杨蕊，黑龙江电视台。

网络评论，依法理性表达爱国热情，付龙、史江民，编辑：张玉珂，人民网。

网络专题，“嫦娥二号”探月全景报道，集体，人民网。

网页设计，生死抉择 惊天一坠，姜长勇、张峰、王春雷，大众网。

新闻论文，从快报、厚报转向优报——网络时代报纸新闻制作的新思路，李婉芬，编辑：冷梅，《新闻战线》。

新闻论文，把握媒介产业规律 完善全媒体发展环境——当前我国传媒全媒体发展中的问题与对策，刘光牛、南隽、刘滢，编辑：白继红，《全媒体时代与传媒战略转型》论文选。

新闻专栏，人民观察，《人民日报》。

新闻专栏，今日出击，《中国青年报》。

新闻专栏，解放分析，《解放日报》。

新闻专栏，周末人物，《大众日报》。

新闻专栏，新闻联播，中央电视台。

新闻专栏，经视直播，湖北广播电视总台。

新闻专栏，今日关注，中央电视台。

新闻专栏，对话，中国宁波网。

新闻专栏，E政广场，人民网。

国际传播，China ready to end HIV/AIDS entry ban（中国拟取消外国艾滋病感染者入境禁令）（报纸消息），单娟，编辑：邢志刚，《中国日报》。

国际传播，中国人的一天（广播系列），王天奕、刘向薇、侍莹莹，编辑：徐位毅、张孟媛，中国国际广播电台。

国际传播，来吧　来吧（电视专题），周世祖、周洋文、欧阳忠，编辑：谢宇航，宁波电视台。

国际传播，从“芭比”到“苹果”：笼罩在数据迷雾下的“中国制造”（报纸通讯），黄歆、王攀、顾烨，编辑：徐兴堂，新华社。

国际传播，中国政府陆路紧急援巴谱写千里救灾友谊赞歌（电视消息），黄土根、郭惠婷、孟凡磊，编辑：许民，兵团电视台。

（二、三等奖篇目略）

第二十二届

第二十二届中国新闻奖（2011 年度，共评选出获奖作品 291 件）获奖作品中特别奖 3 件，一等奖 44 件，二等奖 90 件，三等奖 154 件。获特别奖、一等奖的篇目如下：

特别奖

报纸评论，选择　凝聚在信仰的旗帜下——写在中国共产党成立 90 周年（上），任仲平（集体），编辑：张研农，《人民日报》。

报纸通讯，守望精神家园的太行人——红旗渠精神当代传奇，集体，编辑：陈卫平，新华社。

电视消息，胡锦涛主席在中南海会见美国佩顿中学访华师生，集体，中央电视台。

一等奖

报纸消息，基层科技创新遇“无米之炊”　去年我省 28 个县（市、区）财政研发投入为零，郭伟、王敬照，编辑：曹阳葵，《河北日报》。

报纸消息，就业局长“潜伏”打工探扬州用工，胡俭，编辑：拾景炎，《扬州日报》。

报纸评论，倾听那些“沉没的声音”，人民报评论部（集体），编辑：卢新宁，《人民日报》。

报纸评论，在转变中赢得大发展——九论用领导方式转变加快发展方式转变，何平，编辑：朱夏炎，《河南日报》。

报纸通讯，在痛定思痛中浴火重生——从瓮安之乱到瓮安之变警示录（简版），集体，编辑：陈卫平，新华社。

报纸通讯，红山嘴　大雪即将封山，黄国柱、张占辉、刘明学，编辑：张占辉，《解放军报》。

报纸系列，中国企业走向非洲系列报道，丁清芬，编辑：邢志刚，《中国日报》。

报纸系列，《一给一付间　热热的烤地瓜“交易”着暖暖的爱》等连续报道，孙建德、孙娇杨、梁爽，编辑：王宝霞、贺明珠、张育健，《长春晚报》。

报纸版面，2011 年 12 月 4 日《中国日报》1 版，田驰、于熠镭、金珠，

《中国日报》。

新闻摄影，凿天路，萧颢，编辑：佟建国，《楚天都市报》。

新闻漫画，爸妈陪我睡，邸天行，编辑：赵一锦，讽刺与幽默。

报纸副刊，也是一个真实的故事，杨惠珍、李滇敏、陈化先，编辑：王晖，《江西日报》。

广播消息，公安微博危机公关十小时，集体，济南人民广播电视台。

广播消息（空缺一名）。

广播评论，严禁酒驾带给社会的启示，丁芳、倪晓明、孙向彤，上海人民广播电视台。

广播专题（空缺一名）。

广播系列（空缺一名）。

广播访谈，请跟我回家，刘慧，北京人民广播电台。

广播直播，农耕之梦，集体，黑龙江人民广播电台。

广播编排，11 月 1 日《新闻和报纸摘要》，集体，中央人民广播电台。

电视消息，刁娜：舍己一条腿　救人一条命，韩信、郭志强，山东广播电视台、烟台电视台。

电视消息，张春贤“逛”夜市，周一凡、熊超、孟宪梅，新疆电视台。

电视评论，聚焦医患“第三方”，集体，上海广播电视台。

电视专题，右玉精神，李占鳌、张海燕、孙海军，山西广播电视台。

电视系列，走基层·塔县皮里村蹲点日记，何盈、汪成健、李欣蔓、谢岩鹏、王永强，中央电视台。

电视访谈，拆新房为哪般，雷蒙、刘小飞、张维琴、张虹邻、索丹，内蒙古电视台。

电视直播，7·23 动车追尾事故现场直播，吴晓、薛林淼、丁丽萍、王振辉、李野、胡未央，温州广播电视台。

网络评论，“老何说和”说了些什么？李广华、田勇，中国宁波网。

网络专题，接力寻美　温暖中国，邓兆安、孙玲姿、沈广安、王晖、崔景友、贾楚航，胶东在线。

网络专题，党旗漫卷中国红——走进 56 个民族家庭大型接力式采风活动，林忠礼、李冉、张峰、邢玉军、刘国栋、王磊，大众网。

网络访谈（空缺一名）。

网页设计，聚焦天宫一号/神舟八号交会对接，集体，中国广播网。

新闻论文，多元传播格局中的舆论引导体系构建，孔德明，中国广播电视学刊。

新闻论文，主流媒体：治国理政的重要资源，吴恒权，编辑：万仕同，《新闻战线》。

新闻专栏，红船观澜，杜飞进、董宏君、盛若蔚、姜洁、李章军、杜榕，《人民日报》。

新闻专栏，多彩 QQ 群　和谐新空间，陈建飞、吴俊斐、李艳，《金华日报》。

新闻专栏，健康话题，杨青平、王丽娜、王长杰、朱海萍、刘坤，《大河健康报》。

新闻专栏，上海好心人，集体，《新民晚报》。

新闻专栏，新闻直播间，集体，中

央电视台。

新闻专栏，海峡军事漫谈，集体，中央人民广播电台。

新闻专栏，三农最前线，集体，河北电视台。

新闻专栏，安娜游世界，魏立军、王晨来、邓颖，中国国际广播电台。

新闻专栏，陇原史话，薛东明、王伟、范晓磊，中国甘肃网。

新闻专栏（空缺一名）。

国际传播，中国发生特大动车相撞事故伤亡严重（报纸消息），张讳、张和平、岳德亮，编辑：吕秋平，新华社。

国际传播，走进西藏寺庙（电视系列），集体，中央电视台。

国际传播，China Face（报纸专栏），林淑娟、郭娅利、林琦、杜娟、彭奕宁、程盈琪，《中国日报》。

国际传播，中国不是中东（报纸评论），傅振国（江上雨），编辑：张德修，《人民日报》海外版。

国际传播，中国远征军老兵杨剑达：回家的路走了70年（报纸通讯），林旭娜、金强、周煦钊，编辑：赵威，《南方日报》。

国际传播（空缺一名）。

（二、三等奖篇目略）

第二十三届

第二十三届中国新闻奖（2012年度，共评选出获奖作品300件）获奖作品中特别奖4件，一等奖49件，二等奖92件，三等奖155件。获特别奖、一等奖的篇目如下：

特别奖

文字评论，转变，中国道路的历史性跨越——从十六大到十八大（上），任仲平（集体），编辑：张研农，《人民日报》。

文字通讯，“三西”扶贫记，集体，新华社。

电视消息，习近平在参观《复兴之路》展览时强调　承前启后　继往开来　继续朝着中华民族伟大复兴目标奋勇前进，集体，中央电视台。

网络专题，致敬！7·21暴雨考验下的中国良心，张燕、楚彦、曹佳，编辑：刘春、王梅，四川新闻网。

一等奖

文字消息，中共中央党史研究室主任披露　常委参观《复兴之路》出行不封路，瞿凌云，编辑：郑萌，《长江日报》。

文字消息，火车站见证兰考经济变迁，童浩麟，编辑：李芳，《河南日报》。

文字评论，崛起的中国势不可当，钟经文（阎卡林、齐东向、马志刚），编辑：李洪波，《经济日报》。

文字评论，唯有走在变化之前——从乐凯胶卷停产、泊头火柴破产说开去，李忠志、张博，编辑：吴宏爱，《河北日报》。

文字通讯，“和谐搬迁”背后的故事，陈治治、施新华、孟维伟，编辑：史文杰，《中国纪检监察报》。

文字通讯，老红军和他的三个兵，

杜树人，编辑：杨东，《辽宁日报》。

文字系列，寻找最美乡村教师，严红枫、叶辉、夏静、张晶、解良，编辑：周立文、张碧涌、李晋荣，《光明日报》。

文字系列，向网络谣言“亮剑”，马庚申，编辑：王爱滢、闫涵，《今晚报》。

文字版面，《河南日报》6月25日要闻（“龙·舟”特刊）4—5版，编辑：张光辉、庞向辉、赵恒，《河南日报》。

新闻摄影（空缺）。

新闻漫画，“内部装修”，沈天呈，编辑：龚彦华，《浦东时报》。

文字副刊，北京一夜，李瑾，编辑：高晓林，《工人日报》。

广播消息，万里长江第一条过江地铁今天运营，刘群、赵阳、应响洲，武汉广播电视总台。

广播消息，元上都遗址成功列入世界文化遗产名录，雪梅，内蒙古人民广播电台。

广播评论，一张道歉条，触动了我们什么？集体，扬州广播电视台。

广播专题，我把光明献给你，佟慧娟、郭玲、巴何提古丽、王欢，新疆人民广播电台。

广播专题，选择，任桐、袁丁、姚加炎、姜虹，江苏广播电视总台。

广播系列，中国文化改革发展纪事，集体，中央人民广播电台。

广播访谈，我心是海洋——访最美女教师张丽莉，杨晶、李皎、邹韵、温宝明、任季玮、张立波，黑龙江人民广播电台。

广播直播，神舟九号航天员成功访问天宫一号，集体，中央人民广播电台。

广播编排，7月21日20时《整点快报》，亢晓夏，北京人民广播电台。

电视消息，神舟九号返回舱成功着陆四子王旗草原　三名航天员平安归来，菅海霞、梁兆峰、石藤正一、韩巍，内蒙古电视台。

电视消息（空缺）。

电视评论，“寒山闻钟”新“官”念　自揽监督网民意，金磊、徐蕾、余志锟、蒯军，苏州广播电视台。

电视专题，胶囊里的秘密，集体，中央电视台。

电视专题，老兵，回家，阮拥军、张琳玥、邝雯珊，广东电视台。

电视系列，“最美司机”吴斌，袁也、蒋学栋、袁帅、车诚、李文、夏茂松，杭州文化广播电视集团。

电视访谈，如何理解“中国式民主”，集体，江苏广播电视总台。

电视直播，雨中进行时——7·21北京特大暴雨，集体，北京电视台。

电视编排，5月20日《黑龙江新闻联播》，集体，黑龙江电视台。

网络评论，雷锋，距离我们并不遥远，许新霞，编辑：陈钟，中国广播网。

网络专题，齐鲁正能量之爱心帮农季，谭鲁民、杨本敬、王硕、张晓博、孔冠军、殷爽，齐鲁网。

网络专题，中国共产党第十八次全国代表大会，集体，人民网。

网络访谈，携手共建“美丽中国”让候鸟飞，刘雁军、梁宏峰、王冰、张璟、霍艳华、杜珊，北方网。

网页设计，“科学发展成就辉煌”大型图片展览网上展馆，邱纯、史军胜，中国网络电视台。

新闻论文，区域性主流媒体源点的变迁与重构——基于‘场域——惯习’的视角，卜宇，编辑：赵涛，江海学刊。

新闻论文，凝聚社会共识：都市报的社会责任，李鹏，编辑：武艳珍，《新闻战线》。

文字专栏，求证，叶蓁蓁、韩晓丽、孟辉、罗彦、肖潘潘、沈小根，《人民日报》。

文字专栏，光明时评，沈卫星、包霄林、周龙、刘文嘉、华挺，《光明日报》。

文字专栏，新帮办，集体，《每日新报》。

文字专栏，跑腿新闻，彭平、范高农、危春勇，《信息日报》。

广电专栏，666 新闻特快，集体，海峡之声广播电台。

广电专栏，空中茶社，钱琛、白旸、张国成、Gabriella Bonino，中国国际广播电台。

广电专栏，新闻眼，陈辉、荆雷、王波、许霄鹏、吴强，江苏广播电视总台。

网络专栏，劳动？创造？奋斗——青春励志故事，金东、郝向宏、蔺玉红、万兴亚、金锐，中国青年网。

网络专栏，心通桥，徐秀丽、魏书杰、陈祖强、徐超、刘书峰、熊堰秋，中原网。

国际传播，习近平访爱荷华州：一些小事，一生的回忆，Kelly Chung Dawson（陶凯丽）语薇、英姿，编辑：纪涛，《中国日报》美国版。

国际传播，休想攫取我国半寸领土，钧保言（吉全、陶克），编辑：杜献洲，《解放军报》。

国际传播，中共高层新阵容，集体，编辑：何平、彭树杰、严文斌，新华通讯社。

国际传播，达赖集团与自焚暴力事件，国际频道新闻编辑部社会部四组，中央电视台。

国际传播，中国面临的挑战，集体，上海广播电视台。

国际传播（空缺）。

（二、三等奖篇目略）

第二十四届

第二十四届中国新闻奖（2013 年度，共评选出获奖作品 283 件）获奖作品中特别奖 4 件，一等奖 45 件，二等奖 88 件，三等奖 146 件。获特别奖、一等奖的篇目如下：

特别奖

文字评论，转变，中国道路的历史性跨越——从十六大到十八大（上），任仲平（集体），编辑：张研农，《人民日报》。

文字通讯，“三西”扶贫记，集体，新华社。

电视消息，习近平在参观《复兴之路》展览时强调　承前启后　继往开来　继续朝着中华民族伟大复兴目标奋勇前进，集体，中央电视台。

网络专题，致敬！7·21 暴雨考验下的中国良心，张燕、楚彦、曹佳，编辑：刘春、王梅，四川新闻网。

文字评论，守护人民政党的生命线，任仲平，编辑：张研农、米博华，《人民日报》。

文字通讯，“三北”造林记，集体，编辑：陈芸，汪金福，新华社。

电视消息，习近平春节前夕赴甘肃看望各族干部群众　向全国各族人民表达美好的新春祝福，集体，中央电视台。

网络评论，限制“公款消费”本质是制约权力寻租，子房先生（年巍），编辑：周姗姗，中国经济网。

一等奖

文字消息，准备打仗，先向“和平积习”开刀——北京军区三九演兵重在端正训练作风一针见血查问题，魏兵、覃照平，编辑：刘兴安、李东航，《解放军报》。

文字消息，利益面前，干部退一步，徐蒙、谢金晶，编辑：何洛先，《解放日报》。

文字评论，把校舍真正建设成第一避难所，刘涛，编辑：张树伟，《中国教育报》。

调查性报道，五问县级公立医院改革——睢宁县改革试点的考察报告，何桂香、曲美慧，编辑：陈开泉、刘明，《徐州日报》。

文字通讯，为何金门供水总差“最后一公里”，吴在平，编辑：张维东、朱力南，《福建日报》。

文字系列，“探析 PX 之惑”系列报道，韩晓丽、沈小根、肖潘潘、罗彦、刘军国、万宇、李永宁，《人民日报》。

文字系列，丰收稻谷堆成山　卖与不卖好着急，许静、王成栋、梁现瑞、赵若言、方小虎、胡敏、李建英，《四川日报》。

报纸版面，《新华日报》1 月 21 日 A3 版，集体，《新华日报》。

报纸副刊，老伴——听龚全珍讲甘祖昌的故事，任辛、江仲俞，编辑：李滇敏，《江西日报》。

新闻摄影，习近平冒雨考察武汉新港，李学仁，编辑：李斌，新华社。

新闻漫画，这是谁的家，李峰，编辑：姚英，《中国日报》。

广播消息，总理向我问灾情，魏鸣、陈军、殷江、陈超，四川广播电视台。

广播消息，辽宁在全国首开“雾霾罚单”，八城市被罚，那其灼、林凌、郭亚男，辽宁广播电视台。

广播评论，转基因博弈背后的国家利益较量，杨晶、李皎、高祥、牟维宁，黑龙江人民广播电台。

广播专题，小村大事，张蕾、齐鹤、朱璐，河南人民广播电台。

广播专题，一波三折，一桩医疗纠纷终于妥善解决，张清淼，天津广播电视台。

广播系列，由保洁员吃学生剩饭引发的思考，集体，中央人民广播电台。

广播访谈，张高平的十年，韩锦、王云松、方媛，安徽广播电视台。

广播直播，神舟十号航天员太空授课，集体，中央人民广播电台。

广播编排，11 月 25 日《今日·全

球新闻报道》，集体，中国国际广播电台。

电视消息，超强农民：1 = 190，杨国栋、李永和、李鑫，黑龙江电视台。

电视消息，廉价蒲草“编”出亿元淘宝村，牟宗平、李伟，山东广播电视台。

电视评论，证难办　脸难看，刘宁、张玉虎、郭峰、杨枫、崔辛雨，中央电视台。

电视专题，不能忘却的记忆——坦赞铁路圆梦纪行，集体，海口广播电视台。

电视专题，把粮食存到“银行”，王敬仁、周娉、刘志勇、周丹、郭志光，宁乡广播电视台。电视系列，寻找可游泳的河，集体，浙江广播电视集团。

电视访谈，三一重工“状告”奥巴马，集体，上海广播电视台。

电视直播，太空新旅　天宫授课，集体，中央电视台。

电视编排（空缺）。

网络评论，中国改革“再出发”的总宣言，石铭（吴焰），编辑：文松辉，人民网。

网络专题，中央新一届领导集体：平凡的生活伟大的理想，赵小军、赵军胜、刘延清、吕媛媛、臧文娟、何宇达，央视网。

网络专题，制度创新——中国（上海）自由贸易试验区特别专题，集体，东方网。

网络访谈（空缺）。

网页设计（空缺）。

新闻名专栏，楚望台，陈红彬、张孺海、李昌建、李欣、陈俊，《楚天都市报》。

新闻名专栏，光明时评，沈卫星、包霄林、周龙、刘文嘉、曹华飞，《光明日报》。

新闻名专栏，新华国际时评，集体，新华社。

新闻名专栏（空缺）。

新闻名专栏，992 大家帮，王智、冀国锋、郑曌阳、任红梅、么伟龙、曹朝阳，河北人民广播电台。

新闻名专栏，连线快评，金波、熊丽、徐烜政、周景、李艳、胡晨凌，杭州文化广播电视集团。

新闻名专栏，海峡两岸，集体，中央电视台。

新闻名专栏（空缺）。

新闻名专栏，求真，潘健、张玉珂、孝金波、田雪，人民网。

新闻名专栏（空缺）。

新闻论文，报纸副刊：价值引领与文化担当，刘玉琴，编辑：刘琼，《人民日报》。

新闻论文，以“真、新、实”塑造党报新文风，周跃敏，编辑：李嘉卓，《新闻与写作》。

国际传播，为了 13 亿人的中国梦——记中国国家主席、中央军委主席习近平（文字通讯），集体，编辑：何平，新华社。

国际传播，总理的歉意（新闻摄影），武治义，编辑：朱锋，《中国日报》。

国际传播，武汉上空的鹰——寻访苏联空军志愿队烈士（文字系列），谌达军、胡洁、翟晓林、余坦坦、刘功虎、张凡，《长江日报》。国际传播，中国探月工程“嫦娥三号”月球探测器发射直播特别节目（广播直播），田巍、李雷、赵洋、闫钟芳、肖中仁，中国国际广播电台。

国际传播（空缺）。

国际传播（空缺）。

（二、三等奖篇目略）

第二十五届

第二十五届中国新闻奖（2014 年度，共评选出获奖作品 294 件）获奖作品中特别奖 4 件，一等奖 47 件，二等奖 91 件，三等奖 152 件。获特别奖、一等奖的篇目如下：

特别奖

文字通讯，生命线在强军兴军伟大征程中闪耀——习近平主席、中央军委领导和推进新形势下军队政治工作纪实，集体，编辑：禹光、谭健，《解放军报》、新华社。

文字评论，标注共产党人的精神坐标，集体，杨振武、李宝善，《人民日报》。

文字通讯，更高举起改革开放伟大旗帜——写在邓小平同志 110 周年诞辰之际，集体，新华社。

电视系列，新春走基层·家风是什么，集体，中央电视台。

一等奖

文字消息，项目审批“长征”698 天 泰豪动漫变“动慢”，桂榕、何宝庆，编辑：王晖、任辛，《江西日报》。

文字消息（空缺）。

文字评论，公共辩论　求真比求胜更重要，范正伟，编辑：卢新宁、杨健，《人民日报》。

文字评论，刹不为之风　换不为之将，本报评论员（向军、邓也），编辑：胡衍民，《四川日报》。

文字通讯，一水激活万水流，李新民、李大川、高大伟，编辑：陈庆松、姜景远，《吉林日报》。

文字系列，“呼格案再审”系列报道，集体，新华社。

文字系列，《做好事“潜伏”27 年“炎黄”终于找到了》等连续报道，杨建、钱英洁、胡琦，《无锡日报》。

报纸版面，《羊城晚报》2014 年 4 月 20 日 1 版，孙焰、李焕菲，《羊城晚报》。

报纸副刊，那山　那树　那人，祝芸生、柳易江，编辑：任辛、杨惠珍，《江西日报》。

新闻摄影（空缺）。

新闻漫画，APEC 漫画版“新中装”合影，果果（刘依），编辑：毛豆（许佳），荆楚网。

广播消息，“数字敦煌”工程让敦煌文化遗产得以永续留存，王心怡、王成梧、李艳芬、王磊，甘肃广播电影电视总台。

广播评论，“藏粮于土”箭在弦上，杨晶、李皎、高祥、牟维宁，黑龙江人民广播电台。

广播专题，巡航钓鱼岛亲历，何端端、李真、穆亮龙、李金鑫，中央人民广播电台。

广播专题（空缺）。

广播系列，长空奇缘——两岸退役飞行员首次同飞蓝天，刘典、杨娜、吴桐、袁健、徐冰青、郑逸舟，海峡之声广播电台。

广播访谈，好人朱占华，杨晶、李皎、张广雷、亓欣莉、邹韵、温宝明，黑龙江人民广播电台。

广播直播，第二届夏季青年奥林匹克运动会开幕式现场直播，集体，中央人民广播电台、江苏广播电视总台。

广播编排，2014 年 12 月 26 日《新闻纵横》，集体，中央人民广播电台。

电视消息，习近平同美国总统在中南海会晤，集体，中央电视台。

电视消息，寒酸的县委办　不寒酸的民生，曾佳、程鹏、肖瀚、王志奇、张龙，江西广播电视台、萍乡广播电视台。

电视评论，“电商”与“店商”谁能争锋？刘艳琼、林晨、朱贤勇，浙江广播电视集团。

电视专题，食品工厂的“黑洞”，集体，上海广播电视台。

电视专题，无影灯下的生死博弈，集体，北京电视台。

电视系列，绝对忠诚，杨壮、李越胜、牛嵩峰、肖永根、聂雄、李欣、李晟，湖南广播电视台。

电视访谈，住在涵洞为讨薪，雷蒙、范有涛、刘小飞，编辑：满都古勒、马吉、乌勒，内蒙古广播电视台。

电视直播（空缺）。

电视编排，2014 年 12 月 17 日《财经夜行线：卢布危机》，集体，上海广播电视台。

网络专题，学习路上，集体，人民网。

网络专题，祭·忆——南京大屠杀死难者国家公祭日，集体，中国江苏网。

网络专题，网上诚信馆　道德新标杆——谢岩斌千里还债　温州城诚信接力，方立明、张春校、黄作敏，编辑：应忠彭、毛稿树、张湉，温州新闻网。

网络访谈，“当代鲁班”的中国梦，集体，北方网。

网页设计，简政放权——持续改革再发力，集体，新华网。

新闻名专栏，人民观点，集体，《人民日报》。

新闻名专栏，方圆谈，集体，《中国纪检监察报》。

新闻名专栏，漫说快评，周跃敏、刘庆传，《新华日报》。

新闻名专栏，佳友民情快车，俞佳友、聂伟霞、包敦远，编辑：童颖骏、蒋蕴、陈志农，《浙江日报》。

新闻名专栏，天天 3·15，集体，中央人民广播电台。

新闻名专栏，驻村夜话，集体，西藏人民广播电台。

新闻名专栏，中央电视台《新闻联播》，集体，中央电视台。

新闻名专栏，民声，集体，南京广播电视台。

新闻名专栏，新华网数据新闻，田舒斌、周红军、马轶群，编辑：刘叶、殷哲伦、魏文彬，新华网。

新闻名专栏，XYZ 新闻三剑客，集

体，荆楚网。

新闻论文，时度效的内涵、应用及着力点，陈寅，编辑：邓瑜，《新闻战线》。

新闻论文，做好新形势下舆论引导工作的科学指南，杨振武，编辑：郑剑，《人民日报》。

国际传播，习近平的大外交（网络专题），田舒斌、刘加文、雷曼誉、常烨、夏小鹏、马轶群，新华网。

国际传播，Silk Road initiatives fit into EU recovery goals 中国“一带一路”倡议与欧盟投资计划相契合（文字评论），付敬，编辑：朱萍，《中国日报》。

国际传播，“南京大屠杀死难者国家公祭仪式”现场直播（广播直播），张意、周劲翔、黄晓东，编辑：包涛，中国国际广播电台 。

国际传播，东北虎“串门”（电视专题），张晨、李艳清、姜莹，编辑：胡淑玲，黑龙江电视台。

国际传播，跨国取证16年——侵华日军731部队老兵证词实录 Japanese World War Ⅱ veterans recall horrors of Unit 731（电视专题），王敬中、倪瀚琳、王爱华，编辑：何山、马迪，新华社。

国际传播，重整河山待后生（广播专题），郑璐、朱旭，中国国际广播电台。

（二、三等奖篇目略）

第二十六届

第二十六届中国新闻奖（2015年度，共评选出获奖作品256件）获奖作品中特别奖3件，一等奖40件，二等奖85件，三等奖128件。获特别奖、一等奖的篇目如下：

特别奖

文字通讯，胜利的号角·和平的宣示，集体，编辑：李国利、于晓泉，新华社。

文字评论，凝聚当代中国的价值公约数——论培育和践行社会主义核心价值观，集体，编辑：杨振武、李宝善，《人民日报》。

电视消息，纪念中国人民抗日战争暨世界反法西斯战争胜利70周年大会在京隆重举行，集体，中央电视台。

一等奖

文字消息，629户人的藏乡走出359名大学生，徐中成，编辑：谭江琦，《四川日报》。

文字消息（空缺）。

文字评论，漠视生命是最可怕的沉沦，林新华，编辑：张花，《衡阳晚报》。

文字评论，中国故事，更精彩的书写还在后面，詹勇、王甘武、李学梅，编辑：何平、刘刚，新华社。

深度报道，五问中国经济，龚雯、许志峰，编辑：谢国明、皮树义，《人民日报》。

文字通讯，马氏“兄弟”跨越二十年的诚信，王国庆、阙爱民、童浩麟，编辑：赵铁军、李芳，《河南日报》。

文字系列，“为什么2元钱的‘救命药’没有人做?”贺少成、赵琛、冀文超，编辑：窦菲涛、沈刚、车辉，

《工人日报》。

文字连续，义乌最美民工张明伟：“东家”比我更需要这笔钱，何百林、陈东、杨准，《金华日报》。

报纸版面，9 月 4 日《解放日报》要闻 1—4 版，朱爱军、陈煜骅、倪佳，《解放日报》。

报纸副刊，一位财政部长的两份遗嘱，宁新路，编辑：饶翔、赵玙，《光明日报》。

新闻摄影，我们的队伍向太阳——中国首次以盛大阅兵纪念抗战胜利 70 周年，集体，新华社。

新闻漫画，大活人“自证活着”是何方规矩，曹一，编辑：刘庆传，《新华日报》。

广播消息（空缺）。

广播消息（空缺）。

广播评论（空缺）。

广播专题（空缺）。

广播专题（空缺）。

广播系列，致我们正在消逝的文化印记，集体，中央人民广播电台。

广播访谈，寻找方大曾——两代记者穿越时空的对话，叶赵明、徐方、张箭锋、雪莉、陈晔、黄河，宁波广播电视集团。

广播直播，冰雪五环、聚焦冬奥——2022 年冬奥会举办城市揭晓，杨洪、李凯、杨迪、马骏、田甜、唐思萌，北京人民广播电台。

广播编排（空缺）。

电视消息（空缺）。

电视消息（空缺）。

电视评论（空缺）。

纪录片，生命缘——请你替我活下去，徐滔、邵晶、刘书含、李潇、冯乐，北京电视台。

电视专题（空缺）。

电视系列，大国工匠，集体，中央电视台。

电视访谈，老冯家的“传家宝”，严浩、赵丹军、杨卉、徐谓、王剑、黄琼花，江苏广播电视总台。

电视直播，南昌西汉海昏侯墓主椁室考古发掘系列现场直播，周继革、周芸、徐剑、刘志刚、贾辉、龚文芳、李彬、陶国平，江西广播电视台。

电视编排，9 月 3 日《新闻联播》，集体，黑龙江广播电视台。

网络评论，政府敢啃“硬骨头”，市场才能有“肉”吃，安传香，编辑：杨新华，新华网。

网络专题，千年大墓　惊世挖掘——南昌海昏侯墓出土，集体，中国江西网。

网络专题，解放军报创刊 60 周年　习主席亲手发微博向广大官兵祝贺新年，王士彬、洪文军、冯凯旋、高飞、郑文达、姚远，中国军网。

网络访谈（空缺）。

网页设计，穿越直播　重返 70 年前英雄之城，集体，华龙网。

新闻名专栏，视点，王薇薇、胡文鹏、刘亮、郭存举、李瞳，《经济日报》。

新闻名专栏，广安观潮，范耀庚、史文杰、陈治治、闫鸣、张磊、徐怀顺，《中国纪检监察报》。

新闻名专栏，啄木鸟在行动，叶修

堂、万利平、王雁鸣、邹仕虎、李江敏、徐云龙，《南昌日报》。

新闻名专栏，市民大讲堂，集体，《长江日报》。

新闻名专栏，In Ba Ku Ba Gida（有你就有家），高山、辛昱慧、张威伟、Fatimah I. Jibril，中国国际广播电台。

新闻名专栏，百姓故事，集体，天津广播电视台。

新闻名专栏，新闻联播，集体，中央电视台。

新闻名专栏，网罗天下，季建南、李轩、王狄安、袁晓文、殷玉静、马真，江苏广播电视总台。

新闻名专栏，世相，陈维松、吴闻达，中国互联网新闻中心。

新闻名专栏，独立调查，李冉、邢玉军、马俊骥、李兆辉、王宗阳、刘宝才，大众网。

新闻论文，把握对外传播的时代新要求——深入学习贯彻习近平同志对人民日报海外版创刊30周年重要指示精神，杨振武，编辑：张垚，《人民日报》。

新闻论文（空缺）。

国际传播，《习主席来了》（Who is Xi Dada?）（网络访谈），王洋、张建波、赵阳、毛文正、倪乐融，编辑：何炜、潘健，YouTube。

国际传播，Форты Японской Квантунской армии（要塞作证）（电视纪录片），沈书、董长青、鄂艳，编辑：姚冬梅，俄罗斯TPO电视频道。

国际传播，中国军队援非抗击埃博拉系列报道（文字系列），杜献洲、张晓祺、罗铮，编辑：洪建国，《解放军报》。

国际传播，闻歌识中国（广播系列），国丹、李金川、梁策、钮璇、Filipe Hu，中国国际广播电台。

国际传播，中老缅泰湄公河联合巡逻执法成效明显（文字消息），杨玺、李鹏飞、崔同江，编辑：杨林，《边防警察报》。

国际传播，生命的记忆——犹太人在上海（电视专题），集体，上海广播电视台。

（二、三等奖篇目略）

第二十七届

第二十七届中国新闻奖（2016年度，共评选出获奖作品287件）获奖作品中特别奖4件，一等奖50件，二等奖90件，三等奖143件。获特别奖、一等奖的篇目如下：

特别奖

文字通讯，弄潮儿向涛头立——习近平主席出席二十国集团领导人杭州峰会系列活动纪实，集体，编辑：何平、张宿堂，新华社。

文字评论，以信仰之光照亮奋斗之路，集体，编辑：杨振武、李宝善，《人民日报》。

电视消息，习近平在青海考察时强调 尊重自然顺应自然保护自然 坚决筑牢国家生态安全屏障，集体，中央电视台。

新闻专栏，新华全媒头条，钱彤、

李柯勇、郝方甲、王清颖、郑晓奕、李明，新华社。

一等奖

文字消息，1445种全新病毒科被发现，金振娅，编辑：邢宇皓、雷柯，《光明日报》。

文字消息，折翼海天，用生命为航母事业铺路，徐双喜、陈国全，编辑：柳刚、王通化，《解放军报》。

文字评论，供给侧改革需加减法并举，梁发芾，编辑：张国华、崔雪茜，《甘肃日报》。

文字评论，走向经济治理现代化的中国探索，齐东向，编辑：张小影，《经济日报》。

文字通讯，老郭脱贫记，马跃峰，编辑：施娟、谢雨，《人民日报》。

文字通讯，别了，白家庄矿，张临山、冷雪，编辑：丁伟跃，《山西日报》。

文字系列，铁纪铁流，丁宗皓、张小龙、王研、高爽、张昕、张晓丽，《辽宁日报》。

文字系列，安徽宿州宋庙小学“要求受助贫困生出钱请吃饭事件”调查，黄辉、戴南、周根山，《中国纪检监察报》。

报纸版面，8月7日《宁夏日报》2—3版，张靖、何亚男、刘建华，《宁夏日报》。

报纸副刊，巡视组长——追记李泉新，江仲俞、宋海峰、游静，编辑：任辛、李滇敏，《江西日报》。

新闻漫画，投桃报李，孙宝欣，编辑：徐辉冠，求是网。

广播消息，惊心动魄160分钟——首次揭秘“长五”推迟发射，张棉棉、丁飞、马喆、吴媚苗，中央人民广播电台。

广播消息，速度与激情：“中国标准”动车组成功通过时速420公里高速交会试验，蒋凯香、马松林、殷洁，中国国际广播电台。

广播评论，以供给侧改革破解老工业基地“双重转型”之困，牟维宁、高祥、张立波、任季玮，黑龙江广播电视台。

广播专题，内蒙古首例保护草原行政公益诉讼案——开启我区草原保护新篇章，常俊青、王莎、赵殿辉、梁军、额尔德尼，内蒙古广播电视台。

广播专题（空缺）。

广播系列，“神舟”“天宫”完美对接背后的“吉林科技元素”，姜新、于显志、张若鹏、张文汇、张昊鹏、李佳星，吉林人民广播电台。

广播访谈，“新愚公”李保国，集体，河北广播电视台。

广播直播，泰宁泥石流紧急救援，阮怡、冯媛媛、李泰曦、开哲、宁水蓉、李宗涛、诸葛仲、吕昱洋，福建省广播影视集团。

广播编排，10月17日《东广早新闻》，集体，上海广播电视台。

电视消息，中国笔王贝发小笔尖大制造 杭州G20元首笔撬动高端市场，廖建斌、闫全、董寅寅、陈旭，宁波广电集团。

电视消息（空缺）。

电视评论，民企也是国家队，李宁、

杨阳、霍扬、刘雨轩，黑龙江广播电视台。

电视专题，永远在路上，集体，中央电视台。

电视专题，“僵尸企业”重生记，陈琛、伊力、唐虎、郑欣、徐奇，山东广播电视台。

电视系列，新华社特约记者太空日记，景海鹏、陈冬、李柯勇、郑晓奕、饶力文、魏骅、肖正强、陈曦，中国新华新闻电视网。

电视访谈，为 85 岁爷爷拍照，林娜、陈玲、林子健、黄宇、黄石惠、沈静，厦门广播电视集团。

电视直播，二十国集团领导人杭州峰会系列直播（时政），集体，中央电视台。

电视编排，11 月 16 日《浙江新闻联播》，集体，浙江广电集团。

网络评论，每一名党员都要牢固树立“核心意识”，宗国（姜赟），编辑：余清楚，人民网。

网络专题，中国一点都不能少，苗苗、郑琪、刘冰、徐丹、李志伟、叶添，《人民日报》客户端。

网络专题，您好，马克思，集体，中国青年网。

网络访谈，一份延续了 68 年的忠诚，周彪、王光煦、王兴、罗杰，求是网。

网页设计，网上重走长征路之“征程”——红军长征全景交互地图，集体，新华网。

新闻名专栏，人民眼，张忠、牛一兵、费伟伟、王斌来、禹伟良、孔祥武，《人民日报》。

新闻名专栏，长安观察，毛晓刚、张砥、汤华臻、胡宇齐、崔文佳、范荣，《北京日报》。

新闻名专栏，之江观察，谢正法、张永贵、王玉宝、杜博，《浙江日报》。

新闻名专栏，逐梦他乡重庆人，集体，《重庆日报》。

新闻名专栏，新闻和报纸摘要，集体，中央人民广播电台。

新闻名专栏，Studio + 脉动中国，集体，中国国际广播电台。

新闻名专栏，海峡两岸，集体，中央电视台。

新闻名专栏，新闻大求真，集体，湖南广播电视台。

新闻名专栏，学习进行时，集体，新华网。

新闻名专栏，问政湖南，舒斌、肖雄、李洁、肖凤姿，红网。

新闻论文，把握好政治家办报的时代要求，杨振武，编辑：杨学博，《人民日报》。

新闻论文，始终坚守军报姓党的政治灵魂，李秀宝、孙继炼，编辑：朱金平，军事记者。

国际传播，Putin eyes closer partnership with China 普京接受新华社社长独家专访　表示期待打造更紧密俄中伙伴关系（文字消息），蔡名照，编辑：严文斌、尚军，新华社。

国际传播，我们的更路簿——三沙属于中国的历史证据（电视专题），孔德明、叶明、杨全、李柳青、杨昊霖、王文心，海南广播电视总台。

国际传播，锦绣记（海外版）（电视纪录片），集体，中央电视台。国际传播，东京审判（电视纪录片），朱晓茜、陈亦楠、敖雪、王硕、俞洁，上海广播电视台。国际传播，外国漫画家手绘北京（网络专题），杨明星、许颖、陈源、李嵩、路松，千龙网。

国际传播，从广东制造到广东智造（广播专题），郑韵、Harry Harding、薛晖，广东广播电视台。

（二、三等奖篇目略）

（注明：以上“中国新闻奖简介及历届获奖者名单”本书选编大部分重要篇目，对有些篇目没有选编，请读者谅解。）

附录二

《中国新闻工作者职业道德准则》

(中华全国新闻工作者协会第七届
理事会第二次全体会议 2009 年 11 月 9 日修订)

中国新闻事业是中国特色社会主义事业的重要组成部分。新闻工作者要坚持以马克思列宁主义、毛泽东思想、邓小平理论和“三个代表”重要思想为指导，深入贯彻落实科学发展观，高举旗帜、围绕大局、服务人民、改革创新，贴近实际、贴近生活、贴近群众，用马克思主义新闻观指导新闻实践，学习宣传贯彻党的理论、路线、方针、政策，继承和发扬党的新闻工作优良传统，积极传播社会主义核心价值体系，努力践行社会主义荣辱观，恪守新闻职业道德，自觉承担社会责任，敬业奉献、诚实公正、清正廉洁、团结协作、严守法纪，做到政治强、业务精、纪律严、作风正。

第一条 全心全意为人民服务。要忠于党、忠于祖国、忠于人民，把体现党的主张与反映人民心声统一起来，把坚持正确导向与通达社情民意统一起来，把坚持正面宣传为主与加强和改进舆论监督统一起来，发挥党和政府联系人民群众的桥梁纽带作用。

1. 积极宣传党和政府的重大决策部署，及时传播国内外各领域的信息，满足人民群众日益增长的新闻信息需求，保证人民群众的知情权、参与权、表达权、监督权。

2. 牢固树立群众观点，把人民群众作为报道主体和服务对象，多宣传基层群众的先进典型，多挖掘群众身边的具体事例，多反映平凡人物的工作生活，多运用群众的生动语言，使新闻报道为人民群众喜闻乐见。

3. 积极反映人民群众的正确意见和呼声，批评侵害人民利益的现象和行为，依法保护人民群众的正当权益。

第二条 坚持正确舆论导向。要坚持团结稳定鼓劲、正面宣传为主，唱响主旋律，不断巩固和壮大积极健康向上的舆论。

1. 始终坚持以经济建设为中心，服从服务于改革发展稳定大局不动摇，着力推动科学发展、促进社会和谐。

2. 宣传科学理论、传播先进文化、塑造美好心灵、弘扬社会正气，增强社会责任感，坚决抵制格调低俗、有害人们身心健康的内容。

3. 加强和改进舆论监督，着眼于解决问题、推动工作，坚持准确监督、科学监督、依法监督、建设性监督。

4. 采访报道突发事件要坚持导向正确、及时准确、公开透明，全面客观报道事件动态及处置进程，推动事件的妥善处理，维护社会稳定和人心安定。

第三条 坚持新闻真实性原则。要把真实作为新闻的生命，坚持深入调查研究，报道做到真实、准确、全面、客观。

1. 要通过合法途径和方式获取新闻素材，新闻采访要出示有效的新闻记者证。认真核实新闻信息来源，确保新闻要素及情节准确。

2. 报道新闻不夸大、不缩小、不歪曲事实，不摆布采访报道对象，禁止虚构或制造新闻。刊播新闻报道要署作者的真名。

3. 摘转其他媒体的报道要把好事实关，不刊播违反科学和生活常识的内容。

4. 刊播了失实报道要勇于承担责任，及时更正致歉，消除不良影响。

第四条 发扬优良作风。要树立正确的世界观、人生观、价值观，加强品德修养，提高综合素质，抵制不良风气，接受社会监督。

1. 强化学习意识，养成学习习惯，不断提高政治和业务素质，增强政治意识、大局意识、责任意识，努力成为专家型新闻工作者。

2. 深入基层、贴近群众、体验生活，在深入中了解社情民意，增进与群众的感情。

3. 坚决反对和抵制各种有偿新闻和有偿新闻行为，不利用职业之便谋取不正当利益，不利用新闻报道发泄私愤，不以任何名义索取、接受采访报道对象或利害关系人的财物或其他利益，不向采访报道对象提出工作以外的要求。

4. 尊重新闻同行，反对不正当竞争。尊重他人的著作权益，引用他人的作品要注明出处，反对抄袭和剽窃行为。

5. 严格执行新闻报道与经营活动分开的规定，不以新闻报道形式做任何广告性质的宣传，编辑记者不得从事创收等经营性活动。

第五条 坚持改革创新。要遵循新闻传播规律，提高舆论引导能力，创新观念、创新内容、创新形式、创新方法、创新手段，做到体现时代性、把握规律性、富于创造性。

1. 深入研究不同传播对象的接受习惯和信息需求，主动设置议题，善于因势利导，不断提高舆论引导能力和传播能力。

2. 认真研究传播艺术，利用现代传播手段，采用受众听得懂、易接受的方式，增强新闻报道的亲和力、吸引力、感染力。

3. 善于利用新载体、新技术收集信息、发布新闻，提高时效性，扩大覆盖面。

第六条 遵纪守法。要增强法治观念，遵守宪法和法律法规，遵守党的新闻工作纪律，维护国家利益和安全，保守国家秘密。

1. 严格遵守和正确宣传国家的民族区域自治制度、各民族平等团结和宗教信仰自由政策，维护国家主权和社会稳定。

2. 维护采访报道对象的合法权益，尊重采访报道对象的正当要求，不揭个人隐私，不诽谤他人。

3. 维护未成年人、妇女、老年人和残疾人等特殊人群的合法权益，注意保护其身心健康。

4. 维护司法尊严，依法做好案件报道，不干预依法进行的司法审判活动，在法庭判决前不做定性、定罪的报道和评论。

5. 涉外报道要遵守我国涉外法律、对外政策和我国加入的国际条约。

第七条 促进国际新闻同行的交流与合作。要努力培养世界眼光和国际视野，积极搭建中国与世界交流沟通的桥梁。

1. 在国际交往中维护祖国尊严和国家利益，维护中国新闻工作者的形象。

2. 积极传播中华民族的优秀文化，增进世界各国人民对中华文化的了解。

3. 尊重各国主权、民族传统、宗教信仰和文化多样性，报道各国经济社会发展变化和优秀民族文化。

4. 积极参加有组织开展的与各国媒体和国际（区域）新闻组织的交流合作，增进了解、加深友谊，为推动建设持久和平、共同繁荣的和谐世界多做工作。

附则：对本《准则》，中国记协各级会员单位要结合实际制定相应实施细则，认真组织落实；全国新闻工作者要自觉执行；各级各专业记协要积极宣传和推动，欢迎社会各界监督。